Ralf Georg Reuth · Entscheidung im Mittelmeer

Ralf Georg Reuth

Entscheidung im Mittelmeer

Die südliche Peripherie Europas
in der deutschen Strategie des
Zweiten Weltkrieges 1940–1942

Mit einer Einführung von Andreas Hillgruber

KARL MÜLLER VERLAG

Der Autor

Dr. Ralf Georg Reuth

Geboren 1952 in Oberlangenstadt/Kronach. Studium der Mittleren und Neueren
Geschichte sowie der Alten Geschichte und der Deutschen Philologie an der
Universität Köln. 1983 Promotion zum Dr. phil. bei Professor Hillgruber.

© Bernard & Graefe Verlag, Bonn
Alle Rechte vorbehalten. Nachdruck und fotomechanische Wiedergabe, auch auszugs-
weise, nur mit Genehmigung des Verlages.

Genehmigte Lizenzausgabe für Karl Müller Verlag, Danziger Straße 6, D-91052 Erlangen

Umschlaggestaltung: Andreas Dorn
Titelbild: AKG Berlin

ISBN 3-86070-804-X

1 2 3 4 5   3 2 1 00 9

Inhalt

Einführung

Die Fülle an Literatur zum Krieg im Mittelmeerraum, zu den Ereignissen des See- und Luftkrieges, zu den Kampfhandlungen in Nordafrika, vor allem zu den Vorstößen des Deutschen Afrika-Korps und der deutsch-italienischen Panzerarmee unter Generalfeldmarschall Rommel, aber auch zu den verwickelten Vorgängen in Nahost, in Südosteuropa und in Französisch-Nordwestafrika während des Zweiten Weltkrieges ist auch für den Fachmann kaum mehr zu überschauen. An Überblicksdarstellungen, an thematisch begrenzten Untersuchungen und an Erlebnisberichten herrscht kein Mangel. Dennoch fehlte bislang eine Studie, in der der Versuch unternommen worden wäre, die verwirrende Vielfalt des Geschehens aus dem Blickfeld *einer* der den Kriegsverlauf auf diesem Schauplatz maßgeblich bestimmenden großen Mächte so weit wie möglich zu ordnen und dabei die in ihrer Führungsspitze konkurrierenden Zielvorstellungen, strategischen Konzeptionen und operativen Ansätze zu erhellen, um auf diese Weise die vorherrschenden Betrachtungsweisen – entweder den Mittelmeerschauplatz als bloßen »Nebenkriegsschauplatz« abzuwerten oder aber ihm als vollgültige Alternative, sei es 1941/42 zum Ostkrieg, sei es 1943/44 zur alliierten Invasion Frankreichs, eine allzu hohe Bedeutung zuzuschreiben – zu überwinden und ihnen eine realistische Analyse der Möglichkeiten und Grenzen einer Entscheidungssuche auf diesem Kriegsschauplatz entgegenzustellen.

Ralf Georg Reuth hat es unternommen, gestützt auf eine besonders breite Quellenbasis und unter Auswertung der in ihrem Rang höchst unterschiedlichen wichtigsten Literatur, ohne sich in Abhängigkeit von ihr zu begeben, für die *deutsche* Strategie in den Jahren 1940 bis 1942 die notwendige Klärung in einer ebenso gründlichen wie in der Fragestellung zupackenden, nicht im Gestrüpp der Details steckenbleibenden Weise herbeizuführen. Jede Isolierung der deutschen Seite hat er dabei sorgsam vermieden, vielmehr die Ziele der anderen großen Mächte und die Rolle des Mittelmeerschauplatzes für die Gesamtkriegführung im Zweiten Weltkrieg mit in die Betrachtung einbezogen. So treten die Wendungen in der deutschen Strategie im Mittelmeerbereich stets in Beziehung zum Verlauf des Ostkrieges, zur »Schlacht im Atlantik« und zu dem Geschehen in Südostasien und im Indischen Ozean heraus.

Reuths Studie setzt nach einer knappen Skizzierung des Kriegsverlaufs in den ersten Monaten nach dem Kriegseintritt Italiens (10. Juni 1940), in denen der deutsche »Achsen«-Partner gemäß der Devise Mussolinis vom »Parallelkrieg«, den Deutschland und Italien führten – »Die Alpen trennen den deutschen vom italienischen Kriegsschauplatz« –, nur eine Randrolle spielte, intensiv mit den Entscheidungen der deutschen Führung im November 1940 ein, als nach den ersten schweren Niederlagen des italienischen Heeres und der italienischen Marine von Mussolini das Scheitern des »Parallelkriegs«-Konzepts eingestanden wurde und der Mittelmeerraum in die strategischen Erwägungen und Planungen der deutschen Führung miteinbezogen werden mußte. Quellennah verfolgt der Verfasser die wechselvollen Auseinandersetzungen zwischen den deutschen Führungsinstanzen – Hitler, OKW, OKH, Seekriegsleitung, Luftwaffenführung, Befehlshaber im nordafrikanischen, südosteuropäischen und süditalienischen Bereich – bis zum Ausrinnen der zuletzt allseits nach Aufgabe des halbherzig geplanten Unternehmens »Herkules« (Eroberung der britischen Inselfestung Malta) als letzte Chance betrachteten Angriffs auf Ägypten in der El-Alamein-Stellung Ende Juni 1942. Die folgenden Kriegsjahre, in denen die Initiative ausschließlich auf seiten der Alliierten lag, bleiben außerhalb der Darstellung.

Reuth hat seine Studie überzeugend in fünf Kapitel gegliedert, die den Phasen der stärker oder schwächer den Mittelmeerschauplatz in die Gesamtstrategie einbeziehenden Konzeptionen der deutschen Führung entsprechen. Von den Zeitabschnitten – November 1940 bis Februar 1941; März bis Juni 1941; Juni bis November 1941; November 1941 bis Januar 1942; Januar bis Juni 1942 – enthalten die beiden letzten die brisantesten Probleme. Es zeigte sich – dies ist ein über das Thema hinausweisendes Ergebnis der Arbeit –, daß Hitler – anders als im Osten – im Mittelmeerbereich nicht die ihm immer unterstellte dominierende Rolle spielte, vielmehr die erwähnten Führungsinstanzen – einmal diese, einmal jene – fast gleichgewichtig am Entscheidungsprozeß beteiligt waren. Die Arbeit Reuths ist zugleich ein wertvoller Beitrag zur Geschichte der »Achse«, insbesondere zur Belastung der deutsch-italienischen Koalition während des zentralen Zeitabschnitts des Krieges 1941/42, als die deutsche Führung immer mehr – teils nolens, teils volens – allein die Steuerung auch auf diesem Kriegsschauplatz übernahm.

Von den Einzelerkenntnissen, die die Studie enthält, sei die relativ positive Bewertung der Rolle Generalfeldmarschall Kesselrings – gerade auch für die Zusammenarbeit mit dem italienischen Partner – hervorgehoben, während die Haltung Rommels sowohl unter koalitions-politischen als auch unter operativen und logistischen Aspekten deutliche Kritik erfährt. Wichtig ist auch die präzise Darlegung der in ihrer Bedeutung schwankenden Heizölschwierigkeiten im Rahmen des Nachschubproblems für die deutschen Kräfte in Nordafrika. Die Schlüsselposition, die Malta von Anfang an einnahm, tritt eindrucksvoll heraus.

Es wäre zu hoffen und zu wünschen, daß die Studie Reuths den Anstoß dafür bieten möge, daß auch für die anderen großen Mächte, vor allem für Großbritannien und die USA, ähnliche Arbeiten entstehen, die den unterschiedlichen »Stellenwert« des Mittelmeerschauplatzes in ihrer Strategie während der Hauptetappen des Zweiten Weltkrieges so differenziert und zugleich klar darstellen und analysieren, wie es für die deutsche Seite durch Ralf Georg Reuth geschehen ist.

Köln, im Frühjahr 1985

Dr. Andreas Hillgruber
Professor für Mittlere und Neuere Geschichte
an der Universität zu Köln

I. Einleitung

1. Problemstellung und Methode

Über keinen anderen Kriegsschauplatz des Zweiten Weltkrieges ist wohl mehr geschrieben worden als über den Mittelmeerraum. Die dortigen Ereignisse haben in der internationalen kriegsgeschichtlichen Literatur ihre mehr oder weniger treffende Darstellung gefunden. Eine zwischen handbuchartigem Überblick und Spezialuntersuchung angesiedelte Studie dagegen, die die operativen und strategischen[1] Überlegungen und Planungen der deutschen Führung zum Mittelmeerraum unter besonderer Berücksichtigung des Faktors Malta – des »Angelpunktes« des dortigen Krieges, wie der Seekriegshistoriker Jürgen Rohwer die Bedeutung des britischen Luft- und Seestützpunktes treffend umschrieb[2] – in den Mittelpunkt stellt, steht bislang noch aus. Das vorliegende Buch soll diese Lücke schließen.

Ein derartiges Vorhaben muß von der grundlegenden Erkenntnis bestimmt sein, daß das Mittelmeer als Teilbereich des großeuropäischen, ab Dezember 1941 global erweiterten »Kriegstheaters« nur vor dem Hintergrund der – innerhalb der deutschen Führung nicht deckungsgleichen – strategischen Zielsetzungen betrachtet werden darf.
Im Hinblick auf Strategie und Zielsetzung Hitlers liegt der vorliegenden Untersuchung eine geschichtswissenschaftliche Position zugrunde, die Mitte der sechziger Jahre über die Fragestellung entstand, ob Hitler eine für ihn verbindliche außenpolitische Konzeption besessen habe oder nicht – die der sogenannten »Programmologen«[3]. Im Gegensatz zu den neuen »Revisionisten«[4], die die Auffassung vertreten, daß Hitlers Handeln als eine Abfolge von Metaphern zu verstehen ist, die sich aus der systemimmanenten

---

[1] Unter dem Terminus »Strategie« soll entgegen des noch vor 1945 in Deutschland ausschließlich militärisch aufgefaßten Begriffs im Sinne von Bewegungen großer Verbände, die aus dem angelsächsischen stammende, inzwischen allgemein akzeptierte Bedeutung des Begriffs als einer »Kombination aller Möglichkeiten, die ein Staat zum Erreichen seiner Ziele aus seinem Machtpotential zu entwickeln vermag«, zugrundegelegt werden. Obermann, E., Verteidigung. Stuttgart 1970, S. 139; vgl. dazu auch: Bechtolsheim, A. Frh. v., Der amerikanische Anteil an der Strategie des Zweiten Weltkrieges, in: WWR 1958, S. 345; Ropp, Th., War in the Modern World, Durham 1959; Liddell Hart, B.H., Strategy, Wiesbaden 1955, S. 393 ff.

[2] Rohwer, J., Malta - Angelpunkt des Krieges im Mittelmeer. Der Kampf um die Nachschubrouten Ende 1941, in: Köhlers Flottenkalender 1973. Das deutsche Jahrbuch der Seefahrt, S. 169 ff.

[3] Hillgruber, A., Hitlers Strategie. Politik und Kriegführung 1940 bis 1941, München 1982 (weiterhin zitiert als: Hillgruber, Strategie); Jäckel, E., Hitlers Weltanschauung. Entwurf einer Herrschaft. Tübingen 1969; Hildebrand, K., Deutsche Außenpolitik 1933-1945. Kalkül oder Dogma?, Stuttgart/Berlin/Köln/Mainz 1971; Henke, J., England in Hitlers politischem Kalkül (1935-1939), Boppard a.Rh. 1973; Dülffer, J., Weimar, Hitler und die Marine - Reichspolitik und Flottenbau 1920-1939, Düsseldorf 1972; Thies, J., Architekt der Weltherrschaft. Die »Endziele« Hitlers. Düsseldorf 1976; Bracher, K.D., Kritische Betrachtungen zum Faschismusbegriff, in: ders.; Zeitgeschichtliche Kontroversen um Faschismus, Totalitarismus, Demokratie, München 1976, S. 13 ff.

[4] Broszat, M., Soziale Motivation und Führer-Bindung des Nationalsozialismus, in: VfZG 18, 1970, S. 393 ff.; Mommsen, H., Nationalsozialismus, in: Sowjetsystem und demokratische Gesellschaft, hrsg. v. Kernig, C.D., Bd. IV, Freiburg i. Brg./Basel/Wein 1971, Sp. 695 ff.; Schieder, W., Spanischer Bürgerkrieg und Vierjahresplan. zur Struktur nationalsozialistischer Außenpolitik, in: Der Spanische Bürgerkrieg in der internationalen Politik (1936-1939), hrsg. v. Schieder, W./Dipper, Chr.,München 1976, S. 162 ff.

Eigendynamik des Nationalsozialismus entwickelte, und der völlig abwegigen Thesen Hoggans und Taylors[5], konstatieren die »Programmologen«, daß Hitlers Politik und Kriegführung von »einem aus verschiedenen ›Bausteinen‹ fest zusammengefügten außenpolitischen ›Programm‹«[6] geleitet wurden und zum Ziel hatten, »Deutschland über die Errichtung eines Kontinentalimperiums in Europa hinaus durch die Gewinnung eines kolonialen Ergänzungsraums in Afrika und die Schaffung einer starken Flotte mit Stützpunkten im Atlantik zu einer der vier – nach dem Ausfall Frankreichs und Rußlands – verbleibenden ›Weltmächte‹ neben dem Britischen Empire, dem ›Großraum‹ Japan in Ostasien und den USA zu machen. Erst für die folgende Generation erwartete Hitler einen Entscheidungskampf zwischen der ›Weltmacht‹ Deutschland und der ›Weltmacht‹ Amerika[7].«

Während Hitler – den für uns verbindlichen »Programmologen« zufolge – den politischen »Ausgleich« mit Großbritannien benötigte, um sein Ziel, die Errichtung eines deutschen Kontinentalimperiums, verwirklichen zu können, lag die Zielsetzung der deutschen Marineführung seit dem Tirpitzschen Postulat von der Unverzichtbarkeit auf eine starke deutsche Seestreitmacht in der Beseitigung der britischen Vorherrschaft auf den Weltmeeren und – damit letztlich kaum bescheidener als Hitlers Endziel – in der Gewinnung einer deutschen Weltmachtstellung[8]. Hitlers Strategie hatte die Seekriegsleitung nicht zuletzt aufgrund des aus ihrer Perspektive mit richtiger Frontstellung begonnenen europäischen Krieges nicht zu begreifen vermocht, so daß die maritime Strategie parallel neben Hitlers auf Umwegen in Angriff genommener Realisierung seiner Kontinentalkonzeption fortlebte.

Neben der Berücksichtigung dieser diametral entgegengesetzten Strategien mußten für die Beantwortung unserer Fragestellung die Eigengesetzmäßigkeiten der deutsch-italienischen Koalitions-Kriegführung gebührend berücksichtigt werden; denn der mangelnde Einblick der obersten deutschen Führung in die Belange des Mittelmeerkriegsschauplatzes, die letztlich ungeklärten Unterstellungsverhältnisse sowie der mit Kriegsdauer zunehmend ungleicher werdende Stellenwert der Bundesgenossen ermöglichte den im Mittelmeer eingesetzten deutschen Befehlshabern, sich einen eigenen Handlungsspielraum zu schaffen, wie er auf keinem deutschen Kriegsschauplatz des Zweiten Weltkrieges zu erlangen gewesen wäre. Zieht der historische Betrachter die nationalsozialisti-

[5] Hoggan, D.L., Der erzwungene Krieg, Tübingen 1961; Taylor, A.J.P., Die Ursprünge des Zweiten Weltkrieges. Gütersloh 1962. Hoggan und Taylor vertreten die These, daß Hitler unbeabsichtigt in den europäischen Krieg »hineinstolperte«.

[6] Hillgruber, A., England in Hitlers außenpolitischer Konzeption, in: ders.: Deutsche Großmacht- und Weltpolitik im 19. und 20. Jahrhundert, Düsseldorf 1977, S. 180 ff., hier S. 182 (weiterhin zitiert als: Hillgruber, England).

[7] Hillgruber, A., Der Faktor Amerika in Hitlers Strategie 1938-1941, in: ders., Deutsche Großmacht- und Weltpolitik im 19. und 20. Jahrhundert, Düsseldorf 1977, S. 197 ff., hier S. 198. Hitlers »Endziel« ist bei den sogenannten »Programmologen« umstritten: »Weltvormachtstellung« bei Hillgruber, »Weltmachtstellung« bei Hildebrand, »Weltherrschaft« bei Thies und »nur« »Kontinentalimperium« bei Jäckel.

[8] Vgl. dazu: Salewski, M., Die deutsche Seekriegsleitung 1935-1945, Bd. I-III, Frankfurt a.M. 1970/München 1975 (weiterhin zitiert als: Salewski, Seekriegsleitung); Post, G., The Civil-Military Fabric of Weimar Foreign Policy, Princeton 1973; Dülffer, J., Weimar, Hitler und die Marine. Reichspolitik und Flottenbau 1920-1939, Düsseldorf 1973; Gemzell, C.A., Organization, Conflict and Innovation. A Study of German Naval Strategic Planning 1888-1940, Lund 1973; Rahn, W., Reichsmarine und Landesverteidigung 1919-1928. Konzeption und Führung der Marine in der Weimarer Republik, München 1976; Schreiber, G., Revisionismus und Weltmachtstreben. Marineführung und deutsch-italienische Beziehungen 1919 bis 1944, Stuttgart 1978 (weiterhin zitiert als: Schreiber, Revisionismus). .

schen Führungsgrundsätze[9], nach denen Kesselring und Rommel der Einblick sowohl in die großen Zusammenhänge des Gesamtkrieges als auch in die Strategie Hitlers versagt bleiben mußte, hinzu, so stellen ihre Entscheidungen und strategischen Vorstellungen eine eigene Größe dar.

Die Kriegführung im Mittelmeer wurde demnach innerhalb der deutschen Führung im wesentlichen aus drei grundlegend verschiedenen Blickwinkeln beurteilt: dem kontinentalen – hierzu müssen auch OKH und OKL gezählt werden –, dem maritimen und dem eingeschränkten der im Mittelmeerraum eingesetzten deutschen Befehlshaber.

Um die daraus zu erwartenden differierenden strategischen und operativen Vorstellungen der deutschen Führung zum Krieg im Mittelmeer zu erhellen, empfahl es sich daher, jene unterschiedlichen Perspektiven darstellungstechnisch wiederkehren zu lassen. Angesichts der beiden Möglichkeiten, entweder in längeren Passagen aus einem Blickwinkel zu erzählen, wobei die jeweilige Konzeption transparenter erscheint, Überschneidungen jedoch aufgrund der mehrgleisigen Darstellung nicht vermieden werden können, oder durch einen ständigen Wechsel der Perspektive auf Kosten der Transparenz eine chronologische durchgehende Darstellung zu schaffen, schien die erste Lösung unserer Fragestellung angemessen zu sein. Um aber diese Darstellungsstränge nicht zu lang werden zu lassen und die Bezüge zu wahren, wurden die jeweiligen Blickwinkel innerhalb chronologisch aufeinanderfolgender Kapitel (III bis VII) sinnvoll variiert.

Diese Unterteilung in einzelne Kapitel verweist auf ein weiteres darstellungstechnisches Problem; denn aufgrund der Abhängigkeit der Bewertung des Mittelmeer- und des nordafrikanischen Kriegsschauplatzes von dem, parallel mit den Blickwinkeln wechselnden, gesamtstrategischen Kontexten, waren die jeweiligen Zäsuren keinesfalls kongruent. Als gangbarer Kompromiß empfahl es sich, Kapitel III – die in der wissenschaftlichen Literatur vielfach abgehandelte entscheidende Phase des Zweiten Weltkrieges vom Abschluß des Westfeldzuges, über den gescheiterten Versuch einer »weltpolitischen Zwischenlösung« bis zur Konzipierung des sogenannten »Weltblitzkriegsplanes« wurde als kurzer Abriß vorangestellt (Kapitel II) – Ende November 1940 mit dem Beginn von Deutschlands Zug um Zug erweitertem militärischem Engagement im Mittelmeerraum einsetzen zu lassen. Das vierte Kapitel beginnt mit dem Eintreffen Rommels in Tripolitanien und dem unmittelbar daran anschließenden, sich alsbald zur Offensive ausweitenden Vorwärtsstreben des Panzergenerals Mitte Februar 1941, das fünfte im Juni 1941 mit der sich bereits deutlich abzeichnenden Verschärfung der Seetransportlage im zentralen Mittelmeer und dem Beginn des Ostfeldzuges, das sechste mit der britischen Gegenoffensive im November 1941 und dem Scheitern des Hitlerschen »Weltblitzkriegsplanes« im Osten, das siebente mit der Rückeroberung der Cyrenaika durch Rommel ab Januar 1942. Den zeitlichen Schlußpunkt dieser Arbeit bildet schließlich die im Juni 1942 nach der Einnahme der Festung Tobruk getroffene Entscheidung, die deutsch-italienische Offensive bis zur Einnahme Ägyptens fortzusetzen, derjenigen Entscheidung also, die gleichzeitig den Höhe- und Wendepunkt des Krieges im Mittelmeerraum markiert.

---

[9] Gemeint ist hier vor allem der Führerbefehl Nr. 1, nach dem kein Angehöriger der Wehrmacht mehr wissen sollte als zur Ausführung seines Auftrages erforderlich war.

2. Bericht über Forschungsstand und Quellenbasis

Zum Zweiten Weltkrieg im Mittelmeerraum liegt, wie bereits angedeutet, eine kaum noch überschaubare Fülle mehr oder weniger befriedigender Darstellungen[10] vor. Häufig erscheint darin das dortige Kriegsgeschehen, sei es zu Land, Luft oder See, pathetisch überhöht. Dies gilt besonders für den – aus deutscher Sicht – von der »Erblast« des Vernichtungskrieges freien, ja sogar zum »Krieg ohne Haß« erhobenen Kampf in Nordafrika. Entscheidend trug hierzu die Person Rommels bei, die, schon während des Krieges, in der schweren Zeit des russischen Winters 1941/42 vom Reichspropagandaminister zum nationalsozialistischen Volkshelden erkoren und auch vom Gegner – nicht zuletzt zur »Vertuschung« eigener militärischer Fehlleistungen – frühzeitig als militärisches Phänomen herausgestellt wurde, das in der kriegsgeschichtlichen Literatur, begleitet von Legenden und Superlativen bis hin zum »greatest commander in history«[11], bis in die Gegenwart fortlebt.

Einen nüchternen, wissenschaftlich fundierten Beitrag zum Krieg in Nordafrika im Jahre 1941 liefert Adalbert von Taysen. In seiner Studie »Tobruk 1941«[12] gibt er einen detaillierten Einblick in das operative und strategische Kalkül Rommels, Hitlers und des Oberkommandos des Heeres. Kaum Erwähnung findet darin allerdings die kontroverse Beurteilung der Lage auf dem nordafrikanischen Kriegsschauplatz durch Hitler und durch das OKH während der ersten Hälfte des Jahres 1941. Außerdem bleibt der Faktor Rußland in Rommels strategischen Überlegungen während des Herbstes 1941 gänzlich ausgespart.

Walter Warlimont, der ehemalige stellvertretende Chef des Wehrmachtführungsstabes bzw. der Abteilung L, steht in seinen Abhandlungen »Die Entscheidung im Mittelmeer 1942«[13] sowie »Die Insel Malta in der Strategie des Zweiten Weltkrieges«[14] – ähnlich wie zuvor Taysen – Rommel relativ kritiklos gegenüber. Unter dem Hinweis darauf, daß es »allen Führungsgrundsätzen widersprochen haben würde, die Verfolgung der,

[10]   Vgl. dazu als knappe Auswahl: Belot, R. de, La guerre aéronavale en Méditerranée (1939-1945). Paris 1949; Audet, R., La stratégie allemande en Méditerranée, in: Rev.Déf.Nat., 7/1951, S. 483 ff.; Harding, J., Mediterranean Strategy 1939-1945, Cambridge 1960; Bernotti, R., Storia della guerra nel Mediterraneo (1940-1943), Rom 1960; Detwiler, D.S., Hitler, Franco und Gibraltar. Die Frage des spanischen Eintritts in den Zweiten Weltkrieg. Wiesbaden 1962; Howard,M., The Mediterranean Strategy in the Second World War, Cambridge 1966; Ansel, W., Hitler and the Middle Sea, Durham 1972; Santoni, A./Mattesini, F., La partizipazione tedesca alla guerra aeronavale nel Mediterraneo (1940-1945), Roma 1980 (weiterhin zitiert als: Santoni/Mattesini, Partizipazione).

[11]   Fourie, D., Rommel, in: Commando, 14/Nr. 9. Pretoria 1963. Zur meist die Ereignisse des Krieges in Nordafrika und deren Befehlshaber glorifizierenden Literatur vgl. daneben insbesondere: Bayerlein, F., Rommel. Eine Würdigung seiner Persönlichkeit, in: Schicksal Nordafrika, hrsg. vom Verband ehemaliger Angehöriger Deutsches Afrika-Korps e.V. in Verbindung mit dem Rommel Sozialwerk, Dölffingen 1954; Hesse,K., Rommel und der Geist von Potsdam, in: Die Oase, Nr. 3, 1968; Lewin, R., Rommel, Stuttgart/ Berlin/Köln/Mainz 1969; Young, D., Rommel, Wiesbaden 1974; Irving, D., Rommel. Eine Biographie, Hamburg 1978.

[12]   Taysen, A.v., Tobruk 1941. Der Kampf in Nordafrika, Freiburg i.Brg. 1976.

[13]   Warlimont, W., Die Entscheidung im Mittelmeer 1942, in: Entscheidungsschlachten des Zweiten Weltkrieges, hrsg. von Jacobsen, H.-A. und Rohwer, J., Frankfurt a.M. 1960 (weiterhin zitiert als: Warlimont, Entscheidung). Vgl. dazu auch ders., Im Hauptquartier der deutschen Wehrmacht 1939-1945. Grundlagen, Formen, Gestalten, Frankfurt a.M. 1964, S. 134 ff., S.143 ff. und S. 246 ff. (weiterhin zitiert als: Warlimont, Hauptquartier).

[14]   Warlimont, W., Die Insel Malta in der Mittelmeer-Strategie des Zweiten Weltkrieges, in: WWR 8/1958, S. 421 ff. (weiterhin zitiert als: Warlimont: Malta).

wie vermutet, bis zur Auflösung geschlagenen britischen Armee aus noch so guten Gründen einzustellen«[15], sieht Warlimont hinsichtlich der umstrittenen Frage, ob die Offensive nach dem Fall der Festung Tobruk im Juni 1942 fortzusetzen sei oder, wie vereinbart, die Eroberung Maltas durchgeführt werden sollte, keine Alternative zu Rommels Entschluß.

Dagegen wertet Eberhard Weichold die von Hitler gebilligte Entscheidung Rommels als abhängig von »heerestaktischen Entschlüssen im Frontkampfgebiet«[16]. Rommels Vorwärtsstreben beurteilt er als kurzsichtigen Aktionismus schlechthin. Das Bild dagegen, das er in seinem gemeinsam mit Walter Baum verfaßten Buch »Der Krieg der ›Achsenmächte‹ im Mittelmeerraum«[17] von sich selbst in seiner Eigenschaft als Chef des Marineverbindungsstabes (ab Sommer 1941: Marinekommando Italien) zeichnet, erscheint »frisiert«: Er stellt sich – besonders im Sommer 1942 – dar als stetiger Mahner und »Bremser« gegenüber Rommels Offensivstreben. Die Rolle Weicholds beurteilt Gerhard Schreiber in seiner Studie »Revisionismus und Weltmachtstreben«, in deren Mittelpunkt das Phänomen deutscher Weltmachtbestrebungen am Beispiel der deutschen Marineführung steht, gänzlich anders. Schreiber sieht die Quintessenz der operativen und strategischen Vorstellungswelt des Admirals in dessen »recht platter Erkenntnis (...), daß das Heil alleine in der Offensive liege«[18]. Zudem gibt Schreibers Studie einen Einblick in das gespannte Verhältnis des Admirals zu Supermarina.

Mit Karl Gundelachs jüngst erschienenem zweibändigen Werk »Die deutsche Luftwaffe im Mittelmeer 1940–1945«[19] liegt eine umfassende Abhandlung zum Luftkrieg im Mittelmeer vor. Allerdings findet darin der gesamtstrategische Rahmen keine genügende Berücksichtigung, so daß zum Beispiel Hitlers Entschluß, die Luftflotte 2 nach Italien zu entsenden, als dessen Versuch, dort eine Kriegsentscheidung herbeizuführen, fehlinterpretiert wird. Das Bild, das Gundelach darin von Kesselring, dem Oberbefehlshaber Süd, entwirft, reicht erstmals über den – laut Salewski – »großspurigen Statthalter Görings in Italien«, der »von sorgfältigen und langfristigen Beurteilungen der Lage im Mittelmeerraum (...) nicht viel« gehalten habe[20], hinaus. Kesselring erscheint bei Gundelach als umsichtig agierender Koordinator, wenn auch sein geschicktes Taktieren und Lavieren zwischen den verschiedenen Oberkommandos wenig berücksichtigt wird.

Neben mehreren kurzen Abhandlungen zur maritimen Strategie liefert Michael Salewski in seinem dreibändigen Werk »Die deutsche Seekriegsleitung 1935–1945« den wohl bei weitem umfangreichsten Beitrag zur Geschichte der Marineführung. Detailliert arbeitet er darin die strategischen Planungen und deren Genese heraus, ohne allerdings, wie Gerhard Schreiber zurecht anmerkt[21], die weltumspannenden Planungen, die Salewski zumindest im Jahre 1942 als »erheblich ›solider‹ und ›seriöser‹« einschätzt, »als das, was Hitler und seine Paladine ausgedacht hatten«[22], den tatsächli-

---

[15] Warlimont, Malta. S. 435.

[16] Weichold, E., Die deutsche Führung und das Mittelmeer unter dem Blickwinkel der Seestrategie, in: WWR 9/1959, S. 164 ff., hier S. 171 (weiterhin zitiert als: Weichold, Seestrategie).

[17] Baum, W./Weichold, E., Der Krieg der »Achsenmächte« im Mittelmeerraum. Die »Strategie« der Diktatoren, Göttingen/Zürich/Frankfurt a.M. 1973 (weiterhin zitiert als: Baum/Weichold, Krieg).

[18] Schreiber, Revisionismus, S. 280 ff., hier S. 303.

[19] Gundelach, K., Die deutsche Luftwaffe im Mittelmeer 1940-1945, Frankfurt a.M./Bern/Cirencester 1981 (weiterhin zitiert als: Gundelach, Luftwaffe).

[20] Salewski, Seekriegsleitung, Bd. II, S. 63.

[21] Schreiber, Revisionismus, S. 20.   [22] Salewski, Seekriegsleitung, Bd. II, S. 69.

chen, allzu begrenzten wehrwirtschaftlichen Möglichkeiten einer deutschen Kriegführung gegenüberzustellen. So erscheinen die maritimen Planungen in Salewskis Werk als echte Alternative zu Hitlers kontinentaler Konzeption, die sie nie zu sein vermochte. Dieser Sachverhalt wirkt sich unter anderem auch auf Salewskis Einschätzung der Malta-Problematik aus. Für eine Eroberung der Insel als der neben der Einnahme Tobruks wesentlichsten Voraussetzung zur Realisierung des »Großen Plans«, wie Salewski die maritime, vom Mittelmeer ausgehende Strategie der Seekriegsleitung im Jahre 1942 bezeichnet, soll diese seinen Ausführungen zufolge kontinuierlich eingetreten sein. Selbst als Rommel im Juni 1942 Tobruk nahm, glaubt Salewski feststellen zu können, daß »außerhalb der Seekriegsleitung niemand mehr an eine Eroberung der Insel (dachte), und so (...) das Verhängnis, daß die Marine mehr als einmal prophezeite, seinen vorgeschriebenen Lauf«[23] nahm. Zum »Problem Malta« bietet die o.g. Studie Schreibers in einem Exkurs einen weitaus zutreffenderen Ansatz[24].

Die Rolle des Mittelmeers in der Strategie Hitlers wird in einer Vielzahl von Darstellungen aus einer eingeschränkten, den gesamtstrategischen Kontext nicht ausreichend berücksichtigenden Perspektive betrachtet. Dies führt zu pauschalisierenden Thesen wie der der »kontinentalen Engstirnigkeit«[25] der obersten Führung oder der der »verpaßten strategischen Chancen« der »Achse« im Mittelmeerraum[26]. Grundlegend für die Einordnung des Faktors Mittelmeer in die Gesamtstrategie Hitlers bleiben daher Andreas Hillgrubers bereits im Jahre 1965 erschienenes, jüngst neu aufgelegtes Werk »Hitlers Strategie – Politik und Kriegführung 1940–1941«[27] sowie sein anläßlich eines internationalen Kolloquiums des »Comité d'Histoire de la Deuxième Guerre Mondiale« im April 1969 in Paris gehaltener Vortrag »La politique et la stratégie de Hitler dans le bassin méditerranéen«[28]. Danach waren »alle Entscheidungen Hitlers – sowohl diejenigen, die sich auf das östliche und das zentrale, als auch diejenigen, die sich auf das westliche Mittelmeer bezogen – (...) seinem im Spätherbst 1940 nach Aufgabe des ›Kontinentalblock‹-Projekts entwickelten Kriegsplan strikt untergeordnet«[29]. Für die Zeit der deutschen Ostoffensive konstatiert Hillgruber, daß »infolge der Abhängigkeit aller nachfolgenden Operationen von ihrem ›planmäßigen‹ Abschluß geradezu zwangsläufig auch die deutsche Mittelmeerstrategie bestimmt wurde«[30].

[23] Salewski, Seekriegsleitung, Bd. II, S. 72.
[24] Schreiber, Revisionismus, S. 351 ff. Vgl. zur Malta-Problematik des weiteren: Bauer, E., »Malta et Nafta«: Comment l'Axe perdit la guerre en Méditerranée, in: Rev.Déf.Nat. 8/1952, S. 469 ff.; Drevon, Malta dans la guerre en Méditerranée (1940-1943), in: Rev.Déf.Nat. 10/1954, S. 326 ff.; Fioravanzo, G., Studi e progetti per la presa di Malta, in RM 86/1954, S. 5 ff.; Warlimont, Malta; Weichold, Seestrategie; Alfacanis, Il peso strategico di Malta fu veramente determinante?, in: RM 97/1964, S. 2 ff.; Bell, P.M.H., La défense de Malte, 1940-1942, in: La guerre en Méditerranée (1939-1945), ed. Comité d'histoire de la 2ième guerre mondiale. Actes du Colloque International tenu à Paris du 8 au 11 avril 1969, Paris 1971 (weiterhin zitiert als: Bell, Défense); Smith, P.D., The Battles of the Malta Striking Forces, London 1974.
[25] Baum/Weichold, Krieg.
[26] Gruchmann, L., Die »verpaßten strategischen Chancen« der Achsenmächte im Mittelmeerraum 1940/41, in: VfZG 18/1970, S. 456 ff.
[27] München 1982.
[28] In: La guerre en Méditerranée (1939-1945), ed. Comité d'histoire de la 2ième guerre mondiale. Actes du Colloque International tenu à Paris du 8 au 11 avril 1969, Paris 1971, S. 139 ff.; u.a. abgedruckt als Politik und Strategie Hitlers im Mittelmeerraum, in: Deutsche Großmacht- und Weltpolitik im 19. und 20. Jahrhundert, Düsseldorf 1977 (weiterhin zitiert als: Hillgruber, Mittelmeerraum).
[29] Ebd., S. 284 f.
[30] Ebd., S. 288.

Einen breiten Einblick in die militärischen und politischen Faktoren des Krieges im Mittelmeer aus internationaler Sicht bietet die, im Anschluß an das bereits oben erwähnte Pariser Historikertreffen veröffentlichte Vortragssammlung »La Guerre en Méditerranée«. Last but not least seien in diesem Zusammenhang noch die offiziellen italienischen und britischen Darstellungen genannt[31], die sowohl den Ablauf des Krieges im Mittelmeer als auch die strategischen Überlegungen und Planungen des Comando Supremo bzw. der Chiefs of Staff darstellen. Ein für die deutsche Seite vergleichbares Werk, dem jedoch – zumindest in den bisher erschienenen Bänden – ein teilweise fragwürdiges Hitler-Bild zugrunde liegt, entsteht zur Zeit im Militärgeschichtlichen Forschungsamt in Freiburg/Breisgau[32].

Für die Beantwortung unserer Fragestellung erwiesen sich die gedruckten und ungedruckten Quellen als relevant. Außer wenigen für unser Thema verwendbaren Dokumenten aus dem Politischen Archiv des Auswärtigen Amtes in Bonn und dem Bundesarchiv in Koblenz standen die Akten des Bundesarchivs-Militärarchivs in Freiburg/Breisgau im Mittelpunkt unseres Interesses.

Einen Einblick in die Belange der deutschen Verbindungsstäbe (ab Sommer 1941 Verbindungskommandos) lieferten im Falle Weicholds dessen Nachlaß und die Bestände des Marine-Verbindungsstabes/-Kommandos Italien sowie Weicholds für die Skl erstellte Berichte und Lagebetrachtungen in den Akten der deutschen Seekriegsleitung. Für den Luftwaffen-Verbindungsstab/-Kommando sowie die Dienststellen des X. und II. Fliegerkorps und des Luftflotten-Kommandos 2 vermittelt ein von Gundelach im Zuge seiner Forschungsarbeiten zusammengestellter und dem Bundesarchiv-Militärarchiv übergebener Aktenbestand des Archivo Ufficio Storico in Rom einen guten Überblick. Von Rintelens Lageberichte finden sich vor allem in den Heeresakten sowie – in teilweise wörtlich übernommener Form – im Kriegstagebuch des Oberkommandos der Wehrmacht/Wehrmachtführungsstab[33]. Von der Panzerarmee Afrika stehen nur

---

[31] La marina italiana nella seconda guerra mondiale: La guerra nel Mediterraneo. Le azioni navali, Tomo 1°: Dal 10 guigno 1940 al 31 marzo 1941; Tomo 2°: Dal 1° avrile 1941 all' 8 settembre 1943. Compilatore: G. Fioravanzo; La guerra nel Mediterraneo. La difesa del traffico con l'Africa Settentrionale, Tomo 1°: Dal 10 guigno 1940 al 30 settembre 1941. Compilatore: A. Cocchia; Tomo 2°: Dal 1° ottobre 1941 al 30 settembre 1942, Compilatore: A. Cocchia, ed.: Ufficio Storico della Marina Militare, Roma 1958-1962; La prima offensiva britannica in Africa Settentrionale (ottobre 1940 - febbraio 1941); La prima controffensiva italo-tedesca in Africa Settentrionale (15 febbraio - 18 novembre 1941); La secondo offensiva britannica in Africa Settentrionale e repiegamento italo-tedesca nella Sirtica orientale (18 novembre 1941 - 17 gennaio 1942); La seconda controffensiva italo-tedesca in Africa Settentrionale (gennaio - settembre 1942), ed.: Ufficio Storico dello Stato Maggiore dell'Esercito, Roma 1949-1974 (im weiteren zitiert als Azioni navali; La difesa; Prima offensiva; Seconda offensiva; Prima controffensiva; Seconda controffensiva); Playfair, J.St.O./Stitt, G.M.St./Molony, Ch.J.Ch./Toomer, S.E., The Mediterranean and Middle East, Vol, I: The early successes against Italy (to May 1941), London 1954; Playfair, J.St.O./Flynn, F.C.,/Molony, Ch.J.Ch./Toomer, S.E.: The Mediterranean and Middle East, Vol. II: The Germans come to help of their ally (1941), London 1956; Playfair, I.St.O./Molony, Ch.J.Ch./Flynn, F.C./Gleave, T.P.: The Mediterranean and Middle East, Vol. III: British fortunes reach their lowest ebb (September 1941 - September 1942), London 1960 (weiterhin zitiert als: Playfair, Mediterranean).

[32] Deist, W./Messerschmidt, M./Volkmann, H.-E./Wette,W., Das Deutsche Reich und der Zweite Weltkrieg. Bd.1: Ursachen und Voraussetzungen der deutschen Kriegspolitik, hrsg. vom MGFA, Stuttgart 1979; Maier, K.A./ Rohde, H./Stegemann, B./Umbreit, H., Das Deutsche Reich und der Zweite Weltkrieg, Bd. 2: Die Errichtung der Hegemonie auf dem europäischen Kontinent, hrsg.: MGFA, Stuttgart 1979.

[33] Kriegstagebuch des Oberkommandos der Wehrmacht (Wehrmachtführungsstab) 1940-1945 Hrsg. v. P.E. Schramm in Zusammenarbeit mit A. Hillgruber/W. Hubatsch/H.-A. Jacobsen, 4 Bde., Frankfurt a.M. 1961-1965 (weiterhin zitiert als KTB OKW).

wenige Akten zur Verfügung, die einen Einblick in die strategische Vorstellungs- und Gedankenwelt Rommels erlauben. Dafür wurde ergänzend Liddell Harts Edition der Rommel-Papers hinzugezogen[34].

Für die Darstellung der strategischen Planungen der Seekriegsleitung war die Quellenlage insgesamt am günstigsten. Von besonderem Wert erwiesen sich hierfür die Teile A und C des Kriegstagebuches der Seekriegsleitung sowie die von Gerhard Wagner herausgegebenen Lagevorträge des Oberbefehlshabers der Marine bei Hitler[35].

Dagegen flossen die Quellen für das Oberkommando der Luftwaffe am spärlichsten. Da Göring diese Luftwaffenakten 1945 systematisch vernichten ließ, konnte lediglich ein lückenhaftes Bild aus anderen Aktenbeständen – vor allem aus den von Gundelach dem Bundesarchiv-Militärarchiv zur Verfügung gestellten Dokumenten – erstellt werden.

Die Akten der Operationsabteilung, die Berichte des Marineverbindungsoffiziers zum Oberkommando des Heeres und besonders das Halder-Tagebuch[36] vermitteln einen relativ befriedigenden Einblick in die strategischen Planungen des OKH. Für das Oberkommando der Wehrmacht seien neben wenigen Aktensplittern zum Krieg im Mittelmeerraum als die grundlegenden Quellen – vor allem für die erste Zeit des deutschen Eingreifens im Mittelmeer – das Kriegstagebuch des Oberkommandos der Wehrmacht/Wehrmachtführungsstab[37] sowie die über die »Schaltstelle« von Rintelen in Rom in OKH-Beständen auffindbaren Dokumente erwähnt.

Zur Verdeutlichung des Stellenwertes des Mittelmeerraumes in Hitlers Strategie dienten eine Reihe von gedruckten Dokumentensammlungen und Tagebücher[38]. Erwähnenswert sind die Berichte des Marinereferenten im Oberkommando der Wehrmacht/Wehrmachtführungsstab, Junge, sowie der nicht veröffentlichte Teil der Goebbels-Tagebücher.

Bei aller notwendigen Zurückhaltung gegenüber dem Aussagewert der nach Kriegsende erstellten »Foreign Military Studies of the Historical Division, Headquarters, United States Army, Europe 1945–1954« – einzusehen im Militärgeschichtlichen Forschungsamt in Freiburg/Breisgau – lieferten diese dennoch einen wichtigen Beitrag zu unserem Thema.

---

[34] Liddell Hart, B.H. (Hrsg.), The Rommel Papers, London 1953 (weiterhin zitiert als: Liddell Hart, Rommel Papers).

[35] Wagner, G. (Hrsg.), Die Lagevorträge des Oberbefehlshabers der Marine vor Hitler 1939-1945, München 1971 (weiterhin zitiert als: Wagner, Lagevorträge).

[36] Halder, F., Kriegstagebuch. Tägliche Aufzeichnungen des Chefs des Generalstabes des Heeres 1939-1942, Bd. II: Von der geplanten Landung in England bis zum Beginn des Ostfeldzuges (1.7.1940-21.6.1941), bearbeitet von H.-A. Jacobsen, Stuttgart 1963; Bd. III: Der Rußlandfeldzug bis zum Marsch auf Stalingrad (22.6.1941-24.9.1942), bearbeitet von H.-A. Jacobsen, Stuttgart 1964 (weiterhin zitiert als: KTB Halder).

[37] Siehe oben S. 15, Anm. 33.

[38] Vgl. dazu insbesondere: Akten zur deutschen auswärtigen Politik 1918-1945. Aus dem Archiv des Auswärtigen Amtes, Serie D (1937-1945), Bde. XII.1. Bonn 1964, XII.2, Göttingen 1969, XIII.1 und 2, Göttingen 1970; Serie E (1941-1945), Bde. I und II, Göttingen 1969; Picker, H., Hitlers Tischgespräche im Führerhauptquartier 1941-1942, neu hrsg. von P.E. Schramm in Zusammenarbeit mit A. Hillgruber und M. Vogt, Stuttgart 1965 (weiterhin zitiert als: Picker, Tischgespräche); KTB OKW; Hillgruber, A. (Hrsg.), Staatsmänner und Diplomaten bei Hitler, 2 Bde., Frankfurt a.M. 1967-1970 (weiterhin zitiert als: Hillgruber, Staatsmänner); Wagner, Lagevorträge; Hitler, Adolf, Monologe im Führerhauptquartier 1941-1944. Die Aufzeichnungen Heinrich Heims, hrsg. von W. Jochmann, Hamburg 1980 (weiterhin zitiert als: Hitlers Monologe); Hitlers politisches Testament. Die Bormann-Diktate vom Februar und April 1945. Mit einem Vorwort von H.R. Trevor-Roper und einem Kommentar von A. François-Poncet, Hamburg 1981.

3. Bemerkungen zu Text und Anmerkungsapparat

Im fortlaufenden Text wurden Ergänzungen des Verfassers innerhalb von Zitaten durch Klammer ( ) angezeigt. Daneben schien es sinnvoll, fremdsprachige Zitate ins Deutsche rückzuübersetzen.

Im Anmerkungsapparat wurde nur eine knappe Auswahl aus der in unüberschaubarer Fülle vorhandenen Literatur zum Krieg im Mittelmeerraum aufgenommen. Für weiteres Schrifttum zu dieser Thematik sei hier, neben den in der Literaturliste aufgeführten Bibliographien besonders auf diejenige Josef Schröders mit dem Titel »Italien im Zweiten Weltkrieg«[39] verwiesen, die mit über 9000 Titeln den wohl umfassendsten Überblick gibt.

Die in der Arbeit benutzte Literatur wurde beim Erstbeleg vollständig zitiert und im folgenden dann mit dem beim Erstbeleg aufgeführten Kurztitel bezeichnet. Zeitschriften wurden nach den im Abkürzungsverzeichnis aufgeführten Siglen zitiert. Weniger bekannte Zeitschriften erhielten Kurztitel und wurden wie die übrige Literatur gehandhabt. Die in der Arbeit zitierten Quellen wurden durch Absender, Nummer und Ausstellungsdatum bezeichnet. Waren diese nicht überliefert, so wurde deren Fehlen durch eine Klammer – (...) – angezeigt. Die Aktensignatur und die Siglen des jeweiligen Archivs bzw. der Forschungseinrichtung folgen diesen Angaben.

---

[39] Schröder, J., Italien im Zweiten Weltkrieg. Eine Bibliographie, München 1978.

II. Das Mittelmeer in der Strategie der deutschen Führung vom Ausbruch des Zweiten Weltkrieges bis zum Scheitern des Kontinentalblockprojektes (September 1939–November 1940) – Ein kurzer Überblick

Der Mittelmeerraum war in Hitlers in den zwanziger Jahren konzipiertem »Programm« zur Errichtung eines deutschen Kontinentalimperiums mit Ergänzungsraum in Mittelafrika gleichsam als Interessensgebiet des »Wunschpartners« Italien ausgespart[1]. »Er sei und bleibe das natürliche Gebiet der italienischen Expansion«, konstatierte Hitler in seinem im Jahre 1928 verfaßten, sogenannten »Zweiten Buch« und begründete dies damit, daß »je mehr das heutige Italien von seiner bisherigen nationalen Einigungspolitik ab- und zu einer imperialistischen hingeht, (es) um so mehr auf die (...) Wege des alten Rom geraten (werde), nicht aus Machtdünkel heraus, sondern aus tiefinneren Notwendigkeiten«[2]. Dementsprechend sollten, nachdem sich beide Partner im Zuge des Abessinien-Konfliktes gefunden hatten, Deutschland in Kontinentaleuropa und Italien im Mittelmeer ihre expansionistischen Zielsetzungen in Angriff nehmen. Bei Verwirklichung des »Programms« sollte Italien gleichsam als quasi-autarker Raum innerhalb eines deutschen Weltreiches fortbestehen.

Mussolinis Streben nach einem neuen »Imperium Romanum«[3] waren allerdings aufgrund der geostrategischen Lage des Landes und seiner wirtschaftlichen Schwäche enge Grenzen gesteckt. Das rohstoffarme Land war in hohem Maße vom Import abhängig. Vor Beginn des Zweiten Weltkrieges führte Italien 21–22 Millionen Tonnen Waren ein, von denen etwa 84 Prozent auf dem Seewege befördert wurden. Die Straße von Gibraltar passierten davon 54 Prozent, den Suez-Kanal 5 Prozent und die Dardanellen 12 Prozent. Nur 13 Prozent der Zufuhren wurden im mediterranen Binnenseeverkehr abgewickelt[4]. Im Falle einer kriegerischen Auseinandersetzung mit Großbritannien und

[1]   Hillgruber, Mittelmeer, S. 276. Zum Nachfolgenden vgl.: Hillgruber, Strategie, S. 65 ff.; Schreiber, G., Das Mittelmeer in Hitlers Strategie 1940. »Programm« und militärische Planung, in: MGM 2/1980; Siebert, F., Italiens Weg in den Zweiten Weltkrieg, Frankfurt a.M./Bonn 1962; Baum/Weichold, Krieg.

[2]   Hitlers »Zweites Buch«. Ein Dokument aus dem Jahre 1928, eingeleitet und kommentiert von G.L. Weinberg, Stuttgart 1961, S. 176.

[3]   Zur Außenpolitik und den Kriegszielen des faschistischen Italien vgl.: Felice, R. de (Ed.), L'Italia fra Tedeschi a Alleati. La politica estera fascista e la seconda guerra mondiale, Bologna 1963; ders., Beobachtungen zu Mussolinis Außenpolitik, Saeculum, 1973, Heft 4; Gianluca, A., Die faschistische Außenpolitik während des Zweiten Weltkrieges, in: O. Hauser (Hrsg.), Weltpolitik II 1939-1945, Göttingen 1973. Entgegen diesen gängigen Interpretationsmustern konstatiert Macgregor Knox, daß Mussolini kein planloser Opportunist oder seine Außenpolitik eine simple Fortsetzung der traditionellen italienischen »Schaukelpolitik« zwischen Deutschland und den Westmächten war, sondern seine Ziele, ähnlich denen Hitlers, programmatisch festgelegt waren. Knox, M., Mussolini Unleashed 1939-1941. Politics and Strategy in Fascist Italy's Last War, Cambridge 1982.

[4]   Zur wirtschaftlichen Lage Italiens am Vorabend und zu Beginn des Zweiten Weltkrieges vgl.: Guarneri, F., Battaglie economiche. Tra le due grandi guerre, Vol. II, (1936-1940), Milano 1953; Raspin, A., Wirtschaftliche und politische Aspekte der italienischen Aufrüstung Anfang der dreißiger Jahre bis 1940, in: F. Forstmeier/H.-E. Volkmann (Hrsg.), Wirtschaft und Rüstung am Vorabend des Zweiten Weltkrieges, Düsseldorf 1975.

Frankreich konnte Italien von diesen aufgrund ihrer Kontrolle über die Mittelmeerausgänge Gibraltar und Suez von der Rohstoffzufuhr abgeschnitten werden, wodurch es von den Exporten Kontinentaleuropas abhängig wurde. Darüber hinaus hatten die Westmächte mit ihren Stützpunkten auf Malta, Korsika und Zypern sowie von Ägypten und Tunesien aus die Möglichkeit, die mediterranen Verbindungslinien abzuschneiden und auch die langen Küsten der Apennin-Halbinsel zu bedrohen. Das aus der Sicht Mussolinis sowohl aus wirtschaftlichen als auch aus militärischen Gründen als »historische Notwendigkeit« angesehene Bündnis mit Deutschland, das schließlich mit der Unterzeichnung des »Stahlpaktes« am 22. Mai 1939 zustandegekommen war[5], bildete deshalb die unabdingbare Voraussetzung für den Aufbau eines italienischen Mittelmeer-Imperiums. Jetzt erst bestand die Möglichkeit, »die Riegel des italienischen Gefängnisses« – Korsika, Malta, Zypern und Tunesien – aufzubrechen, und »entweder zum Indischen Ozean durch den Sudan, der Libyen mit Abessinien verbindet, oder zum Atlantischen Ozean durch Französisch-Nordafrika«[6] zu marschieren, wie Mussolini am 4. Februar 1939 die Ziele Italiens in einem als unvermeidbar angesehenen zukünftigen Krieg vor dem faschistischen Großrat skizzierte.

Ein zeitlich parallel in Angriff genommenes Ausgreifen Deutschlands in Zentraleuropa und Italiens im Mittelmeer – etwa durch einen überraschend ausgeführten »Handstreich« gegen Malta mit dem Ziel, die rückwärtigen Verbindungslinien zur Kolonie Tripolitanien zu sichern, oder durch eine Offensive gegen Ägypten, um den im Kriegsfalle verschlossenen Seeweg durch den Suez-Kanal nach Italienisch-Ostafrika wiederherzustellen – verhinderte jedoch der Faktor »Zeit«. Während sich Italien frühestens im Jahre 1943 für den großen Konflikt gerüstet sah[7], was Mussolini Hitler schon kurz nach dem Abschluß des »Stahlpaktes« hatte wissen lassen, drohte Deutschland aufgrund der verstärkten Rüstungsanstrengungen seiner an Rohstoffen reicheren potentiellen Gegner, seinen noch quantitativ und qualitativ bestehenden Rüstungsvorsprung zu verlieren[8]. Unter diesem Zeitdruck stehend, begann Hitler schließlich am 1. September 1939 mit dem Überfall auf Polen sein »Programm« zu verwirklichen, ohne daß das faschistische Italien seinerseits – auch nicht nachdem Großbritannien und Frankreich Deutschland den Krieg erklärt hatten – im Mittelmeer offensiv wurde.

Wenn auch Hitler zunächst über das Abseitsbleiben Italiens enttäuscht war und Mussolinis Argumente von der unzureichenden militärischen Vorbereitung als »Ausflüchte« abtat, bedeutete die italienische »Nichtkriegführung« militärisch gesehen eine wesentliche Erleichterung der operativen Lage im Westen; denn die Ungewißheit, ob und wann Italien an der Seite Deutschlands in den Konflikt eingreifen würde, band starke französische und britische Verbände im Mittelmeer[9].

Am Vorabend des als schwierig angesehenen Westfeldzuges wandte sich die deutsche Führung erneut an Mussolini, um für den Fall eines Kriegseintrittes Italiens das Mitwirken einer italienischen Armee aus dem süddeutschen Raum heraus gegen Frankreich zu erreichen. Mussolini, seinem Motto »nicht mit Deutschland oder für Deutschland, son-

[5]   Zum Stahlpakt vgl.: Siebert, F., Der deutsch-italienische Stahlpakt, in: VfZG 7/1959.
[6]   Deakin, F.W., Die brutale Freundschaft. Hitler, Mussolini und der Untergang des italiensichen Faschismus, Köln/Berlin 1962, S. 23.
[7]   Vgl. dazu die unter Anm. 4 aufgeführte Literatur.
[8]   Dülffer, J., Der Beginn des Krieges 1939. Hitler, die innere Krise und das Mächtesystem, in: Geschichte und Gesellschaft 2/1976, S. 433 ff.
[9]   Playfair, Mediterranean, Vol.I, S. 23 ff.

dern für Italien«[10] folgend, verharrte jedoch in der »Nichtkriegführung«. Den günstigsten Augenblick für einen Kriegseintritt hielt er aufgrund der Erfahrungen des Ersten Weltkrieges – des vierjährigen deutsch-französischen Abnutzungskrieges – für noch nicht gekommen. Dies änderte sich jedoch schon wenige Wochen später, als sich ein neuerlicher, unerwartet schneller Erfolg der deutschen Waffen, abzuzeichnen begann. In der Erwartung, bei einer bevorstehenden friedlichen Neuordnung Europas – mit dem Einlenken Großbritanniens rechnete Mussolini nach Beendigung des Westfeldzuges – seinen Machtbereich im Mittelmeer auf Kosten der Westmächte erweitern zu können, entschloß sich Mussolini nunmehr, an der Seite Deutschlands in den europäischen Krieg einzutreten. Auf den Einwand Badoglios, des Chefs des italienischen Wehrmachtgeneralstabs, hin, der den unzureichenden Rüstungsstand Italiens als Argument gegen einen Kriegseintritt vorbrachte, versicherte Mussolini, »daß im September alles vorbei sein wird«, und er lediglich »einige tausend Tote brauche«, um sich als »Kriegführer an den Tisch des Friedens zu setzen«[11].

Als Italien daraufhin Frankreich und Großbritannien am 11. Juni 1940 den Krieg erklärte, bestand das italienische Heer aus insgesamt 79 Divisionen, von denen 49 im Mutterland lagen[12]. Voll ausgerüstet – allerdings mit völlig veralteten, teilweise noch aus dem Ersten Weltkrieg stammendem Gerät – waren davon nur 19 Divisionen. Über eine moderne Panzerwaffe verfügte das italienische Heer nicht. Die drei sogenannten Panzerdivisionen waren – neben wenigen 13-Tonnen-Panzer-Kampfwagen mit 4,5-cm-Kanone – in der Mehrzahl mit dem sich schon während des Spanischen Bürgerkrieges als völlig unbrauchbar erwiesenen 3-Tonnen-Standard-Fahrzeug ausgerüstet, das lediglich zwei Maschinengewehre besaß und dessen Panzerung nur gegen Infanteriegeschosse schützte.

Die Verhältnisse bei der Marine stellten sich etwas günstiger dar[13]. Italien verfügte über sechs Schlachtschiffe, von denen zu Kriegsbeginn allerdings nur die beiden veralteten –»Cesare« und »Cavour« – einsatzbereit waren. Mit 29 Kreuzern, 59 Zerstörern, 69 Torpedobooten, 65 Schnellbooten und 157 Hilfsschiffen sowie mit 115 Unterseebooten verfügte Italien rein zahlenmäßig betrachtet über eine beachtliche Seestreitmacht. Dennoch war die Marine nicht *das* schlagkräftige Instrument, das ihre numerische Stärke vermuten ließ. Technische Rückständigkeit – die italienischen Kriegsschiffe waren nicht mit Radar ausgestattet – und eine unzureichende taktische Ausbildung machten sie der zahlenmäßig kleineren britischen Mittelmeerflotte unterlegen.

Die italienische Luftwaffe besaß im Jahre 1939 ungefähr 3 300 – teilweise vollkommen veraltete – Flugzeuge und war damit die bei weitem stärkste im Mittelmeerraum[14]. Einsatzbereit aber waren im Juni 1940, als Italien in den Krieg eintrat, 1 796 Flugzeuge, davon 783 Bomber, 594 Jagd-, 268 Aufklärungs- sowie 151 Seeflugzeuge. Die italie-

[10] Rossi, F., Mussolini e lo Stato Maggiore, Roma 1951, S.35. (weiterhin zitiert als Rossi, Mussolini).
[11] Badoglio, P., Italien im Zweiten Weltkrieg. Erinnerungen und Dokumente, München/Leipzig 1957, S. 32.
[12] Rossi, Musssolini, S. 14 ff.; Hillgruber, Strategie, S. 128 f.; Baum/Weichold, Krieg, S. 28 f.
[13] Bragadin, M.A., The Italian Navy in World War II, Annapolis 1975; Fioravanzo, G., Die Kriegführung der Achse im Mittelmeer, MR 55/1958; Baum/Weichold, Krieg, S. 29 ff. Die britische Ostmittelmeerflotte verfügte im Juni '40 über 4 Schlachtschiffe, 1 Flugzeugträger, 9 Kreuzer, 21 Zerstörer und 6 Unterseeboote. Hillgruber A./Hümmelchen, G., Chronik des 2. Weltkrieges, Frankfurt a.M. 1966, S. 13.
[14] Santoro, G., L'Aeronautica italiana nella seconda guerra mondiale, Milano/Roma 1957; Gundelach, Luftwaffe, Bd. I, S. 20; Baum/Weichold, Krieg, S. 28 f.

nische Luftwaffe war taktisch besonders für den Horizontalangriff aus großen Höhen und damit vornehmlich für die Bekämpfung von Landzielen ausgebildet. Wenn auch 10 Prozent der Flugzeuge für eine Zusammenarbeit mit den Seestreitkräften zur Verfügung standen, so war doch die taktische Kooperation zwischen Marine und Luftwaffe auf einem niedrigen Stand.

Eine Absprache mit dem deutschen Bundesgenossen oder einen Operationsplan gab es zum Zeitpunkt des italienischen Kriegseintritts – und auch später – nicht. Dementsprechend improvisiert, stärker aus Prestige- bzw. Demonstrationsgründen als aus einer operativ sinnvollen Erwägung heraus, gestalteten sich auch die den Kriegseintritt Italiens begleitenden militärischen Aktivitäten. Neben einigen wirkungslosen Luftangriffen gegen den britischen See- und Luftstützpunkt Malta[15] traten italienische Heeresverbände am Tag nach dem französischen Ersuchen um einen Waffenstillstand gegen die vorgeschobenen französischen Abwehrstellungen in den Seealpen zur Offensive an[16], ehe bereits drei Tage darauf am 24. Juni 1940 der italienisch-französische Waffenstillstand die Feindseligkeiten beendete.

Trotz des triumphalen Erfolges über Frankreich erfüllten sich jedoch weder Hitlers Hoffnung auf einen politischen »Ausgleich« mit Großbritannien noch diejenige Mussolinis, bei der Neuordnung Europas den italienischen Machtbereich im Mittelmeerraum ausdehnen zu können. Großbritannien, zunehmend gestützt auf die Vereinigten Staaten, war entschlossen, den Krieg gegen die »Achsen«-Mächte fortzusetzen. Ermutigt haben mochte das britische Kriegskabinett zu diesem Schritt auch der erste Schlagabtausch zwischen der britischen und italienischen Flotte bei Punta Stilo am 9. Juli 1940[17], der die Schwäche der italienischen Marine offen zutage treten ließ. An der südlichen Peripherie Europas sah deshalb Großbritannien auch die Möglichkeit, im Rahmen der strategischen Defensive durch eine »Taktik der permanenten Bedrohung«[18] die Initiative zu behalten. Von dort aus sollte das schwächere »Achsenglied« Italien aus dem Felde geschlagen werden, um Kräfte für die Sicherung der britischen Positionen in Fernost gegen die erwartete japanische Expansion freizubekommen.

Die ausbleibende Friedensbereitschaft Großbritanniens ließ Hitler immer mehr dem Argument verfallen, daß Englands Hoffnung die USA und Rußland seien. Wenn er auch am 31. Juli 1940 seine Entscheidung bekanntgab, im Mai 1941 – gegebenenfalls ohne einen vorherigen »Ausgleich« mit Großbritannien – die Sowjetunion zu zerschlagen, noch bevor das amerikanische Rüstungspotential auf der britischen Seite der Waagschale zur Auswirkung kommen würde, so hatte er dennoch nicht die Erwartung aufgegeben, eine Verständigung mit dem »Wunschpartner« Großbritannien erreichen zu können. Durch kriegspsychologisch abgestufte Schläge – angefangen beim U-Boot-Zufuhrkrieg über den Luftkrieg bis hin zu allerdings nur halbherzig verfolgten Vorbereitungen zur Landung auf der britischen Insel (Unternehmen »Seelöwe«) – versuchte Hitler, sein Ziel zu erreichen. Solange er hoffen konnte, mit diesen Mitteln noch zum

[15] Playfair, Mediterranean, Vol.I, S. 119 ff.
[16] Marchine, U., La battaglia delle Alpi Occidentali. Guigno 1940, Roma 1947.
[17] Cunningham, A.B., Report of an Action with the Italian Fleet off Calabria, 9th July, 1940. Supplement to »The London Gazette«, 28.4.48; Playfair, Mediterranean, Vol. I, S. 150 ff; Azioni navali, Vol. I, S. 99 ff.
[18] Hillgruber, Strategie, S. 82. Zur britischen Defensiv-Strategie vgl. auch: Harding, J., Mediterranean Strategy. 1939-1945, Cambridge 1960; Howard, M., The Mediterranean Strategy in the Second World War, Cambridge 1966.

Erfolg zu kommen, griff er den Gedanken an ein militärisches Engagement im Mittelmeerraum nicht auf. Nicht zuletzt aus Rücksichtnahme auf die Empfindlichkeiten Mussolinis und vor allem, um den neutralen Status der vichy-französischen Besitzungen in Nord- und Westafrika weiterhin zu gewährleisten, sollte nach wie vor die Devise gelten: »Die Alpen trennen die Kriegsschauplätze[19].«

Entgegen den Vorstellungen Hitlers integrierte die Seekriegsleitung nach dem Sieg im Westen und nach Italiens Kriegseintritt das Mittelmeer in ihren maritimen Operationsplan[20]. Da die Landung auf der britischen Insel nach Auffassung der Seekriegsleitung ein zu hohes Risiko barg, es sich außerdem als unmöglich erwiesen hatte, nach Norwegen auch Irland und Island in Besitz zu nehmen und damit Großbritannien mit einem strategischen Ring zu umschließen, sowie in einem atlantischen Zufuhrkrieg mit den deutschen Seestreitkräften allein kein durchschlagender Erfolg erzielt werden konnte, sollten gemäß der Ende August/Anfang September 1940 konzipierten martimen Strategie nicht nur das militärisch schwache Italien, sondern auch Frankreich für den Kampf gegen England herangezogen werden. Wenn es gelingen würde, England aus dem gesamten Mittelmeer zu vertreiben, Gibraltar und Suez zu nehmen, die vichy-französischen Positionen Dakar und Casablanca zu sichern und als eigene Flottenstützpunkte zu nutzen, die Kanarischen Inseln als atlantisches Vorfeld Europas und Westafrikas zu gewinnen, dann mußten nach Auffassung der Seekriegsleitung die Voraussetzungen geschaffen sein, um zu einem kriegsentscheidenden Schlag gegen die atlantischen Verbindungen Großbritanniens auszuholen und dessen Widerstandswillen zu brechen.
Nicht als »Hauptaktion« wie dies die Seekriegsleitung mehrmals bei Hitler forderte, sondern als »Zwischenaktion« erwog der Chef des Wehrmachtführungsstabes, General Jodl, die Kriegführung als Alternative zum »Seelöwen« an die südliche Peripherie zu verlagern. Grundgedanke seiner als »Peripherie-Strategie« in die Kriegsgeschichte eingegangenen Konzeption war, den »Kampf gegen das englische Empire (...) nur durch oder über Länder (...) (zu führen), die am Zerfall des englischen Weltreiches interessiert sind und auf eine ergiebige Erschaft hoffen«[21]. Durch die Verminung des Suez-Kanals und durch die Eroberung Gibraltars glaubte Jodl, den Briten ihre Mittelmeerposition entreißen zu können und sie noch vor der im Frühjahr 1941 beabsichtigten Hauptoperation, der Zerschlagung der Sowjetunion, zur Aufgabe zwingen zu können.
Das politische Gegenstück zu Jodls »Peripherie-Strategie« und den maritim-strategischen Überlegungen der Seekriegsleitung verfolgte Reichsaußenminister von Ribbentrop, der schon seit der Jahreswende 1937/38 aufgrund seiner Erfahrungen als deutscher Botschafter in London einen deutsch-britischen Interessenausgleich auf der Basis der Teilung der Welt, wie ihn sich Hitler vorstellte, für unerreichbar hielt. Der Zielsetzung Hitlers diametral entgegengesetzt, hatte Ribbentrop die geopolitischen Vorstellungen Karl Haushofers zur Idee eines Kontinentalblockes, einer euro-asiatischen Staatenkoalition, deren Eckpfeiler Deutschland, Italien, die Sowjetunion und Japan sein

[19]   Loßberg, B. v., Im Wehrmachtführungsstab, Hamburg 1949, S. 59.
[20]   Zur maritimen Strategie in der zweiten Hälfte des Jahres 1940 vgl. Salewski, Seekriegsleitung, Bd. I, S. 271 ff.
[21]   Klee, K., Dokumente zum Unternehmen »Seelöwe«, Göttingen 1959, S. 298 ff.; vgl. dazu Hillgruber, Strategie, S. 278 ff.

sollten, ausgeformt[22]. Die sich überschneidenden territorialen Interessen dieser Staaten sollten durch eine gemeinsame Südexpansion auf Kosten Großbritanniens überwunden werden.

Dem Gedanken eines militärischen Engagements Deutschlands im Mittelmeer begann sich Hitler Ende August 1940 zu nähern, als sich die Voraussetzungen für die Landung in England weiter verschlechterten. Am 30. August konstatierte er, daß die Entsendung zweier Panzer-Divisionen zur Unterstützung des italienischen Angriffs gegen Ägypten in Verbindung mit der geplanten Operation gegen Gibraltar geeignet sei, »England seine Machtstellung im Mittelmeer völlig zu entreißen«[23]. Am 5. September unterbreitete Jodl daraufhin im Auftrage Hitlers dem italienischen Militärattaché, General Marras, ein erstes deutsches Hilfsangebot in Form eines Panzerkorps für Nordafrikas. Entgegen allen Erwartungen reagierte die italienische Führung – offenbar völlig verstrickt in das auf deutscher Seite bis zu diesem Zeitpunkt kaum richtig eingeschätzte Bestreben, den »Parallelkrieg« ohne deutsche Beteiligung fortzusetzen – verhalten auf die Offerte; denn die in Rom alsbald erwartete deutsche Landung auf der britischen Insel mußte nach italienischer Auffassung eigene Operationen erübrigen. So wurde die italienische Offensive in Nordafrika, die am 13. September 1940 begonnen hatte, bereits fünf Tage später, ohne auf nennenswerten britischen Widerstand gestoßen zu sein, 90 Kilometer ostwärts der libysch-ägyptischen Grenze bei Sidi Barrani abgebrochen[24].

Erst als auch die »Luftschlacht um England« nicht den erwarteten Erfolg erbrachte, das heißt, England nicht »friedensbereit gebombt« werden konnte und statt dessen die eigenen Luftstreitkräfte schwerste Verluste hinnehmen mußten, begann Hitler, Ribbentrops Kontinentalblock-Plan als »weltpolitische Zwischenlösung«[25] in sein »Programm« aufzunehmen. Die vorübergehend »umgekehrte« Frontstellung unter Integration aller am Zerfall des Britischen Empire interessierten Staaten und der Sowjetunion sollte Großbritannien zum »Ausgleich« zwingen, um somit die Voraussetzung – die Rückenfreiheit nach Westen – für die dann in »richtiger« Frontstellung durchzuführenden Operationen nach Osten zu schaffen.

Ende September 1940 begann Hitlers diplomatische Offensive. Am 26. September wandte sich das Auswärtige Amt mit einer Note an die Sowjet-Regierung, um die russische Skepsis gegenüber der unmittelbar bevorstehenden Unterzeichnung des Dreimächtepaktes zwischen Deutschland, Italien und Japan, die praktisch eine »Einkreisung« der Sowjetunion bedeutete, zu zerstreuen und eine sowjetische Annäherung an die Westmächte zu verhindern, statt dessen aber die Integration der Sowjetunion in den Kontinentalblock von Madrid bis Yokohama einzuleiten. Am 4. Oktober konferierte Hitler mit Mussolini, um sich dessen Zustimmung zum Kontinentalblockprojekt zu

[22] Zum Kontinentalblock-Projekt vgl. Haushofer, K., Der Kontinentalblock. Mitteleuropa - Eurasien - Japan, in: H.A. Jacobsen, Karl Haushofer. Leben und Werk, Bd I: Lebensweg 1869-1946 und ausgewählte Texte zur Geopolitik, Boppard a.Rh. 1979, S. 606 ff.; Michalka, W., Ribbentrop und die deutsche Weltpolitik 1933-1940. Außenpolitische Konzeptionen und Entscheidungsprozesse im Dritten Reich, München 1980; Hillgruber, A., Die »Hitler-Koalition«. Eine Skizze zur Geschichte und Struktur des »weltpolitischen Dreiecks« Berlin - Rom - Tokio 1933-1945, in: Vom Staat des Ancien Régime zum modernen Parteienstaat. Festschrift für Th. Schieder, hrsg. von H. Berding, (u.a.), München/Wien 1978.
[23] KTB OKW, Bd. I, 30.8.1940, S. 54.
[24] Zur italienischen Offensive in Nordafrika vgl. Playfair, Mediterranean, Vol. I, S. 205 ff.
[25] Hillgruber, Strategie, S. 238.

vergewissern. Am 22. Oktober traf er mit Laval in Montoire, am darauffolgenden Tag mit Franco in Hendaye und am 24. Oktober mit Pétain und Laval in Montoire zusammen, um jene geradezu unüberbrückbaren territorialen Interessengegensätze der Mittelmeeranrainer durch einen »grandiosen Betrug«[26] zu überbrücken und um Spanien und Frankreich gegen England zu mobilisieren. Die Konsultationen erbrachten jedoch keinerlei konkrete Ergebnisse. Ohne Hitler eine klare Absage zu erteilen, hatte sich Franco in der entscheidenden Frage des spanischen Kriegseintritts völlige Handlungsfreiheit vorbehalten. Im »Klartext« hieß dies, er gedachte abzuwarten, um sich zum gegebenen Zeitpunkt auf die Seite des Siegers stellen zu können. Ähnlich taktierte Pétain. Während er und Laval mit Hitler konferierten, führten seine Unterhändler Geheimverhandlungen mit der britischen Regierung.

Die von der Einsicht, einen großen »Parallelkrieg« im Mittelmeer gegen Großbritannien nicht erfolgreich zu Ende bringen zu können, bestimmte italienische Führung war mit dem seit August 1940 vorbereiteten Angriff auf Griechenland am 28. Oktober in das Abenteuer eines begrenzten »Separatkrieges« ausgewichen[27]. Von diesen Vorhaben hatte Mussolini Hitler in einem Brief verständigt, der diesen auf seiner Rückreise von den Besprechungen mit Pétain und Franco erreichte. Einerseits verärgert über den eigenwilligen Schritt Mussolinis, andererseits aber die Vorstellung damit verbindend, den italienischen »Separatkrieg« in den großen Rahmen einer gemeinsamen deutsch-italienischen Kriegführung gegen die britische Ostmittelmeer-Stellung zu integrieren, unterbreitete Hitler Mussolini am 28. Oktober in Florenz das Angebot, deutsche Luftlandetruppen zur Verfügung zu stellen, um mit ihnen die strategisch wichtigen Positionen Südgriechenlands und vor allem die Insel Kreta, in deren Reichweite die für die deutsche Kriegführung entscheidend wichtigen rumänischen Ölfelder um Ploesti lagen, in schnellem Zugriff zu nehmen und damit einer erwarteten Inbesitznahme durch die Briten zuvorzukommen. In der Erwartung einen leichten, propagandistisch ausschlachtbaren Erfolg gegen das kleine Griechenland erzielen zu können, überging Mussolini – sichtlich bemüht, Deutschlands Einfluß südlich der Alpen zurückzuhalten – Hitlers Angebot.

Mussolinis ablehnende Haltung sowie das sich schon wenige Tage nach Beginn der italienischen Offensive gegen Griechenland abzeichnende Scheitern dieses Angriffs vor dem Hintergrund seiner doch letztlich enttäuschten Bemühungen um Spanien und Frankreich, ließen Hitler alsbald wieder von seinem seit Mitte September eingeschlagenen Kurs abkommen. Die völlige Abkehr vom Kontinentalblockprojekt und seiner im Sinne der Peripherie-Strategie inaugurierten Kriegführung zur Zerschlagung der britischen Mittelmeerposition vollzog Hitler, als während des Besuches des sowjetischen Regierungschefs und Außenministers Molotow am 11./12. November 1940 deutlich wurde, daß die sowjetische Expansion nicht nach Süden in den indischen Großraum »umgelenkt« werden konnte, sondern tief nach Mitteleuropa hineinzielte. Noch am Tage der Abreise Molotows befahl Hitler, die Aufmarschvorbereitungen für den Feldzug gegen die Sowjetunion einzuleiten, um durch die Zerschlagung des britischen »Festlandsdegens« sowohl das Kernstück seines »Programms« als auch den politischen »Ausgleich« mit Großbritannien zu verwirklichen.

---

[26] KTB Halder, Bd. I, 3.10.40, S. 124.
[27] Zum italienischen Griechenlandfeldzug vgl.: Cervi, M., Storia della guerra di Grecia, Milano 1969.

III. Die Zeit des Zug um Zug erweiterten deutschen Eingreifens im Mittelmeer (November 1940–Februar 1941)

1. Die militärischen Katastrophen Italiens im Spiegel der Berichte der deutschen Verbindungsstäbe

Als in der Nacht zum 12. November 1940 zwanzig Torpedobomber vom britischen Flugzeugträger »Illustrious« starteten, in zwei Wellen den Hafen von Tarent angriffen und drei der insgesamt sechs italienischen Schlachtschiffe, darunter die moderne »Littorio«, außer Gefecht setzten[1], war das Kräfteverhältnis auf dem Mittelmeer endgültig zugunsten der Briten verschoben[2]. Supermarina zog daraufhin die Masse der italienischen Flotte aus dem Ionischen Meer zurück und überließ den gesamten Bereich des zentralen Mittelmeers zunehmend den britischen Seestreitkräften[3].

Aus dieser Lageentwicklung zog Vizeadmiral Eberhard Weichold, Chef des deutschen Marineverbindungsstabes Italien, den Schluß, daß sich »die Voraussetzungen für eine ständige Bedrohung der lebenswichtigen italienischen Seeverbindungen nach Libyen und Albanien durch die britische Mittelmeerflotte außerordentlich verbessert (hätten), während ihr Schutz durch die italienische Flotte erschwert«[4] würde. »Wenn sich die seestrategische Lage im Mittelmeer in der bisherigen Richtung (...) weiterentwickelt«, prognostizierte der Admiral, seien »schwerwiegende Auswirkungen auf die gesamtstrategische Lage, vor allem die Landoperationen in Griechenland und Nordafrika unvermeidlich«. Nur noch, »um diese Folgen soweit wie möglich abzuschwächen«, hielt Weichold eine grundlegende Änderung der bisherigen passiven italienischen Seekriegführung für erforderlich. Weiterreichende strategische Vorstellungen hatte Weichold bereits seit längener Zeit aufgegeben.

Mit dem Auftrag, der italienischen Marineleitung den rechten Weg zu weisen – offiziell hieß dies, »um bei beiden Marinen eine gegenseitige Befruchtung herbeizuführen«[5] – war Vizeadmiral Eberhard Weichold am 2. Juli 1940 zur Übernahme seines Kommandos als Chef des Deutschen Marineverbindungsstabes nach Rom gekommen. Neben dem Marineverbindungsstab wurde zum gleichen Zeitpunkt auch ein Luftwaffenverbindungsstab eingerichtet, dessen Leitung der ehemalige Luftwaffenattaché, General Ritter von Pohl, übernommen hatte. General Enno von Rintelen wurde in Personal-

---

[1] Playfair, Mediterranean, Vol. I, S. 235 ff.; Cunningham, A.B., A Sailors Odyssey, London 1956, S. 283 ff. (weiterhin zitiert als: Cunningham, Odyssey); Handel-Manzetti, P. Frhr. v., Der britische Flugzeugangriff auf die italienische Flotte im Hafen von Tarent in der Nacht vom 11./12. November 1940, in: MR 50/1953, S. 115 ff.

[2] Zum Kräfteverhältnis beider Flotten im Mittelmeer vgl.: Fechter, H./Hümmelchen, G., Seekriegsatlas. Mittelmeer - Schwarzes Meer 1940 - 1943, München 1972, S. 11 f. (weiterhin zitiert als: Fechter/Hümmelchen, Seekriegsatlas).

[3] Baum/Weichold, Krieg, S. 68.

[4] KTB Mar. Verb. St. Italien, 13.11.40, BA-MA, RM 36/2.

[5] Mar.Verb.St. Italien, Nr. 501/40, 2.11.40, BA-MA, PG 45132

union Chef des deutschen Verbindungsstabes beim italienischen Heer, als Verbindungsoffizier im Auftrage des Oberkommandos der Wehrmacht »Deutscher General beim Hauptquartier der italienischen Wehrmacht« und behielt außerdem noch seinen Dienstposten als Militärattaché an der deutschen Botschaft in Rom[6].

Während sich die Tätigkeit von Rintelens und Ritter von Pohls in erster Linie auf den Austausch militärischer Nachrichten beschränkte, entwickelte Weichold ab August 1940, zu einem Zeitpunkt, als sich die Seekriegsleitung noch wenig um das Mittelmeer und die dort gegebenen Möglichkeiten, Großbritannien niederzuringen, kümmerte, weitreichende strategische Vorstellungen. Seine Gedanken kreisten dabei besonders um das östliche Mittelmeer, während er dem westlichen Mittelmeer nur eine geringe Bedeutung beimaß[7].

Der Kampf gegen die britische Ostmittelmeer-Nahost-Schlüsselstellung sollte – Weicholds Auffassung zufolge – von der »strategischen Ausgangsposition« Malta–Kreta–Dodekanes geführt werden[8]. Hierzu galt es, die italienischen Dodekanes-Stützpunkte auszubauen, das griechische Kreta in Besitz zu nehmen und vor allem das britische Malta zu erobern[9]. Maltas strategische Bedeutung hatte Weichold in seiner Lagebetrachtung am 1. September 1940, nach zweimonatiger Kommandodauer, gegenüber der Seekriegsleitung überaus treffend umrissen: »Zum Problem der strategisch defensiven Beherrschung des mittleren Mittelmeers gehört jedoch unbedingt die Ausschaltung Maltas, das die Engländer immer wieder als vorübergehenden Stützpunkt bis zu Kreuzern zu Beölungs- und Ergänzungszwecken benutzen, was ihnen die ungehinderte mehrtägige Operation leichter Seestreitkräfte, vor allem der Zerstörer, im mittleren Mittelmeer gestattet. Zudem ist Malta eine Flankenbedrohung für den Seeweg Italien–Libyen, die zu dauerndem kampfkräftigem Schutz der Nachschubdampfer zwingt. Des weiteren ist die Insel der Ausgangspunkt für die englische Lufteinsicht des mittleren Mittelmeeres sowie für Angriffsaktionen gegen italienische Stützpunkte und in See befindliche Einheiten, aber auch gegen ital. U-Boote, die in ihren Marschbewegungen außerordentlich gestört und verzögert werden. (...) Malta ist daher ein Pfahl im Fleische der italienischen Seekriegführung[10].« Erst nach einer Ausschaltung Maltas erschien dem Admiral die Sperrung der Sizilienstraße möglich und »die endgültige Rückenfreiheit nach Westen« als Voraussetzung für den »kriegsentscheidenden Schlag nach Osten«[11] gegen die britische Ostmittelmeer-Nahost-Position erreicht. Weicholds Tätigkeit in Rom war deshalb von der Forderung nach einer Ausschaltung Maltas, sei es durch Luftangriffe, Minensperren, Kleinkampfmittel oder durch eine Landungsoperation, begleitet[12].

Die an die Einrichtung der beiderseitigen Verbindungsstäbe geknüpften Erwartungen einer deutsch-italienischen militärischen Zusammenarbeit erfüllten sich jedoch nicht. Aus Sorge vor einer zu starken, das Prinzip der »Parallelkriegführung« unterlaufenden Einmischung des deutschen Bundesgenossen ging das Comando Supremo nämlich von

---

[6] Dt.Bot.Rom, Nr. 1817, 8.10.40, PA-AA, Italien 3, StS.

[7] »Lagebetrachtung des Chefs des Verbindungsstabes am 1. September 1940 nach zweimonatiger Kommandodauer beim italienischen Admiralstab«, Anlage zu Mar.Verb.St. Italien, Nr. 273/40 (ohne Datum), BA-MA, RM 7/243.

[8] Anlage zu Mar.Verb.St.Italien, Nr. 273/40 (ohne Datum), BA-MA, RM 7/243.

[9] Ebd.

[10] Ebd.

[11] Ebd.

[12] KTB Mar.Verb.St. Italien, 9.8.40, BA-MA, RM 36/2; Baum/Weichold, Krieg, S. 60 f.

der Annahme aus, daß die Verbindungsstäbe »nur für die Zwecke gemeinsamer Kriegführung oder der tatsächlichen Berührung der beiderseitigen Operationen gedacht«[13] waren. So blieb den Chefs der Verbindungsstäbe der Einblick in die Belange der italienischen Führung weitgehend versperrt[14]. Auch Weicholds strategische Vorstellungen stießen bei der italienischen Marineleitung, die ihre Aufgabe ausschließlich im Schutze der italienischen Versorgungsgeleite nach Albanien und Nordafrika sah, auf keinerlei Resonanz[15].

Um die Notwendigkeit einer ihm bislang versagt gebliebenen »deutschen Einflußnahme« der Seekriegsleitung vor Augen zu führen, zeichnete Weichold in seiner Lagebetrachtung vom 1. September 1940 das Bild der italienischen Marine in düstersten Farben[16]. In langen Passagen beklagte er deren mangelnden Ausbildungsstand, die unzureichende Einsatzfreude, ja, die geradezu »traumatische Furcht« der italienischen Marine vor den auf See überlegenen Briten.

Weichold erreichte jedoch bei der Seekriegsleitung nichts. Der italienischen »Parallelkriegführung« Rechnung tragend, teilte der Oberbefehlshaber der Kriegsmarine dem Admiral in Rom am 25. Oktober 1940 mit, daß »dem Wirken des Verbindungsstabes vorläufig noch enge Grenzen gezogen« seien, »der bisher verfolgte Weg bei der gegebenen Lage richtig und der einzig mögliche« sei, und die »gemeinsame Kriegführung Italiens und Deutschlands (...) auf die Dauer doch eventuelle Erfolge zeitigen« werde[17].

Infolge des sich anbahnenden italienisch-griechischen Konfliktes befürchtete Weichold eine Basisverschiebung der britischen Ostmittelmeerflotte nach Westen – von Alexandria nach Kreta –, was nicht nur den Verlust der zentralen Position für die Beherrschung des östlichen Mittelmeeres, sondern auch die Stärkung der britischen Position im zentralen Mittelmeer bedeutet hätte. Um das erwartete, durch die Untätigkeit der italienischen Flotte Weicholds Auffassung zufolge geradezu heraufbeschworene Festsetzen der Briten auf Kreta zu verhindern, forderte der Admiral die italienische Marineleitung auf, diesen dort zuvorzukommen[18]. Doch es kam, wie Weichold befürchtet hatte: Am 28. Oktober 1940 ließ Mussolini, gegen den Rat seiner Generäle, seine ungenügend vorbereiteten Truppen über die albanische Grenze in Griechenland einfallen, ohne jedoch gleichzeitig Kreta zu erobern[19]. Nach bescheidenen Anfangserfolgen stieß

---

[13] Mar.Verb.St. Italien, Nr. 501/40, 2.11.40, BA-MA, PG 45132.
[14] Weichhold beklagte dies auch in seiner Lagebetrachtung vom 1. September, vgl. S. 26, Anm. 7. - Die Zusammenarbeit zwischen den deutschen Verbindungsstäben bzw. italienischen Admiral - bzw. Generalstab erfolgte nur über einen ital. Verbindungsoffizier und nicht unmittelbar. v. Rintelen durfte dagegen nur mit Badoglio persönlich zusammentreffen. Vgl. dazu: Baum/Weichold, Krieg, S. 56; Rintelen, E. v., Mussolini als Bundesgenosse. Erinnerungen des deutschen Militärattachés in Rom 1936-1943, Tübingen/Stuttgart 1951, S. 87 (weiterhin zitiert als: v. Rintelen, Mussolini); zur deutsch-italienischen Kooperation im allgemeinen: Roatta, M., Otto milioni di baionette. l'esercito italiano in guerra dal 1940 al 1944, Milano 1946, S. 141 ff.
[15] Zum strategischen Konzept der ital. Marine vgl.: Bernotti, R., Italian Naval Policy under Fascism, in: United States Naval Institute Proceedings 82/1956, S. 722 ff.; Fioravanzo, G.: Italian Strategy in the Mediterranean, 1940-43, in: United States Naval Institute Proceedings, 84/1985, S. 65 ff.
[16] »Lagebetrachtung des Chefs des Verbindungsstabes am 1. September 1940 nach zweimonatiger Kommandodauer beim italienischen Admiralstab«, Anlage zur Mar.Verb.St. Italien, Nr. 273/40 (ohne Datum), BA-MA, RM 7/243.
[17] KTB Mar.Verb.St.Italien, 25.9.40, BA-MA, RM 36/2.
[18] KTB Mar.Verb.St.Italien, 10.9.40, BA-MA, RM 36/2.
[19] Vgl. für Literatur zum Balkanproblem: Hillgruber, A., Südost-Europa im Zweiten Weltkrieg. Literaturbericht und Bibliographie, Frankfurt a.M. 1962; insbesondere: Cervi, M., Storia della guerra di Grecia, Milano 1969.

die italienische Offensive bald auf den hartnäckigen Widerstand der Griechen, die am 2. und 3. November 1940 den am weitesten auf griechisches Gebiet vorgedrungenen linken Flügel der 11. italienischen Armee zurückschlugen. Nachdem britische Heeres- und Luftwaffenverbände bereits am 29. Oktober auf Kreta gelandet waren, trafen weitere britische Verbände in den ersten Novembertagen im Raum Athen ein[20]. Zusätzlich intensivierten die britischen Seestreitkräfte ihre Aktivitäten im Bereich des zentralen Mittelmeeres, so durch den eingangs erwähnten Angriff auf Tarent.

Schon zwei Tage nach den dramatischen Ereignissen von Tarent mußten die italienischen Invasionstruppen im griechisch-albanischen Grenzgebiet weitere Rückschläge hinnehmen. Am 14. November 1940 traten dort drei griechische Korps an und warfen die inzwischen zur Heeresgruppe Albanien zusammengefaßten italienischen Verbände über die Grenze zurück.

Hatte von Rintelen noch am 13. November dem deutschen Hauptquartier melden können, daß die Italiener ihre Offensive gegen die Griechen in der ersten Dezemberhälfte wieder aufnehmen würden[21], so stand am 19. November für ihn fest, daß diese nicht vor dem Frühjahr des Jahres 1941 erwartet werden konnte[22]. Da die enorm gesteigerten Nachschubforderungen der Front aufgrund unzureichender Transportkapazitäten nicht annähernd erfüllt werden konnten, befürchtete das Comando Supremo sogar weitere Rückschläge. Um dies zu verhindern, wandte es sich mit der Bitte um deutschen Lufttransportraum über von Rintelen an das OKW[23]. Während Mussolini und das Comando Supremo die sogleich eingeleitete Entsendung einer deutschen Lufttransportgruppe[24] nach Italien begrüßten, glaubten sie, das von Hitler über den italienischen Außenminister ebenfalls an sie herangetragene Angebot, deutsche Luftstreitkräfte im Mittelmeerraum gegen die Briten einzusetzen, ausschlagen zu können, da sie noch hofften, die Lage in Albanien im Verlaufe der folgenden Wochen zu ihren Gunsten zu wenden[25]. Nachdem aber die griechische Offensive am 21. November mit der Einnahme der albanischen Stadt Koritza ihren ersten Höhepunkt erfahren hatte, zeigte sich Mussolini der Offerte eher zugeneigt, während seine Generalität einem deutschen Engagement im Mittelmeerraum immer noch ablehnend gegenüberstand[26].

Unterdessen beurteilte von Rintelen die militärische Lage Italiens im gesamten Bereich des östlichen Mittelmeers als kritisch und hielt es daher für »an der Zeit, den Italienern auf dem Balkan zu helfen«[27]. Wie richtig diese Einschätzung von Rintelen war, zeigten die darauffolgenden Tage. Als am 4. Dezember die Griechen Podgradec am Ochrida-See einnahmen und der offensichtlich kopflos gewordene neuernannte italienische Oberbefehlshaber, der bisherige Unterstaatssekretär im Kriegsministerium, General Soddu, übereilt darum bat, im Angesicht der militärischen Katastrophe den griechisch-

---

[20] Playfair, Mediterranean, Vol. I, S. 288 ff.
[21] KTB OKW, Bd. I, 12.11.40, S. 172.
[22] Ebd., 19.11.40, S. 182.
[23] Ebd.
[24] Die III./KG z.b.V.1 (Lufttransportgruppe »Foggia«) begann ab 9. Dezember 1940, in unermüdlichen Einsätzen Nachschub nach Albanien zu fliegen. Vgl. dazu: Gundelach, Luftwaffe, Bd. 1, S. 88 ff.; Morzik, F., Die deutschen Transportflieger im Zweiten Weltkrieg. Die Geschichte des »Fußvolkes der Luft«, hrsg. von G. Hümmelchen, Frankfurt a.M. 1966, S. 101 ff.
[25] Siehe unten S. 31.
[26] Ebd.; zur Zurückhaltung Cavalleros gegenüber deutscher Hilfe vgl.: KTB OKW, Bd. 4, 12.12.40, S. 227.
[27] KTB OKW, Bd. I, 29.11.40, S. 193.

italienischen Konflikt auf diplomatischem Wege zu lösen, gab Mussolini den »Sonderkrieg« gegen Griechenland verloren[28]. Vor die Alternative gestellt, entweder seinen »Parallelkrieg« aufzugeben und die italienische Kriegführung der deutschen zu unterstellen – oder vor dem kleinen griechischen Heer kapitulieren zu müssen, wählte Mussolini die erstere Möglichkeit. Er entschloß sich daher, den zu einem Krankheitsurlaub in Rom weilenden italienischen Botschafter in Berlin, Alfieri, nach Deutschland zurückzusenden, um bei Hitler um Hilfe zu ersuchen. Doch bevor dieser abreisen konnte – schlechtes Wetter hatte seinen Abflug verzögert – trafen bessere Nachrichten vom albanischen Kriegsschauplatz ein, so daß Alfieris Auftrag abgeschwächt wurde. Als der italienische Botschafter endlich am 8. Dezember, nachdem er bereits am Abend des Vortages mit dem Reichsaußenminister von Ribbentrop konferiert hatte, mit Hitler zusammentraf, gestand er ein[29], daß die Lage zwar aufgrund der griechischen Überlegenheit und der Nachschubschwierigkeiten »heikel und akut« sei, General Ugo Cavallero – seit dem 6. Dezember 1940 Nachfolger Badoglios als Chef des italienischen Wehrmachtgeneralstabes – aber hoffe, die jetzt besetzten Linien halten und darüber hinaus alsbald zum Gegenangriff antreten zu können. Im offensichtlichen Bestreben, die italienische »Parallelkriegführung« doch noch weitestgehend fortzusetzen, regte Alfieri im Auftrage Mussolinis bei Hitler an, eventuell »ein Ablenkungsmanöver ausfindig zu machen, indem er etwa Bulgarien zu einer beschränkten Mobilmachung einzig und allein zu demonstrativen Zwecken veranlassen könne«, oder durch »eine ›journalistische Indiskretion‹ das Gerücht in die Welt (...) setzen könne, daß Deutschland in Rumänien größere Truppenmengen zusammenziehe« [30], um so den Druck auf die italienische Front abzuschwächen. Am 9. Dezember teilte auch von Rintelen mit, daß die Nachrichten von der italienisch-griechischen Front, was Cavallero und sein Unterchef im italienischen Wehrmachtgeneralstab, General Guzzoni, ihm gegenüber erneut bestätigt hätten, doch weniger bedrohlich wären als ursprünglich angenommen; von Rintelen versäumte jedoch nicht, ergänzend anzumerken, »daß der italienische Generalstab ständig die Lage günstiger darstelle als sie sei« und man auch nach »diesen Äußerungen von namhafter Stelle noch keineswegs sicher damit rechnen (dürfe), daß die jetzige Front gehalten werden würde«[31].
Die Lage an der griechisch-italienischen Front stabilisierte sich wider Erwarten, neue Hiobsbotschaften sollten vom anderen italienischen Landkriegsschauplatz eintreffen.

2. Hitlers »erweiterte Aushilfsstrategie« – Die Entsendung des X. Fliegerkorps nach Italien

Spätestens ab Mitte November 1940, seit dem Besuch Molotows in Berlin, und der daraus resultierenden Rückkehr zur direkten Realisierung seiner dogmatischen Zielsetzung[32], der Zerschlagung der Sowjetunion, ohne den Umweg über das inzwischen auf

---

[28]   Ciano, G., Tagebücher 1939-1943, Bern 1947, 4.12.40, S. 293 f. (weiterhin zitiert als: Ciano, Tagebücher).
[29]   Hillgruber, Staatsmänner, Bd. I, Dok. 55; 8.12.40, S. 396 ff.; KTB OKW Bd. I, 8.12.40, S. 219.
[30]   Ebd.
[31]   KTB OKW, Bd. I, 12.12.40, S. 226 f.
[32]   Zu Hitlers »Weltblitzkriegplan« vgl. Hillgruber, Strategie, S. 352 ff.

der ganzen Linie gescheiterte Kontinentalblockprojekt und seine militärische Variante, die Peripheriestrategie, weiter verfolgen zu müssen, stand das Mittelmeer für Hitler gesamtstrategisch unter defensivem Aspekt[33]. Dennoch wurde im OKW – dies war in der Weisung Nr. 18[34] vom 12. November 1940 bereits niedergelegt worden –, parallel zu den seit Beginn des italienischen Angriffs auf Griechenland angestellten Überlegungen zu einem Entlastungsstoß der deutschen Wehrmacht für die italienische Kriegführung in Albanien (Unternehmen »Marita«) und zu der für Februar vorgesehenen Eroberung Gibraltars (Unternehmen »Felix«) auch erwogen, mit Verbänden der deutschen Luftwaffe zur Unterstützung des »Achsen«-Partners an den Kämpfen im Mittelmeerraum teilzunehmen[35]. Einer Entsendung deutscher Truppen nach Nordafrika stand Hitler entgegen früheren Absichten Mitte November 1940 ablehnend gegenüber[36].

Der Einsatz der Luftwaffe in einem eigenen deutschen Operationsgebiet, »das mit Rücksicht auf unsere Langstreckenbomber vor allem das östliche Mittelmeer umfassen« sollte – der italienische Operationsraum sollte sich im wesentlichen über den italienisch-griechisch-albanischen sowie den ägyptischen Raum erstrecken – hatte nach Hitlers Auffassung sowohl einer offensiven als auch einer defensiven Zielsetzung zu dienen[37]. Defensiv, um zusammen mit dem Unternehmen »Marita« und der ständigen Verstärkung der deutschen Luftwaffenmission in Rumänien einen britischen Sprung an die thrakische Küste zu verhindern – ein für Hitler angesichts seiner ständig zunehmenden Sorge um das rumänische Öl »geradezu unheimlich(er)«[38] Gedanke. Offensiv, um den östlichen Zugang zum Mittelmeer, den Suez-Kanal, parallel zum Unternehmen gegen Gibraltar, das die Schließung des westlichen Zugangs zum Mittelmeer zum Ziel hatte, durch Luftangriffe zu blockieren. Unter Berücksichtigung der für Frühsommer 1941 geplanten Zerschlagung der Sowjetunion entwickelte Hitler im Verlaufe der Wehrmachtsbesprechung am 5. Dezember folgende Terminvorstellungen für die deutsche Kriegführung im Mittelmeerraum: »1. Luftkrieg gegen die englische Flotte im östlichen Mittelmeer vom 15.12. an, 2. Angriff auf Gibraltar, Beginn Anfang Februar, Ende vier Wochen später, 3. Operationen gegen Griechenland, Beginn Anfang März, Beendigung unter günstigen Umständen Ende März, vielleicht auch erst Ende April[39].« Durch diese Maßnahmen sollte das Mittelmeer, wie Hitler es sich vorstellte, »in drei bis vier Monaten zum Grab der englischen Flotte werden«[40], und damit, wenn schon nicht Englands Friedensbereitschaft hergestellt, dann doch wenigstens die nachhaltige »Bereinigung« der europäischen Südflanke als Voraussetzung des für Frühsommer 1941 geplanten Unternehmens »Barbarossa« geschaffen werden.

Noch bei der am 15. November zwischen dem Chef des OKW, Generalfeldmarschall Wilhelm Keitel, und Marschall Badoglio, dem Vorgänger Cavalleros als Chef des italie-

[33]   Hillgruber, Mittelmeer, S. 284.
[34]   Hitlers Weisungen, S. 67 ff.
[35]   Ebd., S. 70. Der Einsatz deutscher Luftstreitkräfte im Mittelmeer war seit Ende Juli immer wieder erwogen worden und scheiterte am italienischen Widerstand. Vgl. dazu: Gundelach, Luftwaffe, Bd. I, S. 71 ff.; für Monat November vgl.: KTB OKW, Bd. I, S. 150; Wagner, Lagevorträge, 4.11.40, S. 148.
[36]   Ebd., S. 148.
[37]   ADAP, D XI.2, Dok. 369, 20.11.40, S. 535 ff., hier S. 538.
[38]   Ebd., S. 537; zur Verstärkung der deutschen militärischen Mission in Rumänien vgl.: Hillgruber, A., Hitler, König Carol und Marschall Antonescu. Die deutsch-rumänischen Bezeihungen 1938-1944, Wiesbaden 1954, S. 92 ff. (weiterhin zitiert als: Hillgruber, Antonescu).
[39]   KTB OKW, Bd. I, 5.12.40, S. 204 f.
[40]   ADAP, D XI.2, Dok. 369, 10.11.40, S. 538

nischen Wehrmachtgeneralstabes, in Innsbruck stattfindenden Besprechung[41] war Keitel nicht befugt, Einblick in die in der Weisung Nr. 18 niedergelegten Richtlinien der beabsichtigten deutschen Kriegführung im Mittelmeerraum zu gewähren. Man beschränkte sich auf die allgemeine Erörterung künftiger Möglichkeiten einer Unterstützung der italienischen Kriegführung durch deutsche Fliegerkräfte. Die einzige konkrete Vereinbarung des Treffens war, die italienischen Luftstreitkräfte, die sich im Angriff gegen England als untauglich erwiesen hatten, von der Kanal-Küste wieder zurück in den Mittelmeerraum zu verlegen[42].

Seine Absicht, deutsche Fliegerverbände ins Mittelmeer zu entsenden, kündigte Hitler dem italienischen Außenminister, Graf Ciano, dann am 18. November auf dem Berghof an[43]. Ciano stimmte zwar den grundsätzlichen Ausführungen Hitlers zu, verhielt sich aber ansonsten in der Frage der Verlegung zurückhaltend[44]. Am 20. November, als Hitler erneut mit Ciano – diesmal in Wien – zusammentraf, führte der italienische Außenminister aus, »daß der Duce ihm am Telefon erklärt habe, die Lage in Griechenland habe sich gebessert. Die Italiener würden ihre Stellungen halten können. Jedenfalls brauche er keine militärische Hilfe von Deutschland«[45]. Ungeachtet dessen betonte Hitler noch am gleichen Tag in seinem Brief an Mussolini mit aller Rücksicht auf die italienischen Empfindlichkeiten erneut die Notwendigkeit, deutsche Luftstreitkräfte in den Mittelmeerraum zu entsenden[46]. Nachdem Mussolini unter dem Eindruck der sich zuspitzenden Lage auf dem albanischen Kriegsschauplatz in seinem Antwortschreiben vom 22. November eine Intensivierung der deutsch-italienischen Luftzusammenarbeit im Mittelmeer »für unentbehrlich« erklärt hatte[47], wies Hitler die Luftwaffenführung unverzüglich an, Überlegungen über die näheren Modalitäten eines Einsatzes deutscher Verbände im Mittelmeerraum anzustellen[48].

Anfang Dezember legte die Luftwaffenführung daraufhin einen Plan vor, der die Entsendung eines gesamten Fliegerkorps aus dem norwegischen Raum nach Sizilien und Nordafrika vorsah[49]. Hitler billigte ihn und sandte bereits am 5. Dezember den Staatssekretär im Reichsluftfahrtministerium und Generalinspekteur der Luftwaffe, Generalfeldmarschall Erhard Milch, und General Hoffmann von Waldau, den Chef des Luftwaffenführungsstabes, versehen mit einer ausführlichen Lagebetrachtung zum Mittelmeerkriegsschauplatz, nach Rom, um dort mit Mussolini zusammenzutreffen

---

[41] Nach Warlimont (Warlimont, W., Strategic Survey of Axis Campaign in the Mediterranean Theatre, MGFA, MS, P-216, S. 256, weiterhin zitiert als: Warlimont, MS, P-216) wurde das Treffen von Badoglio am 9. Oktober angeregt, aber von Keitel bis zum Ausgang der politischen Besprechungen mit den Spaniern und Franzosen aufgeschoben und schließlich von Badoglio wegen des italienischen Überfalls auf Griechenland für die Zeit zwischen dem 10. und 15. November vorgesehen. Vgl. dazu: KTB OKW, Bd. I, 13.11.40, S. 271 und 19.11.40. S. 178; v. Rintelen, Mussolini, S. 109; Görlitz, W., Generalfeldmarschall Keitel. Verbrecher oder Offizier?, Göttingen 1961, S. 241; Badoglio, P., Italien im Zweiten Weltkrieg. Erinnerungen und Dokumente, München/Leipzig 1947, S. 51 f.

[42] Warlimont, MS, P-216, S. 259; Hillgruber, Staatsmänner, Bd. I Dok. 44, 18.11.40, S. 335. Ansonsten hatte das Treffen keinerlei Bedeutung für die weitere Kriegführung im Mittelmeerraum.

[43] Hillgruber, Staatsmänner, Bd. I, Dok.44, 18.11.40, S. 330 ff.; Ciano, Tagebücher, 18. und 19.11.40, S 288.

[44] Hillgruber, Staatsmänner, Bd. I, Dok. 44, 18.11.40, S. 335; s.o. S. 28 f.

[45] Hillgruber, Staatsmänner, Bd.I, Dok.44, 18.11.40, S. 335; Ciano, 20.11.40, S. 251.

[46] ADAP D XI.2, Dok. 369, 20.11.40, S. 535 ff.

[47] Ebd., Dok. S. 383, 22.11.40, S. 561 f.

[48] Irving, D., Die Tragödie der deutschen Luftwaffe. Aus den Akten und Erinnerungen von Feldmarschall Erhard Milch, Frankfurt a.M./Berlin/Wien 1970, S. 174 (weiterhin zitiert als: Irving, Tragödie).

[49] Gundelach. Luftwaffe, Bd. I, S. 92 f.

und mit ihm erste Einzelheiten des beabsichtigten Einsatzes der deutschen Luftstreitkräfte zu besprechen[50]. Während sich Mussolini am 6. Dezember den Besuchern gegenüber über die weitere Entwicklung in Albanien optimistisch zeigte und den in Hitlers
Brief niedergelegten strategischen Vorstellungen hinsichtlich des Mittelmeeres
zustimmte, entzündete sich im Gespräch zwischen Milch, Hoffmann von Waldau und
Ritter von Pohl mit der Führung der italienischen Luftwaffe, den Generalen Pricolo
und Santoro, eine Kontroverse grundsätzlicher Art über die Frage der Aufgabenstellung für das Fliegerkorps im allgemeinen und das Unterstellungsproblem im besonderen[51]. Versuchten die Vertreter der deutschen Luftwaffe das X. Fliegerkorps in Hitlers
Sinne zur Sperrung der Sizilienstraße und des Suez-Kanals einzusetzen, so drängte Pricolo darauf, im zentralen Mittelmeer mit eigenen Verbänden gegen den feindlichen
Schiffsverkehr zu operieren und die deutschen Sturzkampfbomber auf dem albanischen Kriegsschauplatz einzusetzen. Diese italienische Intention, die einer deutschen
Kriegserklärung an Griechenland gleichgekommen wäre, wurde von Milch energisch
abgelehnt. Man einigte sich schließlich dahingehend, Italien 40 Flugzeuge ohne Personal für die Kriegführung in Albanien zur Verfügung zu stellen und die deutschen Stuka-
Gruppen nach Sizilien zu verlegen, um von dort aus den feindlichen Schiffsverkehr in
der Sizilienstraße zu bekämpfen. Obwohl der britische See- und Luftstützpunkt Malta
in den Überlegungen beider Luftwaffenführungen keine Rolle spielte, erwog Generalfeldmarschall Milch die Möglichkeit, den Stützpunkt durch eine Luftblockade von seiner Zufuhr abzuschneiden, um ihn auf diesem Wege zu neutralisieren[52].
Weitaus problematischer als die Frage der Aufgabenstellung des X. Fliegerkorps
gestaltete sich die Regelung der Unterstellungsverhältnisse. Während Pricolo argumentierte, daß die im Mittelmeerraum einzusetzenden »Achsen«-Luftstreitkräfte einheitlich unter italienischem Oberkommando stehen müßten, bestand Milch auf der deutschen Kommandogewalt über das Korps[53]. Erst nach langen Debatten einigte man sich
dahingehend, jedes der beteiligten Kommandos die Einzelheiten des Einsatzes selbst
bestimmen zu lassen, womit die deutsche Seite ihr Ziel, die eigenen Verbände in der
Hand zu behalten, erreicht hatte. Göring konnte jederzeit eingreifen, »wie er es für
richtig hielt«[54].

Hoffte Hitler, durch die für Februar geplante Eroberung Gibraltars (Unternehmen
»Felix«), der Sperrung der Sizilienstraße und der Verminung des Suez-Kanals und
schließlich von dem für Anfang, spätestens aber Ende März beabsichtigten Entlastungsstoß gegen Griechenland (Unternehmen »Marita«), die gesamte Lage an der
europäischen Südflanke zu »bereinigen« und damit die Voraussetzung für den für
Ende Mai/Juni 1941 beabsichtigten Rußlandfeldzug zu verbessern, so machten die
unmittelbar nach Milchs Rückkehr aus Rom sich einstellenden militärischen und politi-

---

[50] Milch und v. Waldau trafen am 5. Dezember abends in Rom ein und konferierten am 6.12. vormittags mit
 Ciano (Ciano, Tagebücher, 6.12.40, S. 294; Merkbuch Gfm E. Milch, 11. Juli 1940 - 13. Januar 1941, BA-
 MA, N 179/46) und Mussolini (Dt.Bot.Rom, Nr. 2271, 11.12.40, PA-AA, Geheimakten Rom Quir.
 Bd.86). Hitlers Brief an Mussolini befindet sich in: ADAP, D XI.2, Dok. 452, 5.12.40, S. 659 f.; vgl. dazu
 ferner: ADAP, D XI.2, Dok. 464, 7.12.41, S. 669 f.; Irving, Tragödie, S. 176.
[51] »Deutsche Luftwaffenmission in Rom zwecks Besprechung des Einsatzes der deutschen Luftwaffe im Mittelmeerraum«, 6.12.40, BA-MA, RL 7/691.
[52] Merkbuch Gfm E. Milch, 11. Juli 1940-13. Januar 1941, 6.12.40, BA-MA, N 179/46.
[53] Vgl. Anm. 51.
[54] Ebd.

schen Rückschläge jedoch sein punktuell offensives, gesamtstrategisch aber defensives Mittelmeerkonzept zunichte. Am 8. Dezember nämlich meldete der Chef der deutschen Abwehr, Admiral Canaris, aus Madrid, daß »Spanien zu dem vom Führer verlangten Termin nicht in den Krieg eintreten könne«[55]. Hiermit mußte nun nicht nur auf die entscheidende Operation zur Stützung der italienischen Mittelmeerkriegführung verzichtet werden, sondern auch auf das »Druckmittel« gegenüber Französisch-Nordafrika, der Operationsbasis Spanisch-Marokko. Sie blieb der deutschen Wehrmacht verschlossen, wodurch der »Unsicherheitsfaktor« Weygand, der Generaldelegierte Vichys in Französisch-Nordafrika, einen neuen Stellenwert erlangte[56]. Um seinem Abfall, der früher oder später Hitlers Auffassung zufolge auch den Frontwechsel Vichy-Frankreichs ins feindliche Lager nach sich ziehen würde, nicht unvorbereitet gegenüberstehen zu müssen, erging am 10. Dezember anstelle des Planes für das Unternehmen »Felix« der vorbereitende Befehl an die Oberbefehlshaber der Wehrmacht, der »für den Fall, daß sich in den jetzt von General Weygand beherrschten Teilen des französischen Kolonialreiches eine Abfallbewegung abzeichnen sollte, (…) die schnelle Besetzung des heute noch unbesetzten Gebietes des französichen Mutterlandes« (Unternehmen »Attila«) ankündigte[57]. Gleichzeitig aber erweiterten der Ausfall Spaniens und die mit dem italienischen Hilferuf faktisch aufgegebene »Parallelkriegführung« Italiens Hitlers Handlungsspielraum gegenüber Vichy-Frankreich. Gleichsam als Ersatz für die nun nicht mehr zu integrierenden spanisch-nordafrikanischen, atlantischen Positionen, gewannen nun die Bemühungen, Vichy-Frankreich mit seinen nord- und westafrikanischen Besitzungen für die deutsche Strategie zu gewinnen, erhöhte Bedeutung[58]. Als aber am 13. Dezember 1940 mit Laval, dem stellvertretenden vichy-französischen Ministerpräsidenten, der Exponent der Kollaboration verhaftet wurde und die »Politik von Montoire« infolge eines britisch-französischen Geheimabkommens, das den Franzosen im Falle ihrer Neutralität ihre Kolonialbesitzungen sicherte, ihr Ende fand[59], kehrte Hitler zu der Haltung des Siegers über Frankreich zurück. Als letzter und damit unentbehrlicher Partner im Mittelmeerraum blieb ihm Mitte Dezember 1940 nur noch das aufgrund seiner ausbleibenden militärischen Erfolge innenpolitisch zerrüttete faschistische Italien. Der Fortbestand der »Achse« Berlin–Rom war somit zum zentralen Element einer, nun nur noch mit möglichst geringem Kräfteeinsatz zu realisierenden, begrenzten Stabilität an der europäischen Südflanke geworden.
Als der italienische Botschafter in Berlin, Alfieri, Hitler am 8. Dezember 1940 von der katastrophalen Lage an der albanischen Front berichtete[60], wurden deshalb die seit Anfang November angestellten Überlegungen zu einem deutschen Entlastungsstoß für die italienische Kriegführung gegen Griechenland forciert. Bereits am 13. Dezember

[55] KTB OKW, Bd. I, 8.12.40, S. 219; zur Mission Canaris' vgl.: Detwiler, D.S., Hitler, Franco und Gibraltar. Die Frage des spanischen Eintritts in den Zweiten Weltkrieg, Wiesbaden 1962 S. 84 ff. Hillgruber, Strategie, S. 328 ff. Hitler beurteilte Francos Absage zu »Felix« und somit zum spanischen Kriegseintritt nicht zuletzt als Konsequenz der jüngsten militärischen Niederlagen Italiens. Hoffmann v. Waldau, KTB, 7./8.12.40, BA-MA, MSG I/1410.

[56] Vgl. dazu: Hillgruber, Strategie, S. 330 ff.

[57] Zur Weisung Nr. 19 vgl.: Hitlers Weisungen, S. 79 ff.; KTB Halder, Bd. II, 8.12.40, S. 218: »Wenn uns in Nordafrika etwas passiert, müssen wir sofort Rest-Frankreich besetzen.«

[58] Hillgruber, Strategie, S. 331 ff.

[59] Jäckel, Frankreich, S. 193 ff.

[60] Hillgruber, Staatsmänner, Bd. I, Dok. Nr. 53, 8.12.40, S. 396 ff.; KTB OKW, Bd. I, 8.12.40, S. 219. Danach fand das Treffen bereits am 7.12.40 statt.

erging die Weisung Nr. 20 (Unternehmen »Marita«)[61]. Da wegen des Zeitbedarfs des Aufmarsches für »Marita« und der Vorbereitungen für den Brückenschlag über die Donau die Angriffsbewegungen nicht vor März 1941 beginnen konnten[62], stellte das OKW auch Überlegungen für Sofortmaßnahmen an, deren Ziel es war, den drohenden Zusammenbruch der italienischen Kriegführung in Albanien mit seinen zu erwartenden Auswirkungen auf die Stabilität der europäischen Südflanke abzuwenden. Das daraufhin erwogene Vorhaben, neben der Lufttransportgruppe »Foggia«[63] auch eine Gebirgsdivision zur Unterstützung des Bundesgenossen abzustellen, nahm zwar Gestalt an und wurde auch in die Weisung Nr. 22 aufgenommen[64], kam jedoch, als sich die Lage auf dem italienisch-griechischen Kriegsschauplatz im Januar 1941 stabilisierte, dann doch nicht zur Ausführung. Es schien so, als könne sich der italienische Bundesgenosse bis zum Frühjahr 1941 halten, ehe dann – sofern die seit dem 17. Dezember im Auftrage Hitlers durchgeführten Sondierungen des Chefs der deutschen Abwehr, Admiral Canaris, den italienisch-griechischen Konflikt auf diplomatischem Wege zu lösen, bis dahin nicht zu einem Erfolg geführt haben würden[65] – der deutsche Entlastungsstoß gegen Griechenland die Lage in Südosteuropa »bereinigen« würde.

3. Die Forderung der deutschen Verbindungsstäbe nach deutscher Einflußnahme auf die italienische Kriegführung

Während sich die Lage an der italienisch-griechischen Front etwas stabilisierte, trafen vom nordafrikanischen Kriegsschauplatz besorgniserregende Meldungen ein. Anstelle der von informierten Kreisen alsbald erwarteten Fortsetzung der im September 1940 begonnenen, nach sechs Tagen bereits östlich von Sidi Barrani abgebrochenen italienischen Offensive[66], trat das ca. 25 000 Mann starke, neuformierte britische XIII. Korps unter dem Befehl von Generalleutnant O'Connor am 9. Dezember – von den Italienern vorerst unbemerkt – zur Offensive an und zwang bereits bis zum 11. Dezember vier italienische Divisionen im Raum von Sidi Barrani zur Aufgabe[67]. Neben 38 000 italienischen Kriegsgefangenen brachten die Briten 237 Geschütze und 73 leichte und mittelschwere italienische Panzerkampfwagen ein[68].

Am 19. Dezember 1940 mußte von Rintelen dem OKW melden, daß mit dem Verlust Bardias und Tobruks, wo General Graziani, der italienische Oberbefehlshaber in Li-

---

[61] Hitlers Weisungen, S. 81 ff.
[62] Hillgruber, Strategie, S. 281 ff.
[63] Siehe oben S. 28.
[64] Hitlers Weisungen, S. 93 ff.
[65] Schramm-von Thadden, E., Griechenland und die Großmächte im Zweiten Weltkrieg, Wiesbaden 1955, S. 140.
[66] Dt.Bot.Rom (ohne Nr.), 8.12.40, PA-AA, Geheimakten Rom Quir. Bd. 87.
[67] Zur britischen Offensive vgl.: Playfair, Mediterranean, Vol. I, S. 265 ff.; Fechter/Hümmelchen, Seekriegsatlas, S. 28 ff.
[68] Fechter/Hümmelchen, Seekriegsatlas, S. 28.

byen, hinhaltend kämpfe, zu rechnen sei[69]. Weiterhin teilte er mit, daß das Comando Supremo die Absicht hätte, bei Derna, am Ostrand der Cyrenaika, eine Verteidigungsstellung zu errichten. Ob der englische Vormarsch allerdings deshalb dort aufgehalten werden konnte, beurteilte von Rintelen als fraglich. Das Hauptziel der italienischen Verteidigungsanstrengungen sei, so mutmaßte von Rintelen, das entscheidende Widerstandszentrum in Tripolis auszubauen. Darüber hinaus übermittelte er die Bitte Mussolinis, eine deutsche Panzerdivision zur Verfügung zu stellen, um damit die Verteidigung Tripolitaniens »aktiv« führen zu können[70], sowie dessen Wunsch nach Lieferung von deutschem Kriegsmaterial zur Ausrüstung von zehn italienischen Divisionen und Rohstoffen für die italienische Industrie.

Die britische Offensive in Nordafrika wurde von einer ungewöhnlich regen Tätigkeit der »Mediterranean Fleet« begleitet[71]. Leichte Seestreitkräfte beschossen Sidi Barrani, Sollum und Bardia. Am 16. Dezember stachen britische Flottenverbände, darunter der Flugzeugträger »Illustrious« und das Schlachtschiff »Barham«, von Alexandria aus in See und griffen die italienischen Stützpunkte Rhodos und Stampia an; am 18. Dezember stießen sie unbemerkt in das Adriatische Meer vor und nahmen in der darauffolgenden Nacht Valona, den Hauptausladehafen für den Nachschub der in Albanien kämpfenden italienischen Truppen, unter schweres Feuer. Am 20. Dezember eskortierte der britische Flottenverband ein ebenfalls seit dem 18. Dezember auf Westkurs laufendes Geleit nach La Valetta. Vier Tage später, am 24. Dezember war die britische Großoperation beendet; die Kriegsschiffe kehrten ohne Feindberührung wohlbehalten nach Alexandria zurück.

Die absolute Seeherrschaft im zentralen Mittelmeer gestattete es den Briten nun, Geleite – anstelle über die Kap-Route – durch das Mittelmeer zu überführen und so ihre Ostmittelmeer-Nahost-Stellung schneller ausbauen zu können. In der Zeit zwischen Ende November und Ende Dezember 1940 passierten 55 britische Schiffe unter dem Schutz der »Mediterranean Fleet« das Mittelmeer in östlicher oder westlicher Richtung[72]. Dieser reibungslose Ablauf der Operationen war neben der Inaktivität der italienischen See- und Luftstreitkräfte hauptsächlich der kleinen, auf Malta stationierten Fliegertruppe der Royal Air Force[73] zuzuschreiben, deren Aufklärungsflüge den in See befindlichen britischen Geleiten ein genaues Bild von der Dislokation der italienischen Seestreitkräfte zu liefern vermochten[74]. Offensive Aufgaben hingegen übernahmen die auf Malta stationierten britischen Luftstreitkräfte bis Mitte Dezember noch kaum. Lediglich zwei italienische Frachter mit insgesamt 8437 BRT wurden am 20. Dezember von von Malta aus gestarteten Torpedobombern versenkt. Diese waren neben einem weiteren Schiff mit 5257 BRT die einzigen Verluste der insgesamt 50 im Libyen-Verkehr des Monat Dezembers eingesetzten Handelsschiffe mit einer Gesamttonnage von 299 995

---

[69] KTB OKW, Bd. I, 20.12.40, S. 241
[70] KTB OKW, Bd. I, 20.12.40, S. 241.
[71] Zu den Aktivitäten der britischen Mittelmeerflotte im Dezember vgl.: Playfair, Mediterranean, Vol I, S. 309 ff.; Cunningham, Odyssey, S. 294 ff.
[72] Playfair, Mediterranean, Vol. I, S. 311.
[73] Auf den Luftstützpunkten der Insel Malta waren am 31. Dezember insgesamt 12 Torpedo-Bomber, 16 Jagdflugzeuge, 16 leichte Bomber, 4 Flugboote sowie 4 Aufklärer stationiert. Playfair, Mediterranean, Vol. I, S. 312.
[74] The Air Battle of Malta. The Official Account of the R.A.F. in Malta, Juni 1940 to November 1942. Prepared for the Air Ministry by the Ministry of Information,London 1944, S. 17 (weiterhin zitiert als: Air Battle).

BRT[75]. Erst ab Mitte Dezember 1940 griff die Royal Air Force von Malta aus die italienischen Flugfelder in Nordafrika an, um die britische Offensive zu unterstützen[76]. Je mehr sich diese nach Westen vorschob und sich das Kriegsgeschehen zunehmend auf den Bereich des zentralen Mittelmeeres konzentrierte, desto stärker begannen die Briten Maltas Offensiv-Waffe auszubauen[77].

Die sich ständig weiter verschärfende Situation an der südlichen Peripherie war dann auch der Gegenstand von Weicholds Lagebetrachtung vom 1. Januar 1941[78] anläßlich seiner halbjährigen Kommandodauer als Chef des Marineverbindungsstabes zum italienischen Admiralstab. Mit ihr legte Vizeadmiral Weichold ein ausführliches operatives Konzept vor, demzufolge die italienische Flotte entgegen ihrem bisherigen, ausschließlich passiven Verhalten nun endlich in die Offensive geführt werden sollte; denn es sei »sowohl für die praktische Kriegführung als auch für die Ehre und Zukunft einer Nation besser, wenn die Schiffe im Kampf auf See (...) (untergingen), als im Hafen versenkt (...) (würden), oder ihre Besatzungen moralisch (...) (verkämen), ohne den Versuch gemacht zu haben, neben allen sachlich positiven Möglichkeiten, das Glück, das besonders im Seekrieg eine große Rolle spielt, zu versuchen«. Versucht werden sollte neben dem Angriff gegen in See befindliche feindliche Verbände vor allem die Kampfführung gegen die britischen Flottenstützpunkte. Im Zentrum seines operativen Vorschlages stand hierbei erneut Malta, das im Gegensatz zu Suda, Haifa oder Alexandria, die aufgrund ihrer zu großen Entfernung von den italienischen Basen nur bedingt bekämpft werden konnten, die besten Ansatzmöglichkeiten für leichte italienische Seestreitkräfte und Fliegerverbände bot. Durch »dauernde Einwirkung auf den Gegner« durch Minen, Sperroperationen und Luftangriffe mit Torpedos und Bomben beabsichtigte Weichold, britische Kampfmittel jeder Art zu binden und die Ergänzungskraft des Stützpunktes herabzusetzen, um Malta somit allmählich für britische Seestreitkräfte unbrauchbar zu machen. Von beiden Maßnahmen, dem offensiven Einsatz der italienischen Flotte und der Bekämpfung der feindlichen Stützpunkte, vor allem Maltas, versprach sich Weichold, die britische Seeherrschaft im zentralen Mittelmeer zumindest »erschweren« zu können und damit die Voraussetzung für die Konsolidierung der Lage auf den italienischen Landkriegsschauplätzen zu schaffen. Die Hoffnung, mit derartigen Forderungen bei der italienischen Marineleitung, die die Aufgabe der italienischen Flotte nach wie vor ausschließlich im Schutze der Nordafrika- bzw. Albanien-Geleite sah, Gehör zu finden, hatte Weichold angesichts seiner bislang so ergebnislos verlaufenden Anstrengungen, dort Einfluß auszuüben, allerdings längst aufgegeben. Um eine weitere Verschärfung der – nach Auffassung des Admirals – von Supermarina ver-

[75] Rohwer, Der Nachschubverkehr zwischen Italien und Libyen vom Juni 1940 bis Januar 1943, in: MR 56/1959, S. 105 ff., hier S. 106 (weiterhin zitiert als: Rohwer, Nachschubverkehr); zu dieser Thematik vgl. auch: La difesa, Tomo 1°; Gabriele, M., La guerre des convois entre l'Italie et l'Afrique du Nord, in: La guerre en Méditerranée 1939-1945. Actes du Colloque International tenu à Paris du 8 au 11 avril 1969, ed. du Comité d'Histoire de la Deuxième Guerre Mondiale, Paris 1971; Giorgerini, G., La battaglia dei convogli in Mediterraneo, Milano 1977.

[76] Playfair, Mediterranean, Vol. I, S. 310.

[77] Vgl. dazu: Weber, Th., Die Luftschlacht um Malta. Ein Beitrag zum Problem der Interdependenz von Luft-, Land- und Seekriegführung, in: Flugwehr und Technik, 5-9/1956, S. 85 ff., S. 116 ff., S. 148 ff., S. 171 ff., S. 229 ff., hier 6/1956, S. 117 (weiterhin zitiert als Weber. Luftschlacht).

[78] »Lagebetrachtung des Chefs des Verbindungsstabes am 1. Januar nach sechsmonatiger Kommandodauer beim ital. Admiralstab«, BA-MA, RM 7/243.

schuldeten Seekriegslage mit ihren Rückwirkungen auf die italienischen Landkriegs-
schauplätze und – nicht zuletzt – auf die Gesamtkriegführung der »Achse« zu verhindern, forderte der von Hitlers Kriegsplan nichts ahnende Weichold in seiner Lagebetrachtung vom 1. Januar 1941 die »Schaffung eines einheitlichen Oberbefehls und die
Übernahme des Kommandos durch deutsche Führung«.

Auch der deutsche Botschafter in Rom, von Mackensen, hatte sich Ende Dezember ein-
geschaltet und bei Reichsaußenminister von Ribbentrop angeregt, auf die »italienische
Kriegführung und die militärische Lage im Mittelmeer Einfluß zu nehmen«[79]. Dazu
mögen den deutschen Geschäftsträger in Rom weniger militärisch-operative Gesichts-
punkte veranlaßt haben als der Einblick in die innenpolitische Szenerie des bis in die
Grundfesten erschütterten faschistischen Italiens. In der dortigen Öffentlichkeit waren
– wie von Mackensen dem Auswärtigen Amt berichtete – nach dem Scheitern der
Aktion gegen Griechenland und den Ereignissen auf dem nordafrikanischen Kriegsschauplatz zwei Faktoren bestimmend: »der besorgniserregende Eindruck mangelnder
Organisation und Vorbereitung und der Ruf nach den Schuldigen«[80]. Die faschistische
Presse hatte versucht, den wachsenden Unmut im Volke zu kanalisieren, indem sie den
italienischen Generalstab für die fortgesetzten Niederlagen verantwortlich gemacht
hatte. Umfangreiche »Säuberungen« folgten. Schon am 17. November war ihnen
Badoglio, der Chef des italienischen Wehrmachtgeneralstabes, zum Opfer gefallen; am
7. Dezember mußten Cavagnari, der Admiralstabschef der italienischen Kriegsmarine,
und dessen Stellvertreter, Somigli, gehen. An ihre Stelle traten die Admirale Riccardi
und Campioni[81]. Doch auch das Verhältnis zwischen Mussolini und dem neuen Chef
des Comando Supremo, Cavallero, war aufgrund der kritischer werdenden militärischen Lage Italiens rasch von Mißtrauen überschattet. Ciano notierte hierzu: »Er vertraut Cavallero nicht mehr; er sagt, sein Optimismus sei wie der Gesang eines Menschen, der Angst hat, in einem dunklen Zimmer alleine zu sein[82].« Mackensen kam aufgrund seiner Einschätzung der innenpolitischen Lage, »die sich auch auf zahlreiche
Unterhaltungen mit den Chefs der Verbindungsstäbe (...) gründete«[83], zu der Erkenntnis, daß die »ausgesprochene Gefahr« gegeben sei, daß der Krieg im Mittelmeer verloren werden würde. Um dies zu verhindern, sei ein stärkerer deutscher Einfluß auf die
italienische Kriegführung notwendig. Im Gegensatz zu Weicholds Forderung nach
einer »Machtübernahme« in Rom hielt er es für angebracht, daß »nach außen hin der
Eindruck einer Unterstellung der italienischen Wehrmacht unter einen deutschen Oberbefehl nicht erweckt werden dürfe, schon im Hinblick auf die besondere Empfindlichkeit der Italiener in dieser Beziehung und das Prestige des ›Duce‹, das unter allen
Umständen gewahrt bleiben muß«[84].

Während sich in den Verbindungsstäben und der Deutschen Botschaft in Rom die
Erkenntnis durchsetzte, daß sich allein durch eine massive deutsche Einflußnahme die
Lage an der südlichen Peripherie restabilisieren ließ, trat die britische Nilarmee, unter-

[79]   Dt.Bot.Rom (ohne Nr.), 27.12.40, PA-AA, Geheimakten Rom Quir. Bd. 89.
[80]   Ebd.
[81]   Zu den »Säuberungen« innerhalb der italienischen Wehrmachtführung vgl.: Bragadin, M.-A., Il dramma
        della Marina Italiana 1490-1945, Milano 1966, S. 89; Mar.Verb.St. Italien, 12.12.40, BA-MA, RM 36/2.
[82]   Ciano, Tagebücher, 25.12.40, S. 301.
[83]   Dt.Bot.Rom (ohne Nr.), 27.12.40, PA-AA, Geheimakten Rom Quir. Bd. 89.
[84]   Ebd.

stützt durch die Royal Air Force, am 2. Januar 1941 – Nachschubschwierigkeiten hatten keinen früheren Zeitpunkt zugelassen – zum Angriff auf Bardia an[85]. Obwohl auf italienischer Seite damit gerechnet worden war, daß Bardia über einen längeren Zeitraum hinweg verteidigt werden könnte – dies hatte von Rintelen dem OKW am 3. Januar gemeldet[86] –, fanden die Kämpfe bereits drei Tage später mit der italienischen Kapitulation ihr Ende.

Den Unterstaatssekretär und Chef des Generalstabes der italienischen Luftwaffe, General Pricolo, veranlaßte der unerwartet schnelle Fall der Festung dazu, am 7. Januar 1941 beim OKL anfragen zu lassen, wann mit der Einsatzbereitschaft des X. Fliegerkorps zu rechnen sei[87]; denn seit dem Befehl, das Korps von Norwegen nach Sizilien zu verlegen (Operation »Mittelmeer«), war fast ein ganzer Monat verstrichen. Am 9. Januar 1941, nachdem der Luftwaffenführungsstab noch einmal zur Eile gedrängt hatte[88], war die Einsatzbereitschaft des in Catania, Palermo, Trapani, Comiso und Reggio di Calabria stationierten, über 156 Flugzeuge verfügenden Korps weitgehend hergestellt[89]. Mit dem X. Fliegerkorps kamen als dessen Befehlshaber der General der Flieger Geisler und als Stabschef Oberstleutnant Harlinghausen nach Sizilien. Beide, aus Marinefliegerverbänden stammend, galten innerhalb der Luftwaffe als die erfahrensten Experten auf dem Gebiet des Luftkrieges über See und der Angriffsführung gegen Schiffsziele[90].

Gemäß seiner Aufgabe, der »Bekämpfung der englischen Seestreitkräfte und der englischen Seeverbindungen zwischen westlichem und östlichem Mittelmeer«[91], trat das X. Fliegerkorps am 10. Januar 1941, nachdem ihrerseits britische Bomber in der Nacht zum 9. Januar das Schlachtschiff »Guilio Cesare« im Hafen von Neapel schwer beschädigten, gegen die britische Geleitzugoperation »Essex« in Aktion[92]. Die britischen Gibraltar-Seestreitkräfte hatten einen für Malta und Griechenland bestimmten Konvoi in die Nähe Maltas geführt, wo er von Einheiten des Alexandria-Geschwaders übernommen wurde. Der Flugzeugträger »Illustrious« wurde dabei von den Sturzkampfbombern des X. Fliegerkorps durch sieben Treffer schwer beschädigt. Darüber hinaus gelang es den deutschen Fliegern, den Kreuzer »Southampton« zu versenken. Die Versuche, die »Illustrious« auszuschalten, scheiterten am Einsatz der von Malta aus gestarteten britischen Jagdflugzeuge, unter deren Luftschirm schließlich der Flugzeugträger den Hafen von La Valetta erreichen konnte. Auch in den darauffolgenden

---

[85] Playfair, Mediterranean, Vol. I, S. 277 ff.

[86] KTB OKW, Bd. I, 3.1.41, S. 245 f.

[87] Gundelach, Luftwaffe, Bd. I, S. 98.

[88] »Aktennotiz des Generals v. Waldau vom 8.1.41, 19.10 Uhr betr. Einsatzverfügung für das X. Fl.Korps«, BA-MA, RL 2I/1.

[89] Das X. Fl. Korps setzte sich zusammen aus dem Stab/X. Fl.Korps, einer Staffel Fernaufklärer (1/(F)121), dem Stab des leichten Geschwader 1 mit der II. und III. Gruppe (Stab/LG 1 und II. u. II/LG1), der III. Gruppe des Zerstörer-Geschwader 26 (III./ZG 26), dem Stab des Stuka-Geschwader 3 (Stab/St.G.3), der I. Gruppe des Stuka-Geschwader 1 (I./St.G.1), der II. Gruppe des Stuka-Geschwader 2 (II./St.G.2), der II. Gruppe des Kampfgeschwader 26 (II./KG 26) sowie aus einer Transportgruppe.

[90] Vgl. dazu: Gundelach, K., Gedanken über die Führung eines Luftkrieges gegen England bei der Lfl. 2 in den Jahren 1938/39, in: WWR 1/1960, S. 33 ff. Ebenfalls zur Führung des X. Fl.Korps vgl.: Mattesini/ Santoni, Partizipazione, S. 31.

[91] Hubatsch, W. (Hrsg.): Hitlers Weisungen für die Kriegführung. Dokumente des Oberkommandos der Wehrmacht, Frankfurt a.M. 1962, S. 93 (weiterhin zitiert als: Hitlers Weisungen).

[92] »Tätigkeit des X. deutschen Fliegerkorps in Italien 10. Januar - 22. Mai 1941«, BA-MA, RL 7/689; Mattesini/Santoni, Partizipazione, S. 33 f.; Playfair, Mediterranean, Vol. I, S. 315ff.

Tagen bildete die »Illustrious« das Ziel der deutschen Angriffe. Dafür wurden am 24. Januar 1941 einige besonders erfahrene Flugzeugführer eilends nach Italien kommandiert[93], die jedoch nicht mehr zum Einsatz kommen konnten, weil die »Illustrious«, notdürftig repariert, bereits in der Nacht zum 25. Januar La Valetta unbemerkt in Richtung Alexandria verlassen hatte.

Als Folge der Kämpfe um das »Essex«-Geleit entwickelten sich über und um Malta heftigste Luftkämpfe, die den Besatzungen des X. Fliegerkorps und vor allem ihrer Führung in Catania die Rolle der Insel als »unsinkbarer Flugzeugträger« ins Bewußtsein riefen. Aber nicht nur für den Schutz der britischen Ost-West-Geleite stellte Malta im Verlaufe des Januar 1941 seine Bedeutung der Führung der X. Fliegerkorps unter Beweis, sondern auch seine zunehmende Funktion als Offensivbasis wurde augenfällig. Von der Insel starteten in den Nächten vom 15. auf den 16. und vom 17. und auf den 18. Januar britische Wellington-Bomber zu Entlastungsangriffen gegen die deutschen Flugplätze auf Sizilien[94]. Die Kampfführung gegen Malta trat deshalb gleichsam von selbst als weitere Aufgabe des X. Fliegerkorps hinzu. Da das Korps aber über keine eigenen Jagdflugzeuge verfügte und die italienischen für die Luftverteidigung Siziliens und Süditaliens bereitstehen sollten[95], mußten die Luftangriffe gegen die maltesischen Flugplätze – vorwiegend gegen Hal Far und Lucca – bei Nacht geflogen werden[96]. Erst Anfang Februar 1941, als im Zuge weiterer Verstärkungen auch zwei Jagdstaffeln aus dem Reich nach Sizilien verlegt wurden[97], häuften sich die Tagangriffe gegen Malta, dessen Bekämpfung in der Ergänzung zur Weisung Nr. 22 vom 5. Februar fortan als Hauptaufgabe des X. Fliegerkorps herausgestellt wurde[98].

In Nordafrika hatten die Briten unterdessen ihre Offensive fortgesetzt: Am 22. Januar fiel Tobruk, am 30. Januar Derna, und am 6. Februar drangen die Briten in die Hauptstadt der Cyrenaika, in Benghasi, ein[99]. Am Tage darauf kapitulierten die Reste der 10. italienischen Armee. Mit dem Fall Benghasis hatten General Wavells Truppen in einem Feldzug von 60 Tagen bei nur 558 eigenen Toten und Vermißten, 130 000 italienische Gefangene – darunter 19 Generäle –, 408 Panzer sowie 1290 Geschütze eingebracht. Zehn italienische Divisionen hatten aufgehört zu existieren; übriggeblieben waren die Reste von fünf italienischen Divisionen, die sich nun zusammen mit der neu eingetroffenen 132. Panzerdivision »Ariete« auf die Verteidigung des Umfeldes von Tripolis vorbereiteten. Die italienische 5. Luftflotte verfügte, wie der Luftwaffenverbindungs-

---

[93] KTB OKW, Bd. I, 24.1.41, S. 278.

[94] Macmillan, M., The Royal Air Force in the World War. Vol. III, 1940-1945: The Battles of the Western Dessert, Somaliland, Eritrea, Ethiopia, Cyrenaika, Tripolitania, Tunisia, Malta, Greece, Crete, Dodecanese, Iraq, Syria, Iran, Pantelleria, Sicily, Italy, Crippling the Italian Fleet, The Balkan Air Force, The Mediterranean Allied Air Force, London/Toronto/Bombay/Sydney 1949, S. 116 f. (weiterhin zitiert als: Macmillan, R.A.F.).

[95] Gundelach, Luftwaffe, Bd. I, S. 103.

[96] Dennoch hatten im Januar 58 Angriffe mittlerer Stärke stattgefunden. Vgl. dazu: Weber, Luftschlacht, S. 117.

[97] Anfang Februar wurden zusätzlich nach Italien und Sizilien eine Staffel Fernaufklärer (2./(F)123), eine Staffel Nachtjäger (1./NJG2) sowie die siebte Staffel des Jagdgeschwaders 26 (7./JG 26) verlegt. Vgl.: »Deutsche Fliegerverbände auf Flughäfen in Italien«, von 27.12.1940 bis zum 15.2.1941, BA-MA, RL 2/II/414.

[98] Hitlers Weisungen, S. 98.

[99] Playfair, Mediterranean, Vol. I, S. 287 ff. und 351 ff.; Fechter/Hümmelchen, Seekriegsatlas, s. 28 ff.

stab am 26. Januar mitteilte[100], nur noch über 100 – 120 einsatzbereite Flugzeuge, nachdem sie im Laufe der vergangenen Wochen 400 Flugzeuge verloren hatte. Der unmittelbaren Unterstützung der Heeresgruppe Graziani »durch die Bekämpfung der britischen Ausladehäfen und Nachschubbasen an der Küste von Westägypten und der Cyrenaika« durch das X. Fliegerkorps, wie es schon in der Weisung Nr. 22 vom 11. Januar niedergelegt worden war[101], kam deshalb eine kaum geringere Bedeutung zu als der Bekämpfung Maltas. So verminten Flugzeuge des X. Fliegerkorps am 3. und 4. Februar 1941 den Hafen von Tobruk, wodurch die Briten vier Dampfer mit zusammen 6700 BRT verloren[102]. Schon am 17. und 18. Januar waren acht Heinkel-Bomber unter dem Kommando von Oberstleutnant Harlinghausen von Benghasi aus gestartet, um durch einen Angriff auf den Suezkanal den britischen Nachschubverkehr zu treffen[103]. Dieses Unternehmen hatte mit einem Fehlschlag geendet, da es nicht gelungen war, den gemeldeten Geleitzug auszumachen. Tragischer war, daß nur eine der acht gestarteten Maschinen wieder nach Benghasi zurückkehrte. Erfolgreicher verlief die Luftminenverseuchung des Suez-Kanals in der Nacht zum 30. Januar 1941. Daraufhin hatte der Kanal für mehrere Tage gesperrt werden müssen, da drei Handelsschiffe mit insgesamt 13 200 BRT auf Minen liefen, sanken und die Durchfahrt blockierten[104]. Mit dem Verlust Benghasis gingen auch dessen Flugfelder, die dem X. Fliegerkorps bislang als Absprungbasis für die Einsätze gegen den Suez-Kanal und entlang der nordafrikanischen Küste gedient hatten, verloren. Nachdem die Absicht des Comando Supremo, die Verteidigung Tripolitaniens nur auf das unmittelbare Umfeld der Stadt Tripolis zu beschränken – dies hätte bedeutet, daß keine ausreichend gesicherte Basis mehr zur Verfügung gestanden hätte –, infolge der Intervention Hitlers und von Rintelens vereitelt werden konnte[105], verlegte eine Staffel Zerstörer und eine Staffel Sturzkampfbomber auf die Flugfelder im Raum Tripolis. Von dort aus sollten sie vor allem zur erdtaktischen Unterstützung in die Kämpfe eingreifen[106]. Ihre Verlegung und die ersten Einsätze wurden vom Chef des Stabes des X. Fliegerkorps, Oberstleutnant Harlinghausen, koordiniert. In dieser Aufgabe wurde Harlinghausen später von Generalmajor Stefan Fröhlich, der das neu eingerichtete Kommando eines »Fliegerführers Afrika« übernahm, abgelöst[107].

Zur Bekämpfung Maltas, der Cyrenaika-Häfen, der rückwärtigen Verbindungen der Briten in Nordafrika, der erdtaktischen Unterstützung der Heeresgruppe Graziani sowie zum Kampf gegen Schiffsziele sollte als weitere Aufgabe des völlig überlasteten X. Fliegerkorps die Sicherung der Anfang Januar von Hitler in Angriff genommenen und ab 6. Februar anlaufenden Überführung des deutschen »Hilfskorps« für Nordafrika hinzutreten[108].

[100]   KTB OKW, Bd. I, 26.1.41, S. 281 f.
[101]   Hitlers Weisungen, S. 93.
[102]   British Vessels Lost at Sea 1939-1945. A Reprint of the Original Publications. Ships of the Royal Navy: Statement of Losses during the Second World War and British Merchant Vessels Lost or Damaged by Enemy Action during Second World War. London 1947, part II, S. 15 u. S. 71 (weiterhin zitiert als: British Vessels).
[103]   Gundelach, Luftwaffe, Bd. I, S. 101.
[104]   British Vessels, part II, S. 16 und S. 72.
[105]   Siehe unten S. 45.
[106]   Bis Ende Februar 1941 wurden die 2./(F) 123, die I./JG 27, die III./KG30, der Stab St.G.1, die II./St.G.1 und die III./St.G.1 mit insgesamt 154 (einsatzbereit 117) Flugzeugen nach Tripolitanien verlegt.
[107]   Fröhlich, St., Die Luftwaffe in Afrika. Februar 1941 - März 1942, in: Die Oase, 3 und 4/1961, S. 4 f. und S. 4 f., hier 3, S. 4.

4. Hitlers »Nur-Aushilfsstrategie« – Die Entsendung des deutschen »Hilfskorps« nach Nordafrika

Als sich Mussolini entgegen allen früheren Absichten aufgrund der sich auf dem nord-afrikanischen Kriegsschauplatz seit Beginn der britischen Offensive abzeichnenden Katastrophe gezwungen sah, sich über von Rintelen mit der Bitte um materielle und personelle Unterstützung an den Bundesgenossen zu wenden[109], reagierte das OKW zunächst zurückhaltend, da die italienischen Forderungen die im Hinblick auf den für Frühsommer 1941 beabsichtigten Rußlandfeldzug nur begrenzten materiellen Möglich-keiten der deutschen Wehrmacht bei weitem überstiegen. In der Absicht, seine Heeres-verbände für den Rußlandfeldzug zusammenzuhalten und nicht in Nordafrika als »Blutsparer« Italiens zu vergeuden – so hatte Hitler bereits am 4. 11. den Gedanken, deutsche Verbände dort einzusetzen, verworfen[110] –, teilte er Mussolini in seinem Neu-jahrsbrief[111] mit, »er überlege (...) beständig die wirklich wirksamen Gegenmaßnah-men« und werde, wenn auch die Erfüllung der italienischen Wünsche nicht in vollem Umfange möglich sei, bestrebt sein, Italien »andere Hilfen zu verschaffen, die trotz-dem zu dem gewünschten Resultat führen«[112]. Offensichtlich glaubte Hitler, mit dem zu diesem Zeitpunkt nach Sizilien verlegenden – am 10. 12. war die Entsendung des X. Fliegerkorps endgültig vom OKW befohlen worden[113] –, auf seinen Befehl am 17. 12. verstärkten X. Fliegerkorps[114] in Kooperation mit den bislang gegen England eingesetz-ten und nun nach Süditalien zurückkehrenden italienischen Luftstreitkräften, die ange-spannte Lage auf dem nordafrikanischen Kriegsschauplatz konsolidieren zu können. Erst als am 5. Januar 1941 Bardia unter dem britischen Ansturm zusammengebrochen war, schien sich Hitler der Auffassung des italienischen Militärattachés, General Mar-ras, zu nähern, daß »ohne deutsche Hilfe ganz Nordafrika verlorenginge«[115]. Hitler beunruhigten dabei weniger die sich daraus ergebenden militärisch-operativen und wirtschaftlichen Konsequenzen als die psychologischen Auswirkungen auf den Bundes-genossen[116]. Aufgrund der Instabilität des faschistischen Systems fürchtete Hitler im Falle eines weiteren Rückschlages in der italienischen Kriegführung um den Fortbe-stand der »Achse«. Zerbräche sie, würde sich für Hitler nicht nur die Notwendigkeit ergeben, auf der Apennin-Halbinsel militärisch einzugreifen, sondern ebenso auf dem Balkan. Außerdem würde die Verbindung, die mit dem Verlust Tripolitaniens zwischen der britischen und der französischen Nordafrika-Position hergestellt werden würde, Weygand mit Sicherheit dazu veranlassen, in das feindliche Lager überzuwechseln[117],

[108] Unter dem Schutz deutscher Flugzeuge und eskortiert von italienischen Seestreitkräften erreichten zwi-schen Anfang Februar und Ende März 1941 15 deutsche Schiffsstaffeln Tripolis und überführten 25 000 Mann, 8 500 Fahrzeuge und 26 000 Tonnen Nachschubgut. Umfangreiches Material zu den Seetransport- und Nachschubleistungen befindet sich im Nachlaß Weichold, BA-MA, N 316/v 36.
[109] KTB OKW, Bd. I, 20.12.40, S. 241.
[110] KTB Halder, Bd. II, 4.11.40, S. 163; Greiner, H., Die Oberste Wehrmachtführung 1939-1943, Wiesbaden 1951, S. 324 (weiterhin zitiert als: Greiner, Wehrmachtführung).
[111] ADAP D XI, 2, Dok. 586, 31.12.40, S. 825 ff.
[112] Ebd., S. 825.
[113] Warlimont, Hauptquartier, S. 143.
[114] Gundelach, Luftwaffe, Bd. I, S. 93.
[115] KTB OKW, Bd. I, 28.12.40, S. 244.
[116] Ebd., 9.1.41, S. 243.
[117] Vgl. dazu: Hillgruber, Staatsmänner, Bd. I, Dok. 61, 20.1.41, S. 448; KTB OKW, Bd. II, 30.11.40, S. 193 und 9.1.41, S. 256.

so daß der Funke des Widerstandes auch auf den unbesetzten Teil Frankreichs überspringen könnte[118]. Darüber hinaus mußte der enorme Prestigegewinn der Briten die Hoffnung, die bislang indifferent taktierenden Mittelmeeranrainer Spanien und Türkei noch in die Front gegen England integrieren zu können, endgültig vereiteln. Wenn Tripolitanien der »Achse« verlorenging, dann mußte Hitler also damit rechnen, daß die gesamte europäische Südflanke von den Pyrenäen entlang der Alpen, über den Balkan bis hin zu den Dardanellen entblößt werden würde und somit dem Zugriff der in Nordafrika freigewordenen britischen Streitkräfte preisgegeben wäre[119].

Um dem entgegenzuwirken, entschloß er sich, wie er am 8./9. Januar bei der Besprechung mit den Spitzen der deutschen Wehrmacht auf dem Berghof mitteilte, etwa ab 20. Februar – die gerade angelaufene Überführung zweier italienischer Divisionen verbot einen früheren Zeitpunkt – dann doch einen »Panzersperrverband« nach Tripolitanien zu entsenden[120]. Hitlers Auffassung zufolge sollte er sich aus mit Minen und sonstigem Sperrmaterial ausgerüsteten Pionieren, Panzerjägern sowie einer kleinen Anzahl bester deutscher Panzer zusammensetzen, »um eine gewisse Offensivkraft zu Gegenangriffen örtlicher Natur zu besitzen«[121], und insgesamt über eine Gesamtstärke von 8000 Mann verfügen. Um aber auch sofort etwas zu unternehmen, ordnete Hitler am 7. Januar an, daß die italienische Wehrmacht gefragt werden solle, ob sie die Verlegung von zwei deutschen Stuka-Gruppen und einer Zerstörer-Gruppe zur erdtaktischen Unterstützung der schwerbedrängten Heeresgruppe Graziani nach Tripolis wünsche[122]. Hitlers Vorschlag wurde jedoch von General Pricolo, der seinerseits am 7. Januar beim OKL hatte anfragen lassen, wann mit der Einsatzbereitschaft des deutschen Fliegerkorps zu rechnen sei, aus Furcht vor einer Verzögerung der Einsatzbereitschaft abgelehnt[123]. Genau wie die Aufgabe des »Panzer-Sperrverbandes«, »bei der Verteidigung Tripolitaniens (...) wertvolle Dienste zu leisten«[124], war nun auch der Einsatz des X. Fliegerkorps ganz diesem einen Ziel unterstellt. Von Operationen gegen den SuezKanal und Alexandria, wie sie Pricolo und Milch Anfang Dezember 1940 in Rom vereinbart hatten, war in der Weisung Nr. 22 vom 11. Januar 1941[125], die die künftigen Aufgaben der deutschen Land- und Luftstreitkräfte an der südlichen Peripherie festhielt, keine Rede mehr.

Am 19./20. Januar 1941 kamen Hitler und Mussolini mit politischem und militärischem Gefolge auf dem Berghof zusammen[126]. Angesichts der fortgesetzten militäri-

---

[118] Daß das »Schicksal Frankreichs in Afrika entschieden« wird, darüber waren sich OKH und OKW im Klaren. Halder KTB, Bd. II, 13.12.40, S. 226 und ebd., 8.12.40, S. 218.

[119] Hitler rechnete in einem solchen Fall, daß die Briten mit den in Nordafrika freigewordenen Kräften über Syrien Druck auf die Türkei ausüben könnten, was diese wiederum veranlassen könnten, ihre Neutralität aufzugeben. KTB OKW, Bd. I, 3.2.41, S. 300.

[120] KTB OKW, Bd. I, 9.1.41, S. 253 f.; Wagner, Lagevorträge, 8./9.1.41, S. 181 f.

[121] KTB OKW, Bd. I, 9.1.41, S. 253.

[122] Ebd., 8.1.41, S. 251.

[123] Siehe oben S. 38. In der Weisung Nr. 22 hieß es deshalb: »Das X. Fliegerkorps behält Sizilien als Operationsbasis bei.« Hitlers Weisungen, S. 93.

[124] Hitlers Weisungen, S. 93.

[125] Ebd., S. 93 ff.

[126] Zu den Besprechungen am 19.1.41 nachmittags vgl.: Hillgruber, Staatsmänner, Bd. I, Dok. 60, S. 435 ff. Parallel zu dieser Besprechung fand eine militärische Lagebesprechung zwischen Keitel und Guzzoni, dem Unterstaatssekretär im italienischen Kriegsministerium und stellvertretenden Chef des italienischen Wehrmachtgeneralstabes, statt. Vgl. dazu: Der Prozeß gegen die Hauptkriegsverbrecher vor dem Internationa-

schen Niederlagen Italiens war Mussolini ungern zu diesem Treffen angereist[127]; denn er war sich darüber im klaren, daß er nun auch formal seinen »Parallelkrieg« aufgeben und die italienische Kriegführung in Hitlers Gesamtkriegsplan einordnen mußte. Hitler, der sich dieser psychologisch schwierigen Situation des »Duce« durchaus bewußt war, bemühte sich während der Besprechungen peinlichst, auf dessen Empfindlichkeiten Rücksicht zu nehmen und den Schein einer eigenständigen italienischen Kriegführung im Mittelmeerraum zu wahren. Schon am 8./9. Januar 1941, während der großen Wehrmachtbesprechungen, war er dem Drängen des Reichsaußenministers von Ribbentrop und der Seekriegsleitung nach einer Übernahme der Gesamtführung Deutschlands im Mittelmeerraum auch nach außen hin mit der Bemerkung entgegengetreten, daß man »in Führungsansprüchen bei den Italienern, um sie bei der Stange zu halten, nicht zu weit (gehen dürfe)«[128], da »bei zu hohen Forderungen (...) selbst Mussolini abspringt«. Außerdem hatte sich Hitler konsequent geweigert, »etwas zu unternehmen, was den ›Duce‹ verletzen und somit den Verlust des wertvollsten Bindegliedes der ›Achse‹, nämlich des gegenseitigen Vertrauens der Staatschefs, herbeiführen könnte«[129].

Die Berchtesgadener Besprechungen – besser gesagt, Hitlers weitausgreifende Monologe, denen Mussolini »milde lächelnd«[130] folgte – bezogen sich ausschließlich auf die allgemeine Erörterung der gesamtstrategischen Lage und der daraus zu ziehenden Konsequenzen. Seine Absicht, die Sowjetunion anzugreifen, behielt er allerdings für sich. Zur Kriegführung an der südlichen Peripherie führte er erstmals gegenüber dem »Duce« aus, daß er plane, durch einen Entlastungsstoß für die italienische Kriegführung (Unternehmen »Marita«), die Dinge in Südosteuropa grundlegend zu »bereinigen«[131]. Nordafrika betreffend unterstrich Hitler einmal mehr, »wie unendlich wichtig es sei, daß dort von den Italienern die Positionen gehalten (...) (würden), da sie möglicherweise für die Bereinigung der Marokko-Frage (gemeint ist: Vichy-Französisch-Nordafrika) gebraucht würden. Solange diese Bereinigung nicht eingetreten sei, könne Deutschland gegen die französische Regierung nichts ernstliches unternehmen«[132]. Um Nordafrika der »Achse« zu erhalten, habe er sich entschlossen, anstelle einer Panzerdivision, wie es die Italiener gefordert hatten, lediglich einen »Panzersperrverband« nach Tripolitanien zu entsenden, da »wir keine wertvollen Verbände irgendwohin geben (dürfen), wo sie dann brachliegen«[133].

Im Zusammenhang mit seinen Ausführungen über Nordafrika gab Hitler zum wiederholten Male seinem Bedauern darüber Ausdruck, daß Franco, der spanische Regierungschef, sich weigere, an der Seite der »Achsen«-Mächte in den Krieg einzutreten; denn »wenn Gibraltar in der Hand der ›Achse‹ wäre, würde dies die Lage bezüglich

len Militärgerichtshof, Nürnberg 14.11.1945-1.10.1946, Nürnberg 1947-1949, Bd. XXXIV. Dok. C 134, S. 462-471 (weiterhin zitiert als: IMG); KTB OKW, Bd. I, 22.1.41, S.272 ff.; am 20.1.41: Hillgruber, Staatsmänner, Bd. I, Dok. 61, 20.1.41, S. 443 ff.; Anlage 2 zu OKW/WFSt, Nr. 8/41, 20.1.41, BA-MA, PG 33316; ferner vgl. dazu: KTB Halder, Bd. II, 25.1.41, S. 253; Ciano, Tagebücher, 19./20.1.41, S. 309 f.
[127] Ciano, Tagebücher, 5.1.41, S. 304: »Bisher hatte Mussolini diese Begegnung immer verschoben. Er liebt es nicht, sich mit der ganzen Last der vielen Fehlschläge vor dem Führer zu zeigen, ohne daß sie wenigstens teilweise ausgeglichen sind.«
[128] Wagner, Lagevorträge, 8./9.1.41, S. 181.
[129] KTB OKW, Bd. I, 28.1.41, S. 283.
[130] KTB Halder, Bd. II, 25.1.41, S. 253.
[131] Hillgruber, Staatsmänner, Bd. I, Dok. 60, 19.1.41, S. 440 ff. und ebd., Dok. 61, 20.1.41, S. 443 ff.
[132] Ebd., S. 447
[133] Anlage 2 zu OKW WFSt, Nr. 8/41, 20.1.41, BA-MA, PG 33316.

Nordafrikas außerordentlich erleichtern und dem ganzen de-Gaulle-Zauber ein Ende bereiten, besonders wenn nach Spanisch-Marokko zwei deutsche Divisionen verlegt und einige Luftstützpunkte dort errichtet werden könnten«[134]. Um dies vielleicht doch noch in »kurzer Zeit« zu erreichen, drängte er Mussolini, seine »lateinischen Beziehungen«[135] einzusetzen. Dieser, wohl dankbar über die ausgebliebenen Schuldzuweisungen, billigte Hitlers Vorstellungen und erklärte sich bereit, in nächster Zeit mit Franco zusammenzutreffen, um diesen vielleicht doch noch für die Sache der »Achse« zu gewinnen[136].

Drei Tage nach den Berchtesgadener Besprechungen nahmen die Briten Tobruk. Der überraschend frühe Fall der Festung und der nun alsbald zu erwartende Verlust der italienischen Stellung bei Derna mußte die gesamte Cyrenaika schneller als erwartet in die Hand der Engländer bringen. Am 26. Januar forderte von Rintelen das OKW auf, schnell zu handeln, wenn nicht ganz Tripolitanien verlorengehen solle[137]. In dem vorläufigen Bericht des am 15. Januar zu einer Erkundungsreise nach Libyen aufgebrochenen und für die Führung des zu entsendenden deutschen »Panzersperrverbandes« vorgesehenen Generalmajor Freiherr von Funck, äußerte dieser, daß es »die derzeitige Lage und ihre voraussichtliche weitere Entwicklung erforderten (...), sich aus etwaigen negativen italienischen Maßnahmen herauszuhalten, hingegen eine einflußreiche Beteiligung an großzügiger, offensiver Abwehr sicherzustellen«[138]. Funck hielt den dafür vorgesehenen Sperrverband dieser Aufgabe nicht für fähig und schlug deshalb vor, »einen Panzerverband nach Libyen zu überführen, der imstande sei, die feindlichen Panzerkräfte angriffsweise zu bekämpfen«. Darüber hinaus sollte ein »deutscher Korpsstab zur einheitlichen Führung der eigenen und (der) italienischen Panzerkräfte (...) entsandt werden, da nur hierdurch nachhaltiger Einfluß auf die Gesamtoperationen ausgeübt werden könne«[139].

Funcks Lagebericht vor Hitler und den Spitzen von OKW und OKH vom 1. Februar[140], brachte u.a. »brutal zum Ausdruck«, wie Hitlers Heeresadjutant, Major Engel, notierte, »daß der Kampfwille vor allem in der Führung bei den Italienern so gering sei, daß es an Sabotage grenze«[141]. Vom Ob.d.H., Generalfeldmarschall Walter von Brauchitsch, wurden Funcks Ausführungen »begeistert« aufgenommen; denn dieser bestätigte, was vom Ob.d.H. »schon immer gesagt worden sei und nicht zuletzt auch unter Hinweis auf seinen Besuch in Italien und Afrika«[142]. Infolge seiner grundsätzlich ablehnenden Haltung gegenüber dem italienischen Bundesgenossen vertrat das OKH ohnehin die Auffassung, daß stärkere Kräfte – gerade die Panzerverbände – im Hinblick auf »Barbarossa« für Libyen nicht abgezweigt werden sollten und auch wegen unzu-

---

[134]   Hillgruber, Staatsmänner, Bd. I, Dok. 60, 19.1.41, S. 438
[135]   KTB Halder, Bd. II, 25.1.41, S. 253.
[136]   Die Unterredung zwischen Mussolini und Franco kam am 12.2.41 in Bordighera zustande, erbrachte jedoch keinerlei Ergebnisse.
[137]   KTB OKW, Bd. I, 26.1.41, S. 281
[138]   Ebd.
[139]   KTB OKW, Bd. I, 26.1.41, S. 281,
[140]   Kotze, H. v. (Hrsg.), Heeresadjutant bei Hitler 1938-1943. Aufzeichnungen des Major Engel, in: Schriften der VfZG 29/1974, Heft 8, 1.2.41, S. 93 f. (weiterhin zitiert als: Engel, Heeresadjutant); KTB OKW, Bd. I, 1.2.41, S. 292 f.; KTB Halder, Bd. II, 1.2.41, S. 265.
[141]   Engel, Heeresadjutant, 1.2.41, S. 94.
[142]   Ebd.

reichender Transport- und Ausladeverhältnisse zu spät kommen würden. Auch Hitler hegte »schwerste Bedenken, ob die Lage in Afrika (überhaupt noch) zu meistern«[143] sei, neigte aber mehr und mehr dazu, das dortige deutsche Engagement zum Verdruß des OKH – der Keim für den Konflikt zwischen OKH und Hitler bezüglich des nordafrikanischen Kriegsschauplatzes war hiermit gelegt – zu einer Panzerdivision zu erweitern. Darüber hinaus ordnete er an, die Zusammenarbeit mit dem italienischen Generalstab zu intensivieren und die Verbindungsoffiziere in Rom anzuweisen, »recht wachsam zu sein, um die Loyalität der italienischen Führung zu überwachen und festzustellen«[144].

Die seit dem Fall Tobruks beschleunigt eingeleitete Verlegung der deutschen Verbände nach Nordafrika war unterdessen immer mehr zu einem Wettlauf mit den Briten nach Tripolitanien geworden. Dieser schien schließlich verloren, als sich die Informationen aus Rom dahingehend verdichteten, daß das italienische Oberkommando beabsichtige, die Cyrenaika kampflos zu räumen und lediglich das Gebiet um Tripolis zu verteidigen; denn nach Auffassung des OKW würden die Briten dann alle taktischen und operativen Vorteile in der Hand haben, während die eigenen Verbände mit dem engen Raum um Tripolis keine ausreichend gesicherte Basis mehr zur Verfügung haben würden[145]. Dies galt in besonderem Maße für die Teile des X. Fliegerkorps, die auf Drängen Hitlers entgegen ihrer in der Weisung vom 11. Januar festgelegten Operationsbasis zur unmittelbaren Unterstützung der zurückweichenden italienischen Armee nach Libyen verlegen sollten[146]. Nachdem Hitler angesichts dieser italienischen Absichten die Überführung der Heerestransporte am 1. Februar vorübergehend abbrach[147], entschloß er sich dann doch, den Wettlauf wieder aufzunehmen und zu versuchen, die Grundlage für eine nachhaltige Verteidigung Tripolitaniens wiederherzustellen und zu sichern. Als Resultat der Besprechung vom 3. Februar, in der Hitler auch seine gesamtstrategische Zielsetzung umrissen hatte, ergingen die Richtlinien, daß

»1. Die Transporte der 5. lei.Div. weiterlaufen sollten,
 2. die Div. zunächst durch Panzer verstärkt werden solle,
 3. die Vorbereitungen getroffen werden sollten, um im Anschluß an die 5. lei.Div. evtl. doch noch einen Panzer-Verband nach Libyen zu überführen,
 4. schon jetzt ein Gen.Kdo. für Libyen vorgesehen werden solle,
 5. der Sonderstab beim deutschen General beim HQu. der italienischen Wehrmacht zu einem Wehrmachttransportstab ausgebaut werden solle, um die Heeres- und die Luftwaffentransporte nach Libyen einheitlich und je nach dem taktischen Bedarf zu regeln,
 6. die Sicherung der Seetransporte nach Libyen einheitlich vom X. Flieg.Korps in Verbindung mit der italienischen Luftwaffe und dem Seebefehlshaber Catania geleitet werden solle[148].«

---

[143]   Ebd.
[144]   Engel, Heeresadjutant, 1.2.41, S. 94.
[145]   Daß das Comando Supremo beabsichtigen würde, das Hauptwiderstandszentrum im Raum Tripolis zu bilden, hatte v. Rintelen bereits am 19.12.40 gemeldet (KTB OKW, Bd. I, 20.12.40, S. 241). Ferner: ebd., 1.2.41., S. 293 und 3.2.41, S. 301; ADAP D XII.1, Dok. 17, 5.2.41, S. 22 ff.
[146]   Hitlers Weisungen, S. 98.
[147]   KTB Halder, Bd. II, 1.2.41, S. 265
[148]   KTB OKW, Bd. I, 4.2.41, S. 302 f.

Die Luftwaffe, für die ihr Generalstabschef, Generaloberst Hans Jeschonnek, in dieser Besprechung ausdrücklich und erstmals in Hitlers Gegenwart die Schlüsselbedeutung des britischen See- und Luftstützpunktes Malta für die Beherrschung des zentralen Mittelmeers hervorgehoben hatte[149], wies Hitler an,

»1. die Flugplätze auf Malta immer mehr auszuschalten, damit die englischen Kampf-Verbände nicht mit Hilfe der in Malta liegenden Jäger Tagesangriffe gegen die deutschen Flugplätze in Sizilien führen könnten,
2. demnächst einen gewaltigen Schlag gegen die südlich des Djebel el Akhdar vorgehenden englischen Pz.- und mot. Verbände zu führen,
3. die Seetransporte nach Tripolis in der Luft zu sichern,
4. die englischen Versorgungstransporte entlang der nordafrikanischen Küste anzugreifen, wobei die technische Ausführung der Luftwaffe überlassen bleibe[150].«

Die Besprechung vom 3. Februar, der eine ausführliche Aussprache Hitlers mit dem zum Vortrag über die letzte Entwicklung der Lage in Libyen ins Führerhauptquartier befohlenen von Rinteln folgte, fand ihren Niederschlag in der Ergänzung »d« zur Weisung Nr.22[151] und im Brief Hitlers an Mussolini vom 5. Februar 1941 [152]. Neben einer detaillierten Ausführung über die geplante weitere gemeinsame Vorgehensweise kündigte Hitler Mussolini darin an, er werde »im Falle der Durchführung (...) seines Vorschlages (...) den verwegensten Panzerwaffengeneral, den wir in der deutschen Armee besitzen«[153], an die Spitze des Korps stellen: Generalleutnant Erwin Rommel. Nicht nur dessen Fähigkeiten hatten Hitler dazu veranlaßt, den ihm seit 1937 bekannten und besonders geschätzten[154] – vom OKH jedoch als Emporkömmling und Favorit Hitlers gemiedenen[155] – Nicht-Generalstäbler zu beauftragen, sondern auch das Bestreben, die Belange des nordafrikanischen Kriegsschauplatzes nicht ausschließlich in die Hände des OKH zu legen. Dem von Halder vorgesehenen Befehlshaber für die in Afrika einzusetzenden Heeresverbände, Generalmajor Freiherr von Funck, einem klassischen Vertreter des preußisch-deutschen Offizierskorps, mißtraute Hitler[156].

[149] Warlimont, Hauptquartier, S. 146, Anm. 57.
[150] KTB OKW, Bd. I, 4.2.41, S. 302
[151] Hitlers Weisungen, S. 98 f. Daneben wurde in der Ergänzung »e» zur Weisung Nr. 22 das »Verhalten deutscher Truppen auf italienischen Kriegsschauplätzen« festgelegt. Ganz Hitlers Zurückhaltung gegenüber dem italienischen Bundesgenossen berücksichtigend, hieß es dort, daß die deutsche Hilfeleistung »frei von jeder verletzenden Überheblichkeit sein« soll. Die Unterstellungsverhältnisse wurden danach folgendermaßen geklärt: »Die deutschen Truppen in Libyen (...) werden dem jeweiligen italienischen Oberbefehlshaber auf diesen Kriegsschauplätzen taktisch unmittelbar unterstellt. Im übrigen unterstehen sie dem Oberbefehlshaber des Heeres, der durch Verbindungsoffiziere mit den örtlichen italienischen Oberbefehlshabern Fühlung hält.«
[152] ADAP D XII.1, Dok. 17, 5.2.41, S. 522 ff.
[153] ADAP D XII,1, Dok. 17, 5.2 41, S. 25.
[154] Rommel war bei Kriegsbeginn Kommandant des »Führerhauptquartiers«, im Frankreichfeldzug Kdr. der 7. Pz.Div. Er war Hitler zuvor auch schon bekannt durch sein Buch »Infanterie greift an«.
[155] Hierzu trug die von Rommel inspirierte Herausgabe eines Buches vom Siegeszug der 7. Panzerdivision, die unter seinem Kommando als erster deutscher Verband zum Kanal durchgestoßen war, entscheidend bei. Halder, offensichtlich mit Rommels Publicity-Methoden nicht einverstanden, verweigerte die Herausgabe diverser Fotos. Vgl. dazu: KTB Halder, Bd. II, 20.8.40, S. 71 und ebd., 20.12.40, S. 238.
[156] Below, N.v., Als Hitlers Adjutant 1937-1945, Mainz 1980, S. 260 (weiterhin zitiert als: Below, Adjutant).

Da die Gefahr des Verlustes der gesamten Nordafrika-Position kontinuierlich wuchs – am 6. Februar nahmen die Briten Benghasi ein[157] –, trieb das OKW parallel zu den Aushilfsmaßnahmen auch die Überlegungen für einen solchen Fall voran. Um die europäische Südflanke dann dennoch stabil halten zu können, intensivierte das OKW die Vorbereitungen für das Unternehmen »Attila« (Besetzung Restfrankreichs)[158]. Luftlandetruppen sollten dabei die französische Flotte, deren Kerneinheiten seit dem deutsch-französischen Waffenstillstand im Hafen von Toulon lagen, an einem Auslaufen hindern. Darüber hinaus war beabsichtigt, die Inseln Malta und Korsika als dem europäischen Festland vorgelagerte, besonders für den Einsatz von Luftstreitkräften geeignete Positionen, gleichsam als Ersatz für das verlorene Glacis Nordafrika in Besitz zu nehmen[159].

Mit der Eroberung Maltas hatte sich das OKW schon am 22. Januar erstmals befaßt[160]. Am 7. Februar beauftragte der Chef des Wehrmachtführungsstabes, General Jodl, schließlich die Abteilung L für den zeitlichen Ablauf einer Eroberung Maltas, die besonders von der Einsatzmöglichkeit des XI. Fliegerkorps abhängig sei, sowie für den Einsatz weiterer eventuell zur Verfügung stehender deutscher Kräfte »vorsorglich Überlegungen anzustellen«[161]. Am 15. Februar bat der WFSt den Ob.d.L. um Stellungnahme, ob der Einsatz des Luftlandekorps zur Wegnahme Maltas noch vor »Barbarossa« eingeschoben werden könne[162].

Als die Anfrage des OKW bei der Luftwaffenführung eintraf, waren dort bereits Überlegungen für eine Luftlandeoperation gegen die Insel Malta angestellt worden. Schon am 25. Januar hatte der Ob.d.L., Reichsmarschall Hermann Göring, der eine Fortsetzung des Krieges gegen England an der südlichen Peripherie favorisierte[163], deshalb den Kommandierenden General des XI. Fliegerkorps, General Kurt Student, beauftragt, im Zusammenhang mit der noch einmal als Luftlandeoperation erwogenen Durchführung des Unternehmens »Felix« (Eroberung Gibraltars)[164] auch eventuelle Luftlandemöglichkeiten gegen den Suez-Kanal, Zypern, Kreta und Malta zu überprüfen[165]. Die daraufhin unter Leitung von General Schlemm erstellte Studie des Luftlandekorps erbrachte das Ergebnis, daß die Ziele Suez-Kanal, Zypern, Kreta und Malta »im

---

[157] Siehe oben S. 39 f.

[158] OKW WFSt Abt. L (I Op.), Nr. 44141/41, 13.2.41, BA-MA, RW 4/v 514; KTB OKW, Bd. I, 8.2.41, S. 312 und ebd., 15.2.41, S. 326; ferner: Warlimont, Malta, S. 321; Greiner, Wehrmachtführung, S. 222, S. 182 f.; Wagner, Lagevorträge, 8./9.1.41. Hitler befahl, das Unternehmen »Attila« müsse »immer, wenn auch in beschränktem Umfange, durchführbar« sein (KTB OKW, Bd. I, 3.2.41, S. 303). Vgl. dazu auch: Student, K., Generaloberst Kurt Student und seine Fallschirmjäger. Die Erinnerungen des Generaloberst Kurt Student. Bearbeitet von H. Götzel, Friedberg 1980, S. 186 (weiterhin zitiert als: Student, Erinnerungen).

[159] Ebd.

[160] KTB OKW, Bd. I, 23.1.41, S. 278.

[161] Ebd., 8.2.41, S. 312; KTB Skl, 8.2.41, BA-MA, RM 7/21.

[162] KTB OKW, Bd. I, 15.2.41, S. 326.

[163] Anfang Januar 1941 entwickelte Göring Gedanken »über die Aktivierung des Kampfes gegen England im Mittelmeerraum« (Student, Erinnerungen, S. 188), ohne daß diese jedoch als Alternative zu »Barbarossa«, wie er es im Nachhinein während des Nürnberger Kriegsverbrecherprozesses verstanden wissen wollte, angesehen werden können. Vgl. dazu: IMG, Bd. IX, S. 387 f.

[164] Angesichts der sich ständig verschärfenden Lage an der südlichen Peripherie wurde Mitte Januar noch einmal die Wegnahme Gibraltars durch eine Luftlandeoperation erwogen, um Spanien möglichst wenig damit zu belasten, was sich allerdings nach genauerer Überprüfung als unmöglich herausstellte. Vgl. dazu: KTB Halder, Bd. II, 18.1.41, S. 247; Student, Erinnerungen, S. 188.

[165] Student, Erinnerungen, S. 188.

Bereich der damals schon gegebenen Möglichkeiten lagen und daß größere Luftlande-operationen hier Erfolg versprachen«[166]. Seit Ende Februar 1941 konzentrierte sich dann die Planung auf die näher liegenden Ziele Kreta und Malta[167]. Die im Auftrage des OKW Mitte Februar 1941 durchgeführten genaueren Erkundungen über Malta ergaben allerdings, daß die gesamte Insel von einer Vielzahl von Steinwällen überzogen war, die die Erfolgsaussichten einer Luftlandeoperation – im Gegensatz zu den ursprünglichen Erwartungen – ungünstig beeinflussen mußten[168].
Die Antwort der Luftwaffe auf die Bitte des Wehrmachtführungsstabes um eine Stellungnahme erreichte das OKW Anfang März, zu spät, um sich noch auf die Entscheidungsfindung innerhalb der Wehrmachtführung auswirken zu können[169]; denn bereits am 22. Februar hatte das OKW gemeldet, »daß die Wegnahme der Insel für den Herbst 1941 nach Durchführung des Unternehmens ›Barbarossa‹ vorgesehen« sei[170].
Die Überlegungen zur Wegnahme Maltas noch vor »Barbarossa« waren gegenstandslos geworden; denn durch das Auslaufen der britischen Offensive bei El Agheila seit Mitte Februar 1941 infolge einer neuen britischen Schwerpunktbildung im griechisch-ägäischen Raum einerseits[171] und durch die Erfolge des X. Fliegerkorps sowie das Eintreffen der ersten Teile des deutschen Hilfskorps in Tripolis andererseits hatte sich der britische Druck in Nordafrika spürbar vermindert. Die akute Gefahr, den Wettlauf nach Tripolis und damit ganz Nordafrika zu verlieren, war gebannt.

5. Die Abkehr der Seekriegsleitung vom Mittelmeer und die Verlagerung des strategischen Schwerpunktes auf den Atlantik

Auf die politischen und militärischen Rückschläge der »Achse«, wie sie sich seit Francos Absage des Unternehmens »Felix« am 7. Dezember 1940 und durch die Lageentwicklung auf den italienischen Kriegsschauplätzen eingestellt hatten[172], reagierte die

---

[166] Ebd.
[167] Am 27.2.41 wurde beim XI. Fliegerkorps die Eroberung Maltas und Kretas geplant (KTB Halder, Bd. II, 27.2.41, S. 295). Daß es sich hierbei um Planungen des Luftlandekorps handelte, geht aus Gundelach, Luftwaffe, Bd. II, S. 930, Anm. 301 hervor.
[168] Wagner, Lagevorträge, 18.3.41, S. 204.
[169] Die Oberflächenbeschaffenheit der Insel wird in der Literatur meist als einer der Gründe dafür herangezogen, daß das Unternehmen gegen Malta schließlich am 22. Februar abgesagt wurde. Wenn das OKW am 15.2.41 beim Ob.d.L anfragen ließ, ob der Einsatz des Luftlandekorps noch vor »Barbarossa« »eingeschoben« werden könnte und Hitler am 18.3.41 gegenüber dem Ob.d.M. von »neueren Meldungen der Luftwaffe« sprach, die die Schwierigkeiten einer solchen Operation, »infolge starker Unterteilung des Geländes durch kleine Mauern« größer erscheinen lassen als ursprünglich angenommen, so erlaubt dies den Schluß - besonders aufgrund des Anfang Februar vorliegenden gegenteiligen Ergebnisses -, daß das Oberflächenproblem bei der Absage vom 22. Februar keine Rolle gespielt haben konnte.
[170] KTB Skl, 22.2.41, BA-MA, RM 7/21.
[171] Das britische Verteidigungskomitee hatte am 24. Februar endgültig beschlossen, der Verlegung großer Teile der britischen Truppen von Nordafrika nach Griechenland zuzustimmen, um einer erwarteten deutschen Südostexpansion Einhalt gebieten zu können. Zu dem besonders in der britischen Historiographie umstrittenen Entschluß, der eine Fortsetzung der Operationen in Tripolitanien und damit die Möglichkeit, eine strategische Verbindung zu Französisch-Nordafrika herzustellen, vereitelte, vgl.: Churchill, W., Memoiren. Der Zweite Weltkrieg, Bd. III 1, Hitlers Angriff auf Rußland, S. 46 f. (weiterhin zitiert als: Churchill, Weltkrieg). Kritisch äußerten sich dazu: Barnett, C., Wüstengenerale, Hannover 1960, S. 61 ff.; Roskill, St., Churchill and his Admirals, London 1977, S. 181 f.
[172] Vgl. dazu: Hillgruber, Strategie, S. 330 ff.

deutsche Seekriegsleitung mit Resignation. Die Skl sah Großbritannien nunmehr in die Lage versetzt, »erhebliche Teile« seiner in Nordafrika eingesetzten Luft- und Landstreitkräfte abzuziehen und nach Griechenland und Kleinasien zu verlegen »zwecks Ausbau eines Brückenkopfes auf dem europäischen Kontinent, Errichtung starker Luftstützpunkte auf dem Festland und Schaffung von Ausgangsbasen für eine Luftoffensive gegen die rumänischen Ölfelder«[173].

Alles in allem veranlaßte die Lageentwicklung an der südlichen Peripherie die Marineführung schon am 12. Dezember 1940 zu der Feststellung, daß »die große Hoffnung der Seekriegsleitung, wie auch der politischen Führung, die Engländer im Verlaufe dieses Winters aus dem gesamten Mittelmeerraum zu vertreiben und damit den entscheidenden Schritt zur baldigen siegreichen Kriegsbeendigung zu vollziehen, (...) endgültig begraben werden«[174] müßte. Als dann am Tage darauf, dem 13. Dezember, auch noch der Exponent der französischen »Kollaborations«-Politik, Laval, verhaftet wurde[175], sich die Lage an den italienischen Fronten weiter zuspitzte und selbst die »Möglichkeit eines italienischen Zusammenbruchs und eine(r) Abfallbewegung (des) enttäuschten italienischen Volkes an der ›Achse‹«[176] von der Skl nicht mehr ausgeschlossen wurde, forderte Korvettenkapitän Heinz Assmann, der Ib der Seekriegsleitung, am 20. Dezember 1940, neben der Beschleunigung der deutschen »Aushilfsmaßnahmen« für das Mittelmeer, die Konzentration aller Kräfte auf den atlantischen Zufuhrkrieg; denn nur dort konnte jetzt noch die Kriegsentscheidung erkämpft werden[177].

Auf der gleichen Linie wie Assmanns Forderungen vom 20. Dezember lag der Vortrag des Ob.d.M., Großadmiral Erich Raeder, vom 27. Dezember 1940 vor Hitler[178]. Ihm zufolge sollte der atlantische Zufuhrkrieg zur Niederringung Englands »als dringlichstes Gebot der Stunde« mit »allergrößter Energie und Beschleunigung« unter »Zurückstellung aller für die Kampfführung gegen England nicht unbedingt notwendigen Forderungen« in kriegsentscheidender Dimension entfesselt werden. Dafür und zur Entspannung der Lage im Mittelmeer begann der Ob.d.M. nach dem Scheitern der »Kollaborations«-Politik, zwangsläufig wieder auf die baldige Durchführung des Unternehmens »Felix« zu drängen. Dazu führte er aus: »Bedeutung Inbesitznahme Gibraltars durch Deutschland erhöht sich bei jetziger Entwicklung Mittelmeerlage: Rückenfreiheit für Italien – Sicherung westlichen Mittelmeers – Sicherheit für die für Spanien–Frankreich–Deutschland wichtige Zufuhr aus nordafrikanischem Raum – Fortfall bedeutenden Eckpfeilers britischen Atlantikgeleitsystems – Schließung britischen Seeweges nach Malta–Alexandrien – Einengung Bewegungsfreiheit britischer Mittelmeerflotte. Belastung britischer Offensivtätigkeit in Cyrenaika–Griechenland. Entlastung der Italiener. – Zugriffsmöglichkeit nach afrikanischem Raum über Spanisch-Marokko für Deutschland[179].«

Für den Mittelmeerraum sah Raeder demnach in Übereinstimmung mit der Seekriegsleitung jetzt nur noch die Rückkehr zur anfangs von ihm selbst vertretenen Defensiv-Strategie, was einer Übereinstimmung mit der von Hitler der europäischen Südflanke

---

[173] KTB Skl, 12.12.40, BA-MA, RM 7/19.
[174] Ebd.
[175] Vgl. dazu: Hillgruber, Strategie, S. 333; Jäckel, E., Frankreich in Hitlers Europa. Die deutsche Frankreichpolitik im Zweiten Weltkrieg, Stuttgart 1966, S. 193 ff. (weiterhin zitiert als: Jäckel, Frankreich).
[176] KTB Skl, 20.12.40, BA-MA, RM 7/19.
[177] KTB Skl, 20.12.40. BA-MA, RM 7/19; vgl. dazu: Salewski, Seekriegsleitung, Bd. I, S. 318 f.
[178] Wagner, Lagevorträge, 27.12.40, S. 171 ff.; Salewski, Seekriegsleitung, Bd. I, S. 319 f.
[179] Wagner, Lagevorträge, 27.12.40, S. 171.

– vor und auch wieder nach dem Kontinentalblock-»Zwischenspiel« – zugedachten Konzeption entsprach[180]. Mit dem Eingeständnis der Unmöglichkeit, England im Mittelmeer – gleichsam an der Peripherie – entscheidend treffen zu können, entkräftete Raeder jetzt gleichzeitig das wichtigste Argument, das er bislang gegen den geplanten Angriff auf die Sowjetunion geltend gemacht hatte[181].

Um die Lage an der südlichen Peripherie zu stabilisieren und um die großräumige Diversion der feindlichen Seestreitkräfte auf Mittelmeer und Atlantik, d.h. die Bindung starker britischer Verbände im Mittelmeer als Voraussetzung einer erfolgreichen Tonnagekriegführung im Atlantik zu gewährleisten, beabsichtigte die Seekriegsleitung nun, durch einen direkten Eingriff in die italienische Marineleitung deren Seekriegführung aus ihrer bisherigen Defensive zu lösen.

Hierzu erarbeitete die Operationsabteilung einen Entwurf, der in seinem Kern den Vorstellungen des Chefs des Marineverbindungsstabes Italien, Vizeadmiral Weichold, vom 1. Januar 1940 entsprach[182]. Da »alle italienischen Seeoperationen (...) (bislang) furchtsam und daher kraftlos (gewesen waren), weil stets die Bedrohung im Rücken als Schreckgespenst jede Unternehmungslust hemmte – operierte man nach Westen, so sah man voller Sorge nach Osten oder umgekehrt; setzte sich der Gegner von beiden Seiten in Bewegung, so bot nur noch der rettende Hafen Sicherheit – «[183], bildete die Sperrung der Sizilienstraße die Voraussetzung für eine offensive italienische Seekriegführung. Gute Ansatzmöglichkeiten für die italienische Flotte sah die Operationsabteilung der Seekriegsleitung gegen die britischen Nachschublinien im östlichen und zentralen Mittelmeer[184].

Hatte der britische Inselstützpunkt Malta angesichts der »großen Hoffnungen« vom Herbst 1940 innerhalb der Seekriegsleitung noch wenig Beachtung gefunden[185], so rückte er nun, parallel zur Forderung nach der Sperrung der Sizilien-Straße, gleichsam automatisch in den Brennpunkt des operativen Interesses. »Solange Malta für englische Seestreitkräfte ein sicherer Liegeplatz ist, kann sich eine aktive italienische Seekriegführung nicht frei entfalten«[186], wurde in einer Anfang Januar 1941 von der Seekriegsleitung angefertigten Lagebetrachtung festgehalten. Daraus folgerte die Operationsabteilung, daß »die Ausschaltung Maltas (...) mit der gleichen Dringlichkeit gefordert werden (müsse) wie die Schließung der Sizilien-Straße«[187]. Eine Eroberung des britischen Stützpunktes durch italienische Streitkräfte hielt die Seekriegsleitung zwar für »wünschenswert«, jedoch aus Rücksichtnahme auf italienische Verlautbarungen, dazu nicht in der Lage zu sein, für »nicht unbedingt notwendig«[188]. Die Sperrung der Sizilien-Straße und die Ausschaltung Maltas sollten durch Minensperren in Wechselwir-

---

[180]   Siehe oben S. 8 ff. und S. 41 ff.
[181]   Siehe oben S. 22.
[182]   Siehe oben S. 36 f.
[183]   Skl, »Der Einsatz der italienischen Überwasserstreitkräfte im Mittelmeer« (ohne Datum), BA-MA, RM 7/243.
[184]   Ebd.
[185]   Im KTB der Skl wurde Malta zwar erstmals am 3.8.40 und bereits erneut am 14./23./24.8.40 erwähnt (KTB Skl, BA-MA, RM 7/15), jedoch erst im Verlaufe des Herbstes wurde die Bedeutung der Insel für die italienische Seekriegführung im Mittelmeer im vollen Umfange erfaßt. Bei den Lagevorträgen des Ob.d.M. im Jahre 1940 fand Malta noch keine Erwähnung.
[186]   Skl, »Der Einsatz der italienischen Überwasserstreitkräfte im Mittelmeer« (ohne Datum), BA-MA, RM 7/243.
[187]   Ebd.
[188]   Ebd.

kung mit dem Einsatz leichter italienischer Seestreitkräfte und Luftwaffenverbände erreicht werden, wie es Weichold bereits in mehreren Abhandlungen vorgeschlagen hatte[189]. Für das Auslegen der Minenfelder erarbeitete die Seekriegsleitung einen Plan mit den günstigsten Sperrlagen, dessen Realisierung allerdings durch die Weigerung Supermarinas, Auskünfte über ihre bislang ausgelegten Minenfelder zu geben, verzögert wurde[190]. Darüber hinaus erklärte sich die Seekriegsleitung bereit, das geeignete Minenmaterial zur Verfügung zu stellen[191].

Die Entsendung leichter Seestreitkräfte ins Mittelmeer, wie sie Weichold und im März 1941 auch Rommel forderten[192], wurde im Hinblick auf »die bevorstehende Unternehmung ›Barbarossa‹, zu der alle S-Boote in der Ostsee gebraucht« wurden, von der Skl abgelehnt[193]. Schwere Einheiten oder Unterseeboote ins Mittelmeer zu verlegen, wie es von der Operationsabteilung der Seekriegsleitung am Rande in Erwägung gezogen worden war[194], verbot sich von selbst; denn die im Herbst 1940 als »kriegsentscheidend« angesehene mediterrane Zielsetzung hatte nicht mit deutschen Seestreitkräften, d.h. nicht auf Kosten des atlantischen Zufuhrkrieges, erkämpft werden sollen, was jetzt, da nach Auffassung der Seekriegsleitung die Entscheidung nur noch im Atlantik fallen konnte, um so mehr ins Gewicht fiel.

Analog zu Weicholds Auffassung, daß »die völlig passive Einstellung der verantwortlichen Führung der italienischen Marine (...) einer klaren Erkenntnis der tatsächlichen Lage und der aus ihr notwendigerweise zu ziehenden Folgerungen mehr und mehr im Wege (stehe)«[195], sah auch die Seekriegsleitung die Ursache des bisherigen italienischen Scheiterns ausschließlich im Führungsbereich von Supermarina[196]. Hatte man geglaubt, schon mit der Einrichtung beiderseitiger Verbindungsstäbe Einfluß auf Supermarina auszuüben oder wenigstens eine Absprache der jeweiligen Operationen herbeizuführen, so hatte die inzwischen halbjährige Erfahrung gezeigt, daß Weicholds Stellung in Rom nicht über die eines ungeliebten »Zaungastes« hinausgekommen war und er die Skl lediglich mit militärischen Nachrichten zu versorgen vermocht hatte, deren Aktualität und Genauigkeit zu wünschen übrig ließen[197].

Um die zukünftige Mittelmeerkriegführung des Bundesgenossen im Sinne der Kriegsmarine zu manipulieren, trat deshalb im Verlaufe der großen Wehrmachtbesprechung am 8./9. Januar 1941 auf dem Obersalzberg der Chef der Operationsabteilung der Seekriegsleitung (1. Skl), Vizeadmiral Kurt Fricke – Raeder selbst war nicht zugegen –, mit der Forderung nach einer »straffen Organisation der italienischen Seestreitkräfte unter deutscher Führung« an Hitler heran[198]. Zu Frickes Enttäuschung lehnte Hitler das Anliegen der Seekriegsleitung ab; denn er befürchtete, daß bei einem derartig kom-

---

[189]   Siehe oben S. 26 und S. 36.
[190]   KTB Skl, 18.1.41, BA-MA, RM 7/20; Baum/Weichhold, Krieg, S. 114.
[191]   Skl I E, Nr. 1077/41, 19.1.41, BA-MA, RM 7/233. Anfang März 1941 wurden 700 Spreng-, 650 Reißbojen-, 590 UMA- und 560 EMC-Minen an Italien geliefert (Wagner, Lagevorträge, 18.3.41, S. 203). Das Auslegen der ersten Sperrfelder erfolgte am 20. und 24. April bei Kap Bon. Aufgrund mannigfaltiger Schwierigkeiten verzögerte sich das Auslegen weiterer Minenfelder auf Juli/August 1941. Vgl. dazu: Baum/Weichold, Krieg, S. 114 f.
[192]   Siehe unten S. 61.
[193]   KTB Skl, 19.2.41, BA-MA, RM 7/21.
[194]   Salewski, Seekriegsleitung, Bd. I, S. 324 f.
[195]   KTB Mar.Verb.St. italien, 13.11.40, BA-MA, RM 36/2.
[196]   Schreiber, Revisionismus, S. 280.
[197]   Siehe oben S. 26 f.
[198]   Wagner, Lagevorträge, 8./9.1.41, S. 181.

promittierenden Eingriff in die militärische Führung des Bundesgenossen Mussolini aus dem »Achsen«-Bündnis ausscheren würde[199], was es im Hinblick auf seine Ostkrieg-Zielsetzung auf jeden Fall zu verhindern galt. Der Seekriegsleitung blieb somit nur die Hoffnung auf das bereits am 26. November 1940 von der Operationsabteilung beschlossene[200], nach Weicholds Sondierungen für den 12./13. Dezember 1940 angesetzte[201], aber angesichts der »Säuberungen« in der italienischen Wehrmachtführung dann auf Februar 1941 vertagte Treffen beider Admiralstäbe zu legen. Vielleicht würde es dort gelingen, den neuernannten Unterstaatssekretär und Chef des Admiralstabes der italienischen Marine, Admiral Arturo Riccardi, zu einer offensiven Seekriegführung zu bewegen.

In dieser Hoffnung begab sich die Spitze der deutschen Kriegsmarine nach Meran, um am 13./14. Februar 1941 – nach halbjähriger gemeinsamer Kriegführung – zum ersten Mal (!) mit dem italienischen Admiralstab zusammenzutreffen[202]. Die von Raeder und Fricke während dieser Besprechung geäußerte Auffassung, die Straße von Sizilien für den feindlichen Seeverkehr sperren und den feindlichen Luft-und Seestützpunkt Malta ausschalten zu müssen, erkannte die italienische Marineführung vorbehaltlos an[203], ohne sich jedoch vorerst damit weiter auseinanderzusetzen. Statt dessen legte Riccardi das Operationsprinzip der italienischen Marineführung ausführlich dar[204]. Erwartungsgemäß war es den Vorstellungen der Seekriegsleitung diametral entgegengesetzt. Als die vordringlichste Aufgabe der italienischen Flotte wurde darin der Schutz des Geleitverkehrs zwischen dem italienischen Mutterland und den Kriegsschauplätzen Nordafrika und Albanien bezeichnet. Für einen offensiven Einsatz der Seestreitkräfte fehlten die Mittel; selbst bei einem erfolgreichen Einsatz gegen das Gros der feindlichen Verbände versprachen sich die Italiener nur eine moralische Rückwirkung. Man nahm an, daß die Briten ihre Kräfte schnell wieder auffrischen würden, wogegen bei einem Mißerfolg die Konsequenzen für die Gesamt-Kriegführung der »Achse« katastrophal wären. »Wie in der Vergangenheit« sollte die italienische Flotte als »fleet in being« ihren »Auftrag, (...) auch in der ungünstigsten Annahme des Totalverlustes Libyen, wichtige feindliche Seestreitkräfte zu binden, erfüllen« [205].

Trotz der gegensätzlichen Auffassungen kamen sich die Marineleitungen in Meran dennoch näher. Riccardi versprach, das offensive deutsche Einsatzkonzept für die Überwasser-Seestreitkräfte zu überprüfen[206] und billigte auch den Vorschlag der Seekriegsleitung, den Marine-Verbindungsstab fortan in den italienischen Admiralstab einzubauen[207], so daß die Meraner Besprechungen mit einer »derartigen Annäherung«,

---

[199]   Ebd.; siehe auch oben S. 46.
[200]   KTB Skl, 26.11.40, BA-MA, RM 7/18.
[201]   KTB Mar.Verb.St. Italien, 1.12.40, BA-MA, RM 36/2.
[202]   Zu den deutsch-italienischen Marinebesprechungen in Meran vgl.: »Memorandum - Beurteilung der Lage durch Supermarina«, 13.2.41, BA-MA, RM 7/243; »Erste Besprechung Ob.d.M. mit Admiral Riccardi am 13.2.41, 10.00 Uhr«, BA-MA, RM 7/243; »Bericht über die Besprechungen in Meran am 13./14.2.41«, ebd.; Dt.Bot.Rom Mar.Att., Nr. 344/41, 19.2.41, PA-AA, Geheimakten Rom Quir.Bd. 102; Wagner, Lagevorträge, 18.3.41, S. 203 f. In der Literatur detailiert bei Schreiber, Revisionismus, S. 205 ff.; weniger ausführlich bei Salewski, Seekriegsleitung, Bd. I, S. 323 f.; Baum/Weichold, Krieg, S. 118 f.
[203]   Ebd.
[204]   »Memorandum - Beurteilung der Lage durch Supermarina«, 13.2.41, BA-MA, RM 7/243.
[205]   Ebd.
[206]   Bernotti, R., Storia della guerra nel Mediterraneo (1940-1943), Roma 1960, S. 138.
[207]   »Erste Besprechung Ob.d.M. mit Admiral Riccardi am 13.2.41, 10.00 Uhr«, BA-MA, RM 7/243.

wie die Seekriegsleitung im Nachhinein vermerkte, endeten, »daß eine (deutsche) Einflußnahme auf künftige Seeoperationen im Mittelmeer erhofft werden« konnte[208].
Infolge des Meraner Treffens war die Seekriegsleitung deshalb bemüht, die Probleme,
die einer offensiven italienischen Seekriegführung noch im Wege standen, zu beheben.
Neben den in Meran vorgetragenen italienischen Materialwünschen galt dies besonders
für die Forderung nach Heizöl aus deutschen Beständen[209], da die italienische Marineleitung schon in Meran betont hatte, daß ihre Flotte ab Juli 1941 aufgrund von Heizölmangel nicht mehr einsatzfähig sein würde[210]. Hatte Raeder bislang auf diese
Ankündigung hin verhalten reagiert, so wurde eine bereits dem deutschen Hauptquartier übermittelte Bitte um deutsche Öllieferungen nach Italien vom OKW abgelehnt.
»Wegen der zu erwartenden Rückwirkungen dieses Entscheides auf die operative Einstellung der italienischen Kriegsmarine und der zu befürchtenden Trübung des soeben
unter Einsatz des Ob.d.M. geschaffenen guten Einvernehmens zwischen Seekriegsleitung und italienischem Admiralstab«[211] wandte sich die Skl am 24. Februar 1941 mit
der Bitte an das OKW, den negativen Entscheid zurückzunehmen und unverzüglich mit
dem Bundesgenossen darüber zu verhandeln[212].
Der in Meran vermeintlich erkannten Neigung des Bundesgenossen, seine Seestreitkräfte offensiv einsetzen zu wollen, kamen die aktuellen Planungen des OKW zur Eroberung Maltas[213] entgegen. Auch die Seekriegsleitung trat sofort, nachdem die Kunde
davon am Tirpitzufer eingetroffen war, »lebhaft dafür ein (...)«[214]; denn sie versprach
sich vom Besitz dieser Insel, die, besonders seit der Überführung des deutschen Hilfskorps nach Tripolis, gestiegenen Geleitsicherungsaufgaben der italienischen Seestreitkräfte nachhaltig reduzieren und die Sizilien-Straße »endgültig« sperren zu können.
Dadurch würden die italienischen Verbände – wie es die operativen Vorstellungen der
Seekriegsleitung vorsahen – für eine offensive Seekriegführung frei werden und zusätzlich, im Rahmen der strategischen Wechselwirkung zwischen Atlantik und Mittelmeer,
die atlantische Zufuhrkriegführung entlasten. Ganz in diese Richtung zielten auch die
Ausführungen Raeders im Verlaufe seines Lagevortrages am 18. März bei Hitler, bei
dem er – auf die Bedeutung Maltas hinweisend – resümierte, daß »bei deutschem bzw.
italienischem Besitz (...) eine wesentliche Erleichterung im italienisch-afrikanischen
Geleitverkehr eintreten (würde) und italienische jetzt nur für die Sicherung eingesetzte
Seestreitkräfte für operative Zwecke freiwerden« würden[215].

[208] Skl I Op., Nr. 226/41, 24.2.41, BA-MA, RM 7/222. Ähnlich günstig beurteilte auch der Marine-Attaché
der deutschen Botschaft in Rom das Ergebnis der Meraner Besprechungen. Vgl.: Dt.Bot.Rom, Mar.Att.,
Nr. 344/41, 19.2.41, PA-AA, Geheimakten Rom Quir. Bd. 102. Weitaus weniger positiv wertet Schreiber
die Meraner Besprechungen (Revisionismus, S. 300 ff.).

[209] Meier-Dörnberg, W., Die Ölversorgung der Kriegsmarine 1935-1945, Freiburg i. Brg. 1973, S. 63 ff. (weiterhin zitiert als: Meier-Dörnberg, Ölversorgung).

[210] Ebd.; Skl I Op., Nr. 226/41, 24.2.41, BA-MA, RM 7/222.

[211] Ebd.

[212] Ebd. Am 18.3.41 stand die Heizölversorgung der italienischen Marine im Rahmen des Lagevortrages des
Ob.d.M. bei Hitler zur Diskussion. Jodl erklärte dabei, »daß nach Nachprüfung die Italiener zugegebener-
maßen noch 600 000 t Heizöl haben (also mehr als wir)«. Wagner, Lagevorträge, 18.3.41, S. 203. Vgl. dazu
auch: Meier-Dörnberg, Ölversorgung, S. 63 ff.

[213] Siehe oben S. 47 f.

[214] Warlimont, Hauptquartier, S. 148, Anm. 57; KTB Skl, 18.2.41, BA-MA, RM 7/21, abgedruckt in: IMG,
Bd. XXXIII, Dok. C-170, S. 699.

[215] Wagner, Lagevorträge, 18.3.41, S. 204.

IV. Die Zeit der Restabilisierung und Schwerpunktverlagerung ins östliche Mittelmeer (März–Juni 1941)

1. Die weitausgreifenden strategischen Zielsetzungen der im Mittelmeerraum eingesetzten deutschen Befehlshaber

Am 12. Februar 1941, einen Tag nach der Ankunft der ersten deutschen Schiffsstaffel, traf auch der mit Wirkung zum 15. Februar von Hitler zum Kommandierenden General des deutschen Korps ernannte Generalleutnant Erwin Rommel in Begleitung eines kleinen Erkundungsstabes in Tripolis ein[1]. Schon unmittelbar nach seiner Ankunft machte er sich zusammen mit Hitlers Chefadjutant, General Schmundt, den ihm Hitler als Zeichen seiner besonderen Zuneigung für die ersten Tage in Afrika mitgegeben hatte[2], an seine Aufgabe: »den Vormarsch feindlicher Verbände zum Stehen zu bringen und sie unter offensivem Einsatz der Panzerkräfte zu schlagen«[3]. Am 16. Februar übernahm Rommel das Kommando über alle italienischen Truppenteile im Frontgebiet. Diese sollten wiederum gemeinsam mit den deutschen Verbänden dem eben neuernannten italienischen Oberbefehlshaber Libyens, General Gariboldi, unterstellt werden, wie es zwischen Hitler und Mussolini ausgehandelt worden war[4]. Am gleichen Tag bezogen die ersten Teile der deutschen 5. leichten Division die durch von Rintelen in Zusammenarbeit mit dem Comando Supremo in Rom festgelegte und in dessen Weisung vom 9. Februar 1941 bestätigte Abwehrstellung bei Syrte, etwa 200 Kilometer ostwärts der ersten italienischen Verteidigungslinien[5]. Ebenfalls noch am 16. Februar gab General Gariboldi dem Drängen Rommels auf die Vorverlegung einer gemischten Kampfgruppe bis nach En Nofilia nach[6]. Zehn Tage später erreichte er bei diesem, daß sämtliche bisher in Nordafrika eingetroffenen deutschen Verbände in den Raum um En Nofilia vorrücken sollten, um von dort aus Fühlung mit dem Gegner aufzunehmen[7]. Anfang März standen die inzwischen »Deutsches Afrikakorps«[8] genannten Verbände bereits bei Mugtaa, 25 Kilometer westwärts von El Agheila[9].

---

[1] Rommel, E., Krieg ohne Haß. Hrsg. von Lucie-Maria Rommel und Generalleutnant F. Bayerlein, Heidenheim 2 1955, S. 12 (weiterhin zitiert als: Rommel, Krieg). Zu Rommels ersten Aktivitäten vgl. auch: v. Taysen, Tobruk 1941, S. 55 f.

[2] Zum Verhältnis Schmundt-Rommel-Hitler vgl. Heckmann, W., Rommels Krieg in Afrika, Bergisch-Gladbach 1976, S. 48 f.

[3] OKH Gen.St.d.H. Op. Abt., Nr. 35060/41, 10.2.41, BA-MA, RH 2 v.459. Vgl. auch KTB OKW, Bd. I, 13.2.41, S. 321.

[4] v. Taysen, Tobruk 1941, S. 54.

[5] KTB OKW, Bd. I, 13.2.41, S. 321.

[6] Befehlshaber der Deutschen Truppen in Libyen (ohne Nr.), 16.2.41, BA-MA, RH 2 v. 459.

[7] KTB Nr. 1 DAK Ia, 26.2.41, BA-MA, RH 24-200/1 D.

[8] OKW WFSt Abt.L (I Op), Nr. 44189/41, 19.2.41, BA-MA, RH 2 v. 457. »Der Führer will dem Korps, sobald es unten ist, einen Namen geben. Wie ist es mit »Deutsches Afrika-Korps« entsprechend dem »Alpen-Korps« aus dem Weltkrieg?«, hatte Schmundt, nachdem er nach Deutschland zurückgekehrt war, Rommel am 19. Februar geschrieben. Zitiert nach Heckmann, W., Rommels Krieg in Afrika, Bergisch-Gladbach 1976, S. 49.

[9] Rommel, Krieg, S. 18; v. Taysen, Tobruk 141, S. 60 f.

Wenn sich Rommel in seinen Berichten an das OKW noch sorgte, daß die Engländer ihren Vormarsch nach Westen fortsetzen könnten, so dramatisierte er die Lage; denn auch seine Aufklärung hatte unterdessen feststellen können, daß nur noch schwache britische Verbände in der Cyrenaika lagen[10]. Rommel befaßte sich realiter längst nicht mehr mit der Verteidigung Tripolitaniens, sondern in ihm reifte der Plan heran, Ägypten zu erobern. Daß er beabsichtigte, El Agheila zu nehmen, hatte er bereits am 26. Februar dem Oberquartiermeister I im Generalstab des Heeres, Generalleutnant Paulus, seinem Stuttgarter Regimentskameraden aus den Jahren 1927 bis 1929, in einem Privatdienstschreiben mitgeteilt[11]. Am 8. März informierte er das OKH über von Rintelen, daß es zweckmäßig sei, noch vor Beginn des Sommers zu einer Offensive anzutreten, deren erstes Ziel die Rückgewinnung der Cyrenaika und deren zweites Ziel die Eroberung des Nordteils Ägyptens und des Suez-Kanals seien[12]. Am 17. März übermittelte er einen zweiten detaillierteren Vorschlag zu seinen beabsichtigten Angriffsoperationen[13]. Darin wies der von Hitlers Gesamtkriegsplan nichts ahnende Rommel auf die großen strategischen Möglichkeiten hin, die sich an der südlichen Peripherie Europas im Kampf gegen das Britische Empire boten. Seinen Ausführungen zufolge sollten zuerst die vorgeschobenen feindlichen Stellungen beseitigt werden, eine erste Entscheidungsschlacht bei Agedabia geführt werden und daran anschließend durch die Wüste südlich des Djebels auf Tobruk vorgestoßen werden, um die in der Cyrenaika stehenden Feindkräfte einzuschließen und zu vernichten. Nach der Einnahme Tobruks, der letzten ausgebauten Stellung vor dem Nil, sah Rommel den Weg frei für die Eroberung Ägyptens.

Am 18. März, als er in Tripolis dem italienischen Oberbefehlshaber Libyen seine weiteren Pläne auseinandersetzte, reagierte dieser zurückhaltend. Gariboldi gab zu verstehen, »daß er nicht einen Tag später, aber auch nicht einen Tag eher als die Vorbereitungen beendet seien, angreifen werde«[14]. Noch weitaus ernüchternder als Gariboldis letztlich zögernde Haltung mußte für Rommel das Ergebnis seiner Besprechungen mit Hitler am 20. und 21. März im Führerhauptquartier sein[15]. Ohne diesen über die künftigen Operationen gegen die Sowjetunion oder in Südosteuropa in Kenntnis zu setzen, erklärte Hitler, daß in Nordafrika bis zum Herbst 1941 keine größeren Operationen durchgeführt und auch keine weiteren Verstärkungen dorthin entsandt werden könnten[16]. Lediglich nach dem Eintreffen der 15. Panzerdivision, mit dem bis Ende Mai gerechnet wurde, konnten Hitlers Auffassung zufolge je nach Lage der Dinge begrenzte Angriffsoperationen im Raum Agedabia, vielleicht sogar bis Benghasi, in Erwägung gezogen werden[17].

[10]   Nur eine australische Infanterie-Division, eine britische Panzerdivision sowie vier Staffeln der R.A.F. waren in der Cyrenaika zurückgeblieben.
[11]   Befehlshaber des Deutschen Afrikakorps (ohne Nr.), 26.2.41, BA-MA, N 372/22.
[12]   General v. Rintelen (ohne Nr.), 8.3.41, BA-MA, RH 2 v. 459.
[13]   KTB D.A.K. I a, 17.3.41, BA-MA, RH 24-200/1D; vgl. dazu: Prima controffensiva, S. 24 und S. 314 ff.; v. Taysen, Tobruk 1941, S. 66 f.
[14]   KTB D.A.K. Ia, 18.3.41, BA-MA, RH 24-200/1 D.
[15]   Vgl. dazu: KTB OKW, Bd. I, 19.3.41, S. 364 und ebd., 20.3.41, S. 364 f.; KTB Halder, Bd. II, 20.3.41, S. 323 f.; Rommel, Krieg, S. 20.
[16]   Schon am 18.3.1941 hatte sich Hitler dahingehend ausgesprochen, »daß weitere deutsche Kräfte einstweilen dorthin nicht überführt werden sollen«. KTB OKW, Bd.I, 18.3.41, S. 363.
[17]   Rommel, Krieg, S. 20.

Ungeachtet der Vorstellungen Hitlers und des OKH – inzwischen waren 8000 Mann der 5. leichten Division, darunter das Panzerregiment 5, in Tripolis gelandet und auch die italienischen Divisionen »Ariete« und »Brescia« Rommel unterstellt worden – ließ dieser am 22. März einen Aufklärungsvorstoß bis El Agheila durchführen[18]. Nachdem am 31. März 1941 Marsa el Bregha genommen wurde, entwickelte sich dieser schließlich zur Offensive, die am 2. April zur Eroberung von Agedabia führte. Die Entwicklung jener Tage kommentierte Rommel in einem Brief an seine Frau mit den Worten: »Seit dem 31. März haben wir mit bemerkenswertem Erfolg angegriffen. Die Stäbe in Tripolis, Rom und möglicherweise in Berlin werden staunen. Ich wagte es, entgegen früheren Befehlen und Weisungen vorzugehen, weil ich eine Chance sah. Sie werden es am Ende gutheißen, und ich bin sicher, daß jeder an meiner Stelle genauso gehandelt hätte. Das erste Ziel – geplant für Ende Mai – ist erreicht[19].«

Comando Supremo in Rom und Comando Superiore in Tripolis jedoch waren trotz seines Erfolges wenig erfreut. Bei einem Treffen am Abend des 3. April wies Gariboldi Rommel ausdrücklich darauf hin, daß dessen Operationen im Widerspruch zu den Weisungen des Comando Supremo stünden[20]. Ferner erlaube die Versorgungslage der deutsch-italienischen Truppen keine weitere Verfolgung des ausweichenden Feindes, die Rommel bereits eingeleitet hatte; denn die vorhandenen Transportkapazitäten reichten dafür – wie Gariboldi zurecht anführte – nicht aus. So war der deutsche Kolonnenraum vom Quartiermeister des OKH für eine Distanz vom Ausladehafen Tripolis bis zum 380 Kilometer davon entfernten Buerat berechnet worden[21]. Rommels Verbände standen jedoch zu diesem Zeitpunkt bereits über 700 Kilometer östlich von Tripolis. Zwar halfen die Italiener mit Kolonnenraum aus, was aber wiederum bei diesen selbst zu Engpässen führte. Engpässe gab es darüber hinaus auch bei der Treibstoffversorgung des Deutschen Afrikakorps, so daß sich schon früh abzeichnete, daß die logistische »Decke« für weitreichende Operationen zu kurz war.

Noch während der »ziemlich heftigen Auseinandersetzung«[22] zwischen Gariboldi und Rommel traf ein Funkspruch Hitlers ein, in dem dieser den Panzergeneral zu seinem unerwarteten Erfolg beglückwünschte und ihm, wenn auch unter der Ermahnung, durch ein weiteres Vortreiben der Kräfte in Richtung Benghasi keine Gefährdung der offenen rechten Flanke entstehen zu lassen, eine weitgehende Handlungsfreiheit zusicherte[23]. Noch am gleichen Tage hatte auch der begeisterte, stets auf Prestigegewinn bedachte Mussolini Gariboldi angewiesen, die günstige Gelegenheit zu nutzen[24].

[18] Zu Rommels Aufklärungsvorstoß und der sich daraus entwickelnden Offensive vgl.: Rommel, Krieg, S. 21 ff.; v. Taysen, Tobruk 1941, S. 71 ff.; Fechter/Hümmelchen, Seekriegsatlas, S. 37 f.; Playfair, Mediterranean, Vol. II, S. 15 ff.; Churchill, Weltkrieg, Bd. III.1, S. 243 ff.

[19] Liddell Hart, Rommel Papers, 3.5.41, S. 111; Rückübersetzung ins Deutsche. Dies gilt auch für alle nachfolgenden Zitate aus den Rommel Papers.

[20] KTB D.A.K./ I a, 3.4.41, BA-MA, RH 24-200/1 D; Rommel, Krieg, S. 25 f.; zur defensiven Einstellung Gariboldis vgl. auch: v. Esebeck, H.-G., Afrikanische Schicksalsjahre. Geschichte des Deutschen Afrikakorps unter Rommel, Wiesbaden 1949, S. 25 (weiterhin zitiert als: v. Esebeck, Schicksalsjahre); Gause, A., Der Feldzug in Nordafrika im Jahre 1941, in: WWR 12/62, S. 598.

[21] Zu den logistischen Problemen Rommels vgl.: v. Taysen, Tobruk, 1941, S. 79 f.

[22] Rommel, Krieg, S. 25.

[23] OKW WFSt Abt.L (Iop), Nr. 44444/41, 3.4.41, BA-MA, RH v. 459. Darin heißt es: »Der Führer übermittelt dem Deutschen Afrikakorps und den das Korps unterstützenden Verbänden der deutschen Luftwaffe zu den gemeldeten Erfolgen seine besondere Anerkennung. Gleichzeitig weist der Führer aber darauf hin, daß durch weiteres Vortreiben der Kräfte Richtung Benghasi keine Gefährdung der rechten offenen Flanke entstehen darf. Hierbei ist zu berücksichtigen, daß die geplante Verstärkung und Motorisierung der italieni-

So rollten Rommels Panzer bereits am 4. April, versehen mit der Zustimmung der beiden »Führer«, in Benghasi ein[25]. Nach einem Gewaltmarsch quer durch die Wüste nahmen Teile der 5. leichten Divison am 8. April Derna und den südlich davon gelegenen britischen Stützpunkt Mechili, den sie schon am Vortage eingeschlossen hatten. Dort fielen den deutschen Truppen 2000 Briten und darüber hinaus eine reiche Kriegsbeute in die Hände. Nach dem Fall von Mechili wollte Rommel den Briten ein »modernes Cannae« bereiten: er beabsichtigte, Tobruk südlich zu umfassen und im Anschluß daran zu erstürmen. Im Verlauf des 10. April setzte er Teile seiner Verbände über Acroma und El Adem in Marsch. Am 11. April erreichten sie die Küstenstraße, womit die Einschließung der Festung Tobruk vollendet war. Ein erster Versuch, Tobruk im »Handstreich« zu nehmen, war jedoch schon am Vortage gescheitert. Dennoch glaubte er, noch ganz den Erfolgen der vergangenen Wochen verhaftet – die Anwesenheit von Versorgungsschiffen im Hafen von Tobruk interpretierte er irrtümlich als Evakuierungsaktion[26] –, die Festung baldestmöglich nehmen zu können. Aber auch die Versuche der folgenden Tage scheiterten am hartnäckigen Widerstand der australischen Verteidiger. Während die deutsch-italienischen Truppen vergeblich gegen die Festung Tobruk anrannten, hatten schnelle Verbände am 11. April Bardia, am 13. April das Fort Capuzzo und am 15. April den Halfaya-Paß, um den in den folgenden Wochen heftige Kämpfe entbrennen sollten, bezwungen.

Auch auf der »gegenüberliegenden Seite« des Mittelmeeres waren deutsche Truppen auf dem Vormarsch. Zwei Panzer-, zwei Gebirgs- und vier Infanterie-Divisionen waren unter dem Schirm der Luftflotte 4 am 6. April zum Angriff auf Griechenland angetreten[27]. Die Griechen, die mit der Masse ihrer Truppen an der albanischen Front gegen die italienische Heeresgruppe Albanien gebunden waren, vermochten nicht lange Widerstand zu leisten. Schon am 9. April rückten deutsche Verbände in Saloniki ein. Neun Tage darauf, als die britische Riegelstellung in der Nähe des Olymps durchbrochen worden war, begannen die Briten mit der Evakuierung ihrer Verbände vom griechischen Festland (Operation »Demon«)[28]. Nur vier Tage später, am 21. April, kapitulierte das griechische Heer[29].

schen Verbände wegen dringender anderweitiger Aufgaben bis auf weiteres unterbleiben muß und daß auch das X. Fliegerkorps mit der Masse seiner Kräfte auf anderem Kriegsschauplatz gebunden ist. Auch mit Verzögerung des Eintreffens der 15. Panzerdivision muß voraussichtlich gerechnet werden. Weiteres Vorgehen Deutsches Afrikakorps kann daher nur in Frage kommen, wenn einwandfrei erkannt werden sollte, daß Masse der schnellen Feindkräfte aus der Cyrenaika abgezogen wird. Schriftlicher Befehl folgt.« Vgl. dazu auch: Lidell Hart, Rommel Papers, 4.4.41, S. 112.

[24]   Prima controffensiva, S. 85.

[25]   Zu Rommels weiterem Vormarsch und den Kämpfen um Tobruk vgl.: Rommel, Krieg, S. 26 ff.; v. Taysen, Tobruk, 1941, S. 96 ff.; Playfair, Mediterranean, Vol. II, S. 35 ff.; Churchill, Weltkrieg, Bd. III.1, S. 247 ff.

[26]   Liddell Hart, Rommel Papers, 16.4.41, S. 126; v. Taysen, Tobruk 1941, S. 115.

[27]   Im Balkanfeldzug vgl.: Hepp, L., Die 12. Armee im Balkanfeldzug 1941, in WWR5/1955, S. 199 ff.; Buchner, A., Der deutsche Griechenlandfeldzug. Operationen der 12. Armee. Heidelberg 1957; v. Mellenthin, F.W., Panzerschlachten. Eine Studie über den Einsatz von Panzerverbänden im Zweiten Weltkrieg, Nekkargemünd 1963, S. 45 ff.; Olshausen, K., Zwischenspiel auf dem Balkan. Die deutsche Politik gegenüber Jugoslawien und Griechenland vom März bis Juli 1941, in: Beiträge zur Militär- und Kriegsgeschichte, hrsg. v. MGFA, Stuttgart 1973.

[28]   Playfair, Mediterranean, Vol. II, S. 93 ff.

[29]   Die griechische Epirus-Armee kapitulierte am 20.4.41 vor dem Kommandeur der »Leibstandarte SS Adolf Hitler«; am darauffolgenden Tage nahm Gfm List die Gesamtkapitulation des griechischen Heeres in

Bei der Luftflotte 4 hatte der überaus rasche und erfolgreiche Verlauf des Balkanfeldzuges im Verein mit der Offensive in Nordafrika Überlegungen hinsichtlich weiter-
reichender Operationen aufkommen lassen. Die Gedanken des Stabschefs der Luftflotte 4, Oberst Korten, »schlugen Brücken über die Pfeiler Kreta, Rhodos und Zypern
nach Alexandria, Beirut, Haifa und Jaffa«[30]. Sein Ziel war, die britische Ostmittelmeer-Nahost-Stellung zu zerschlagen und der deutschen Wehrmacht den Weg zum
indischen Subkontinent, dem Herzen des Britischen Empire, zu öffnen[31]. Auch General Löhr, der Chef der Luftflotte, sah den Balkanfeldzug »als erfreulichen Schritt in
Richtung Ägypten«[32] und trat bei Göring für eine Fortführung des Kampfes an der südlichen Peripherie ein[33]. In die gleiche Richtung zielten auch die Gedanken des Kommandierenden Generals des XI. Fliegerkorps, General Student. Seine »Fallschirmer«
sollten im »Inselspringen« die britischen Positionen aufrollen[34].
Auch die Vorstellungen, die im Hauptquartier des X. Fliegerkorps in Catania auf Sizilien mit einer Fortsetzung des Krieges im Mittelmeerraum verbunden wurden, ähnelten
denen Löhrs, Kortens, Students und Rommels. Nicht unerfreut war man dort deshalb,
als von Rintelen im Auftrage des OKW am 18. April 1941 mitteilte[35], daß der Luftkrieg
gegen die britische Ostmittelmeer-Stellung am besten vom griechischen Festland und
vom italienischen Dodekanes aus geführt werden könnte, weshalb die Masse dieses
Fliegerkorps dorthin zu verlegen sei. Endlich im östlichen Mittelmeer offensiv gegen
Suez und Alexandria operieren zu können, wie es Generalfeldmarschall Milch
ursprünglich mit General Pricolo Anfang Dezember 1940 vereinbart hatte[36], erschien
dem Befehlshaber des X. Fliegerkorps, General Geisler und seinem Stabschef, Oberstleutnant Harlinghausen, reizvoller als die Kampfführung gegen Malta und die Wahrnehmung von Geleitschutzaufgaben im rückwärtigen Raum[37]. Ebenfalls am 18. April
trafen im Auftrage Görings der Staatssekretär im Reichsluftfahrtsministerium, Generalfeldmarschall Milch, und General von Waldau, der Chef des Luftwaffenführungsstabes, in Nordafrika ein[38], um die beabsichtigte Verlegung des Fliegerkorps mit Rom-

---

Larissa entgegen, die aufgrund der Intervention Mussolinis, da keine italienischen Vertreter daran teilgenommen hatten, am 23.4.41 in Saloniki wiederholt wurde. Vgl. dazu: KTB Halder, Bd. II, 21.-23.4.41,
S. 274 ff.

[30] Rieckhoff, H.J., Trumpf oder Bluff. Zwölf Jahre deutsche Luftwaffe, Genf 1945, S. 243.

[31] Ebd.

[32] Diakow, J., Generaloberst Alexander Löhr. Ein Lebensbild, Freiburg i.Brg. 1964, S. 52.

[33] Ebd., S. 53. Siehe unten S. 75.

[34] Student, Erinnerungen, S. 198. Tatsächlich verstanden die Briten die von Hitler als zusammenhanglose
»Aushilfsmaßnahmen« konzipierten, jetzt zeitlich zufällig zusammenfallenden Operationen in Südosteuropa und in Nordafrika als großangelegte Kriegführung gegen ihre Ostmittelmeer-Stellung. (Playfair, Mediterranean, Vol. II, S. 187 ff.) Aus der historischen Rückschau charakterisierte Churchill diesen Zeitraum
des deutschen Vorwärtsdrängens als die Phase, die dem Feind »die beste Chance bot, uns unsere zweifel-
hafte Herrschaft über das Mittelmeer streitig zu machen«. (Churchill, Weltkrieg Bd. III.1, S. 362.) Auch
die Amerikaner befürchteten, daß die britische Flotte aus dem Mittelmeer vertrieben werden würde (Roskill, St., The War at Sea, Vol. I, London 1954, S. 515 f.; weiterhin zitiert als: Roskill, War).

[35] OKW WFSt Abt.L (I op), Nr. 687/41, 18.4.41, BA-MA, RL 2/II/38.

[36] Siehe oben S. 31 f.

[37] v. Pohl, Die deutsche Luftwaffe in Italien, MGFA, MS 1945, S. 5. Laut Gundelach (Luftwaffe, Bd. II, S.
937, Anm. 413) hielt der Kommandierende General des X. Fliegerkorps »die räumliche Trennung von der
italienischen Luftwaffe für wünschenswert (...), auch wenn er ihr nicht unbedingt zutraute, daß sie ihre
Aufgaben im zentralen Mittelmeer alleine bewältigen könnte« (Dipl.-Ing. Cornelius, ehemals Stab X.
Fl.Korps, zu K. Gundelach am 2.6.1970).

[38] Liddell Hart, Rommel Papers, 22.4.41, S. 130; KTB v. Waldau, 18./19.4.41, BA-MA, MSG I/1410;
Irving, Tragödie, S. 182; Gundelach, Luftwaffe, Bd. I, S. 136.

mcl zu besprechen. Während dieser Unterredung drängte auch Rommel darauf, die Verbände des X. Fliegerkorps rasch zum Frontverlauf »aufschließen« zu lassen[39]. Schon am 21. April konkretisierte dann von Waldau in Rom gegenüber Pricolo, dem Generalstabschef der italienischen Luftwaffe, die zukünftige Dislozierung des X. Fliegerkorps[40]. Nur noch zwei Gruppen sollten auf Sizilien zurückbleiben: eine Stuka-Gruppe zur Bekämpfung Maltas und eine Gruppe Me 110-Zerstörer, die aufgrund ihrer Reichweite besonders für den Schutz der Geleite zwischen Italien und Nordafrika geeignet waren[41]. Italienische Verbände sollten die durch die Verlegung der Masse des X. Fliegerkorps entstandene Lücke auf Sizilien füllen[42].

Zum Monatswechsel April/Mai 1941 mußte von Rintelen dem Comando Supremo dann mitteilen, daß ab Mitte Mai das gesamte X. Fliegerkorps in den griechischen Raum verlegt werden sollte[43]. Die italienische Seite unternahm daraufhin alles, um wenigstens einen Teil des Korps auf Sizilien zurückzuhalten. Pricolos Auffassung zufolge sollte, da die italienischen Jagdflugzeuge nicht über die ausreichende Reichweite verfügten, um den Luftschirm für den Geleitschutz nach Nordafrika zu gewährleisten, eine Gruppe Me-110-Zerstörer im Austausch gegen eine gleichstarke Gruppe italienischer MC 200 auf Sizilien belassen werden[44]. Darüber hinaus hielt er eine Minenstaffel für unabkömmlich und forderte die deutsche Luftwaffe auf, Sturzkampfflugzeuge zur Verfügung zu stellen. Ritter von Pohl, der Chef des Luftwaffenverbindungsstabes, unterstützte diese Forderungen mit dem Hinweis, daß im Falle der Ablehnung »nicht nur die Gefahr für die laufenden Geleitzüge, sondern darüber hinaus auch die Möglichkeit (gegeben wäre), daß bei der bekannten zögernden Einstellung der italienischen Marine die Durchführung des gesamten Geleitverkehrs ins Stocken geraten würde«[45]. Auch Weichold, der als Chef des Marineverbindungsstabes Italien ohnehin schon mehrfach auf die völlige Überlastung des Seetransportwesens hingewiesen hatte, warnte eindringlich davor, die Luftwaffenverbände des X. Fliegerkorps ins östliche Mittelmeer zu verlegen; denn die italienischen Luftstreitkräfte waren seiner Auffassung zufolge nicht in der Lage, die bislang vom X. Fliegerkorps »recht und schlecht« erfüllte Aufgabe zu übernehmen[46]. Ganz auf der gleichen Linie lag von Rintelens mahnendes Fernschreiben vom 7. Mai[47]. Doch die Proteste der Verbindungsstäbe und Pricolos Forderungen stießen bei der Luftwaffenführung auf keinerlei Resonanz. Statt dessen mußte Ritter von Pohl Superaereo am 5. Mai 1941 ein Memorandum vorlegen[48], in dem die Aufgabenstellung der italienischen Luftwaffe bis in alle taktische Einzelheiten festgelegt worden war. Ihr Aktionsradius sollte hiernach neben dem künftig klar abgegrenzten östlichen deutschen Operationsbereich im zentralen und westlichen Mittelmeer liegen. Im einzelnen wurde der italienischen Luftwaffe aufgetragen, die Bekämpfung und Überwachung der englischen Seestreitkräfte und die »Sicherung des Nachschubs für die in Afrika eingesetzten Teile der deutsch-italienischen Wehrmacht im

[39]   KTB v. Waldau, 18.4.41, BA-MA, MSG I/1410.
[40]   Ministero dell'Aeronautica, Nr. 73/29987, Anlage 23, »Mitteilung an den Duce«, BA-MA, RL 7/689.
[41]   Ebd.
[42]   Ebd.
[43]   Ebd.
[44]   Italuft I a, Nr. 1318/41, 4.5.41, BA-MA, RL 2 II/38.
[45]   Ebd.
[46]   KTB Mar. Verb. St. Italien, 26.4.41, BA-MA, RM 36/20.
[47]   v. Rintelen, Nr. 921/41, 7.5.41, BA-MA, RL 2 II/38.
[48]   Ob.d.L. Führungsstab Ia, Nr. 6562/41, 6.5.41, BA-MA, RL 2 II/38.

Gebiet ostwärts der Enge von Tunis bis zum 20° Länge sowie unter der afrikanischen Küste« zu übernehmen. Ausdrücklich erwähnt wurde dabei, daß »hierzu die laufende Überwachung von Malta als Flug- und Seestützpunkt sowie der Einsatz von starken Kampf- und Jagdkräften gegen Malta erforderlich« sei[49]. Mit dieser wohlfeilen Aufgabenstellung, deren Erfüllung zumindest für den Zeitraum bis zum Herstellen der Einsatzbereitschaft des X. Fliegerkorps im östlichen Mittelmeer noch primäre Bedeutung zukommen mußte – später sollte auch der Nachschub, wie es im Memorandum der Luftwaffe hieß, über Griechenland und Kreta, dessen Eroberung inzwischen von Hitler beschlossen worden war[50], nach der Cyrenaika überführt werden –, verabschiedete sich die Luftwaffe aus Sizilien und Süditalien, ohne ihren Auftrag, Malta auszuschalten und die Sizilien-Straße zu sperren, wie es in der Ergänzung »d« zur Weisung Nr. 22 vom 5. Februar 1941[51] festgelegt worden war, auch nur annähernd erfüllt zu haben.
Wie wenig das X. Fliegerkorps seine Aufgabe gelöst hatte, geht aus dessen Tätigkeitsbericht für die Zeit zwischen dem 10. Januar und dem 22. Mai 1941 hervor[52]. Danach fielen insgesamt nur 530 Tonnen Bomben auf Malta. Die Durchschnittszahl der in den Flottenstützpunkten der Insel von der Luftaufklärung während der ersten zehn Tage der Anwesenheit des X. Fliegerkorps auf Sizilien festgestellten Kriegs- und Handelsschiffe betrug bei ersteren 13,75 und bei letzteren 3,5 sowie bei den Flugzeugen 23. Während der letzten zehn Tage weilten durchschnittlich 18 Kriegsschiffe und 3,33 Handelsschiffe sowie sogar 50,25 Flugzeuge in und auf Malta. Genauso wenig, wies es gelungen war, Malta niederzuhalten, wurde die Sperrung der Sizilien-Straße für den feindlichen Schiffsverkehr erreicht. Von 32 gesichteten Kriegsschiffen und 24 Handelsschiffen konnten lediglich ein Kriegsschiff und sechs Frachter von deutschen Flugzeugen versenkt werden.
Das zunehmend verstärkte britische Engagement im zentralen Mittelmeer, wie es aus diesen Zahlen ersichtlich ist, sowie die entsprechend erhöhte Kampftätigkeit gegen die rückwärtigen Verbindungen der »Achse«, waren die Antwort der Briten auf ihre Rückschläge in Griechenland und Nordafrika. In der Nacht vom 15. auf den 16. April 1941 gelang es ihnen, die fünf Frachter des 20. deutschen Seetransports – an Bord befanden sich die ersten Teile der 15. Panzer-Division – samt den drei italienischen Zerstörern des Geleitschutzes östlich der Kerkenah-Inseln bei nur einem einzigen eigenen Verlust zu versenken[53]. Einen weiteren Schlag gegen den Nachschubverkehr der »Achse« führten die Briten am 21. April, als sich die Masse ihrer Mittelmeerflotte unerkannt bis auf wenige Meilen dem Hauptausladehafen Tripolis genähert und diesen 45 Minuten unter schweres Feuer genommen hatte[54]. Am darauffolgenden Tage tat eine Selbstdetonation deutscher Fliegerbomben ihr übriges, um die Löschkapazität des Hafens für mehrere Wochen von 45 000 Tonnen auf 15 000 Tonnen zu reduzieren[55]. Ständige Bombenangriffe der R.A.F. und der Beschuß von See her beeinträchtigten auch die Löschleistung in Benghasi, so daß die ohnehin unzureichenden Gesamtkapazitäten der libyschen

---

[49] Ebd.
[50] Siehe unten S. 77 ff.
[51] Hitlers Weisungen, S. 98.
[52] »Tätigkeit des X. deutschen Fliegerkorps in Italien Januar - 22. Mai 1941«, BA-MA, RL 7/689.
[53] Vgl. dazu: Rohwer, J., Nachschub für Afrika, in: Köhlers Flottenkalender 44/1956, S. 171 ff.; Cunningham, Odyssey, S. 344 ff.; Roskill, War, Vol. I, S. 432.
[54] Playfair, Vol. II, S. 110 ff.; Churchill, Weltkrieg, Bd. III.1, S. 286.
[55] KTB Mar.Verb.St.Italien, 5.5.41, BA-MA, III M 2000/17.

Häfen die benötigten monatlichen Nachschubmengen von 40000 bis 45000 Tonnen für die deutsche Wehrmacht und 70000 bis 100 000 Tonnen für die Italiener bei weitem nicht zu leisten vermochten[56].

Der infolge dieser Entwicklung stockende Nachschub war Rommels Hauptproblem; denn sowohl an der Einschließungsfront um Tobruk als auch an der Linie Sollum–Halfaya standen die »Achsen«-Truppen einem numerisch und materiell überlegenen Gegner gegenüber. Hatten sich Rommels Rufe nach Unterstützung schon parallel zum Verlauf seiner Offensive vermehrt, so forderte er jetzt, Mitte April, angesichts der schwierigen Lage um so dringlicher den »rücksichtslosen Einsatz« der italienischen Seestreitkräfte[57] gegen eine immer häufiger in den Erdkampf eingreifende »Mediterranean Fleet«, die Verstärkung der Kräfte des Fliegerführers Afrika[58] sowie die Entsendung deutscher S- und U-Boote[59]. Darüber hinaus verlangte er, daß die Überführung der Seetransporte nicht nach Tripolis, sondern unmittelbar nach Benghasi zu erfolgen habe, da der Kolonnenraum für den Landweg Tripolis–Tobruk bei weitem nicht ausreichte[60]. Obwohl Rommel sich des beachtlichen Umfanges seiner Forderungen bewußt war, fiel es ihm schwer, die zögernde Haltung der obersten deutschen Führung zu verstehen; denn welchen Grund sollte es aus seiner Perspektive geben, ihm Verstärkungen zu versagen? Auch der siegreich auslaufende Blitzkrieg in Südosteuropa vermochte seinen Optimismus eher zu stärken. Erwartungsvoll schrieb er am 22. April seiner Frau: »Griechenland wird bald erledigt sein. Und dann wird es möglich sein, mir hier mehr Hilfe zu geben. Die Schlacht um Ägypten und den Kanal beginnt nun im Ernst[61].« Den insgesamt defensiv gehaltenen Wortlaut der OKW-Weisung vom 15. April[62] verstand er dann auch mehr als Konzession an die italienischen Bundesgenossen, der bereits am 13. April vorgeschlagen hatte[63], den Vormarsch zu unterbrechen, denn als Einschränkung seiner weiteren Absichten. Dies mochte er aus der in der Weisung genannten Aufgabenstellung geschlossen haben, »durch weitere Vorstöße mit den Aufklärungsverbänden nach Osten die Lage weiter zu klären und den Engländern den planmäßigen Aufbau einer Abwehrstellung zu erschweren«[64]. So verwundert es wenig, wenn Rommel gegenüber Milch am 18. April anhand einer Lagekarte siegesgewiß erklärte: »Sehen Sie, Milch, da ist Tobruk! Das nehme ich! (...) Da ist der Suez-Kanal, nehme ich auch! Und da ist Kairo, nehme ich auch[65]!«

Die Reaktionen auf Rommels Forderungen mußten auf diesen ernüchternd wirken. Den »rücksichtslosen Einsatz« der italienischen Seestreitkräfte verweigerte Supermarina seit der Katastrophe von Matapan[66]. Die Seekriegsleitung lehnte die Entsendung

---

[56] Baum/Weichold, Krieg, S. 132.
[57] v. Rintelen (ohne Nr.), 18.4.41, BA-MA, RL 2 II/38.
[58] Ebd. Am 11.4.41 wurden die Verbände des Fliegerführers Afrika durch die III./StG. 1 verstärkt. Am 19.4.41 trafen die ersten Jagdflugzeuge der I./JG 27 in Nordafrika ein. Zur Luftlage in Nordafrika im März und April 1941 vgl.: Gundelach, Bd. I, S. 130 ff.
[59] Wagner, Lagevorträge, 18.3.41, S. 203.
[60] Zu den Nachschubschwierigkeiten Rommels Mitte März vgl.: v. Taysen, Tobruk 1941, S. 121 f.
[61] Liddell Hart, Rommel Papers, 22.4.41, S. 130.
[62] Chef OKW, Nr. 44357/41, 15.4.41, BA-MA, RH v. 459; vgl. dazu: v. Taysen, Tobruk 1941, S. 118 f.
[63] Dt. General b. H.Qu.d.ital. Wehrmacht, Nr. 669/41, 13.4.41, BA-MA, RH 2 v. 459.
[64] Chef OKW, Nr. 44357/41, 15.4.41, BA-MA, RH 2 v. 459.
[65] Zitiert bei: Irving, Tragödie, S. 182.
[66] Zur Seeschlacht bei Matapan vgl. unten S. 64 f.

deutscher U- und S-Boote ins Mittelmeer strikt ab[67]. Die Überführung der Seetransporte nach den Cyrenaika-Häfen hätte auf Routen erfolgen müssen, die durch die britische Flotte stark gefährdet waren, weshalb selbst der deutsche Admiral in Rom der Forderung Rommels nicht zustimmen konnte. Weicholds Ablehnung endete mit der Feststellung: »Für alle Überlegungen über die Weiterführung der Operation in Nordafrika und über die Versorgung des Afrikakorps muß die Tatsache bestimmend sein, daß das östliche Mittelmeer uneingeschränkt von der englischen Flotte beherrscht wird[68].« Lediglich Milch hatte am 18. April die Verlegung des X. Fliegerkorps ins östliche Mittelmeer und die Verstärkung der Kräfte des Fliegerführers Afrika versprochen[69]. Am 23. April kündigte das OKH wenigstens noch die Entsendung von fünf Infanterie-Bataillonen und zwei schweren Küsten-Artillerie-Abteilungen an[70]. Darüber hinaus wurden zwei Lufttransport-Gruppen abgestellt[71], um damit die Soldaten der 15. Panzer-Division, deren Überführung gerade angelaufen war, auf dem Luftwege nach Nordafrika zu transportieren und damit deren Einsatzbereitschaft zu beschleunigen. Da aufgrund dieser Luftbrücke aber der Luftschirm für die Seegeleite nicht mehr gestellt werden konnte, weigerten sich die Italiener, diese weiter durchzuführen und unterbrachen den gerade angelaufenen Transport der zu dieser Einheit gehörenden Panzer[72].

Trotz all dieser Probleme hielt Rommel, wie er am 21. April dem OKH mitteilte, an seiner Absicht fest, am 30. April/1. Mai 1941 bei defensivem Festhalten der Front Sollum–Sidi Omar erneut zum Sturm auf Tobruk anzutreten[73]. Obwohl gerade erst – am 22. April – die ersten Teile der 15. Panzer-Division im Raum Tobruk eingetroffen waren[74], verlegte er am 25. April den Angriffstermin aus Furcht davor, daß die Briten sich schneller auffrischen und verstärken könnten als er selbst, auf den 29. April vor. Dies mußte jedoch nach der Intervention des Quartiermeisters des Deutschen Afrikakorps aufgrund der angespannten Versorgungslage wieder rückgängig gemacht werden[75].

Besorgt um die Lage, hatte das OKH unterdessen den mit besonderen Vollmachten ausgestatteten Oberquartiermeister I des Heeres, Generalleutnant Paulus, zur Klärung der Situation nach Nordafrika entsandt[76]. Nach langen Auseinandersetzungen erst konnte Rommel Paulus dafür gewinnen, einen erneuten Angriff auf die Festung zu wagen. Schließlich hatte auch dieser erkennen müssen, daß nur durch die Einnahme von Tobruk die kritische Lage der »Achsen«-Kräfte bei Tobruk und Sollum zu beenden war[77]. Die Möglichkeit eines Rückzuges auf die Gazala-Stellung sollte zwar für den Fall eines Scheiterns des Angriffs vorbereitet, aus Prestigegründen aber möglichst vermieden werden[78].

---

[67]   Siehe oben S. 51.
[68]   KTB Skl, 14.4.41, BA-MA, RM 7/23.
[69]   Siehe oben S. 58 f. und unten S. 74.
[70]   KTB Halder, Bd. II, 23.4.41, S. 377.
[71]   v. Taysen, Tobruk 1941, S. 132.
[72]   KTB Mar. Verb.St. Italien, 28.4.41, BA-MA, RM 36/20.
[73]   v. Taysen, Tobruk 1941, S. 124.
[74]   Ebd., S. 114.
[75]   Ebd., S. 135 ff.
[76]   Siehe unten S. 80 f.
[77]   KTB Halder, Bd. II, 28.4.41, S. 384.
[78]   KTB Halder, Bd. II, 24.4.41, S. 378.

Am Mittag des 2. Mai 1941, nachdem ein erneuter Versuch, Tobruk zu nehmen, von den Australiern erfolgreich abgewiesen worden war, kaum Paulus zu der Überzeugung, daß die Kräfte des Korps für die Eroberung der Festung nicht ausreichen würden, und wies Rommel an, den Angriff endgültig abzubrechen und sich mit der Verteidigung der Cyrenaika zu begnügen[79].

Die schweren Verluste der Schlacht um Tobruk und die verstärkten britischen Aktivitäten im zentralen Mittelmeer hatten die Versorgungssituation der »Achsen«-Truppen vor Tobruk und Sollum verschärft. Am 7. Mai 1941 faßte das Deutsche Afrikakorps die Lage dahingehend zusammen: »Weitere Verzögerungen von Seetransporten untragbar. Beschleunigung dringend notwendig. Versorgungslage äußerst gespannt. Truppen weniger als eine Munitionsausstattung. Vorräte in der Cyrenaika nicht nennenswert, in Tripolis zu weit entfernt. (....) Überbrückung des Weges Tripolis-Front mit Kolonnen des Afrikakorps völlig ausgeschlossen[80].«

Die schwierige Lage des D.A.K. schien sich noch durch die zur gleichen Zeit anlaufende Verlegung des X. Fliegerkorps in den griechischen Raum weiter zuzuspitzen. Ab 8. Mai 1941 begann der Abbau der Bodenorganisation[81], so daß seine Tätigkeit ab Mitte des Monats, nachdem das Korps noch einmal – zwischen dem 8. und 10. Mai – mit 84 Flugzeugen relativ erfolglos gegen den britischen »Tiger«-Konvoi, der Malta und Ägypten Nachschub und Verstärkungen zuführen sollte, operiert hatte[82], allmählich erlosch. Am 22. Mai unterrichtete Ritter von Pohl Superaero darüber, daß das X. Fliegerkorps die sizilianischen und süditalienischen Flugfelder geräumt habe[83]. Die nachrückenden italienischen Luftstreitkräfte zeigten sich jedoch schon bald, wie es die Verbindungsstäbe prophezeit hatten, weder vom technischen noch vom Ausbildungsstand her dazu in der Lage, den Aufgaben gerecht zu werden, die ihnen die Luftwaffenführung am 5. Mai so nachdrücklich aufgetragen hatte. Wie erwartet, konnte, da keine Jagdflugzeuge mit genügender Reichweite zur Verfügung standen, der Luftschirm für die Geleite nur in einem eingeschränkten Bereich durchgeführt werden. Auf die Bekämpfung von Malta und von Seezielen mußte, da weder Minen- noch Sturzkampfflugzeuge verfügbar waren, fast gänzlich verzichtet werden[84]. Wenn aber dennoch die Verluste im Geleitverkehr vorerst nicht sonderlich anstiegen, so war dies die Folge der Ereignisse im östlichen Mittelmeer, wo seit dem 20. Mai die Schlacht um Kreta die britischen Kräfte band[85]. Erst als Students Fallschirmjäger die Insel genommen hatten und sich die deutsche Kriegführung schwerpunktmäßig auf den Rußlandfeldzug zu konzen-

---

[79]   Ebd., 1.5.41, S. 389.
[80]   Zitiert bei: Baum/Weichold, Krieg, S. 133 f. Nach dem KTB Skl vom 7.5.41 (BA-MA, RM 7/24) waren bis Ende April 1941 59% der zwischen Italien und Nordafrika eingesetzten deutschen Seetransportmittel ganz oder vorübergehend ausgefallen.
[81]   Vgl.dazu: Gundelach, Luftwaffe, Bd. I, S. 231 f.
[82]   Playfair, Mediterranean, Vol. II, S. 114 ff.; »Tätigkeit des X. deutschen Fliegerkorps in Italien 10. Januar - 22. Mai 1941«, BA-MA, RL 7/689.
[83]   Italuft Ia, Nr. 1586/41, 22.5.41, BA-MA, RL 2 II/38.
[84]   Der Kommandierende General, Nr. 28/41, 22.5.41, BA-MA, RL 2 II/38.
[85]   Zum Themenkreis »Kreta« seien hier aus der Fülle der Darstellungen nur die wichtigsten genannt: Gundelach, K., Der Kampf um Kreta 1941, in: Entscheidungsschlachten des 2. Weltkrieges, hrsg. von H.-A. Jacobsen und J. Rohwer, Frankfurt a.M. 1960, S. 95 ff.; Kurowski, F., Der Kampf um Kreta, Herford/ Bonn 1965; Mühleisen, H.-O., Kreta 1941. Das Unternehmen »Merkur« 20.5.-1.6.1941, Freiburg i.Brg. 1968; Forbes, D.L., The Battle of Crete from the German View: Pyrrhic Victory or Unexploited Success?, Phil.Diss., Mississippi State University 1975; Student, Erinnerungen, S. 195 ff.; Gundelach, Luftwaffe, Bd. I, S. 198 ff.; aus vorwiegend britischer Sicht: Playfair, Mediterranean, Vol.II, S. 121 ff.

trieren begann – außer dem Deutschen Afrikakorps verblieben nur das X. Fliegerkorps und schwache Marineeinheiten (Admiral Südost) im Mittelmeer, während die Briten ihre dortigen Positionen weiter ausbauten[86] – sollten die Konsequenzen der Verlegung des X. Fliegerkorps zum Kollaps des Seenachschubverkehrs der »Achse« führen; denn die Erwartungen, den Nachschub über eine neue, östliche Route außerhalb der Reichweite Maltas direkt nach den Cyrenaika-Häfen überführen zu können, erfüllten sich nicht.

Vorerst, da der Nachschub zwar unzureichend, aber immerhin noch floß, gelang es dem geschickt taktierenden Rommel während der Monate Mai und Juni 1941, die Position der »Achse« – besonders der erfolgreiche Ausgang der beiden Sollum-Schlachten trug dazu bei[87] – zu festigen. Andererseits aber zeigte die Lageentwicklung in Nordafrika deutlich, daß die dortige Kriegführung an den Grenzen ihrer Leistungsfähigkeit angelangt war. Spätestens im Mai 1941 dürfte auch Rommel von dem kurz bevorstehenden Rußlandfeldzug erfahren haben[88], was ihm über die vorangegangene Zurückhaltung der deutschen Führung gegenüber seinen Plänen die Augen öffnete und ihn erkennen ließ, daß der nordafrikanische Kriegsschauplatz in Hitlers Kriegsplanung –zumindest bis zum Abschluß der Ostoperation – ein »Kriegstheater zweiter Klasse« war.

2. Die Rückwendung der Seekriegsleitung zur Mittelmeerstrategie vom Herbst 1940

War der Seekriegsleitung der von ihrem Chef der Operationsabteilung, Vizeadmiral Kurt Fricke, am 8./9. Januar 1941 bei Hitler geforderte Führungsanspruch im gesamten Mittelmeerraum wegen dessen Rücksichtnahme auf den italienischen Bundesgenossen versagt geblieben, so scheiterte mit der Katastrophe der italienischen Flotte bei Kap Matapan auch der von Großadmiral Raeder in Meran unternommene Versuch, Supermarina zu einer aktiven Seekriegführung zu bewegen[89]. Die Tatsache, daß dieser offensive, auf deutschen Druck zustandegekommene[90] Einsatz der italienischen Flotte auf

---

[86] Am 21. Mai 1941 hatten die Briten von den Flugzeugträgern »Furious« und »Ark Royal« 48 Jagdflugzeuge nach Malta gestartet. Am 22. und 24.4.1941 torpedierten britische Unterseeboote im zentralen Mittelmeer zwei italienische Frachter mit zusammen 9700 BRT. Ebenfalls am 24.4.1941 ging der 17 879-BRT-Truppentransporter mit 800 der 2500 eingeschifften italienischen Soldaten verloren. Vgl. zu Aktivitäten der Briten im zentralen Mittelmeer: Roskill, War, Vol. I, S. 57 ff.

[87] Zu den Sollum-Schlachten vgl.: Rommel,Krieg, S. 50 ff.; v. Taysen, Tobruk 1941, S. 155 f.

[88] Noch am 22. April glaubte Rommel, daß nach Abschluß des Balkanfeldzuges, von welchem er genauso wenig im voraus gewußt hatte (Rommel, Krieg, S. 35) wie von »Barbarossa«, der Kampf um Ägypten beginnen würde. Siehe oben S. 61.

[89] Zur Seeschlacht bei Kap Matapan vgl.: Baum/Weichold, Krieg, S. 118 ff.; Salewski, Seekriegsleitung, Bd. I, S. 327 ff.; Azioni navali, Tomo 1, S. 398 ff.; Iachino, A., Gaudo e Matapan. Storia di un' operazione della guerra navale nel Mediterraneo (27-28-29 marzo 1941), Milano 1946; Bernotti, R., Storia della guerra nel Mediterraneo (1940-1943), Rom 1960, S. 143 ff.; Schreiber, G., Die Seeschlacht von Matapan. Im März 1941 südlich von Kreta, in: MF 50/1975, S. 332 f.

[90] KTB Skl, 19.3.41, BA-MA, RM 7/23. Am 16. März hatte das X. Fliegerkorps irrtümlich gemeldet, daß deutsche Torpedoflugzeuge westlich von Kreta zwei britische Schlachtschiffe getroffen hätten, was die deutsche Skl ihrerseits zum Anlaß nahm, auf die, aufgrund des Kräfteverhältnisses auf See, günstige Lage zum Angriff gegen den britischen Seeverkehr im östlichen Mittelmeer hinzuweisen.

tragische Weise mit dem Verlust von drei 10000-Tonnen-Kreuzern und zwei Zerstörern geendet hatte, sah Supermarina geradezu als Rechtfertigung für ihre lediglich defensiven Einsatzvorstellungen an. Außerdem wurde »Matapan« zu einem so schweren Belastungsfaktor im Verhältnis der Marineleitungen[91], daß sich die deutsche Seekriegsleitung in der Folgezeit gänzlich aus der Operationsplanung des Bundesgenossen heraushielt[92].

Dennoch glaubte man am Tirpitzufer, im Zuge des sich anbahnenden Balkanfeldzuges im östlichen Mittelmeer die Führung beanspruchen zu können und durch eine Aktivierung des dortigen Kampfes gegen die britische Suez-Schlüsselposition den strategischen Wechselmechanismus zwischen Atlantik- und Mittelmeer-Kriegführung aufrechtzuerhalten. Durch den Aufbau einer Marineorganisation unter der Befehlsgewalt eines »Admiral Balkan« und später eines »Marinebefehlshabers Griechenland« hatte sich die Seekriegsleitung schon seit Ende 1940 die Einflußnahme im Bereich des östlichen Mittelmeeres gesichert[93]. Während die Aufgaben der im Balkanraum eingesetzten Marineorganisation – ganz im Sinne Hitlers – zunächst unter defensivem Aspekt, nämlich »der Sicherung des Balkanraumes nach See hin gegen feindliche Landungsversuche«[94] gestanden hatten und damit im Hinblick auf »Barbarossa« den Schutz der tiefen Südostflanke gewährleisten sollten, so hatte, je näher der Balkanfeldzug gerückt war und sich die Lage auf dem nordafrikanischen Kriegsschauplatz stabilisiert hatte, die noch im Februar 1941 vage für die Zukunft in Aussicht gestellte Einnahme der ägäischen Inseln und Kretas, als Ausgangsbasis für eine Kriegführung gegen die britische Ostmittelmeer-Position, zunehmend an Aktualität gewonnen.

Noch Ende Januar 1941 glaubte Raeder auf die Einräumung griechischer Stützpunkte verzichten zu können[95]; eine Meinungsänderung ließ jedoch nicht lange auf sich warten. Am 6. März 1941 forderte er die Regelung der Besitzverhältnisse im Bereich des griechischen Raumes nach der Durchführung des Unternehmens »Marita«[96]. Selbst für den Fall, daß »Marita« wider Erwarten ausfallen sollte, drängte die Seekriegsleitung auf die Einrichtung deutscher Marinestützpunkte auf dem Peloponnes und den ägäischen Inseln[97]. Aufgrund des dann zu erwartenden Widerstandes der sich nicht im Kriegszustand mit dem Reich befindlichen griechischen Regierung gegenüber derartigen Forderungen sah die Seekriegsleitung in der Durchführung des Balkanfeldzuges einschließlich der Besetzung Gesamtgriechenlands die beste Möglichkeit, ihre Wünsche zu verwirklichen[98].

Am 15. April 1941 – das siegreiche Ende des Balkanfeldzuges zeichnete sich bereits ab – traf Weichold im Auftrag der Seekriegsleitung mit dem Unterstaatssekretär und Admiralstabschef der italienischen Marine, Admiral Riccardi, zusammen und setzte durch, daß der deutschen Wehrmacht »die Verantwortung und somit die Führung der örtlichen Operationen in der Ägäis überlassen«[99] werde. Das Ziel der Seekriegsleitung,

[91] Baum/Weichold, Krieg, S. 124; Salewski, Seekriegsleitung, Bd. I, S. 328.
[92] KTB Skl, 29.3.41, BA-MA, RM 7/23.
[93] Zur steigenden Einflußnahme der Seekriegsleitung im Ostmittelmeerraum: Salewski, Seekriegsleitung, Bd. I, S. 332 f. sowie Schreiber, Revisionismus, S. 310 f.
[94] 1. Skl I op, Nr. 218/41, 26.2.41, BA-MA, PG 32549.
[95] KTB Skl, 25.1.41, BA-MA, RM 7/20.
[96] 1. Skl I op, Nr. 10/41, 6.3.41, BA-MA, PG 32455.
[97] Anlage zu OKM I op, Nr. 302/41, 12.3.41, BA-MA, PG 32549.
[98] Wagner, Lagevorträge, 18.3.41, S. 205.
[99] »Vereinbarung v. 15.4.41« (ansonsten keine Angaben), BA-MA, RM 7/235.

die Führung über die in der Ägäis eingesetzten italienischen Seestreitkräfte zu erlangen, ohne selbst einen nennenswerten Kräfteeinsatz betreiben zu müssen, wurde damit erreicht. Der alleinige Führungsanspruch der italienischen Marineleitung für das gesamte Mittelmeer war erstmals durchbrochen worden.

Die Eroberung der Insel Kreta, die mit dem ausgehenden Balkanfeldzug von der Luftwaffe erneut ins Gespräch gebracht worden war, hätte den von der Seekriegsleitung seit Februar wieder vage angestrebten und parallel zum Balkanfeldzug dann tatsächlich eingeleiteten Aufbau einer strategischen Ausgangsstellung Griechenland–Kreta–Rhodos gegen die britische Ostmittelmeer-Position abgeschlossen. Hatte sich Raeder noch am 18. April 1941 bei Hitler nachdrücklich für eine Eroberung der Insel Malta eingesetzt, denn »in englischem Besitz bedeutet dieser Stützpunkt eine ständige Bedrohung unserer nach Afrika laufenden Verbindungen«[100], so trat jetzt im April die Forderung des Ob.d.M. in den Schatten der sich durch den Besitz Kretas bietenden Perspektiven. Angesichts der Unmöglichkeit, noch vor »Barbarossa« zwei Operationen durchzuführen, gab die Skl einer Eroberung Kretas den Vorzug.

Um der eigenen, noch im März 1941 bei Hitler vertretenen und vom OKH inzwischen wiederbelebten Forderung nach einer Eroberung der Insel Malta entgegenzuwirken, beurteilte die Seekriegsleitung nunmehr die Erfolgsaussichten einer solchen Operation, deren maritimer Teil von den italienischen Seestreitkräften geleistet werden müßte, äußerst skeptisch. In Vizeadmiral Frickes als Antwort auf die vom OKH vorgelegte Operationsstudie »Malta« verfaßten Stellungnahme[101], die sich auf den Seetransportteil und auf die Beurteilung des Einflusses feindlicher Seestreitkräfte bezog, äußerte dieser, daß durch den Einsatz starker deutscher Luftstreitkräfte, durch das Aufstellen von italienischen U-Boot-Linien beiderseits des Operationsraumes und durch kräftige Diversions-Unternehmen der deutschen Flotte im Atlantik zwar die »absolute« Seeherrschaft im Gebiet östlich und westlich der Seeverbindung zwischen Sizilien, Süditalien und Malta, als Voraussetzung für das Gelingen von Truppenanlandungen auf Malta, geschaffen werden könne; daß aber ein Durchbruch britischer von Alexandria oder Gibraltar ins zentrale Mittelmeer herangeeilter Flottenverbände nicht ausgeschlossen werden könne. Da es nach den »bisherigen Erfahrungen nicht in Rechnung zu stellen (sei), daß die italienische Flotte die Truppenüberführungen auf dem Seewege gewissermaßen gewaltsam gegen feindliche Seestreitkräfte durchzusetzen«[102] vermöge, mußte, ohne daß Fricke dies hier ausdrücklich erwähnte, die Katastrophe vorprogrammiert sein. Auch die geringe Seetüchtigkeit der italienischen Schnellboote, die mangelnde Beherrschung der U-Boot-Taktik und die Auffassung, daß »nach allen bisherigen Erfahrungen (...) mit der Geheimhaltung operativer Absichten im italienischen Raum nicht gerechnet werden«[103] konnte, ließen Fricke dafür plädieren, das von der Seekriegsleitung selbst bislang ständig geforderte Unternehmen zu verschieben; »denn es wird abzuwarten sein, wie sich die Gewinnung des griechischen Raumes, vielleicht auch Kretas und die Bedrohung Ägyptens auf die feindliche Position im östlichen Mittel-

---

[100]   Wagner, Lagevorträge, 18.3.41, S. 205.
[101]   1. Skl I op, Nr. 510/41, 22.4.41, BA-MA, RM 7/945; KTB Skl, 23.4.41, BA-MA, RM 7/23. Entgegen Salewski, der hierzu lediglich konstatiert, daß Frickes Stellungnahme zur OKH-Studie Malta »keine Ermunterung (war), das Unternehmen gegen die Insel zu wagen«. Salewski, Seekriegsleitung, Bd. I, S. 330 f., hier S. 331; siehe unten S. 72 und 75.
[102]   1. Skl I op, Nr. 510/41, 22.4.41, BA-MA, RM 7/945.
[103]   Ebd.

meer auswirkt«[104]. Frickes Stellungnahme schloß mit den vielsagenden Worten, »je nachdem, ob hierdurch eine Verstärkung der feindlichen seeoperativen Tätigkeit im östlichen Mittelmeer oder eine Zurückziehung der Ostmittelmeerflotte nach Suez oder ins Rote Meer erfolgt, werden auch die Aussichten für eine Unternehmung gegen Malta günstiger oder ungünstiger werden«[105].

Die Hoffnung der Seekriegsleitung, »daß der Zusammenbruch Großbritanniens noch in diesem Jahr bei anhaltenden deutschen Erfolgen nicht mehr völlig außerhalb der Möglichkeiten liege«[106], mußte mit dem Untergang der »Bismarck« (27.5.1941), mit dem die erfolgreichste Zeit der deutschen Schlachtschiffe im Atlantik und schwerer Kreuzer und Hilfskreuzer auf den Weltmeeren ihr Ende gefunden hatte, aufgegeben werden[107]. Einzig verbliebener Ansatzpunkt einer erfolgversprechenden Kriegführung gegen Großbritannien war seit dem Beginn des Balkanfeldzuges und der gerade siegreich endenden Schlacht um Kreta das östliche Mittelmeer, auf das sich nun das Interesse der Skl infolge der »angeschlagenen« Atlantik-Kriegführung wie schon im Herbst 1940 konzentrierte.

Korvettenkapitän Assmann, der I b der 1. Skl, wollte in seiner »Betrachtung über die strategische Lage im östlichen Mittelmeer nach Balkanfeldzug und Kretabesetzung und die weitere Kampfführung«[108] den Kampf gegen die britische Ost-Mittelmeer-Position bereits zeitlich parallel zum Rußlandfeldzug fortgesetzt wissen. Zwar gestand er ein, daß »das Unternehmen ›Barbarossa‹ (...) an Hand seiner Größe, seiner Zielsetzung naturgemäß im Vordergrund der operativen Pläne der Wehrmachtführung steht«[109], schränkte dann allerdings sogleich ein, daß dies »nach den großen strategischen Erfolgen im Südostraum auf keinen Fall zu einer Aufgabe, Verminderung oder Verzögerung der Kampfführung im östlichen Mittelmeerraum führen«[110] dürfe. Im Gegenteil, der »Endkampf« von den eben bezogenen griechisch-ägäischen Ausgangsstellungen« und der von Rommel erkämpften Sollum-Position aus gegen die britische Schlüsselstellung an der süd-östlichen Peripherie Europas sollte »mit starken energischen Schlägen« fortgesetzt, ja sogar gesteigert werden.

Da aber das Schwergewicht der eigenen Seekriegführung weiterhin auf dem Zufuhrkrieg im Atlantik liegen sollte und sich – gemäß der maritimen Strategie – atlantische und mediterrane Seekriegführung wechselseitig ergänzen sollten, war die Offensive im

---

[104] Ebd.
[105] Ebd.
[106] KTB Skl, 24.4.41, BA-MA, RM 7/23.
[107] Zum Höhepunkt und Ende der Überwasserkriegführung auf dem Atlantik vgl.: Salewski, Seekriegsleitung, Bd. I, S. 375 ff.
[108] Wagner, Lagevorträge, 6.6.41, S. 258 ff. Vgl. dazu auch KTB Skl, 12.6.41, BA-MA, RM 7/25. Hansfrieder Rost, der I op a der Skl forderte darüber hinaus, schon vor Abschluß des Ostfeldzuges Gibraltar zu erobern. »Gedanken zur politischen und seestrategischen Lage im Mittelmeerraum und ihre Ausstrahlungen«, 9.6.41, BA-MA, RM 7/234. Nachdem Raeder schon am 22.5.41 (Wagner, Lagevorträge, 22.5.41, S. 230) gegenüber Hitler erklärt hatte, daß »bis zum Abschluß der Gesamtoperation Mittelmeerraum«, d.h. bis zur Ausschaltung englischer Kampfführung im östlichen Mittelmeerraum, einschließlich Alexandrien, Suez, Saloniki, Lemnos, Piräus, Melos und Kreta, »als strategische Ausgangsbasis (...) in deutscher Hand bleiben müssen«, hatte die Skl bereits am 24.5.41 dem Admiral »Südost« ihr »Mittelmeerkonzept« ausführlich dargelegt. Vgl.: 1. Skl Im, I op, Nr. 692/41, 24.5.41, BA-MA, RM 7/234. Im großen vgl. hierzu: Salewski, Seekriegsleitung, Bd. II, S. 331 ff.
[109] Wagner, Lagevorträge, 6.6.41, S. 260.
[110] Ebd.

Mittelmeerraum, abgesehen vom Deutschen Afrikakorps und dem X. Fliegerkorps, wenigstens für die Zeit des Rußlandfeldzuges eine Angelegenheit der italienischen Wehrmacht. Da jedoch diese »nach Führung, Ausbildung und militärischer Leistungsfähigkeit auf keinem Gebiet in der Lage ist, die erforderlichen Operationen mit der nötigen Zähigkeit, Schnelligkeit und Durchschlagskraft zum Erfolg zu führen«, wie Assmann anhand der bisherigen Erfahrungen feststellen zu können glaubte, sollte die offensive Kampfführung »unter deutscher Planung, deutscher Organisation und straffer deutscher Führung oder starker führungsmäßiger deutscher Einflußnahme«[111] gewährleistet werden. Als operative Notwendigkeit nannte der Ib der Seekriegsleitung in seiner Denkschrift die planmäßige Kampfführung der, auf die neugewonnenen ostmediterranen Basen gestützten deutsch-italienischen Luftstreitkräfte gegen die britische Flotte, besonders gegen die Großkampfschiffe und Flugzeugträger sowie deren Stützpunkte. Die vom Atlantik in das Mittelmeer zurückzuverlegenden italienischen Unterseeboote[112] sollten die feindlichen Nachschublinien zwischen Suez–Alexandria–Tobruk unterbrechen, und die Überwasser-Seestreitkräfte des Bundesgenossen sollten »zur laufenden Beunruhigung des Gegners beitragen«.

Im Gegensatz zu den nicht ausformulierten strategischen Vorstellungen der Seekriegsleitung vom April 1941, denen zufolge im Zuge des allgemeinen Vorwärtsdrängens auf dem Balkan und in Nordafrika und den damit verknüpften, allzu weitgesteckten Erwartungen Malta zurückgetreten war, wurde jetzt die Eroberung der Insel, nicht zuletzt aufgrund ihrer ständig steigenden Offensivfunktion, zum festen Bestandteil der Mittelmeer-Konzeption. Vom Besitz Maltas versprach sich Assmann, die Operationsmöglichkeiten der britischen See- und Luftstreitkräfte im Mittelmeerraum entscheidend einzuengen, die Voraussetzung für eine Sperrung der Sizilien-Straße zu schaffen und gleichzeitig den Nachschubweg nach Nordafrika zu sichern, um so eine Ausgangsbasis für eine »baldige Ausschaltung Tobruks«, vielleicht auch Marsa Matruhs – einem weiteren Punkt in Assmanns Liste der operativen Notwendigkeiten – aufzubauen.

Assmanns Denkschrift wurde in ihrer strategischen Zielsetzung vom Ob.d.M. voll gebilligt. Ob er allerdings auch die geradezu phantastisch anmutenden Vorstellungen des Ib der Operationsabteilung von einer bereits zeitlich parallel zu »Barbarossa« anlaufenden italienischen Offensiv-Kriegführung unter deutschem Kommando teilte, scheint mehr als fraglich zu sein. Raeder dürfte vielmehr weiterhin einer nüchternen Einschätzung folgend seine Erwartungen auf die Nach-»Barbarossa«-Zeit gesetzt haben[113]. Dann galt es allerdings so schnell wie möglich, noch bevor die USA durch ihr aktives Eingreifen in den Krieg die britische Gesamt-Position stützten, den entscheidenden Schlag gegen die britische Ostmittelmeer-Stellung zu führen.

Als Raeder am 6. Juni 1941 Hitler die strategische Zielsetzung der Seekriegsleitung darlegte, billigte sie dieser im wesentlichen, denn sie entsprach durchaus seinen Vorstellun-

---

[111] Ebd.
[112] Zur Rückverlegung der italienischen Atlantik-U-Boote ins Mittelmeer vgl. Salewski, Seekriegsleitung, Bd. I, S. 325 f.
[113] Salewski sieht in Assmanns Denkschrift und im Lagevortrag Raeders vom 6.6.41 den letzten Versuch der deutschen Seekriegsleitung, Hitler eine Alternative zu »Barbarossa« aufzuzeigen (Salewski, Seekriegsleitung, Bd. I, S. 337 f.). Er will sogar Passagen der Denkschrift als »Warnung« an Hitler verstanden wissen. Näher liegen dürfte dagegen, daß Raeder und die Skl, die sich längst der Entscheidung Hitlers für den Ostfeldzug gefügt hatten, den Faktor Rußland in ihrem strategischen Kalkül aufgrund des auch von ihnen erwarteten »Blitzsieges« nicht das Gewicht einräumten, wie dies Salewski herausstellt.

gen von einer Fortsetzung des Krieges nach dem Abschluß des Ostfeldzuges[114]. Auf die Forderung des Ob.d.M., eine direkte Einflußnahme auf die italienische Führung verstärkt auszuüben, reagierte Hitler allerdings ablehnend. Er billigte dem Ob.d.M. lediglich zu, sich seinerseits mit entsprechenden Anregungen an den italienischen Admiralstab zu wenden[115].

Nach dreimonatiger Zurückhaltung folgte dann schließlich am 14. Juni 1941 ein neuerlicher Versuch der deutschen Seekriegsleitung, den Bundesgenossen Italien zu einer offensiven Seekriegführung im Sinne der wieder aufgegriffenen Mittelmeerkonzeption zu bewegen. Raeder wandte sich in einem persönlichen Schreiben an Riccardi, den Unterstaatssekretär und Admiralstabschef der italienischen Seestreitkräfte[116]. Ein für den Bundesgenossen umgearbeitetes Exemplar der Denkschrift Assmanns wurde dem Schreiben Raeders beigelegt[117]. Darin wurde, neben den strategischen Möglichkeiten und den operativen Erfordernissen, wie sie bereits in der ursprünglichen Form der Denkschrift aufgeführt worden waren, ausdrücklich auf die Bedeutung Maltas, dessen Offensivkraft von Tag zu Tag zunahm, hingewiesen: »Die Möglichkeit, daß leichte englische Streitkräfte von Osten in das Gebiet des Ionischen Meeres vorstoßen mit dem Ziel, die Verbindungswege Italien–Libyen zu stören, ist weiterhin gegeben. Diese Vorstöße werden jedoch nur solange für den Gegner durchführbar sein, wie er die freie Verfügung über den Stützpunkt Malta besitzt. Malta gewinnt für die Engländer nach den Ereignissen des Balkanfeldzuges nunmehr eine erhöhte Bedeutung. Es ist der westliche Eckpfeiler der britischen Position im Ostmittelmeer und bildet die notwendige Voraussetzung für jede aktive kriegerische Betätigung der Engländer im mittleren Mittelmeer und vor allem für eine wirksame Angriffstätigkeit mit Zerstörern, U-Booten und Flugzeugen gegen die für die italienisch-deutsche Kriegführung in Nordafrika lebenswichtige Nachschubverbindung nach Libyen/Tripolis. Mit diesem wichtigen Stützpunkt Malta haben die Engländer die Möglichkeit, immer wieder neue Luftstreitkräfte nicht nur der Luftbasis auf der Insel selbst, sondern auch der in der Cyrenaika kämpfenden britischen Truppe und den Luftstützpunkten im östlichen Mittelmeer zuzuführen und den leichten Seestreitkräften und U-Booten Unterschlupf und Versorgung zu sichern. Der Bekämpfung Maltas kommt daher bei der weiteren Kampfführung um die endgültige Beherrschung des östlichen Mittelmeeres eine ausschlaggebende Bedeutung zu[118].«

Am 25. Juni 1941 sondierte Kapitän zur See Werner Löwisch, der Marineattaché der deutschen Botschaft in Rom, erstmals die Reaktion von Supermarina auf die Vorschläge der Seekriegsleitung vom 14.Juni 1941[119]. Riccardi stimmte ihnen weder zu noch lehnte er sie ab, so daß Löwisch nichts Konkretes nach Berlin vermelden konnte. Erst am 19. Juli 1941, nachdem die Skl aufgrund der Lageentwicklung an der südlichen Peripherie schon wieder von der Mittelmeerstrategie à la Herbst 1940 abgerückt war, erfolgte die offizielle Antwort von Supermarina auf die Vorschläge der Seekriegslei-

---

[114] Siehe unten S. 84 ff.
[115] Wagner, Lagevorträge, 6.6.41, S. 240.
[116] OKM, 1. Skl Im, Nr. 986/41, 14.6.41, BA-MA, RM 7/234.
[117] »Betrachtung über die strategische Lage im östlichen Mittelmeer nach Besetzung Griechenlands und Kretas«, BA-MA, RM 7/234.
[118] Ebd.
[119] Mar.Att.Rom, Nr. 1058/41, 25.6.41, BA-MA, RM 7/233.

tung vom 14. Juni[120]. In der in Form einer Denkschrift erstellten, die allerletzten innerhalb der Skl gehegten Hoffnungen auf eine offensive italienische Kriegführung endgültig vereitelnden[121] Antwort berief sich Supermarina ganz auf ihre strategisch defensive Aufgabenstellung. »Im Mittelmeer müssen wir die lebenswichtigen Seeverbindungen aufrechterhalten, während England den sicheren Weg durch das Rote Meer zur Verfügung hat; im Atlantik ist es dagegen England, das auf den Seeverkehr nicht verzichten kann«[122], hieß es in der italienischen Lagebetrachtung. Aus dieser Feststellung folgerte Supermarina weiter, daß die italienischen Seestreitkräfte zur Geleitsicherung im mittleren Mittelmeer bereitgehalten werden müßten. Zusätzlich wurde die italienische Absage gegenüber der vom Bundesgenossen vorgeschlagenen Offensiv-Konzeption mit dem Mangel an Heizöl, der den offensiven Einsatz der Überwasser-Seestreitkräfte schon alleine verbiete und mit den ungünstigen Einsatzbedingungen von U-Booten im Mittelmeer begründet. Lediglich die italienische Luftwaffe sollte offensive Aufgaben übernehmen.

Was Malta anging, kam Supermarina zu dem Ergebnis, daß »dieser Angriff mit den zur Zeit zur Verfügung stehenden See- und Luftstreitkräften nicht versucht werden«[123] könne. Als Vorbereitungszeit für eine Operation zur Eroberung der Insel wurde von Supermarina ein ganzes Jahr vorveranschlagt. Eventuell nachgeschobenen Forderungen der Seekriegsleitung nach einer Eroberung Maltas mit deutscher Unterstützung trat man von vornherein mit dem Argument entgegen, daß selbst bei einer Beteiligung der deutschen Marine sowie einer großzügigen Unterstützung durch deutsche Luftstreitkräfte »das Gelingen des Unternehmens nicht sicher«[124] sei. Man müsse sich deshalb mit einer Neutralisierung der Insel durch die italienische Luftwaffe zufriedengeben, fügte jedoch gleich ergänzend hinzu, daß »die italienische Luftwaffe durchaus nicht in der Lage (sei), den Luftraum über Malta zu beherrschen«[125]. Um auch dies zu rechtfertigen, wurde abschließend noch ausdrücklich erwähnt, daß »selbst das X. Fliegerkorps (...) keine entscheidenden Ergebnisse erzielt«[126] habe.

3. Die Sicherung der Südostflanke Europas und die Schaffung einer strategischen Ausgangsposition für die Nach-»Barbarossa«-Kriegführung als Ziel der kontinental-orientierten deutschen Führung

Schon Ende Februar 1941 sah Hitler »die Krisen des vergangenen Winters wohl als überstanden« an[127], beurteilte aber die Lage auf dem nordafrikanischen Kriegsschauplatz, die er mit großem Interesse verfolgte, noch während weiterer vierzehn Tage als

---

[120] Skl I op, Nr. 1356/41 (ohne Datum), »Supermarina, strategische Lage und Operationsmöglichkeiten im Mittelmeer«, BA-MA, RM 7/233.
[121] Salewski, Seekriegsleitung, Bd. I, S. 341.
[122] Skl I op, Nr. 1356/41 (ohne Datum), »Supermarina, strategische Lage und Operationsmöglichkeiten im Mittelmeer«, BA-MA, RM 7/233.
[123] Ebd.
[124] Ebd.
[125] Ebd.
[126] Ebd.
[127] ADAP D XII.1, Dok.110, 28.2.41, S. 162.

kritisch. Gleichwohl trug er sich jedoch schon mit über die taktisch-offensive Verteidigung des Brückenkopfes, zu dem Tripolitanien unter dem britischen Ansturm zusammengeschrumpft war, hinausgehenden weiterreichenden strategischen Vorstellungen zu einer Eroberung Ägyptens, wie er sie schon einmal, im Herbst 1940, mit Grazianis Offensive verbunden hatte[128] und fügte sie in die Reihe der für nach »Barbarossa« vorgesehenen Operationen ein, die Hitlers Auffassung zufolge ab Herbst 1941 zur Durchführung gelangen sollten.

Der Schwerpunkt dieser Nach-»Barbarossa«-Planung lag neben der Sicherung des Mittelmeerraumes eindeutig auf dem Ausbau einer »europäisch-westafrikanischen Grundstellung« mit dem Ziel, »die tiefe Südwestflanke des europäischen Kampfraumes einschließlich der atlantischen Küsten, Nord- und Westafrikas gegen einen angelsächsischen Zugriff zu schützen«[129] und gleichzeitig damit die strategische Ausgangsstellung für den weiteren Kampf gegen die angelsächsischen Seemächte, die USA und Großbritannien, zu schaffen, sofern der Sieg über die Sowjetunion nicht Großbritannien zum »Einlenken« und somit zum politischen »Ausgleich« mit Deutschland bringen würde. Im einzelnen entsprachen die zu diesem Zweck beabsichtigten Vorhaben jenen, bereits im Herbst/Winter 1940/41 inaugurierten, jedoch zu diesem Zeitpunkt nicht zur Verwirklichung gelangten Operationen[130]. Sowohl Francos Zustimmung zum Unternehmen »Felix« und zu der parallel dazu vorgesehenen Überführung deutscher Truppen nach Spanisch-Marokko als auch das Einverständnis Vichy-Frankreichs zur Nutzung seiner west- und nordafrikanischen Stützpunkte durch deutsche Luft- und Seestreitkräfte glaubten Hitler und seine Generäle nach dem Sieg über die Sowjetunion aufgrund der dann unantastbaren Vormachtstellung Deutschlands in Europa zu erhalten. Schon Ende Februar 1941 hatte Hitler das OKH beauftragt, Überlegungen für die Nach-»Barbarossa«-Kriegführung anzustellen[131]. Hierbei ergänzten die Vorstellungen der Operationsabteilung/OKH und diejenigen des Generalstabchefs des Heeres, Generaloberst Franz Halder, die er beim Eintreffen der ersten Nachrichten vom italienischen Überfall auf Griechenland am 28. Oktober 1940 umrissen hatte[132], Hitlers Absichten bezüglich einer Offensive gegen Ägypten dahingehend, daß in einer konzentrischen Zangenoperation sowohl von Libyen aus als auch über Bulgarien, die Türkei, Syrien und Transjordanien gegen die britische Schlüsselstellung am Südostrand des

---

[128] Am 5.9.1940 hatte Jodl im Auftrage Hitlers dem italienischen Militärattaché in Berlin, General Marras, angeboten, ein deutsches Panzerkorps nach Libyen zu überführen, um gemeinsam mit den Italienern die britische Ägyptenposition zu zerschlagen. Der Bericht des zur Vororientierung nach Libyen entsandten Generals Ritter von Thoma vom 3.11.1940 vermittelte dann derart negative Eindrücke von der dortigen italienischen Kriegführung, daß Hitler den Gedanken eines deutschen Vorstoßes zum Suez-Kanal im Rahmen der »Peripherie«-Konzeption alsbald wieder zurückstellte, zumal auch die politischen Voraussetzungen für eine Schwerpunktverlagerung des Krieges in den Mittelmeerraum nicht geschaffen werden konnten. Vgl. dazu: Hillgruber, Strategie, S. 278 ff.

[129] Hier im Wortlaut des Entwurfes zur »Führerweisung« Nr. 32, Hitlers Weisungen, S. 129 ff.

[130] Vgl. dazu: Hillgruber, Strategie, S. 377 ff.

[131] Hierbei wurden Operationen gegen Afghanistan (vgl. dazu: Hillgruber, Strategie, S. 384 ff.), Gibraltar, Malta und gegen die britische Nahost-Stellung »studienmäßig« bearbeitet. Vgl. dazu: KTB Halder, Bd. II, 17.2.41, S. 282 f. sowie 25.2.41, S. 292, außerdem KTB OKW, Bd. I, S. 136, Anm. 2.

[132] »Wenn etwas Ganzes geschaffen werden soll«, hatte Halder am 26.10.40 gegenüber Brauchitsch erklärt, »muß Kreta und Ägypten gleichzeitig gemacht werden, dazu (sollte man), wenn möglich, Bulgarien und die Türkei, letztere nötigenfalls mit Gewalt, zur Freigabe des Weges nach Syrien über den Bosporus veranlassen«. KTB Halder, Bd. II, 26.10.40, S. 151.

Mittelmeeres vorgegangen werden sollte. Die Offensive aus Bulgarien, der Türkei und Transjordanien sollte – dies geht aus der Tagebucheintragung Halders vom 7. April 1941 unter den Überschriften »Organisatorische Forderungen« und »Bedarfsberechnungen« hervor – mit zwölf Divisionen und diejenige aus Libyen mit acht Divisionen durchgeführt werden[133]. Um die umfangreichen Verstärkungen und Nachschublieferungen der für Herbst 1941 – nach Abschluß des Ostfeldzuges – geplanten »großräumigen Operation« möglichst rasch und verlustfrei nach Nordafrika überführen zu können, wurden bereits im März 1941, als die von Malta ausgehende Bedrohung des Nordafrika-Geleitverkehrs sich abzuzeichnen begann, erste Überlegungen zur Lösung dieses Problems angestellt[134]. Noch im gleichen Monat fertigte die Operationsabteilung des OKH eine Studie mit dem Titel »Malta« an, mit der ein erster detaillierter Operationsplan zur Eroberung der Insel geschaffen wurde[135].

Vor »Barbarossa« sollten der Auffassung der deutschen Führung zufolge lediglich die nordafrikanischen Positionen gehalten werden[136]. Hitler neigte jedoch unter dem Eindruck der ersten Erfolge Rommels dazu, dessen Vorwärtsdrängen schon vor Beginn des Rußlandfeldzuges stattzugeben. Im OKH hielt man sich dieser Neigung Hitlers gegenüber zurück. So notierte Halder bereits am 28. Februar im Anschluß an einen Gedankenaustausch mit dem Oberbefehlshaber des Heeres, von Brauchitsch, daß »wir (...) uns davor hüten (müssen), viel hineinzureden«[137]. Am 13. März erwog dann jedoch auch Halder auf Hitlers Drängen die weiteren Angriffsmöglichkeiten des Deutschen Afrikakorps[138]. Vier Tage darauf, am 17. März, trat er im Verlaufe seines Vortrages bei Hitler den Absichten Rommels, am 8. Mai in Nordafrika zur Offensive antreten zu wollen, mit dem Argument entgegen, daß die hieran beteiligten »Ital. Div. (...) nicht einmal als Besatzungstruppen brauchbar sein (werden)«[139] und weitere Verstärkungen, besonders Kolonnenraum (im Hinblick auf das Unternehmen »Barbarossa«) nicht gestellt werden könnten. Ein Angriff mit dem Ziel Ägypten, wie ihn Rommel vorge-

---

[133] Der Chef des Generalstabes des Heeres plante, von den insgesamt 136 Divisionen, die dem Heer nach Abschluß des Ostfeldzuges in etwa verbleiben sollten, nicht weniger als 33 für Tropenverwendung auszustatten. Ergänzt durch einige weitere Verbände sollten aus ihnen besondere »Operationsgruppen« gebildet werden, und zwar für : Spanisch-Marokko 7 Divisionen, Nordafrika/Ägypten 8 Divisionen, Anatolien 14 Divisionen und für Afghanistan 17 Divisionen. KTB Halder, 7.4.41, S. 354.

[134] Die Eroberung der Insel Malta wurde erstmals im KTB Halder (Bd.II, S. 292) am 25.2.1941 im Zusammenhang mit den für die Nach-»Barbarossa«-Zeit vorgesehenen Operationen erwähnt. Am Tag darauf wurde Malta u.a. Gegenstand der Unterhaltung zwischen Halder und Schniewind, dem Flottenchef der Kriegsmarine. KTB Halder, Bd.II, 26.2.41, S. 293. Am 20.3.1941 wurde von der Abteilung Militär-Geographie des OKH das Textheft »Militärgeographische Angaben über Malta« abgeschlossen (BA-MA, RHD 21/236).

[135] Die Planung der Op.Abt. des OKH zur Eroberung der Insel Malta sah, wie sich aus der Stellungnahme des Skl zur »Malta-Studie«(siehe oben S. 66 f.) und aus der militär-geographischen Broschüre (s. Anmerkung 134) rekonstruieren läßt, eine kombinierte Luft- und Seelandeoperation in der Bucht von Marsa Scirocco im Südosten der Insel mit vorangegangener Scheinlandung an anderer Stelle vor. Zum Verbleib der »Malta-Studie« des OKH mutmaßt W. Ansel (Hitler and the Middle Sea, Durham1972, S. 202), daß sie im Zuge der Tagebuch-»Korrekturen« Schmundts, die die unterschiedliche Auffassung innerhalb des OKW zur Frage Malta oder Kreta im nachhinein »glätten« sollten, in sämtlichen Exemplaren vernichtet wurde. Vgl. dazu auch: Warlimont, Hauptquartier, S. 146.

[136] Siehe oben S. 41 ff.

[137] KTB Halder, Bd. II, 28.2.41, S. 296.

[138] »Libyen: Abgesehen von Weiterführung der Verteidigungsaufgaben gibt es zwei Möglichkeiten: Offensive größeren Stiles mit Schwerpunkt von Agedabia nach Tobruk. Offensive kleineren Stiles in Abschnitten längs der Küste (...). « Vorlage an OKW, KTB Halder, Bd. II, S. 310.

[139] KTB Halder, Bd. II, 16.3.41, S. 315.

schlagen hatte, konnte Halders Auffassung zufolge nicht vor »Ende Winter« 1941/42, nach einer Auffrischungszeit des hierzu benötigten Panzerkorps von drei bis vier Monaten, nach Abschluß des Unternehmens »Barbarossa« in Frage kommen[140]. Offensichtlich verfehlten seine Argumente nicht ihre Wirkung; denn am 20. März konnte der Stabschef des Heeres dem aus Nordafrika angereisten Rommel in Übereinstimmung mit Hitler mitteilen, daß »man (...) nicht auf der Sehne in Richtung Tobruk angreifen könne, ohne den Feind im Djebel geschlagen zu haben. Dazu (...) (seien) aber die dem Afrika-Korps zur Verfügung stehenden Kräfte vorerst nicht ausreichend. Wohl aber (...) (könne) man daran denken, das Vorfeld von Agedabia in die Hand zu nehmen und die Vorbereitungen für einen Angriff Richtung Tobruk bis zum Herbst zu treffen«[141].

Während noch in der OKW-Weisung vom 3. April die Aufgabe Rommels dahingehend festgelegt wurde, »die erreichten Stellungen zu sichern und möglichst starke gegnerische Kräfte zu binden«[142], um im Hinblick auf den unmittelbar bevorstehenden Balkanfeldzug einen diversionsstrategischen Effekt zu erzielen, so wandelte sich Hitlers Sicht der Dinge abermals unter dem Eindruck der Erfolgsmeldungen aus Nordafrika: Noch am Abend des 3. April gab er Rommel in einem Funkspruch weitgehend freie Hand[143].

Als Rommels Vormarsch und der unerwartet schnelle und erfolgreiche Ablauf der Operationen auf dem Balkan Hitlers zusammenhanglose »Aushilfsmaßnahmen« zu einem strategischen Ganzen verschmolzen, flackerte angesichts dieser günstigen Lageentwicklung an der südlichen Peripherie bei diesem noch einmal die Hoffnung auf, durch die militärische Bedrohung der britischen Ägypten-Position den ersehnten »Ausgleich« mit Großbritannien, gleichsam in letzter Sekunde vor Beginn des Rußlandfeldzuges, vielleicht doch noch zu erreichen und damit den bevorstehenden Zweifrontenkrieg abzuwenden. Hierin vermochte ihn auch die Botschaft König Faruks vom 14. April 1941 bestärken, in der dieser den »Führer« bewunderte und seiner Hoffnung auf einen Sieg der deutschen Truppen, die Ägypten sobald wie möglich vom »britischen Joch« befreien sollten, Ausdruck verlieh[144]. Um Rommel ein weiteres Vordringen ins Innere Ägyptens zu ermöglichen, erwog Hitler deshalb, trotz des bevorstehenden Rußlandfeldzuges weitere, wenn auch nur schwache Heeresverbände nach Nordafrika zu entsenden[145].

Auch die Luftwaffenführung stellte seit Anfang April 1941, parallel zu den Erfolgen der deutschen Waffen, Überlegungen an, wie die Kampfführung gegen die britische Ostmittelmeer-Position vorangetrieben werden könnte. In einem vom Luftwaffenführungsstab angefertigten Arbeitspapier unter dem Titel »Forderungen an die italienische Luftwaffe«[146] war zu Beginn des Monats vorgeschlagen worden, daß das X. Fliegerkorps ohne die in Nordafrika eingesetzten Teile von Sizilien und Süditalien nach Grie-

[140] Ebd.
[141] KTB Halder, Bd. II, 30.3.41, S. 324; vgl. dazu ferner: Rommel, Krieg, S. 310.
[142] OKW WFSt Abt.L (I op), Nr. 44441/41; KTB OKW, Bd. I, S. 1009 f. Darin hieß es, daß »auch nach dem Eintreffen der 15. Panzer-Division (...) eine großräumige Offensive, etwa mit dem Ziel Tobruk, zunächst nicht vorzusehen« ist.
[143] Siehe oben S. 56.
[144] Hillgruber, Strategie, S. 472 f.; vgl. dazu insbesondere: Schröder, Mittlerer Osten, S. 180 ff.
[145] KTB Halder, Bd. II, 13.4.41, S. 364. Der Ob.d.H. lehnte dies ab. Ebd.
[146] Das Schriftstück trägt weder Nr. noch Datum. Es ist mit der Paraphe Hoffmann von Waldaus versehen und ist für Jeschonnek ausgezeichnet. BA-MA, RL 2 II/38.

chenland verlegen sollte, um ab Mitte Mai 1941 von dort zur Unterstützung Rommels den »Kampf gegen die englischen Seestreitkräfte auf See und in Alexandrien, (...) gegen den englischen Nachschub durch den Suez-Kanal sowie gegen die von Ismailia heranführenden Bahnverbindungen«[147] aufnehmen zu können. Als defensive Aufgabe sollte die Sicherung der eigenen Seeverbindungen in der Ägäis hinzutreten. Nachdem der von Rommels Erfolgen begeisterte Göring diesem bereits am 14. April Fliegerkräfte in Aussicht gestellt[148] sowie Milch und Hoffmann von Waldau nach Nordafrika entsandt hatte, um dort zu klären, was Rommel am dringendsten benötigte[149], erreichte der Reichsmarschall bei Hitler die Verlegung der Masse des X. Fliegerkorps nach Griechenland. Lediglich zwei Gruppen sollten auf Sizilien zurückbleiben, um von dort den Schutz der Nordafrika-Geleite zu gewährleisten[150].

Im Gegensatz zu den allzu optimistischen Vorstellungen, die Hitler und die Luftwaffenführung mit den Operationen in Nordafrika verbunden hatten, beurteilte inzwischen das OKH, das für die Logistik des D.A.K. verantwortlich zeichnete, die dortige Lage als äußerst kritisch: Rommel hatte infolge seines mit unzureichenden Kräften durchgeführten Vormarsches längst die rückwärtigen Nachschubverbindungen überdehnt und die »Achsen«-Truppen bei Tobruk und Sollum in eine schwierige Situation hineinmanövriert, und dies besonders, weil im Hinblick auf »Barbarossa« keine weiteren Verstärkungen nach Nordafrika überführt werden konnten[151]. Deshalb bestimmte die Sorge, das Erworbene zu halten, von Brauchitschs Suche nach Mitteln und Wegen, die Rommel den Aufbau einer gesicherten Basis ermöglichten. Er dachte dabei an die Entsendung von Unterseebooten und Fallschirmtruppen, die bei »Barbarossa« nicht benötigt wurden[152]. Gerade Halder hatte, verstärkt durch seine Ressentiments gegenüber Rommel, bereits mit Beginn der Offensive davor gewarnt, zu weit nach Osten vorzustoßen. Als Halder am 14. April 1941 zu erkennen glaubte, daß »Rommel (...) von Sollum über Marsa Matruh gegen Suez (will)«[153], und das OKW dessen Vorwärtsstreben keinen Einhalt zu gebieten schien, hielt er es für notwendig, sich über das weitere Vorgehen in Nordafrika erneut beim OKW zu vergewissern. Eine klärende Rücksprache mit Jodl brachte ihm dann die Gewißheit, daß es sich bei den über Sollum hinausgehenden Aktionen um »Raids« handeln würde, da für die endgültige Besitzergreifung Ägyptens vor »Barbarossa« die Kräfte nicht ausreichten[154]. Auch Hitler – wohl etwas ernüchtert vom Ausbleiben des Falls von Tobruk – erklärte am darauffolgenden Tag, daß es jetzt darauf ankomme, »eine ausreichend breite Basis im Raum Sollum aufzubauen«[155], formulierte jedoch seine Weisung an Rommel vom gleichen Tag so, daß

---

[147] Ebd.
[148] KTB Halder, Bd. II, 14.4.41, S. 365.
[149] Siehe oben S. 62.
[150] OKW WFSt Abt. L (I op), Nr. 687/41, 18.4.41, BA-MA, RL 2 II/38.
[151] Halder sah am 13.4.41 (KTB Halder, Bd. II, S. 364) »keine Möglichkeit der Abgabe von Truppen nach Nordafrika mit Rücksicht auf bevorstehende große Aufgaben«. Darüber hinaus hielt er ohnehin »ohne stärksten Lufteinsatz (...) (eine) Weiterführung der Operation mit weitergesteckten Zielen (...) (für) nicht möglich«, zumal »mit dem Vordringen gegen Ägypten (...) der englische Widerstand immer stärker werden (wird)«.
[152] KTB Halder, Bd. II, 15.4.41, S. 367.
[153] Ebd., 14.4.41, S. 365.
[154] Ebd.
[155] Ebd., S. 366.

dem Befehlshaber des Deutschen Afrikakorps nach wie vor die Möglichkeit gegeben war, weitere Vorstöße durchzuführen[156].

Der Ob.d.H., von Brauchitsch, war unterdessen auf seiner Suche nach Möglichkeiten, Rommels Position zu stabilisieren, auf die im März von der Operationsabteilung/OKH für die Nach-»Barbarossa«-Zeit erstellte Malta-Studie gestoßen. Da sich mit dem unerwartet raschen Verlauf des Balkanfeldzuges die Chance eröffnete, noch vor »Barbarossa« eine weitere Operation »einschieben« zu können, brachte er die Eroberung Maltas als Vor-»Barbarossa«-Maßnahme ins Gespräch. In der Erwartung, bei der Seekriegsleitung einen Verbündeten für sein Anliegen zu finden, ließ er am 15. April die Malta-Studie dem Tirpitzufer überstellen. Ein weiteres Exemplar ging kurz danach ans OKW[157].

Diese Studie und die Vernichtung der 20. deutschen Seetransportstaffel[158] ließen auch im OKW/WFSt das Malta-Problem erneut an Aktualität gewinnen. In »den Tagen des ausgehenden Balkanfeldzuges« beauftragte Jodl deshalb die Abteilung »L« des WFSt, ein Gutachten darüber abzugeben, ob die Besetzung Kretas, wie sie von der Luftwaffe ins Gespräch gebracht worden war, oder aber die Eroberung Maltas für die weitere Kriegführung wichtiger sei[159]. Generalleutnant Walter Warlimont, der Chef der Abteilung L, vertrat in dieser »einhellig mit seinen dem Heere, der Kriegsmarine und der Luftwaffe angehörenden Offizieren in einer eingehenden, vergleichenden Untersuchung den Standpunkt, Malta wegzunehmen«[160]. Der Besitz der Insel Malta schuf – nach Auffassung des WFStabes – sowohl die Voraussetzung: 1. den in der OKW-Weisung vom 3. April festgelegten Auftrag Rommels zu erfüllen als auch 2. einen schnellen und reibungslosen Aufmarsch für die im Herbst 1941 beabsichtigte großangelegte Offensive Rommels gegen die britische Schlüsselstellung am Südostrand des Mittelmeeres zu ermöglichen, da der Nachschub nach Nordafrika dann ungehindert fließen konnte. Das Votum der Abteilung L sollte sich allerdings bereits als überholt erweisen, als es Jodl überstellt wurde; denn die Luftwaffe hatte bereits am 21. April 1941 Hitlers Zustimmung für die Eroberung der Insel Kreta erhalten.

Die im östlichen Mittelmeer eingesetzten Befehlshaber der Luftwaffe glaubten – ohne jedoch vom bevorstehenden Rußlandfeldzug zu wissen – den Krieg gegen die britische Ostmittelmeerposition aufgrund ihrer sich abzeichnenden Erfolge mit guten Aussichten fortsetzen zu können. Schon am 15. April hatte der Befehlshaber der Luftflotte 4, General der Flieger Löhr, deshalb bei Göring die Eroberung der Insel Kreta gefordert[161]. Gleichzeitig hatte sich sein Stabschef, Oberst Korten, bei Jeschonnek, dem Generalstabschef der Luftwaffe, für die Realisierung eines solchen Unternehmens eingesetzt[162]. Ihre Forderung nach einer Eroberung der Insel Kreta vollzog sich parallel zu der mit dem Balkanfeldzug eingeleiteten Umorientierung der Luftwaffenführung vom zentralen in den östlichen Bereich des Mittelmeeres.

---

[156] Siehe oben S. 56. Hierzu notierte Halder: »Weisung OKW über Weiterführung der Operation bringt nichts Neues, nur sehr wenig glückliche Formulierungen.« KTB Halder, Bd. II, 14.4.41, S. 365.

[157] Dies geht hervor aus der Randnotiz Frickes, »Zugang Akte XI.1, Schriftwechsel mit Ob.d.H.«, auf S. 1 der Skl-Stellungnahme zur OKH-Studie »Malta«, 1. Skl I op. Nr. 510/41, 22.4.41, BA-MA, RM 7/945.

[158] Siehe oben S. 60.

[159] Warlimont, Hauptquartier, S. 146; ders., Malta, S. 427 f.

[160] Warlimont, Malta, S. 427.

[161] Diakow, Löhr, S. 53.

[162] Ebd.

Die Verlegung des X. Fliegerkorps ins östliche Mittelmeer und die Forderung nach einer Wegnahme der Insel Kreta flossen nun, Mitte April 1941, im Kalkül des Stabschefs der Luftwaffe zusammen. Der Besitz Kretas nämlich, so kalkulierte Jeschonnek, würde den deutschen Luftstreitkräften nicht nur als ideale Ausgangsbasis für die Kriegführung an der südlichen Peripherie, wie sie schon Anfang April 1941 in den vom Luftwaffen-Führungsstab ausgearbeiteten »Forderungen an die italienische Luftwaffe« niedergelegt worden war, dienen können, sondern darüber hinaus die Voraussetzung dafür schaffen, die beiden für den Verbleib auf Sizilien bestimmten Gruppen des X. Fliegerkorps in den griechisch-ägäischen Raum zu verlegen; denn mit dem Besitz Kretas würden sich die Sicherung der Geleite im zentralen Mittelmeer, die verlustreiche Bekämpfung Maltas und die von häufigen Reibereien begleitete Kooperation der deutschen und der italienischen Luftwaffe erübrigen, da der Nachschub für die in Nordafrika kämpfenden »Achsen«-Truppen – so glaubte man im Luftwaffenführungsstab – dann auf einem neuen, östlichen Seeweg von Italien über Griechenland/Kreta direkt nach den Cyrenaika-Häfen Benghasi, Derna, Bardia und sicherlich bald auch nach Tobruk – mit dessen Einnahme wurde angesichts des ungestümen Vormarsches Rommels alsbald gerechnet – unter dem Luftschirm der zukünftig in Griechenland und auf Kreta dislozierten deutschen Verbände überführt werden könnte[163]. Die neue Route würde zusätzlich den Vorteil bieten, daß sowohl der von den Malta-Luftstreitkräften bedrohte, inzwischen auf über 1000 km angewachsene Land-Nachschubweg, als auch die Küstennachschubschiffahrt zwischen Tripolis und der Front weitgehend entlastet werden würden. Überlegungen, ob die Löschkapazitäten der kleineren Cyrenaika-Häfen eine direkte Versorgung der Front unter weitgehender Ausklammerung der Haupt-Nachschub-Route Neapel–Tripolis erlauben würde, was zweifellos selbst mit dem Besitz Tobruks nicht möglich gewesen wäre, wurden im Luftwaffenführungsstab nicht angestellt.

Wie sehr die Luftwaffenführung auf Kreta und die sich mit dem Besitz der Insel eröffnenden Möglichkeiten setzte, zeigen die von ihr schon gleichzeitig mit Hitlers Weisung zur Eroberung der Insel (Unternehmen »Merkur«) am 21. April 1941 eingeleiteten Maßnahmen. Noch am gleichen Tage wurde trotz heftiger Proteste der deutschen Verbindungsstäbe in Rom dem Comando Supremo mitgeteilt, daß das gesamte X. Fliegerkorps im Mai nach Griechenland verlegen werde[164].

Doch kehren wir zu den Ereignissen im April 1941 zurück. Während der von Jeschonnek unterstützte Anlauf Löhrs, beim Reichsmarschall die Eroberung Kretas durchzusetzen, bei diesem vorerst auf wenig Gegenliebe gestoßen war[165], so änderte sich Görings Haltung, als General Student die Szene betrat. In eigener Initiative nämlich hatte sich der Befehlshaber des XI. Fliegerkorps, dessen Truppe seit Eben Emael, wie er selbst beklagte, zur «Untätigkeit verurteilt« war, ins Hauptquartier der Luftwaffe begeben, um die Eroberung Kretas aus der Luft vorzuschlagen[166]. Als Student am 20. April sein Anliegen bei Jeschonnek vorgetragen hatte, pflichtete ihm dieser bei, daß im Hinblick auf die Möglichkeiten, die der Besitz Kretas eröffnen würde, »ein Abschluß des Griechenlandfeldzuges ohne die Inbesitznahme der Insel Kreta völlig unbefriedi-

[163] Ob.d.L.Führungsstab Ia, Nr. 6562/41, 6.5.41, BA-MA, RL 2 II/38.
[164] KTB Mar.Verb.St.Italien, 26.2.41, BA-MA, RM 36/17.
[165] Diakow, Löhr, S. 53.
[166] Student, Erinnerungen, S. 197 ff.

gend (sei)«[167]. Als »wertvoller Bundesgenosse«, wie sich Student erinnert, setzte sich der Generalstabschef der Luftwaffe dafür ein, daß Student noch am gleichen Tage bei Göring Gehör finden konnte. Mit Hilfe der optimistischen Ausführungen Students gelang es Jeschonnek nun, den einer Wegnahme Kretas bislang ablehnend gegenüberstehenden Reichsmarschall umzustimmen und schließlich sogar dessen »vollste Zustimmung« zu erlangen; denn Göring hatte schnell die willkommene Gelegenheit erkannt, sein durch die verlorene Luftschlacht um England angeschlagenes Prestige bei Hitler mit Hilfe der von Student vorgeschlagenen »Nur-Luftwaffen-Operation« wieder »aufzupolieren«. In der Erwartung, mit der noch nie durchgeführten Eroberung einer Insel aus der Luft einen spektakulären Sieg an seine Fahne heften zu können, wurde Göring nunmehr zum eifrigsten Verfechter einer Kreta-Operation[168].

Der Reichsmarschall war es dann auch, der für den darauffolgenden Tag einen Vortrag des Befehlshabers der Luftlandetruppe im OKW durchsetzte. An jenem 21. April 1941 erschienen neben ihm Jeschonnek, Student und Major Trettner, der Ia des XI. Fliegerkorps, im OKW-Zug, der während des Balkanfeldzuges vor einem Tunnel bei Mönichkirchen am Semmeringpaß, südwestlich von Wien, abgestellt war, um ihr Anliegen, die Eroberung der Insel Kreta, bei Hitler vorzutragen[169]. In den Vorbesprechungen, an denen der Oberste Befehlshaber der Wehrmacht nicht teilnahm, vertraten Keitel und Jodl, nicht zuletzt unter dem Eindruck des Schicksals der 20. deutschen Transportstaffel, die Auffassung, daß »es im Rahmen der gesamten Kriegführung im Mittelmeer (...) vorerst vordringlicher und zweckmäßiger wäre, zuerst die Insel Malta zu nehmen«[170]. Dem widersprachen die vier anwesenden Vertreter der Luftwaffe. Students Einwand gründete fast ausschließlich auf taktischen Gesichtspunkten, da »er die Chancen für Fallschirmjäger, an der langen Nordküste der Insel Fuß zu fassen, für größer (hielt) als auf der kleinen Insel Malta«[171].

Nachdem Hitler hinzugekommen war, entschied er sich trotz der erneut vorgebrachten Bedenken Jodls und Keitels »sofort eindeutig zugunsten von Kreta«[172]; denn trotz der Kapitulation des gesamten griechischen Heeres und des fluchtartigen Rückzuges der britischen Expeditionsarmee vom griechischen Festland, womit der Besetzung Gesamt-Griechenlands und der ägäischen Inseln nichts mehr im Wege stand, war Hitlers Sorge um die europäische Südostflanke noch nicht ganz behoben. Erst mit dem Besitz der Insel Kreta wäre die Bedrohung der rumänischen Ölfelder um Ploesti, die in Reichweite der auf Kreta stationierten britischen Luftstreitkräfte lagen, endgültig beseitigt[173], die Ägäis nach Süden »abgeriegelt« und somit »ein guter Abschluß des Balkanfeldzuges«[174], wie Hitler im Vortragswagen bei Mönichkirchen eine Eroberung Kretas bezeichnete, erkämpft worden.

---

[167] Ebd., S. 198.
[168] Ebd.; vgl. auch: Forbes, D.L., The Battle of Crete from the German View: Pyrric-Victory or Unexploited Success?, Phil. Diss. Mississippi State University 1975, S. 10.
[169] Student, Erinnerungen, S. 198.
[170] Ebd.
[171] Ebd.
[172] Ebd.
[173] Warlimont, Malta, S. 427 f.; Warlimont, Hauptquartier, S. 146. Die unterschiedlichen Auffassungen hinsichtlich der Frage Malta oder Kreta durften im KTB des WFSt nicht aufgenommen werden bzw. mußten gelöscht werden.
[174] Student, Erinnerungen, S. 199.

Darüber hinaus sah Hitler die Eroberung der Insel Kreta im Zusammenhang mit der Offensive Rommels in Nordafrika und der damit verknüpften Hoffnung, durch die Bedrohung der britischen Nahost-Position vielleicht doch noch den politischen »Ausgleich« mit Großbritannien am Vorabend des Rußlandfeldzuges erreichen zu können. Das X. Fliegerkorps, das, wie erst wenige Tage zuvor auf Drängen der Luftwaffe hin entschieden worden war, Mitte Mai 1941 mit der Masse seiner Verbände nach Griechenland verlegt werden sollte, würde in Kreta die Basis finden, an die Hitler noch am 17. März, als er Halder und dem Chef der Operationsabteilung des Heeres, General Heusinger, gegenüber erklärt hatte, daß »Marita« durchgeführt werden muß, bis eine Basis für die Luftbeherrschung des östlichen Mittelmeeres gewonnen ist«[175], nicht zu denken gewagt hatte. Neben der Abriegelung der Ägäis nach Süden konnten auf kretischen Flugfeldern stationierte Luftwaffenverbände den auf dem gegenüberliegenden afrikanischen Festland kämpfenden Rommel gleich zweifach entlasten: zum einen durch ein direktes Eingreifen in das nordafrikanische Kampfgeschehen, zum anderen durch gemeinsam mit den italienischen Dodekanes-Luftstreitkräften geflogene Angriffe sowohl gegen den Suez-Kanal als auch gegen die Nachschublinien der in Tobruk und im westlichen Ägypten stehenden britischen Truppen[176]. Hitler hatte demnach seinen Blick mit dem siegreichen Ausgang des Balkanfeldzuges ganz auf das östliche Mittelmeer gerichtet; denn selbst der Nachschub konnte nun – hier folgte er den Mutmaßungen der Luftwaffenführung – nach der Eroberung Kretas auf einem neuen Seeweg, außerhalb der Reichweite der britischen Malta-Luftstreitkräfte, über Griechenland und Kreta direkt nach der Cyrenaika überführt werden[177]. Das zentrale Mittelmeer und Malta würden damit, zumal der britische Geleitverkehr von Alexandria nach Malta von einer gleichzeitig auf Kreta und die Cyrenaika-Flugfelder gestützten Luftwaffe ideal bekämpft werden konnte, ihren bislang so bedrohlichen Charakter verlieren. Doch auch für den Fall, daß sich Hitlers weitgespannte Hoffnungen auf das Arrangement mit Großbritannien nicht erfüllen würden, statt dessen Malta wider Erwarten aufleben und den Nachschub der »Achse« gefährden und Rommel in Bedrängnis geraten würde, was allerdings für Hitler, da sich das Deutsche Afrikakorps auf dem Vormarsch befand, Mitte April 1941 gänzlich außerhalb der Möglichkeiten stand, mußte er die von Kreta ausgehende Gefahr für die rumänischen Ölfelder ungleich höher einstufen. Ein britisch besetztes Kreta konnte den raschen Sieg im Osten, der die Voraussetzung aller weitere Maßnahmen für den Aufbau einer deutschen »Weltmachtstellung« darstellte, verzögern. Sich eventuell einstellende Rückschläge in Nordafrika konnten dagegen nach dem erwarteten »Blitzsieg« im Osten mit den dann dort freiwerdenden Verbänden schnell aufgefangen werden – falls der Sieg über die Sowjetunion Großbritannien immer noch nicht zur Einsicht und zum politischen »Ausgleich« veranlaßt haben würde. Für die eventuell notwendig werdende Nach-»Barbarossa«-Kriegführung bot die Insel Kreta mit dem italienischen Dodekanes und der von Rommel soeben erkämpften Nordafrika-Position eine ideale Ausgangsbasis. Die vom OKH noch am 7. April inaugurierte Stoßrichtung aus Bulgarien über die Türkei, Syrien und Transjorda-

---

[175] KTB Halder, Bd. II, 17.3.41, S. 318.
[176] Am 2. Juni, während der Besprechung mit Mussolini, ging Hitler ausführlich auf die Bedeutung der Insel Kreta für die Kriegführung im östlichen Mittelmeer ein. Hillgruber, Staatsmänner, Bd. I, Dok. 79, 2.4.41, S. 565.
[177] OKW WFSt. Abt. L (I op), (ohne Nr.), 6.6.41, BA-MA, PG 33516; Warlimont, Malta, S. 428.

nien gegen die britsche Suez-Ägypten-Stellung war in Hitlers Kalkül deshalb zurückgetreten[178]. Malta, dessen Eroberung seit Februar als schwierig, wenn auch nicht als unmöglich galt, mußte spätestens zu diesem Zeitpunkt, so mutmaßte Hitler – auch angesichts der für die Nach-»Barbarossa«-Zeit ebenfalls geplanten Eroberung Gibraltars –, isoliert werden und rasch in der strategischen Bedeutungslosigkeit versinken. In Mönichkirchen ging es deshalb lediglich um die Frage, ob ein Unternehmen zur Eroberung Kretas durchgeführt werden sollte oder nicht.

Schon in der Weisung zum Unternehmen »Marita« vom 13. Dezember 1940 war für die im Rahmen des Balkanfeldzuges eingesetzten Luftstreitkräfte als Aufgabe festgelegt worden, »englische Stützpunkte auf den griechischen Inseln durch Luftlandung in Besitz zu nehmen«[179], wobei die Ergänzung »soweit möglich« angedeutet hatte, daß es im Hinblick auf die im Anschluß an »Marita« geplante Ostoperation, die aus Witterungsgründen bis Mitte September 1941 abgeschlossen sein sollte[180] galt, diese dadurch nicht ungebührend hinauszuschieben. Eine Eroberung der Insel Kreta war trotz der Bedeutung, die OKW und OKH sowie auch Hitler selbst einem solchen Unternehmen schon seit Ausbruch des Krieges beigemessen hatten[181], in der oben genannten Weisung aufgrund des zeitlichen Spielraumes bis zum Beginn des Rußlandfeldzuges als zu weit gestecktes Ziel von vornherein nicht vorgesehen worden. Erst der überraschend schnelle und überaus erfolgreiche Verlauf des Balkanfeldzuges[182] ließ eine Eroberung der Insel in Hitlers Gedankenbildung in den Bereich des Möglichen rücken, allerdings ohne, daß er sich allein dazu durchgerungen hätte. Dies hatten weniger zeitliche Vorbehalte bedingt, sondern hauptsächlich seine Skepsis gegenüber einer Luftlandeoperation zur Einnahme einer Insel, deren umliegendes Seegebiet von feindlichen Flottenverbänden kontrolliert wurde[183]. Erst die in jeglicher Hinsicht optimistischen Ausführungen der Luftwaffen-Abordnung in Mönichkirchen ließen Hitlers Bedenken allmählich

---

[178] Warlimont, MS/P-216, S. 405. Warlimont berichtet, daß sich allem Anschein nach »sich jedenfalls die Erwägungen im Bereich des OKW in der Folgezeit hauptsächlich einer späteren Fortsetzung der Mittelmeer-Operationen aus Libyen zugewendet haben«.

[179] Hitlers Weisungen, S. 82.

[180] Zur Termin-Planung des Unternehmens »Barbarossa« vgl.: Hillgruber, Strategie, S. 505 ff.

[181] Der Gedanke einer Eroberung der Insel Kreta war fast so alt wie der Zweite Weltkrieg im Mittelmeerraum. Schon im Sommer 1940 wies Hitler im Zusammenhang mit den Überlegungen Jodls, den Krieg schwerpunktmäßig an die südliche Peripherie zu verlagern, auf die Bedeutung der Insel Kreta hin (vgl. dazu: Hillgruber, Strategie, S. 178 ff.). Unter dem Eindruck des heraufziehenden italienisch-griechischen Konflikts geriet die Insel mehr und mehr in den Blickpunkt der deutschen Führung. Am 24.10.1940 forderte der Chef des WFSt die Besetzung der Insel (KTB OKW, Bd. I, 24.10.40, S. 125), da britische Luftstreitkräfte, gestützt auf Kreta, eine Bedrohung für die kriegswichtigen rumänischen Ölfelder darstellten. Am gleichen Tag wollte Hitler Mussolini von Griechenland auf »Kreta umlenken« und eine Luftlande-Division für eine eventuelle Eroberung Kretas zur Verfügung stellen (KTB Halder, Bd. II, 24.10.40, S. 148). Der Beginn des italienischen Angriffs auf Griechenland ohne die zeitlich gleichgeschaltete Landung auf der Insel ließ die Forderung nach einer Wegnahme Kretas wegen der erwarteten britischen Landung innerhalb der deutschen Führung noch lauter werden (KTB Halder, Bd. II, 28.10.40, S. 152), bis die Briten schließlich ihrerseits am 29.10.40 auf der Insel landeten. Zum italienischen Griechenlandfeldzug vgl.: Cervi, M., Storia della guerra di Grecia, Milano 1969. Literatur zum Themenkreis »Kreta« s. oben S. 63, Anm. 85.

[182] Bor, P., Gespräche mit Halder, Wiesbaden 1950, S. 185.

[183] Student erinnerte sich, daß er »überrascht (...) aus dem Munde Hitlers« vernahm, »er habe es bisher nicht für möglich gehalten, daß man Kreta oder Malta mit Luftlandetruppen werde erobern können. Fast konnte er (Student) nicht glauben, daß diese Äußerung derselbe Mann tat, dessen Hirn knapp anderthalb Jahre früher der Gedanke entsprungen war, Eben Emael und die Albert-Kanal-Brücken im »Handstreich« mit Hilfe von Segelflugzeugen zu nehmen«. Student, Erinnerungen, S. 199.

schwinden. Nachdem er selbst noch einmal die Erfolgsaussichten abgewogen und bereits erste eigene Operationsvorstellungen entwickelt hatte, entschied Hitler sich schließlich für die Durchführung des Unternehmens zur Eroberung Kretas aus der Luft[184]. »Im Interesse anderer Operationen sollte der Angriff so schnell wie möglich durchgeführt werden«[185], mahnte er den Kommandierenden General des XI. Fliegerkorps zur Eile. Als Termin wurde schließlich der 15. Mai 1941 festgelegt[186], woraufhin am 25. April die Weisung für das Unternehmen »Merkur« – wie der Deckname für die geplante Eroberung Kretas lautete – erging[187].

Im OKH sorgte man sich unterdessen zunehmend um die Entwicklung auf dem nordafrikanischen Kriegsschauplatz. Rommel hatte tagelang keinen klaren Lagebericht übermittelt, worüber sich Halder am 23. April beklagte und daraus schloß, daß »die Sache faul« sei[188]. Für den Generalstabschef des Heeres stand nun endgültig fest, daß »Rommel (...) seiner Führungsaufgabe in keiner Weise gewachsen (sei)«[189]. Um die Verhältnisse auf dem nordafrikanischen Kriegsschauplatz »schleunigst zu klären«, entschloß sich Halder deshalb – ein allzu massives Eingreifen des OKH mußte aus Rücksichtnahme gegenüber Hitler und dessen hoher Meinung von Rommel ausscheiden –, den Oberquartiermeister I des Generalstabes des Heeres, Generalleutnant Paulus, »der mit Rommel aus früherer gemeinsamer Dienstzeit persönlich gut steht und vielleicht noch als einziger diesen verrückt gewordenen Soldaten durch seinen persönlichen Einsatz ab (...) fangen (kann)«, nach Nordafrika zu entsenden[190].

Während Paulus als Vorgesetzter Rommels in Nordafrika weilte und dessen Offensivstreben schließlich nach dem Scheitern des Angriffs auf die Festung Tobruk mit der Weisung, seine Aufgabe zukünftig darin zu suchen, die Cyrenaika zu halten, »gleichgültig ob mit oder ohne Tobruk, Bardia (und) Sollum«[191], Einhalt gebot, trat bei der Heeresführung das Nachschubproblem als das eigentliche Problem des dortigen Kriegsschauplatzes zunehmend in den Blickpunkt. Nachdem der bereits am Vortage zurückgekehrte Begleiter von Paulus, Kapitän Loycke, dem Generalstabschef des Heeres von der angespannten Seetransportlage Bericht erstattet und dabei konstatiert hatte, daß, »solange Malta in englischer Hand, eine Offensive Rommels nach Osten nicht möglich (sei)«[192], kam am 6. Mai auch Halder zu der Einsicht, »daß man ohne Malta zu keiner sicheren Verbindung nach Nordafrika kommt«[193]. Zwei Tage später kabelte auch Paulus, der am 7. Mai in Tripolis mit dem Oberquartiermeister Afrika zusammengetroffen war, um sich an Ort und Stelle von den Transportschwierigkeiten zu überzeugen, nach

---

[184] Hitler dachte sich eine Luftlandeoperation auf Kreta so, »daß die Insel gleichzeitig an mehreren Stellen mit ›Päckchen‹ von Fallschirmjägern überraschend angefaßt werde«. Ebd.
[185] Ebd., S. 199.
[186] Ebd., S. 200.
[187] Die Sorge Hitlers, daß die Operation zur Eroberung Kretas das Unternehmen »Barbarossa« ungebührend hinauszögern würde, fand auch in der Weisung Nr. 28 (Unternehmen »Merkur«) ihren Niederschlag. Dort hieß es: »Die Transportbewegungen dürfen keine Verzögerung des Aufmarsches »Barbarossa« herbeiführen.« Hitlers Weisungen, S. 116.
[188] KTB Halder, Bd. II, 23.4.41, S. 377.
[189] Ebd.
[190] Ebd.; vgl. auch oben, S. 62 f.
[191] KTB Halder, Bd. II, 3.5.41, S. 392.
[192] Ebd., 5.5.41, S. 396
[193] Ebd., 6.5.41, S. 397.

Berlin, daß das »Problem Nordafrika (...) nicht bei Tobruk oder Sollum (liege), sondern im Nachschub«[194].
Der Bericht des am 11. Mai von seiner zweieinhalbwöchigen Mission über Rom nach Berlin zurückgekehrten Paulus ließ dann an Klarheit nichts zu wünschen übrig[195]. Paulus tadelte darin nicht nur Rommels Führungsstil, sondern bezweifelte, ob dieser die Bedingungen des nordafrikanischen Kriegsschauplatzes überhaupt richtig einschätzte[196]. Zudem gab er seiner Verwunderung über Rommels Publicity-Rummel Ausdruck[197]. Eine Wiederaufnahme des Angriffs auf Tobruk hielt der Oberquartiermeister I aufgrund der äußerst schwierigen Seetransportlage und auch der Kräfteverhältnisse für gänzlich ausgeschlossen[198]. Seiner Auffassung nach konnte es in Nordafrika nur noch darum gehen, eine »ernstliche Krise« zu verhindern. Als Mindestforderungen hierfür nannte Paulus den Einsatz einer Zerstörer-Gruppe zum Schutz der Geleite, die fortan, um die von Malta ausgehende Bedrohung möglichst weiträumig zu umgehen und darüber hinaus den Landnachschubweg zu verkürzen, auch direkt nach Benghasi geführt werden sollten. Mindestens eine Stuka-Gruppe mit dem dazugehörigen Jagdschutz sollte die im Bereich des zentralen Mittelmeeres operierenden britischen Seestreitkräfte bekämpfen, wogegen die Luftwaffenführung allerdings gerade erst durchgesetzt hatte, daß das gesamte Fliegerkorps von Sizilien und Süditalien in den griechischen Raum verlegen sollte. Außerdem riet der Oberquartiermeister, die Ein- und Ausladehäfen mit deutschen Luftverteidigungskräften auszustatten und die Freigabe von LKW-Beständen – dieses Thema war seit Wochen Verhandlungsgegenstand bei der Waffenstillstandskonferenz in Wiesbaden – aus dem französischen Reservoir in Tunesien zu forcieren[199]. Alles in allem, die Lage auf dem nordafrikanischen Kriegsschauplatz schien schwierig, und die Verantwortung dafür übertrugen Halder und Paulus übereinstimmend Rommel; denn dieser hatte durch »Überschreiten des Befehls eine Lage geschaffen, welcher die Nachschubmöglichkeiten (angesichts der bevorstehenden Ostoperation) zur Zeit nicht mehr gerecht werden«[200] konnten.

Die Entwicklung der Lage auf dem nordafrikanischen Kriegsschauplatz und die Zweifel an Rommels Führungsfähigkeiten ließen es dem OKH angebracht erscheinen, dessen »Extratouren« ein Ende zu bereiten. Da aber ein Kommandowechsel, den Paulus erwogen hatte[201], von vornherein ausscheiden mußte, schlug Halder am 14. Mai 1941 dem OKW mit Zustimmung des Ob.d.H. vor, einen deutschen Chef zwischen dem ita-

---

[194] KTB Halder, Bd. II, 8.5.41, S. 404.
[195] OKH Gen.St.d.H. O.Qu. I, Nr. 216/41, 12.5.41, »Bericht über Reise zum D.A.K. vom 27.4.41–8.5.41«, BA-MA, RH 2 v. 594; vgl. auch: KTB Halder, Bd. II, 11.5.41, S. 407.
[196] Ebd.; Görlitz, W. (Hrsg.), Paulus. »Ich stehe hier auf Befehl«. Lebensweg des Generalfeldmarschalls Friedrich Paulus. Mit den Aufzeichnungen aus dem Nachlaß, Briefen und Dokumenten, Frankfurt a.M. 1960, S. 46 (weiterhin zitiert als: Görlitz, Paulus).
[197] Rommel pflegte immer mehrere Kriegsberichterstatter und häufig auch Wochenschau-Teams um sich zu versammeln. Goebbels sagte einmal über ihn, »daß kaum ein General so von der Wichtigkeit der Propaganda durchdrungen sei wie Rommel. Auch diese Tatsache zeuge dafür, wie sehr er ein geistig aufgeschlossener, moderner General im besten Sinne des Wortes sei«. Picker, Tischgespräche, 22.6.42, S. 374; Görlitz, Paulus, S. 46.
[198] OKH Gen.St.d.H. O.Qu. I, Nr. 216/41, 12.5.41, »Bericht über Reise zum D.A.K. vom 27.4.41–8.5.41«, BA-MA, RH 2 v. 594.
[199] Vgl. dazu Jäckel, Frankreich, S. 167; KTB Halder, Bd. II, 2.5.41, S. 390.
[200] KTB Halder, Bd. II, 11.5.41, S. 407.
[201] Görlitz, Paulus, S. 47.

lienischen Oberkommando Libyen und dem Kommandierenden General des Deutschen Afrikakorps zu installieren[202]. Nachdem dann ein Gegenvorschlag des OKW von Halder als »völlig unklares, verwaschenes Machwerk«[203] abgelehnt und im Sinne des OKH modifiziert von Paulus erneut dem Hauptquartier vorgelegt worden war, scheiterte schließlich der Versuch, Rommels Befugnisse drastisch zu beschneiden, an Hitlers Einspruch. Der Intention des OKH diametral entgegengesetzt, entschied dieser – immer noch der illusionären Vorstellung von einem baldigen »Ausgleich« mit Großbritannien verhaftet –, daß, um die Verbindung zwischen dem Kampfgelände und dem Hauptnachschubumschlagplatz Tripolis zu verbessern, dem Deutschen Afrikakorps ein zweiter Generalstabchef mit Sitz beim italienischen Hauptquartier Libyen beizugeben sei. Hitler begründete diese Maßnahme damit, daß »es jetzt darauf ankomme, daß Rommel nicht durch eine übergeordnete Befehlsstelle gehemmt (werde)«[204].

Da es sich in Nordafrika um einen italienischen Kriegsschauplatz handele und das Deutsche Afrikakorps, was die Taktik betreffe, dem italienischen Oberkommando Libyen unterstellt sei, wie das OKW am folgenden Tag als Begründung in seiner Stellungnahme zu den Vorschlägen des OKH mitteilte, konnte lediglich ein neues Verbindungsmitglied geschaffen werden, mit dessen Hilfe man die Versorgung der deutschen Truppen zu verbessern hoffte[205]. Eine übergeordnete Dienststelle einzurichten, was das OKH vorgeschlagen hatte, verbot sich nach Auffassung des OKW schon aus Rücksichtnahme auf die Empfindlichkeiten des Bundesgenossen.

Die Heeresführung mußte nun zwangsläufig die von allerhöchster Stelle getroffene Enscheidung billigen und erließ ihrerseits am 19.Mai 1941 eine Verfügung, der zufolge ein »deutscher Verbindungsoffizier beim italienischen Oberkommando in Nordafrika« samt 162köpfigem Stab installiert werden sollte[206]. Im OKH versprach man sich offensichtlich, durch einen derartig großen Stab die italienische Führung zu manipulieren und auf diesem Wege Rommels Kompetenzen vielleicht doch noch beschneiden zu können.

Sowohl im OKW als auch im OKH hatte man jedoch übersehen, daß bereits ein deutscher Verbindungsstab – die Außenstelle von Rintelens beim italienischen Oberbefehlshaber von Libyen – tätig war, so daß die deutschen Vorschläge, die von Rinteln an das Comando Supremo und Halder persönlich an Gariboldi herangetragen hatten, von den italienischen Kommandostellen als Versuch des Bundesgenossen, die Oberaufsicht auf dem nordafrikanischen Kriegsschauplatz ausüben zu wollen, gewertet wurde[207]. So verlief das gesamte Vorhaben, obwohl Generalleutnant Gause, der vom OKH in Absprache mit dem OKW ernannte Chef des neu einzurichtenden Stabes, bereits am 10. Juni mit einem Vorkommando in Libyen eintraf, vorerst im Sande[208].

Unterdessen hatte Keitel, um die behutsam zu pflegende Koalitionskriegführung mit dem italienischen Bundesgenossen weiter vom OKH in die leitende Hand des OKW zu legen, bereits am 7. Juni 1941 gegenüber Oberstleutnant i.G. von dem Borne, dem Generalstabchef des Deutschen Afrikakorps, erklärt, daß ihm die Sorgen des D.A.K.

[202] KTB Halder, Bd. II, 12.5.41, S. 408 und 14.5.41, S. 421.
[203] Ebd., 16.5.41, S. 416.
[204] Ebd., 19.5.41, S. 429.
[205] Ebd.; OKW WFSt. Abt. L (I op/IV Qu), Nr. 44704/41, 20.5.41, BA-MA, RH 2 v. 459.
[206] v. Taysen, Tobruk 1941, S. 185.
[207] Ebd.
[208] Ebd.

künftig unmittelbar vorgetragen werden sollten[209]. Am 19. Juni beförderte Hitler – beeindruckt vom siegreichen Ausgang der Sollum-Schlacht – Rommel zum General der Panzertruppen und befahl schließlich am 8. Juli, nachdem die Meinungsverschiedenheiten mit dem Bundesgenossen aus dem Wege geräumt worden waren, das Kommando der »Panzergruppe Rommel« zu bilden und die Stelle des Kommandierenden Generals des Afrikakorps mit Generalleutnant Crüwell neu zu besetzen[210]. Die Bemühungen des OKH, Rommels Befehlsbefugnisse zu beschränken, waren damit endgültig gescheitert. Während das OKH sich nun fast ausschließlich mit dem Unternehmen »Barbarossa« beschäftigte, gingen die Belange des nordafrikanischen Kriegsschauplatzes, ohne daß dies jemals befohlen worden wäre, aufgrund von Hitlers Suche nach ständig steigender Einflußnahme auf die dortige Entwicklung, zunehmend in die Hände des OKW/WFSt über[211].

Die Einsicht, den nordafrikanischen Kriegsschauplatz letztlich doch nicht unter die eigene Kommandogewalt bekommen zu können, sondern diese dem Hitler-Günstling Rommel[212] und dem italienischen Bundesgenossen überlassen zu müssen – von letzterem hatte Halder einmal gesagt, er möchte ihn lieber zum Feind als zum Freund[213] –, und nicht zuletzt auch die sich zunehmend verschärfende Seetransportlage, an der der Bundesgenosse unfähig war, etwas zu ändern[214], veranlaßten die Generalstabsoffiziere der Operationsabteilung, die von ihnen für die Nach-»Barbarossa«-Zeit erwogene Kriegführung an der südöstlichen Peripherie neu zu überdenken. Während bislang die britische Ägypten-Position im Rahmen der »Gesamtbereinigung« des Mittelmeeres in einer konzentrischen Zangenoperation über die Türkei und Transjordanien und von Libyen her angegriffen werden sollte[215], liefen die im Mai angestellten Überlegungen zu den für Herbst 1941 beabsichtigten Operationen gegen die britische Schlüsselstellung darauf hinaus, den aus Libyen vorgesehenen Angriff zu einer Nebenoperation umzugestalten[216]. Obwohl dies bedeutet hätte, nur noch schwache Kräfte nach Nordafrika zu überführen, hielt das OKH nach wie vor aufgrund der Erkenntnis, ohne Malta zu kei-

---

[209] Chef OKW (ohne Nr.), 7.6.41, BA-MA, RH 19 VIII/5.
[210] Vgl. dazu: v. Taysen, Tobruk 1941, S. 186 f.
[211] Warlimont, Hauptquartier, S. 210.
[212] Die zunehmende Abneigung des Generalstabschefs des Heeres gegenüber Rommel findet in dessen Kriegstagebuch an mehreren Stellen ihren Niederschlag. Am 23.4.1941 notierte Halder, »daß Rommel seiner Führungsaufgabe in keiner Weise gewachsen ist« (Bd. II, S. 377). Am 11.5.1941 konstatiert er erneut, daß »Rommel (...) der Sache nicht gewachsen (ist)« (Bd. II, S. 407). Das härteste Urteil fällte er schließlich am 6.7.1941 (Bd. III, S. 48). Dort heißt es: »Die persönlichen Verhältnisse sind durch die Eigenart des General Rommel und seinen krankhaften Ehrgeiz getrübt (...). Rommels charakterliche Fehler lassen ihn als eine besonders unerfreuliche Erscheinung hervortreten, mit der aber niemand in Konflikt geraten will wegen der brutalen Methoden und wegen seiner Stützung an oberster Stelle.« Auch der ursprünglich gegenüber Rommel weniger negativ eingestellte Ob.d.H. geriet zunehmend in Halders »Fahrwasser«, was die Beurteilung der Führungseigenschaften Rommels anging. Vgl. dazu: Ob.d.H. Gen.St.d.H. Op.Abt. (IIb), Nr. 977/41, 25.5.41, BA-MA, RH 2 v. 459. Rommel berichtete am 26.5.1941 darüber seiner Frau: »Yesterday evening I received a considerable rocket from Brauchitsch (...). Apparantly the reports I send back, don't suit their book. The result will be that we keep our mouth shut and only report in the briefest form.« Am 11.6.1941 schrieb er: »They were mad at me in the OKH, because my reports had gone to the OKW as well.« Liddell Hart, Rommel Papers, S. 139 f.
[213] Siebert, F., Italiens Weg in den Zweiten Weltkrieg, Frankfurt a.M./Bonn 1962, S. 302 (Äußerung Halders gegenüber dem Verfasser).
[214] Siehe oben S. 61 f.
[215] Siehe oben S. 71 f.
[216] Warlimont, MS/P-216, S. 405.

ner sicheren Verbindung nach Nordafrika zu kommen, an der Eroberung der Insel als Voraussetzung auch für eine Nebenoperation fest[217].

Die Diskrepanz zwischen den im OKH angestellten Überlegungen, die Operationsführung gegen die Suez-Position im Rahmen der Gesamtplanungen zur Fortsetzung des Krieges nach Abschluß des Rußlandfeldzuges zunehmend in die kleinasiatische Hemisphäre zu verlagern, und den Vorstellungen des OKW – Hitler hatte am 14. Mai 1941 noch gegenüber von Brauchitsch für die spätere Weiterführung des Angriffs in Libyen vier Panzer- und drei motorisierte Divisionen für notwendig erachtet, ohne dabei überhaupt noch an die über die Türkei und Transjordanien führende Stoßrichtung zu denken[218] – veranlaßte die Heeresführung, beim OKW – nicht ohne die eigenen Vorstellungen mit einfließen zu lassen – am 30. Mai 1941 anzuregen, sich frühzeitig über die zukünftigen Operationen klarzuwerden[219], um eine Situation ähnlich der nach Beendigung des Frankreichfeldzuges zu vermeiden[220].

Die ersten daraufhin am 4. Juni vom Chef der Abteilung L des WFStabes, General Warlimont, für seine Mitarbeiter als Arbeitsgrundlage des in Auftrag gegebenen Weisungsentwurfes skizzierten Vorstellungen[221] sahen, im Gegensatz zu den zunehmend kontinental orientierten Überlegungen des OKH, für die Zeit nach Beendigung des Rußlandfeldzuges vor, das strategische Schwergewicht nach Westen zurückzuverlegen. Es war beabsichtigt: »1. Bereinigung des Mittelmeeres durch Wegnahme Gibraltars, Maltas, der Insel Cypern und des Suez-Kanals. 2. Ausbau einer europäisch-westafrikanischen Grundstellung gegen die englisch-amerikanische Koalition; Unterstützung der französischen Regierung bei der Wiedereroberung der von de Gaulle besetzten Gebiete. 3. Invasion in England als Fangstoß[222].« Warlimonts hier geäußerte Gedanken entsprachen, was den Griff nach der britischen Suez-Ägypten-Position anging, noch ganz der Anfang April im Zuge der errungenen Erfolge weitverbreiteten Auffassung, allein auf der Grundlage der gewonnenen griechisch-ägäischen und nordafrikanischen Positionen, unter Ausklammerung einer Operation über die Türkei und Transjorda-

---

[217] KTB Halder, Bd. II, 4.6.41, S. 444.

[218] KTB Halder, Bd. II, 14.5.41, S. 412 und 15.5.41, S. 413. Von einer Stoßrichtung über die Türkei und Transjordanien war bei diesem Gespräch offensichtlich keine Rede. Als Hitler am 20. April 1941 mit dem italienischen Außenminister zusammentraf und im Zuge der Unterredung u.a. auch erörtert wurde, »auf welche Weise der Angriff gegen Ägypten möglich sei«, kamen Hitler und Ciano überein, daß der »bleibende Weg« zum Nil über Libyen führe. Hitler hielt für einen derartigen Angriff weitere fünf deutsche Divisionen für nötig und brachte, ohne seine Ostpläne auch nur anzudeuten, gegenüber Ciano zum Ausdruck, daß diese Verstärkungen vorläufig nicht zur Verfügung stehen würden und daher, wie zuletzt auch wegen der Witterungsverhältnisse, eine Fortsetzung der Offensive in Nordafrika nicht vor Oktober möglich sei. Ciano, G., L'Europa verso la catastrofe. 184 Colloqui con Mussolini, Hitler, Franco, Chamberlain, etc., Milano 1948, 20.4.41, S. 649 ff.

[219] Am 30.5.1941 hieß es im Tagebuch der Operationsabteilung des Heeres: »Das OKW wird im Hinblick auf die Weite der zukünftigen Operationsräume gebeten, baldmöglichst die in Frage kommenden Aufgaben mitzuteilen, um durch rechtzeitige Vorbereitungen den Zeitverlust nach der Barbarossa-Operation zu vermeiden.« KTB OKW, Bd. I.2, 30.5.41, S. 412. Warlimont bemerkte hierzu, daß sich Weisungen »fast immer« aus schriftlichen Vorlagen des OKH entwickelten, »während es sich hier (Weisung Nr. 32) nur um eine Anregung, offenbar mündlicher Art, gehandelt hat«. Klee, K., Der Entwurf zur Führer-Weisung Nr. 32 vom 11. Juni 1941. Eine quellenkritische Untersuchung, in: WWR 6/1956, S. 127 ff., hier S. 138, Anm. 39, Mitteilung Warlimonts an Klee (weiterhin zitiert als: Klee, Entwurf).

[220] Nach dem Sieg über Frankreich gab es keinerlei Planungen zur Fortsetzung des Krieges für den Fall, daß Großbritannien wider Erwarten doch nicht »kommen« würde.

[221] KTB OKW, Bd. I.2, 4.6.42, S. 400.

[222] Ebd., S. 400 f.

nien, den Halbkreis um die Suez-Stellung durch die Eroberung der britischen Inselstützpunkte Kreta und Zypern enger zu ziehen und schließlich von Libyen her zum letzten entscheidenden Schlag auszuholen. Als Voraussetzung dafür sah Warlimont, wie
schon im April, den Besitz der Insel Malta an[223], was auch die Entwicklung der Seetransportlage im Bereich des zentralen Mittelmeers nachdrücklich bestätigt hatte. Was
der Chef der Abteilung L an diesem 4. Juni nicht berücksichtigte, als er von der Eroberung der britischen Inselstützpunkte sprach, waren Hitlers aus der soeben siegreich
beendeten Kreta-Operation vermeintlich gewonnenen Erkenntnisse.

Die sowohl personell als auch materiell äußerst verlustreiche Luftlandeoperation zur
Eroberung Kretas[224] hatte Hitlers schon im April 1941, bevor er schließlich doch dem
Drängen der Luftwaffe nach einer solchen Operation nachgegeben hatte, geäußerte
Bedenken gegenüber derartigen Operationen vollauf bestätigt und bei diesem die von
nun an unabänderliche Meinung heranreifen lassen, daß man Luftlandeoperationen
– dies führte Hitler zwei Tage nach Abschluß der Kämpfe auf der Insel gegenüber Mus-
solini aus – »nur ein- oder zweimal durchführen könne, bis der Feind hiervon die
Methode kenne und sich dagegen erfolgreich verteidige. Deutschland habe das erste
Mal in Holland Luftlandetruppen eingesetzt und dabei bei schweren Verlusten große
Erfahrungen gesammelt. Zum zweiten Mal sei ein Luftlandeunternehmen gegen das
Fort Eben Emael durchgeführt worden und zum dritten Mal jetzt gegen Kreta«, fuhr
Hitler fort und folgerte gegenüber Mussolini daraus, daß »eine Wiederholung (...)
außerordentlich schwierig sein (würde)«[225]. In Wirklichkeit hatte Hitler mit der beina-
he gescheiterten Kreta-Unternehmung Luftlandeoperationen jedoch gänzlich aus sei-
nem Kalkül gestrichen[226]. So blieb die Eroberung der britischen Inselstützpunkte
bereits in der ersten Fassung des Entwurfs zur Weisung Nr. 32, die im wesentlichen den
Vorstellungen Warlimonts vom 4. Juni entsprach und damit auch der Auffassung des
Obersten Befehlshabers gerecht wurde, ausgespart[227].

Obwohl die von Hitler und der Luftwaffe mit dem Besitz von Kreta verknüpfte Erwartung, nun einen neuen Seeweg von Italien über Griechenland, Kreta nach der Cyrenaika eröffnen zu können[228], aufgrund der bislang nichtgelungenen Eroberung Tobruks
nur bedingt erreichbar schien, glaubten die Verfasser des Weisungsentwurfes vom

---

[223] Ebd.
[224] Von den insgesamt beim Unternehmen »Merkur« rund 22 000 eingesetzten deutschen Soldaten fanden den
Tod bzw. wurden vermißt 3 986 Mann. Das verlustreiche Unternehmen trug Kreta den Beinamen »Grab
der deutschen Fallschirmjäger« ein. Zahlen entnommen aus: Mühleisen, Kreta 1941, S. 102.
[225] Hillgruber, Staatsmänner, Bd. I, Dok. 79, 2.6.41, S. 569. Im ursprünglichen Text hieß es: »Aber eine Wiederholung sei ausgeschlossen.« Ebd., S. 569, Anm. 51b.
[226] Zu Hitlers nunmehr völlig ablehnender Haltung gegenüber Luftlande-Unternehmen berichtet Student in
seinen Memoiren, daß Hitler bei Ordensverleihungen an Kreta-Kämpfer - Student selbst wurde nicht ausgezeichnet - geäußert habe, »daß Kreta (...) bewiesen (habe), daß die Tage der Fallschirmtruppe vorüber
seien. Die Fallschirmtruppe sei eine reine Überraschungswaffe, jetzt habe sich der Überraschungsfaktor
abgenutzt.« Weiter berichtet Student: »Hitler glaubte nicht mehr an die Fallschirmtruppe, er glaubte auch
nicht, daß der Gegner Fallschirmtruppen aufstellen werde. Da die Briten im Jahre 1942 weder bei ihren
Kommandounternehmen gegen St. Nazaire noch bei ihrem großen Landungsversuch bei Dieppe Fallschirmtruppen einsetzten, fühlte er sich in seiner vorgefaßten Meinung bestätigt.« Student, Erinnerungen,
S. 337 f.
[227] Hitlers Weisungen, S. 129 ff. Obwohl Klee nachweist, daß es sich bei der Weisung Nr. 32 nur um einen Entwurf handelte (Klee, Entwurf, S. 127 ff.), entsprach dieser durchaus den Vorstellungen Hitlers. Vgl. dazu:
Warlimont, Im Hauptquartier, S. 147 ff.; ders., MS/P-216, S. 406 ff.
[228] Siehe oben S. 76 und 78.

11. Juni 1941, unter Zuhilfenahme der eben zwischen dem Chef der Abteilung L und dem stellvertretenden vichy-französischen Ministerpräsidenten Darlan im Rahmen der »Pariser Protokolle« ausgehandelten Genehmigung zur Nutzung des tunesischen Hafens Bizerta und der von dort nach Gabès führenden Eisenbahnlinie[229], die logistischen Voraussetzungen für einen – entgegen früheren Vorstellungen – nur noch unter der Beteiligung von insgesamt vier deutschen Divisionen vorzutragenden Angriff[230] gegen die britische Suez-Ägypten-Position schaffen zu können. Lediglich, um die feindlichen Kräfte zu zersplittern und dadurch »den schwierigen Angriff von Westen her auf Ägypten«[231] zu erleichtern, wurde jetzt auch ein »deutscher Druck« von Norden her, durch Truppenkonzentration im bulgarischen Raum »ins Auge gefaßt«[232].

Als die deutsch-französischen Verhandlungen in Wiesbaden aufgrund der völlig ablehnenden Haltungen der Regierungen gegenüber den von den Militärs ausgehandelten beiderseitigen Zugeständnissen ins Stocken gerieten und schließlich zu scheitern drohten, die Nutzung Bizertas damit also in weite Ferne rückte[233], wandte sich Keitel am 15. Juni 1941, nachdem er bereits am 2. Juni auf dem Brenner gegenüber Cavallero, dem Chef des italienischen Wehrmachtgeneralstabs, noch einmal die Notwendigkeit einer nachhaltigen Sicherung der rückwärtigen Nachschublinien hervorgehoben hatte[234], mit der Bitte an den Reichsaußenminister, »der Behandlung von politischen und wirtschaftlichen Zugeständnissen an Frankreich nunmehr in großzügiger Weise näher zu treten«[235]. Die militärischen Erfordernisse, drängte Keitel von Ribbentrop, würden dies dringend notwendig machen; denn ohne Bizerta sei weder die gegenwärtige Nachschublage der in Nordafrika eingesetzten Streitkräfte zu stabilisieren noch die Überführung starker deutscher Kräfte für zukünftige Operationen »überhaupt« durchführbar[236].

Nachdem schließlich die daraufhin wiederaufgenommenen Verhandlungen Ende Juni 1941 endgültig gescheitert waren, konnte »eine befriedigende Lösung des Transportproblems«, also der in der Erstfassung des Weisungsentwurfes vom 11. Juni herausgestellten Voraussetzung einer für Herbst 1941 beabsichtigten Offensive aus der Cyrenaika, nicht mehr gefunden werden[237]. Sicherlich hatte das Transportproblem in der

---

[229] Zu den »Pariser Protokollen« vgl.: Jäckel, Frankreich, S. 157 ff.
[230] Hitlers Weisungen, S. 133. Daß für die Fortsetzung der Offensive gegen die britische Ägypten-Position (entgegen den bisherigen Vorstellungen des OKW/Hitlers mit insgesamt sieben deutschen Divisionen dort zur Offensive anzutreten) im Herbst nur noch *zwei* weitere deutsche Divisionen nach Nordafrika überführt werden sollten, wurde erstmals bei der Besprechung zwischen Keitel und Cavallero am 2. Juni ausgesprochen. D.A.K. Abt. Ia, Nr. 414/41, 21.6.41, BA-MA, RH 2 v. 460. Zur Besprechung der beiden Generale vgl. ferner: Cavallero, U., Comando Supremo. Diario 1940-43 del Capo di S.M.G., Bologna/Rocca San Casciano 1948, 2.6.41, S. 107 ff. (weiterhin zitiert als: Cavallero Diario). Offensichtlich hielt das OKW angesichts der zunehmenden Schwierigkeiten der Briten im Nahostraum insgesamt vier deutsche Divisionen für den Griff nach der Ägypten-Position für ausreichend. Dagegen vertrat das OKH die Auffassung, daß es auf Dauer nicht möglich sei, mehr als zwei oder drei Divisionen in Nordafrika versorgen zu können. Rommel, Krieg, S. 388.
[231] Hitlers Weisungen, S. 134.
[232] Ebd.
[233] Jäckel, Frankreich, S. 174 ff.
[234] Cavallero, Diario, 2.6.41, S. 107 ff.
[235] ADAP, D, Bd. XII.2, Dok. 633, 15.6.41, S. 861 f.
[236] Ebd.
[237] Im Erstentwurf der Weisung Nr. 32 hieß es: »Diese Absicht läßt sich nur bei befriedigender Lösung des Transportproblems verwirklichen.« Hitlers Weisungen, S. 133.

erweiterten Perspektive Hitlers längst nicht den Stellenwert, den ihm die Generalstabs-offiziere in ihren vorwiegend auf militärischen Faktoren beruhenden Planungen beimaßen, da er vom »Allheilmittel« Rußlandfeldzug ohnehin erwartete, daß Vichy-Frankreich aufgrund der dann erkämpften Kontinentalhegemonie Deutschlands einschwenken und sich damit – gleichsam automatisch – die neue Nachschubroute über Bizerta öffnen würde. Dennoch erhob sich für Hitler – besonders nach den ersten siegreichen Schlachten gegen die Rote Armee und angesichts der sich zunehmend verbessernden Beziehungen zur Türkei[238] – die Frage, ob nicht der Weg über die Landbrücke zwischen Anatolien und Ägypten schneller und leichter zu erkämpfen sei als der Weg über Libyen, der – wie Halder am 3. Juli notiert hatte – »immer abhängig bleibt von der Zufuhr über See und daher unberechenbaren Wechselfällen ausgesetzt ist«[239].

Am 30. Juni nahm – wahrscheinlich – Hitler selbst die Korrekturen am Weisungsentwurf vom 11. Juni vor[240], demzufolge für den Spätherbst 1941 und den Winter 1941/42 nun vorgesehen war, daß im Rahmen der Bereinigung des Mittelmeeres neben der Eroberung Gibraltars eine gewaltige dreifächerige Zangenoperation – von Westen her durch einen Angriff aus Libyen, von Nordwesten her durch eine Offensive aus Bulgarien über die Türkei, Syrien und Transjordanien, und schließlich von Norden her aus Transkaukasien heraus – unter Einbeziehung des arabischen Unabhängigkeitskampfes die gesamte britische Nah-Mittel-Ost-Position[241] zum Einsturz gebracht werden sollte. Dabei war beabsichtigt, den aus der Cyrenaika heraus vorzutragende Angriff nur noch als Nebenoperation zu führen, für die lediglich vorgesehen wurde, die beiden bereits in Nordafrika kämpfenden deutschen Divisionen zur vollen Stärke aufzufüllen[242].

---

[238] Zum türkisch-deutschen Freundschaftsvertrag vom 19.6.41 und seiner Vorgeschichte vgl.: Ackermann, J., Der begehrte Mann am Bosporus - Europäische Interessenkollisionen in der Türkei (1938-1941), in: Funke, M. (Hrsg.), Hitler, Deutschland und die Mächte. Materialien zur Außenpolitik des Dritten Reichs, Düsseldorf² 1978, S. 489 ff.

[239] KTB Halder, Bd. III, 3.7.41, S.39.

[240] Klee, Entwurf, S. 140, Anm. 47 (Mitteilung Warlimonts an Klee).

[241] Hitlers Weisungen, S. 131 f. Obwohl der Unabhängigkeitskampf der irakischen Nationalisten unter ihrem Führer Gaillani bereits am 30.5.41 zusammengebrochen war, unterstrichen die dortigen Ereignisse die Möglichkeit, die arabische Unabhängigkeitsbewegung »vor den eigenen Karren spannen« zu können. Vgl. dazu: Hillgruber, Strategie, S. 473 ff. Zum militärischen Engagement Deutschlands im Irak insbesondere: Schröder, B. P., Irak 1941, Freiburg i.Brg., 1980; ders.: Deutschland und der Mittlere Osten im Zweiten Weltkrieg, Göttingen 1975, S. 63 ff. (weiterhin zitiert als Schröder, Mittlerer Osten). Zu den Ereignissen in Syrien vgl.: Hillgruber, Strategie, S. 480 f.; Jäckel, Frankreich, S. 163 ff.; Schröder, Mittlerer Osten, S. 150 ff.

[242] Hitlers Weisungen, S. 129 ff.

V. Die Zeit der sich ständig verschärfenden Seetransportlage im zentralen Mittelmeer (Juni–November 1941)

1. Rommels Planungen zur Eroberung Ägyptens und die Forderungen der deutschen Verbindungsstäbe zur Konsolidierung der Seetransportlage

Die Abwehrsiege während der beiden Sollum-Schlachten im Juni hatten Rommel in die Lage versetzt, den Belagerungsring um Tobruk aufrechtzuerhalten. Ein Ausweichen auf die Gazala-Stellung, wie OKH und Comando Supremo es erwogen[1], stand für ihn nicht zur Diskussion. Die Briten waren seiner Ansicht nach wegen der soeben erlittenen schweren Verluste nicht mehr in der Lage, zu einer erneuten Offensive in der Marmarika anzutreten. Darüber hinaus versprach er sich vom erfolgreichen Fortschreiten der Ostoperationen eine baldige Bedrohung der britischen Nahost-Position von Norden her, die im Verein mit den Ereignissen in Syrien und im Irak die Briten zwingen würde, ihre Land- und Luftstreitkräfte auf den gesamten Mittleren Osten zu zersplittern[2].

Obwohl Halder dem Kommandierenden General des Deutschen Afrikakorps schon am 3. Juli 1941 mitgeteilt hatte, daß für die Fortsetzung der geplanten Offensive gegen die britische Ägypten-Stellung im Herbst des gleichen Jahres keine wesentlichen Verstärkungen bereitgestellt werden könnten[3] – daß man inzwischen beabsichtigte, den Hauptstoß gegen die britische Nahost-Stellung von Norden her über den Kaukasus, die Türkei und Transjordanien zu führen, teilte Halder nicht mit, erfuhr Rommel aber schon wenige Tage darauf über von Rintelen –, beurteilte der Kommandierende General des Deutschen Afrikakorps die Lage auf dem nordafrikanischen Kriegsschauplatz und die Möglichkeiten einer baldigen Offensive trotz der ständig steigenden Verluste beim Geleitverkehr noch durchaus positiv. Bis spätestens Ende Oktober 1941 glaubte er, die Vorbereitungen dafür abgeschlossen zu haben[4].

Rommels Vorstellungen von der Offensive zum Nil erfuhren in der von Halder am 3. Juli 1941 angeforderten Studie[5] über deren Durchführung, den »Gedanken des D.A.K. über die Fortsetzung der Offensive gegen Ägypten«[6], ihre erste detaillierte schriftliche Fixierung. Dieser zufolge sollten unmittelbar nach der Eroberung der Oase Giarabub und der Festung Tobruk, der Voraussetzung für ein weiteres Vorgehen gegen Ägypten, in einer ersten Phase die westlich von Marsa Matruh befindlichen Feindkräfte vernichtet und der Vorstoß bis zur Enge zwischen der Kattara-Senke und dem Mittelmeer weitergeführt werden. Im Anschluß an diese vier- bis achttägige Operation

---

[1] KTB Halder, Bd. II, 30.4.41, S. 388; Abt. Ausland Nr. 274/41, 7.8.41, BA-MA, RM 7/233. Danach wurde dies seit längerem vom Comando Supremo und von Mussolini ins Auge gefaßt.
[2] Liddell Hart, Rommel Papers, 3.7.41, S. 149; 29.7.41, S. 150; 29.9.41, S. 151. Die Aufzeichnungen jener Tage verdeutlichen, daß Rommel Nordafrika und Rußland als strategisches Ganzes verstand.
[3] OKH Gen.St.d.H. Op.Abt. (IIb), Nr. 1292/41, 3.7.41, BA-MA, RH 2 v. 460.
[4] D.A.K. Ia, Nr. 40/41, 11.7.41, BA-MA, RH 19 VIII/7.
[5] OKH Gen.St.d.H. Op.Abt. (IIb), Nr. 1299/41, 28.6.41, BA-MA, RH v. 460.
[6] »Gedanken des D.A.K. über Fortführung der Offensive gegen Ägypten vom 27.7.41«, BA-MA, PG 45107.

sollte ein starker Angriffskeil aus dieser Enge beiderseits des Wadi el Natrun unter Ausnutzung der Straße Alexandria–Kairo auf den Nil bei Kairo vorrücken und möglichst
die Brücken südlich und nördlich der Stadt in Besitz nehmen. Diese zweite Phase der
Offensive, für die drei bis fünf Tage vorausberechnet wurden, sollte der ersten Phase
»so rasch wie möglich, wenn es geht, ohne Pause«[7] folgen. In einer dritten, fünftägigen
Phase beabsichtigte Rommel, den Nil zu überqueren, um in direktem Anschluß daran
»mit starken Teilen des D.A.K. je nach Entwicklung der Lage entweder auf Suez oder
Ismailia«[8] vorzurücken.

Von der deutschen Luftwaffe forderte er vor Beginn der Offensive »das Zerschlagen
bzw. Lahmlegen der feindlichen Flotte«[9], das Abschnüren des britischen Nachschubs
über See, den Schutz des eigenen Seeverkehrs einschließlich der Küstennachschub-
schiffahrt und der Häfen, die Sperrung des Suez-Kanals durch Minen und die Versen-
kung von Schiffen, das Niederkämpfen der feindlichen Luftwaffe und schließlich eine
operative Fernaufklärung über Ägypten. Während der Offensive sollten die deutschen
Luftstreitkräfte zur taktischen Unterstützung in den Erdkampf eingreifen. Fallschirmjäger sollten in Zusammenarbeit mit der Gruppe Homeyer[10] die Sprengung des Assuan-
Staudammes und der unterägyptischen Nilübergänge durch kühne »Handstreich«-
Unternehmen verhindern.

Rommels Forderungen an die Kriegsmarine beinhalteten den Geleitschutz der eigenen
See- und Küstennachschubschiffahrt, die Bekämpfung feindlicher Unterseeboote
sowie den Einsatz gegen die britischen Nachschubrouten[11]. Die Masse der deutschen
Seetransporte sollte nicht, wie in der Studie herausgestellt wurde, nach Tripolis, das
aufgrund des mangelnden LKW-Transportraumes »fast wertlos« sei, sondern nach
Benghasi, Derna, Ain el Gazala, Bardia, später nach Sollum, Marsa Matruh, den Golf
von Kennayis und schließlich nach Alexandria geführt werden.

Die Nachschubmengen für die Offensive einer dann um eineinhalb Divisionen zu ver-
stärkenden deutschen Panzergruppe – um die Mitteilung Halders, daß weitere Verstärkungen nicht beabsichtigt seien, kümmerte man sich im Stabe des Deutschen Afrikakorps wenig – berechnete der Oberquartiermeister mit 90 000 Tonnen[12]. Bis Oktober
mußten deshalb inclusive des laufenden Bedarfs 159 000 Tonnen Nachschubgüter
abzüglich der bereits vorhandenen Menge von 30 000 Tonnen nach Nordafrika überführt werden. Für die Monate August bis Oktober ergab sich daraus ein monatliches
Beförderungs-Muß von 43 000 Tonnen.

Da aber die Verschärfung der Seetransportlage in den Monaten Mai und Juni 1941
nicht annähernd darauf schließen lassen konnte[13], daß die vom Quartiermeister des

---

[7]   Ebd.
[8]   Ebd.
[9]   Ebd.
[10] Die sogenannte »Gruppe Homeyer«, ein vom OKH aus »Afrika-Kennern« zusammengestellter Sonderver-
      band unter dem Kommando des Rittmeisters von Homeyer, einem ehemaligen deutschen Kolonialoffizier,
      traf im Frühjahr 1941 in Tripolis ein und wirkte fortan als »gemischte Aufklärungsabteilung 580« bei den
      wechselvollen Kämpfen in Nordafrika mit.
[11] »Gedanken des D.A.K. über Fortführung der Offensive gegen Ägypten vom 27.7.41«, BA-MA, PG 45107.
[12] Ebd. Ähnliche Nachschubleistungen als Voraussetzung einer Offensive in Nordafrika hatte bereits am
      8.6.1941 der Quartiermeister Rom vorausberechnet. Für die italienischen Streitkräfte trat ein Nachschub-
      aufkommen von 70 000 bis 100 000 Tonnen hinzu. Vgl. dazu: v.Taysen, Tobruk 1941, S. 192 ff.
[13] In den Monaten Mai und Juni 1941 waren lediglich 12 704 bzw. 14 546 Tonnen Nachschubgut für das
      D.A.K. in den nordafrikanischen Häfen ausgeschifft worden. Vgl. dazu das umfangreiche Material in
      BA-MA, RM 7/230 sowie RH 19 VIII/252.

Deutschen Afrikakorps errechneten Versorgungsleistungen bis Oktober erfüllt werden konnten, unterließ Rommel keinen Versuch, auf OKH, Hitler, Comando Supremo und Mussolini hinsichtlich einer Steigerung der Nachschubleistungen einzuwirken. Seinen Vorstellungen zufolge sollte der Nachschub auf kleinen schnellen Schiffen sowie auf Torpedobooten und Unterseebooten nach den Cyrenaika-Häfen befördert werden, da größere Frachtschiffe diese kleinen Häfen nicht anlaufen konnten[14]. Darüber hinaus forderte er, Weicholds Position zu stärken und ihn direkt mit der Leitung der Transporte und ihres Geleitschutzes, der unter dem Luftschirm deutscher Fliegerkräfte ablaufen sollte, zu betrauen[15]. Bei seinem Besuch im FHQ am 31. Juli 1941 brachte Hitler Rommels Absichten und Wünschen zwar Verständnis entgegen, fieberte jedoch, ohne sich sonderlich um Nordafrika zu kümmern, dem Sieg im Osten entgegen[16]. Rommels Besuch bei Mussolini am 6. August 1941 hatte einen ähnlichen Verlauf. Auch dieser war ganz auf die Ereignisse im Osten fixiert und stellte italienische Verbände nicht für Nordafrika, sondern für den Rußlandfeldzug zusammen, um auch im Osten, wie schon in Frankreich, die Lorbeeren des Sieges zu ernten. Da der Angriff auf Tobruk, wie ihn Rommel plante, in Mussolinis Augen aufgrund der schwierigen Seetransportlage nicht durchführbar war, schlug der »Duce« erneut vor, auf die Gazala-Stellung auszuweichen, dabei Kräfte zu sparen und den Sieg über die Sowjetunion abzuwarten, der ohnehin dann die Dinge des Mittelmeeres grundlegend ändern würde[17].

Während Rommel die für die Verbesserung der Seetransportleistungen als Voraussetzung für seine für Oktober geplante Offensive eintrat, befaßten sich die deutschen Verbindungsstäbe in Rom mit diesem Problem unter der Fragestellung, ob die Nordafrika-Stellung überhaupt bis nach Abschluß des Rußlandfeldzuges zu halten sei. In einem Bericht an die Seekriegsleitung vom 4. Juli 1941 teilte Vizeadmiral Weichold, der Chef des Marine-Verbindungsstabes Italien, mit, daß die »Ersatzfrage für gesunkene oder schwerbeschädigte Dampfer bereits jetzt kritisch (sei, und der) Einsatz deutscher Hilfsmittel erst nach ›Barbarossa‹ (...) zu spät« komme[18]. General Ritter von Pohl, der Chef des Luftwaffenverbindungsstabes, führte dies darauf zurück, daß die italienischen Kampf- und Jagdverbände, die an Stelle des X. Fliegerkorps auf Sizilien stationiert worden waren, »gegen Malta nicht in ausreichendem Maße tätig«[19] geworden waren. General von Rintelen drängte deshalb zum wiederholten Male das OKW, zwei Staffeln Me 110 zum Schutze der Geleite im Bereich des zentralen Mittelmeeres sowie eine Flak-

---

[14]   D.A.K. Ia, Nr. 40/41, 11.7.41, BA-MA, RH 19 VIII/7.
[15]   D.A.K. Ia OQu, Nr. 48/41, 7.41, BA-MA, RH 19 VIII/7. Diese Forderung stellte Rommel, nachdem Weichold dem Kdr. General des D.A.K. gemeldet hatte, »daß unter derzeitigen Verhältnissen (ital. Organisation usw.) Änderung der Seetransportlage durch vorhandene Mittel, besonders bezüglich der Einflußnahme, nicht möglich ist«. Ebd.
[16]   KTB Halder, Bd. III, 1.8.41, S. 140; »Aktennotiz über Besprechung Hitler - Rommel am 31.7.41«, BA-MA, RH 2 v. 460. Danach stimmte Hitler den Ausführungen Rommels zu und vertrat die Auffassung, daß man wohl deutsche U- und Schnellboote sowohl zum Abschließen Tobruks nach See hin als auch zum Schutz der eigenen Transporte einsetzen müsse. Daneben hielt Hitler zur Unterstützung des von Rommel beabsichtigten Angriffs auf Tobruk den Einsatz der gesamten im Südostraum befindlichen deutschen Luftstreitkräfte für erforderlich, ohne allerdings konkrete Zusagen zu machen. Rückschauend hierzu: Kdo.Pz.Gr. Afrika Abt. Ia, Nr. 57/41, 4.10.41, BA-MA, RH 19 VIII/7.
[17]   Abt. Ausland, Nr. 274/41, 7.8.41, BA-MA, RM 7/233.
[18]   Mar.Verb.St. Italien, Nr. 3361/41, 4.7.41, BA-MA, PG 45056.
[19]   Italuft Ic, Nr. 2212/41, 11.7.41, BA-MA, RL 2 II/38.

und Scheinwerfer-Abteilung zur Sicherung der Ausladehäfen Tripolis und Benghasi abzustellen[20].

Die Forderungen der deutschen »Außenposten« in Rom blieben jedoch weitgehend unerfüllt; lediglich ihre Stellung wurde verbessert. Fortan sollten die Verbindungsstäbe als Kommandos dem italienischen Admiral- bzw. Generalstab beigeordnet sein[21].

Außerdem stellte Supermarina einige Unterseeboote für die Nachschubversorgung nach den Cyrenaika-Häfen[22]. Das Schwergewicht des Geleitverkehrs nach Nordafrika aber lag weiterhin auf der Route Italien–Tripolis und damit im Wirkungsbereich des von den Briten ständig verstärkten Luft- und Seestützpunktes Malta.

Unter dem Motto, daß »das Schicksal des Mittleren Osten wahrscheinlich nicht in der westlichen Wüste entschieden (wird), sondern auf den Wassern, die Afrika von Europa trennen«[23], wie sich der britische Luftmarschall Tedder in Kairo ausdrückte, hatten die Briten von den Flugzeugträgern »Victorious« und »Ark Royal« in zwei Unternehmen (Operation »Railway«) am 27. und 30. Juli 64 Jäger aus dem westlichen Mittelmeer nach Malta gestartet[24]. Zur gleichen Zeit trafen Bomber, die im Direktflug von Großbritannien überführt wurden, auf der Insel ein[25]. Zwischen dem 21. und 27. Juli sowie dem 30. Juli und 4. August folgten weitere Versorgungsunternehmungen (Operation »Substance« und Operation »Style«), die Malta 40000 Tonnen Nachschubgut zuführten und die Versorgung der Inselfestung für Monate gewährleisteten[26]. Neben 22000 Soldaten verfügte der Stützpunkt jetzt über 112 schwere und 118 leichte Flakeinheiten sowie über 75 Jagdflugzeuge[27]. Malta war damit für die italienischen Luftstreitkräfte zur unangreifbaren Festung geworden. Im gesamten Juli und August bombardierten italienische Flugzeuge nur 11mal La Valetta und 25mal die Flugplätze Halfar und Imkaba[28]. Umgekehrt operierten die britischen Torpedoflugzeuge und zweimotorigen Bomber, die im August auf der Insel stationiert worden waren, in Kooperation mit der X. Malta-Unterseeboots-Flottille nahezu ungestört gegen die Konvois zwischen Italien

[20] Italuft, Nr. 2150/41, 8.7.41, BA-MA, RL 2II/38. Bereits am 17.6.1941 hatte von Rinteln die Entsendung zweier Staffeln Me 110 zum Schutze der Geleite sowie Flakverbände für die Sicherung der Hauptausladehäfen Tripolis und Benghasi gefordert. Abt. Ausland, Nr. 222/41, 17.6.41, BA-MA, RL 2 II/38.

[21] Weichold beklagte im nachhinein, daß zwar »die deutschen Chefs tiefere Einblicke beim Partner und einen weiteren Tätigkeitsbereich (erhielten) (...), doch der schöne neue Titel keine verantwortliche Mitarbeit bedeutete«, obwohl Sansonetti, seit Juli neuer Unterchef des italienischen Admiralstabes, die Zusammenarbeit »förderte«. Baum/Weichold, Krieg, S. 169. Die Luftwaffe ließ sich sogar über drei Monate Zeit, ehe sie Ende Oktober (!) den »Verbindungsstab zur italienischen Luftwaffe« (Italuft) in »General der Deutschen Luftwaffe beim Oberkommando der Kgl.-Italienischen Luftwaffe« umbenannte. Dies geschah, um dem italienischen Partner nicht umgekehrt gleichen Einblick in die deutsche Luftwaffenführung gewähren zu müssen. Vgl.: Gundelach, Luftwaffe, Bd. I, S. 283.

[22] Aufgrund der erforderlichen Umbaumaßnahmen konnte ihr Einsatz jedoch erst ab Oktober anlaufen. Anlage zu 1 Skl Qu A IV, Nr. 11253/41 (ohne Datum), BA-MA, RM 8/1158. Vgl. dazu unten S.119, Anm. 13.

[23] St. George Saunders, H./Richards, D., Royal Air Force 1939-45, Vol. 2, The Fight Avails, London 1975, S. 168 (weiterhin zitiert als: Saunders/Richards, R.A.F.)

[24] Fechter/Hümmelchen, Seekriegsatlas, S. 51.

[25] Weber, Luftschlacht, S. 148.

[26] Fechter/Hümmelchen, Seekriegsatlas, S. 51; Cunningham, Odyssey, S. 405; Zur Versorgung Maltas vgl. insbesondere: Bell, Défense, S. 269 ff.

[27] Playfair, Mediterranean, Vol.II, S. 269 f.

[28] Italuft Ic, Nr. 742/41, 9.9.41, BA-MA, RL 2/II/38.

und Nordafrika[29]. Die Folge hiervon war, daß die Verluste des »Achsen«-Geleitverkehrs in den Monaten Juli und August 1941 mit 34 768 BRT und 26 437 BRT im Vergleich zum Monat Juni 1941 mit 22 330 BRT weiter anstiegen[30].
Diese Entwicklung rief die deutschen Verbindungsstäbe in Rom erneut auf den Plan. Am 25. August 1941 wies Ritter von Pohl die Luftwaffenführung auf die katastrophale Nachschublage hin und forderte die umgehende Entsendung deutscher Luftstreitkräfte nach Sizilien[31]. Am 6. September mahnte von Rintelen, daß eine wesentliche Änderung der Transportlage nur durch eine Verlegung deutscher Flieger nach Sizilien sowie durch die Ausschaltung Maltas herbeigeführt werden könne[32]. Ein dringlicher Appell Weicholds an die Skl folgte am 9. September[33]. Aber erst nachdem auch die Seekriegsleitung und das ganz mit dem Ostfeldzug befaßte OKH im gleichen Sinne bei Hitler interveniert hatten, reagierte dieser endlich und befahl, daß die Hauptaufgabe des X. Fliegerkorps fortan nicht mehr in der Bekämpfung der britischen Ägypten-Position, sondern im Schutz der Geleite zwischen Süditalien und Tripolitanien liegen sollte[34]. An diesem 13. September hatte Hitler außerdem die Verlegung von sechs deutschen Unterseebooten aus dem Atlantik ins Mittelmeer angeordnet. Ihr Anmarsch in das mediterrane Operationsgebiet war dann von einem jener Zwischenspiele begleitet, die für die Zusammenarbeit zwischen Supermarina und dem deutschen Marinekommando Italien geradezu signifikant waren. Die Seekriegsleitung beauftragte Weichold, von der italienischen Marineleitung die genauen Minenlagen im Mittelmeer einzuholen, um diese den sich im Anmarsch befindlichen Booten der Gruppe »Goeben« mitzuteilen[35]. Weisungsgemäß wandte sich dieser an Supermarina, erhielt jedoch trotz wiederholter Anfragen nur eine Teilkarte über Minenlagen in der Sizilienstraße und mußte sich mit der Festlegung des Anmarschweges der Unterseeboote in ihre Einsatzräume vor der Cyrenaika-Küste durch Supermarina begnügen. Am 3. Oktober – die U-Boote näherten sich bereits dem von Supermarina festgelegten Operationsgebiet – stellte Weicholds Stellvertreter, Fregattenkapitän Friedrichs, während einer allgemeinen Verhandlung mit der italienischen Marineleitung über das Minenproblem im Mittelmeer zufällig fest, daß in dem für die deutschen Unterseeboote bestimmten Operationsgebiet italienische Minensperren lagen[36]. Die Gefahr für die deutschen Unterseeboote, die zu diesem Zeitpunkt bereits seit mehreren Tagen in ihrem Einsatzraum operierten und drohten, durch italienische Minen vernichtet zu werden, konnte jedoch erst beseitigt werden, nachdem Weichold sich mit der dringlichen Bitte um die Bekanntgabe der Minenlagen direkt an Admiral Sansonetti, den Unterstabschef des italienischen Admiralstabes, gewandt hatte. Mit dem Hinweis auf die »übertriebene Eifersucht« der Operationsabteilung von Supermarina, die sich allen gegenüber zeige und daher »nicht besonders für den Mari-

---

[29] Zu den Aktivitäten der Malta-Luftstreitkräfte vgl. neben der bislang ausgeführten Literatur auch: Lloyd, H.P., Briefed to Attack. Malta's Part in African Victory, London 1949. Zur X. Unterseebootflottille vgl. Turner, J.F., Periscope Patrol. The Saga of Malta Submarines, London/Toronto/Wellington/Sidney 1957.
[30] Umfangreiches Material hierzu befindet sich in: BA-MA RM 7/230 und RH 19 VIII/252.
[31] Verb.St.z.Adm.St.d. Marine, Nr. 4954/41, 3.9.41, BA-MA, PG 32213.
[32] v. Rintelen, Nr. 2448/41, 6.9.41, BA-MA, PG 32213.
[33] KTB Dt.MarKdo. Italien, 9.3.41, BA-MA, RM 36/18.
[34] Hierfür und für das folgende siehe unten S. 101 f. und 108 ff.
[35] Verb.St.z.Adm.St.d.kgl.-ital.Marine, Nr. 242/41, 7.10.41, BA-MA, PG 33288.
[36] Ebd.

neverbindungsstab (gelte)«[37], versuchte Sansonetti den peinlichen Zwischenfall in seinem Antwortschreiben vom 11. Oktober zu bagatellisieren.

In Nordafrika hatte das Ringen zwischen OKH, OKW, Rommel und Comando Supremo um die Befehlsgewalt und damit auch um den Einfluß auf die operative Führung inzwischen mit einem Kompromiß geendet. Die am 15. August errichtete »Panzergruppe Afrika«, der außer dem Deutschen Afrikakorps auch das italienische XXI. Infanterie-Korps unterstellt wurde – das italienische XX. motorisierte Korps war entgegen den ursprünglichen deutschen Absichten vom Mitte Juli neuernannten Oberbefehlshaber Libyen, General Bastico, direkt übernommen worden –, unterstand dem zum General der Panzertruppen beförderten Rommel[38].

Anfang September 1941 drängte dieser auf eine baldige Offensive[39], da sich die Seetransportlage im zentralen Mittelmeer ständig verschärfte, sich der Ostfeldzug wider alle Erwartungen hinzog und damit auch die Bedrohung der britischen Nahost-Position aus dem Kaukasus für das Jahr 1941 nicht mehr zu erwarten war, so daß die Briten Zeit gewannen, ihre Positionen auszubauen. Am 6. September wandte sich Rommel deshalb mit der Forderung an das Comando Supremo, »die jetzige außerordentlich günstige Lage schnell auszunutzen, ehe eine Veränderung der feindlichen Kräfteverteilung (im Nahost-Raum) eintreten könne. (...) Am erwünschtesten wäre es, wenn die deutsch-italienischen Kräfte sofort zum Angriff antreten könnten«[40]. Da aber für die bislang beabsichtigte Eroberung Ägyptens die Kräfte nicht ausreichten, trat er nun dafür ein, vorerst auf diese zu verzichten und sich mit der bis Anfang Oktober, ungeachtet der Entwicklung an der Ostfront, durchzuführenden Eroberung Tobruks zu begnügen. Basticos Antwort mußte Rommel verblüfft haben; denn entgegen der sonst so defensiv eingestellten italienischen Führung hielt »Bombastico«, wie Rommel den kleingewachsenen Nachfolger Gariboldis zu nennen pflegte, daran fest, daß »er in der Beurteilung der momentan so günstigen Lage mit Rommel übereinstimme, daß der Feind momentan keine Möglichkeit habe, offensive Operationen in der Cyrenaika zu führen«[41]; schloß dann jedoch nicht aus, »daß diese Möglichkeit gegeben sein könnte, wenn der deutsche Druck auf die Kaukasus-Zone nachlassen würde«[42]. Als Ausweg aus diesem Dilemma, auf der einen Seite vor einer gesamtstrategisch günstigen Lage zu stehen, diese jedoch auf der anderen Seite aufgrund mangelnder Kräfte nicht nutzen zu können, schlug Bastico schließlich vor, »Tobruk zu vernachlässigen und ohne letzteres dem Nil zuzustreben«[43]. Basticos Vorschläge stießen allerdings sowohl bei Rommel als auch beim Comando Supremo auf Ablehnung. Cavallero, der Chef des italienischen Wehrmachtgeneralstabes, erinnerte an die am 25. August 1941 mit Keitel getroffene, von Hitler und Mussolini bekräftigte Absicht, erst nach einer Eroberung der Festung

[37] Verb.St.z.Adm.St.d.kgl.ital. Marine, Nr. 6179/41, 14.10.41, BA-MA, PG 33288.
[38] KTB D.A.K. Ia, 15.8.41, BA-MA, RH 19 VIII/6; vgl. dazu auch: v. Taysen, Tobruk 1941, S. 186 ff.
[39] Kdo.Pz.Gr.Afrika Ia, Nr. 30/41, 6.9.41, BA-MA, RH 19 VIII/7. Noch am 25.8.41 hatte Rommel gegenüber Cavallero vom 21. November als Termin für eine über Tobruk hinausgehende Offensive gesprochen. Cavallero, Diario, 25.8.41, S. 131.
[40] Op. P.M.II, Nr. 01/13950, 9.9.41, BA-MA, RH 19 VIII/7. Bastico hatte Mitte Juli 1941 Gariboldi als neuer italienischer Oberbefehlshaber in Nordafrika abgelöst.
[41] Op. P.M.II, Nr. 01/13950, 9.9.41, BA-MA, RH 19 VIII/7.
[42] Ebd. Die Wechselwirkung zwischen dem Südabschnitt der Ostfront und dem Mittelmeerkriegsschauplatz sah auch Mussolini. ADAP D XII. 1, Dok. 242, 25.8.41, S. 315 ff.
[43] Op. P.M.II, Nr. 01/13950, 9.9.41, BA-MA, RH 19 VIII/7.

Tobruk zum Nil vorzustoßen[44]. So fiel die Planung der für das Jahr 1941 beabsichtigten Offensive zum Nil endgültig in sich zusammen; was blieb, war der Angriff auf Tobruk[45].
Hierauf konzentrierten sich auch sämtliche Anstrengungen Rommels. Im Laufe des Sommers 1941 waren ihm trotz aller Schwierigkeiten weitere Truppen, Artillerie und sonstiges Kriegsgerät unter schweren Verlusten zugeführt worden, so daß er seine Panzerregimenter verstärken und die bisherige 5. leichte Division zur 21. Panzerdivision ausbauen konnte. Außerdem wurde die »Division zur besonderen Verwendung Afrika« – die spätere 90. leichte Division – neu aufgestellt[46]. Umstrukturierung der Verbände und Vorbereitungen zum Angriff erforderten ihre Zeit und wurden zudem noch durch die ständig steigenden Verluste im Nachschubverkehr zwischen Italien und Nordafrika verzögert, weshalb der bislang für Oktober geplante Angriff auf Tobruk bereits im September auf den 10. November verschoben werden mußte[47].
Auch das am 29. September stattfindende Gespräch zwischen Rommel und dem Oberbefehlshaber des X. Fliegerkorps, General Geisler, dürfte nicht gerade ermutigend auf die Absichten des Befehlshabers der »Panzergruppe Afrika« gewirkt haben[48]. Auf dessen Forderung an das X. Fliegerkorps nach erdtaktischer Unterstützung bei der beabsichtigten Eroberung Tobruks erwiderte Geisler, daß »mit den vorhandenen Kräften (…) eine ausreichende Unterstützung des Angriffs gegen Tobruk und die Abwehr eines etwaigen Angriffs gegen die Sollum-Front nicht möglich (sei)«[49]. Auf die massive Aufforderung Rommels, jetzt doch endlich den Geleitschutz im Sinne des »Führerbefehls« vom 13. September auch im Bereich des zentralen Mittelmeeres zu stellen – die Modifikation des Befehls durch Göring war Rommel offensichtlich entgangen –, mußte ihn Geisler aufklären, »daß im Hinblick auf die geringe Stärke des Korps der Führerbefehl abgeschwächt worden«[50] sei und der Geleitschutz im Bereich des zentralen Mittelmeeres nur in Ausnahmefällen durch deutsche Luftstreitkräfte gestellt werden könne. Zum Nachschubproblem meinte Geisler generell, daß »solange Malta nicht ausgeschaltet sei, (…) überhaupt keine grundlegende Besserung der Seetransportlage im zentralen Mittelmeer zu erwarten sei«[51] – eine Erkenntnis, die Rommel bislang noch nicht gewonnen hatte. Dieser fieberte nach wie vor ausschließlich – allen Schwierigkeiten zum Trotze – der auf November verschobenen Offensive gegen Tobruk entgegen.

Im zentralen Mittelmeer hatte sich die Lage unterdessen weiter verschärft. Der Insel Malta waren durch eine erneute britische Nachschub-Operation (»Halbherd«) zwischen dem 25. und 28. September bei nur geringen Verlusten weitere 50000 Tonnen Versorgungsgut und Kriegsmaterial zugeführt worden[52]. Zusätzlich waren auch die

[44] »Aktennotiz über eine Besprechung mit General Cavallero«, 11.9.41, 19.30 Uhr, BA-MA, RH 19 VIII/7. Zu den Besprechungen am 25. August 1941 vgl.: ADAP D XIII.1, Dok.242, 25.8.41, S. 315 ff.; Cavallero, Diario, 25.-28.8.41, S. 131 ff.; siehe auch unten S. 108.
[45] »Jetzt spricht man von einem Angriff auf Tobruk«, notierte Ciano, der italienische Außenminister, am 28.9.41 in sein Tagebuch (S. 351).
[46] v. Taysen, Tobruk 1941, S. 196 ff.
[47] Fliegerführer Afrika, Nr. 531/41, 27.9.41, BA-MA, RH 19 VIII/7.
[48] Kdo.Pz.Gr. Afrika Abt. Ia, Nr. 190/41, 1.10.41, BA-MA, RH 19 VIII/7.
[49] Ebd.
[50] Ebd.; siehe dazu S. 101 f. und S. 110.
[51] Kdo.Pz.Gr. Afrika Abt. Ia, Nr. 190/41, 1.10.41, BA-MA, RH 19 VIII/7.
[52] Roskill, War, Vol. I, S. 529 ff.; Bell, Défense, S. 270.

Luftstreitkräfte auf der Insel verstärkt worden, so daß die Überlegenheit der R.A.F. geradezu erdrückend wurde[53]. Neben die fast täglich durchgeführten Angriffe gegen die Luftbasen der Regia Aeronautica und gegen die italienischen und nordafrikanischen Häfen traten nun die vernichtenden Schläge gegen den Geleitverkehr selbst. Im September gingen von 163 554 BRT zur Versorgung der deutschen Truppen in Nordafrika eingesetzten Schiffsraum 49 373 BRT verloren. Von den insgesamt in Italien für die »Panzergruppe Afrika« eingeschifften 33 054 Tonnen Nachschubgut erreichten nur 25 255 Tonnen ihr Ziel. Der Monat Oktober wies noch bedrohlichere Verlustziffern auf: 18 812 BRT von 50 338 BRT wurden von den Briten versenkt. Mit ihnen sanken 6 991 Tonnen der insgesamt für Rommel bestimmten 17 455 Tonnen Nachschub in der Tiefe[54]. Die Malta-Luft- und -Seestreitkräfte allein trugen – nach britischen Angaben – zu diesen Erfolgen im September 38,5 Prozent und im Oktober 63 Prozent bei[55].
Als am 21. Oktober die »Force K«, die sich im April 1941, als Malta das Ziel der deutschen Luftangriffe war, nach Alexandria hatte in Sicherheit bringen müssen, nach La Valetta zurückkehrte, brach der Nachschubverkehr der »Achsen«-Mächte zwischen Italien und Nordafrika gänzlich zusammen, da die italienische Marine wegen Heizölmangels den Geleitschutz für die Konvois, der jetzt mindestens in der Stärke einer Kreuzer-Division mit den dazugehörigen Zerstörern durchgeführt werden mußte, nicht mehr stellen konnte[56]. Schon am 19. Oktober hatte Vizeadmiral Weichold an die Seekriegsleitung appelliert, daß es jetzt die »letztmögliche Zeit für Abhilfe« sei, die naturgemäß von deutscher Seite kommen müsse[57]. Ende Oktober mußte von Rintelen dem OKW melden, daß nach Auffassung des Comando Supremo »der Zeitpunkt der Wiederaufnahme des Schiffsverkehrs zur Zeit nicht abzusehen sei«[58]. Da also eine Bekämpfung der Malta-Überwasser-Seestreitkräfte durch die italienische Marine nicht stattfinden konnte und die bisherigen Luftangriffe der italienischen Flieger »ohne sichtbaren Erfolg« durchgeführt wurden, forderte von Rintelen im Auftrage des Comando Supremo vom OKW neben sofortigen Heizöllieferungen den baldigst möglichen Einsatz deutscher Luftstreitkräfte zur Bekämpfung Maltas und zur Sicherung des Geleitverkehrs nach Nordafrika[59].

Während sich die deutschen Verbindungskommandos in Rom zunehmend um die Lageentwicklung an der südlichen Peripherie sorgten und mit einer baldigen britischen Offensive gegen die Sollum- und Tobrukfront rechneten, hielt Rommel diese Gefahr aufgrund der jüngsten Ereignisse an der Ostfront für gebannt: Seit dem 2. Oktober hatte dort die Heeresgruppe Mitte mit drei Panzergruppen und drei Armeen aus dem Raum nordostwärts Smolensk bis Orel in Richtung Moskau erfolgreich angegriffen. Bei Wjasma und Brjansk wurden bis zum 20. Oktober neun russische Armeen aufgerieben. Die Entscheidungsschlacht gegen die Sowjetunion schien geschlagen. Rommel kommentierte diese Entwicklung am 12. Oktober gegenüber seiner Frau: »Wunderbare

[53] Air Battle, S. 39 ff.; vgl. auch dazu Anm. 29, S. 92.
[54] Zusammengestellt aus: BA-MA RH 19 VIII/252; RM 7/230; RM 8/1158. Zu den Gesamt-Verlusten beim »Achsen«-Geleitverkehr vgl.: Rohwer, Nachschubverkehr, S. 160. Der monatliche Nachschubbedarf der Panzergruppe Afrika betrug ca. 45 000 Tonnen.
[55] Weber, Luftschlacht, S.148,Tabelle 1.
[56] ADAP D XII.2, Dok.421, 25.10.41, S. 556 ff.
[57] Verb.St.z. Adm.St. der kgl.-ital. Marine, Nr. 264/41, 23.10.41, BA-MA, N 316 v. 36.
[58] v. Rintelen, Nr. 15088/41, 29.10.41, BA-MA, RH 2 v. 460.
[59] Ebd.

Nachrichten aus Rußland! Nach Abschluß der großen Schlachten können wir erwarten, daß es gut vorangeht im Osten, und dies nimmt dem Feind alle Möglichkeiten, neue Kräfte zu formieren... Sie werden zu spät kommen für Rußland, wenn sie den einzigen freien Weg über Indien nehmen, und ein Angriff in Libyen würde für sie ein riskantes Unternehmen sein und keine direkte Auswirkung auf die Lageentwicklung in Rußland haben. Wenn wir einmal Tobruk genommen haben, wird ihnen hier kaum noch Hoffnung bleiben[60].«

Die seit Ende September und im Laufe des Oktobers mehrfach vom OKH an den Stab der Panzergruppe Afrika herangetragenen Meldungen, wonach ein britischer Großangriff unmittelbar bevorstehe[61], wurden von Rommel nicht nur aufgrund der Lageentwicklung an der Ostfront und der damit einhergehenden Bedrohung der britischen Nahost-Position aus dem Kaukasusraum, sondern auch weil die eigene Feindaufklärung dies nicht zu bestätigen schien[62], nicht sonderlich ernstgenommen[63]. Weit mehr sorgte er sich um die Logistik; denn aufgrund des im Oktober völlig unzureichend fließenden Nachschubs begann die Panzergruppe allmählich von ihren für die Eroberung Tobruks vorgesehenen Beständen zu leben[64]. Zur Eile gezwungen, erließ er am 26. Oktober deshalb den Befehl für den Angriff auf Tobruk[65]. Danach sollten die Vorbereitungen so getroffen werden, daß dieser zwischen dem 15. und dem 20. November möglich war. Auch das italienische Oberkommando erkannte nach anfänglichem Zögern die Notwendigkeit eines baldigen Angriffs an, verweigerte Rommel jedoch die geforderte Unterstellung des italienischen XX. motorisierten Korps, zog es aber bis zum 11. November in den Raum südwestlich von Tobruk vor, um die Südflanke der Einschließungsfront zu verstärken[66]. Nachdem der Fliegerführer Afrika, General Fröhlich, die Teilnahme von drei Stuka-, vier Kampf-, zwei Jagd- und einer Zerstörer-Gruppe zugesagte hatte[67], begab sich Rommel nach Rom, um dort die letzten Einzelheiten des bevorstehenden Angriffs zu klären und – vor allen Dingen – dahingehend auf das Comando Supremo einzuwirken, noch vor Beginn der Offensive einen Geleitzug mit wichtigem Nachschubgut nach Nordafrika zu entsenden[68]. Rommel konnte sich in Rom durchsetzen. Das Comando Supremo entschloß sich – wenn auch widerwillig – zu einem solchen Schritt: Am Morgen des 8. November 1941 lief das »Duisburg«-Geleit, bestehend aus fünf Frachtern und zwei Tankern und gesichert durch eine mit letzten Heizölreserven zusammengestellte Seestreitmacht von zwei Kreuzern und zehn Zerstö-

[60]   Liddell Hart, Rommel Papers, 12.10.41, S. 152.
[61]   OKW WFSt Abt. L (Iop), Nr. 441825/41, 31.10.41, BA-MA, RH 19 VIII/5. Vgl. dazu auch v. Taysen, Tobruk 1941, S. 204 f. und S. 208 f. ohne daß der Faktor Ostfeldzug in Rommels Kalkül berücksichtigt wird. Zu den »Warnungen« der Abteilung Fremde Heere West im OKH vgl. ferner: Behrendt, H.-O., Rommels Kenntnis vom Feind im Afrikafeldzug, Freiburg i.Br. 1980, S. 120 ff. (weiterhin zitiert als: Behrendt, Rommels Kenntnis). Rommel selbst schätze sich sogar so sicher, daß er seine beabsichtigte Zusammenkunft mit der italienischen Führung in Rom mit einem vierzehntägigen Urlaub verband.
[62]   Mitte November war man »bei Ic der Panzergruppe für die nächsten Tage auf einen Feindvorstoß gefaßt, an eine entscheidungssuchende Offensive dachte man allerdings nicht!« Behrendt, Rommels Kenntnis, S. 126.
[63]   General Rommel, Nr. 3144/41, 3.11.41, BA-MA, RH 19 VIII/5.
[64]   Der Oberquartiermeister, Nr. 1145/41, 11.11.41, BA-MA, RH 19 VIII/7.
[65]   Kdo.Pz.Gr. Afrika Ia, Nr. 100/41, 26.10.41, BA-MA, RH 19 VIII/5.
[66]   v. Taysen, Tobruk 1941, S. 213.
[67]   Kdo.Pz.Gr. Afrika Abt. Ia, Nr. 68/41, 30.10.41, BA-MA, RH 19 VIII/5.
[68]   v. Rintelen, Ia, Nr. 1501/41, 15.11.41, BA-MA, RH 2 v. 460.

rern, aus dem Hafen von Neapel aus. Wenige Seemeilen südlich der Straße von Messina wurde es von einem Fernaufklärer der 69. Malta-Squadron ausgemacht und in der darauffolgenden Nacht von der inzwischen aus La Valetta ausgelaufenen »Force K«, noch bevor die italienischen Deckungsstreitkräfte überhaupt eingreifen konnten, völlig vernichtet[69].

Trotz dieses neuerlichen schweren Rückschlages hielt Rommel, der inzwischen in Absprache mit Bastico den 21. November als Angriffstag bestimmt hatte, hartnäckig an seinem Plan fest[70].

2. Die Behauptung der Mittelmeer-Position als zentrale Forderung der Skl für die Dauer der deutschen Ostoperationen

Im Sommer 1941 hatte die deutsche Seekriegführung einen ersten Tiefpunkt erreicht. Im Atlantik war die weitgespannte deutsche Versorgungsorganisation mit Troßschiffen und Tankern durch britische Suchgruppen bis Ende Juni 1941 zerschlagen worden. Dies und die Verlegung amerikanischer Flottenverbände in das Seegebiet um Island – die Insel selbst wurde schließlich am 7. Juli 1941 von den Amerikanern in Besitz genommen – machten eine Wiederholung der bisherigen Durchbruchsoperationen deutscher Einheiten durch die Dänemarkstraße und damit ein Operieren in den Weiten des Atlantischen Ozeans unmöglich. Schon seit März 1941 waren die Erfolge der »Grauen Wölfe«, wie die Dönitzsche U-Boot-Waffe genannt wurde, wegen der verbesserten feindlichen U-Boot-Abwehr rückläufig gewesen. Zusätzlich eingeengt worden war der U-Boot-Tonnage-Krieg durch die Befehle Hitlers, in den Sperrzonen jegliche Zwischenfälle mit amerikanischen Handelsschiffen und Kriegsschiffen zu vermeiden[71].

Im Mittelmeer hatten sich die Hoffnungen, wie sie seit dem Balkanfeldzug und besonders nach dem Untergang der »Bismarck« aufgekommen waren, schon parallel zu »Barbarossa« den zunächst für die Zeit nach dem Rußlandfeldzug geplanten Kampf gegen die britische Ostmittelmeer-Position aufzunehmen, zerschlagen. Statt dessen hatten die Briten ihre dortige Position durch die Eroberung Syriens und des Iraks[72] sowie durch die siegreiche Beendigung ihrer ostafrikanischen Operationen – nur wenige Stützpunkte wurden zu diesem Zeitpunkt noch von den Italienern gehalten – auf- und ausgebaut[73].

[69] Zum »Duisburg«-Geleit vgl.: Cunningham, Odyssey, S. 419 f.; Churchill, Weltkrieg, Bd. III.2, S. 207 f.; Playfair, Mediterranean, Vol.III, S. 103 f. Zur Reaktion der deutschen Seekriegsleitung und derjenigen Weicholds vgl. Schreiber, Revisionismus, S. 324 f.

[70] Dt.Gen.b.HQu.d.ital. Wehrmacht, Abt. Ia, Nr. 3369/41, 13.11.41, BA-MA, RM 7/936.

[71] Zum Ende des Einsatzes der schweren Einheiten beim atlantischen Zufuhrkrieg vgl.: Salewski, Seekriegsleitung, Bd. I, S. 449 ff.; Bindlingmeier, G., Der Einsatz der schweren Kriegsmarineeinheiten im ozeanischen Zufuhrkrieg. Strategische Konzeption und Führungsweise der Seekriegsleitung September 1939 bis Februar 1942, Neckargmünd 1963, S. 156 ff. Zum U-Boot-Krieg im Atlantik vgl.: Salewski, Seekriegsleitung, Bd. I, S. 425 ff.

[72] Playfair, Mediterranean, Vol.II, S. 177 ff.

[73] Ebd., S. 232 ff.

Angesichts dieser Lageentwicklung und nicht zuletzt aufgrund der sich klar abzeichnenden Heizölknappheit[74] war die Möglichkeit einer eigenständigen maritimen Kriegführung gegen Großbritannien nicht mehr gegeben. Ein baldiger siegreicher Abschluß des Rußlandfeldzuges mit den sich dadurch der Marine eröffnenden Rüstungs- und Erdölressourcen war daher für die Seekriegsleitung mehr denn je zur Vorraussetzung einer erfolgreichen maritimen Seekriegführung gegen die angelsächsischen Mächte geworden. In einer zweitaktigen Strategie, wie die Seekriegsleitung die Weisung Nr. 32 verstand, sollte ab Herbst/Winter 1941/42 nach der Eroberung Gibraltars durch Operationen des Heeres aus dem Kaukasus, der Türkei und aus Libyen die britische Nahost-Position zerschlagen werden[75]. Schon parallel dazu sollte der Kampf auf dem Atlantik in kriegsentscheidender Dimension entfesselt werden.

Als Partner für diese Nach-»Barbarossa«-Kriegführung war der Seekriegsleitung Vichy-Frankreich inzwischen ungleich wichtiger geworden als das militärisch gescheiterte Italien[76]. Von der Kooperation mit Vichy-Frankreich versprach sich die Skl, nicht nur mit Bizerta die Verbindung nach Nordafrika zu sichern und damit die logistischen Voraussetzungen für den im Rahmen der Nach-»Barbarossa«-Heeresoperationen geplanten Angriff Rommels gegen die britische Ostmittelmeer-Stellung zu schaffen, sondern auch die für die atlantische Zufuhrkriegführung entscheidende Dakar-Position der deutschen Kriegsmarine nutzbar machen zu können. Das in den »Pariser Protokollen« schon einmal mit Vichy-Frankreich ausgehandelte, dann aufgrund mangelnder Kooperationsbereitschaft beider politischer Führungen nicht zur Ausführung gelangte Nutzungsrecht Bizertas und Dakars würde der siegreiche Abschluß des Rußlandfeldzuges ebenfalls gewährleisten. Ein durch Druck auf Vichy-Frankreich schon während des Rußlandfeldzuges erpreßtes Nutzungsrecht seiner nord- und nordwestafrikanischen Stützpunkte hielt man am Tirpitzufer aufgrund der Unmöglichkeit, diese gegen einen dann zu erwartenden britischen Zugriff verteidigen zu können, für wertlos, so daß im eigenen Interesse wenn schon nicht die politische Annäherung, dann doch wenigstens der »Schwebezustand« Vichy-Frankreichs zwischen den kriegführenden Mächten künstlich aufrechterhalten bleiben sollte[77].

---

[74] Bis zum Frühjahr 1941 war die Betriebsstofflage der deutschen Kriegsmarine durch eigene Produktion und Lieferungen aus Rumänien und vor allem aus der Sowjetunion gesichert. Mit Beginn des Balkanfeldzuges hörten die Heizöllieferungen aus Rumänien und zum Teil auch schon aus der Sowjetunion auf. Nach der »Bereinigung« der Verhältnisse in Südosteuropa gelang es, einen Teil des inzwischen in Rumänien aufgespeicherten Heizöles über die Donau und den Eisenbahnweg nach Deutschland zu befördern. Der weitaus größte Teil dieser aufgespeicherten Mengen wurde jedoch nach Italien geliefert. Mit »Barbarossa« hörten dann auch die Zufuhren aus der Sowjetunion auf, so daß die deutsche Seekriegführung mit Überwasser-Seestreitkräften bis spätestens Ende Dezember 1941 ganz eingestellt werden mußte. Schon Ende Juli war in einer Besprechung zwischen dem Reichwirtschaftsministerium und der Kriegsmarine auf die in den kommenden Monaten zu erwartende katastrophale Heizöllage hingewiesen worden. Vgl. dazu den Bericht der Seekriegsleitung »Einfluß der Betriebsstofflage auf die Seekriegführung der Achsenmächte« (ohne Datum), BA-MA, RM 7/223 sowie Meier-Dörnberg, Ölversorgung, S. 57 ff.

[75] 1.Skl Ia, Nr. 1385/41, 8.8.41, BA-MA, RM 7/234.

[76] Ebd. Von »ausschlaggebender Bedeutung« für die weitere Kriegführung hielt danach die Seekriegsleitung »den Fortgang des Feldzuges im Osten« und »die Entwicklung unseres Verhältnisses zu Frankreich«. Zu den Bemühungen der deutschen Seekriegsleitung, die oberste Führung zu einer Annäherung an Frankreich zu bewegen, vgl.: Salewski, Seekriegsleitung, Bd. I, S. 342 ff.

[77] 1.Skl Ib, Nr. 1315/41, »Denkschrift zum gegenwärtigen Stand der Seekriegführung gegen England«; Salewski, Seekriegsleitung, Bd. III, S. 197 ff. Eine stark verkürzte Fassung, die sich vor allem mit dem Problem Frankreich befaßt, befindet sich bei: Wagner, Lagevorträge, Anlage 1, 25.7.41, S. 273 ff.; ferner KTB Skl, 26.6.41, BA-MA, RM 7/25; Salewski, Seekriegsleitung, Bd. II, S. 349 ff.

Bis zur Beendigung des Rußlandfeldzuges kam daher der Nordafrika-Position der »Achse« die zentrale Bedeutung zu. Würde sie verloren gehen, wäre nicht nur die europäische Südflanke aufgrund ihrer allzu labilen Anrainer aufs ärgste bedroht, sondern die dann hergestellte Verbindung zwischen Britisch- und Französisch-Nordafrika würde den Generaldelegierten Pétains, General Weygand, zum Abfall von Vichy-Frankreich bewegen, was wiederum zwangsläufig den Verlust der westafrikanischen Stützpunkte nach sich ziehen müßte[78]. Dementsprechend sensibel beobachtete deshalb die Skl die Lageentwicklung auf dem nordafrikanischen Kriegsschauplatz samt seiner rückwärtigen Seenachschublinien.

Am 9. Juli wandte sich Großadmiral Raeder in einem Schreiben an den Unterstaatssekretär und Admiralstabschef der italienischen Marine, Admiral Riccardi[79]. Von einem offensiven Einsatz der italienischen Seestreitkräfte oder gar der Forderung nach einer Eroberung Maltas durch die italienische Wehrmacht war im Schreiben des Ob.d.M. nun keine Rede mehr. Lediglich um die Ausgangsposition für den nach Abschluß des Rußlandfeldzuges beabsichtigten Griff nach der britischen Mittelmeer-Stellung, also den eigenen nordafrikanischen Brückenkopf, zu halten, rückten die Nachschubschiffahrt und ihre Bedrohung durch Malta in den Mittelpunkt seiner Ausführungen. Der Einsatz aller geeigneten italienischen See- und Luft-Streitkräfte zur Bekämpfung Maltas und zur Sicherung der Geleite, so hob der Großadmiral hervor, müsse die Hauptaufgabe der italienischen Kriegführung sein. Da die deutsche Wehrmacht, solange der Kampf gegen die Sowjetunion noch in vollem Gange sei, weder materiell noch personell helfen könne, führte der Ob.d.M. weiter aus, könne sie lediglich »mit ihren Erfahrungen, die sie im Laufe von zwei Kriegsjahren sowohl auf dem Gebiete der Seetransporte und seiner Sicherung als auch auf dem Gebiete der U-Boot-Bekämpfung gemacht hat«[80], und bei »der Organisation des gesamten Nachschubweges und der Planung des Einsatzes der vorhandenen Kampfkräfte (...) praktische Hilfe leisten«. Deshalb schlug er vor, dem Chef des Marineverbindungsstabes, Admiral Weichold, »durch Einbeziehung in den Arbeitsstab der italienischen Admiralität die Möglichkeit zur verantwortlichen Mitarbeit zu geben«[81].

Parallel zu den Bemühungen Raeders, die Position Weicholds gegenüber Supermarina zu stärken, um wenigstens die Seetransportlage im zentralen Mittelmeer durch deutsche Einflußnahme zu entspannen, wandte sich auch Korvettenkapitän Junge, der Marinereferent im Wehrmachtführungsstab, mit der gleichen Intention im Auftrage der Seekriegsleitung an Hitler[82]. Ein »deutsches Mitspracherecht« – nach einer massiven deutschen Einflußnahme war in Kenntnis von Hitlers ablehnender Haltung ihr gegenüber unterblieben – sollte den Schutz der Geleite, der Ein- und Ausladehäfen und

[78] Skl, »Lagebeurteilung 29.7.41«, BA-MA, RM 8/1123. Gleichzeitig argumentierte die Skl auch umgekehrt, daß ein Verlust der westafrikanischen Vichy-französischen Besitzungen auch den der nordafrikanischen nach sich ziehen würde und damit die Voraussetzung für das Halten der eigenen Nordafrika-Position, das Durchhalten Italiens sowie die »endgültige Bereinigung« des Mittelmeeres nicht mehr gegeben sein würde. Vgl. dazu: 1. Skl Ib, Nr. 1315/41, »Denkschrift zum gegenwärtigen Stand der Seekriegsführung gegen England«, Salewski, Seekriegsleitung, Bd. III, S. 192 ff.

[79] 1.Skl Im, Nr. 1260/41, 9.7.41, BA-MA, PG 33051 b.

[80] Ebd.

[81] Ebd.

[82] OKW WFSt Abt. L (I K op), (ohne Nr.), 10.7.41, »Beitrag zu einem Brief an den Duce«, BA-MA, RM 7/234. Junges Beitrag wurde dann auch wortgetreu in Hitlers Schreiben an Mussolini vom 20.7.41 übernommen. Vgl. dazu: ADAP D XIII.1, Dok.134, 20.7.41, S. 160 ff.

vor allem den Kampf zur Ausschaltung der Offensivkraft Maltas reorganisieren, um damit dem »Ziel (...), zunächst jede Möglichkeit einer erneuten kritischen Entwicklung der Nachschublage (...) auszuschalten« [83], näherzukommen. Während Hitler gegenüber Mussolini durchgesetzt hatte, die Verbindungsstäbe fortan in Dienststellen entsprechend den italienischen General- bzw. Admiralstäben umzuwandeln und ihnen so ein »Mitspracherecht« einzuräumen, unterstrich die Seekriegsleitung unterdessen erneut den Ernst der Lage und forderte den unverzüglichen Einsatz des X. Fliegerkorps zur Bekämpfung Maltas und zum Schutz der Geleite auf der Hauptnachschubroute Neapel–Tripolis[84].

Als sich Ende Juli 1941 abzuzeichnen begann, daß sich die Lage im Osten »nicht so rasch, wie es die Allgemeinheit nach den bisherigen Blitzkriegerfahrungen wohl erwartet hatte«[85], positiv entwickeln würde und damit die Nach-»Barbarossa«-Kriegführung für das Jahr 1941 – mit Ausnahme des Unternehmens »Felix« und vielleicht noch der Eroberung Maltas – auf das Jahr 1942 verschoben werden mußte[86], wuchs bei der Skl die Sorge um die südliche Peripherie. Dort stand den Briten – jedenfalls nach Auffassung der Seekriegsleitung – eine Armee von 600 000 Soldaten zur Verfügung, deren Einsatz nach dem Sommer, der wegen seiner klimatischen Bedingungen kaum größere Operationen erlaubte, nur noch eine Frage der Zeit sein würde. Die Briten könnten mit ihr »entweder durch den Nordzipfel des Iran nach dem Kaukasus vor (...) stoßen, um dort gemeinsam mit den Russen eine Abwehrfront zum Schutze der russischen Ölgebiete zu bilden«[87], oder sie könnten »im Herbst in Libyen angreifen, um uns dort hinauszuwerfen und Französisch-Nord- und -Nordwestafrika zum Abfall von Vichy zu bringen, was für den weiteren Kriegsverlauf von verheerenden Folgen sein würde«[88], wie Vizeadmiral Kurt Assmann, der Chef der Kriegsgeschichtlichen Abteilung der Skl, und Onkel des Ib der Skl, Heinz Assmann, am 29. Juli mutmaßte. Aufgrund dieser vermeintlichen Erkenntnis rückten die Marineoffiziere am Tirpitzufer – mit Ausnahme des Befehlshabers der Unterseeboote, Admiral Karl Dönitz[89] – in der Folgezeit zunehmend vom bisher streng verfolgten Prinzip, die eigenen Unterseeboote nur im Atlantik einzusetzen, ab. Hatte Raeder noch am 25. Juli, als Hitler auf Rommels Ersuchen

[83]   ADAP D XIII.1, Dok. 134, 20.7.41, S. 160 ff.

[84]   Skl Im, Nr. 16379, 22.7.41, BA-MA, PG 33050.

[85]   Skl, »Lagebetrachtung 29.7.41« (ohne Nr.), BA-MA, RM 8/1123.

[86]   Siehe unten S. 105 f.

[87]   Skl, »Lagebetrachtung 29.7.41« (ohne Nr.), BA-MA, RM 8/1123.

[88]   Ebd. In der »Lagebetrachtung zur weiteren Kampfführung (Stand 20.10.41)« (Salewski, Seekriegsleitung, Bd. III, S. 217 ff., hier S. 223) hieß es: »Die Verstärkung der ägyptischen Stellung ist z.Zt. im großzügigen Ausmaß im Gange. Von der Absicht einer baldmöglich durchzuführenden Offensive gegen die deutsch-italienische Nordafrikaposition ist die Seekriegsleitung überzeugt und vermutet auch, daß die endgültige Bereinigung der Lage in diesem Raum das nächste operative Ziel der britischen Kriegführung ist.«

[89]   Dönitz vertrat hierzu die Auffassung, daß »bei den wenigen Booten, die wir besaßen, wenn es erforderlich schien, U-Boote von (...) (der) Hauptaufgabe des Tonnagekrieges abzuziehen, stets genau geprüft und überlegt werden (mußte), ob dies wirklich unumgänglich notwendig war«. Diesen Grundsatz, die U-Boote nur in den allerdringendsten Fällen vom Tonnagekrieg abzuziehen, sah Dönitz im Falle der Verlegung deutscher Unterseeboote ins Mittelmeer für verletzt an. Seiner Auffassung zufolge wurden durch diese Abstellung der deutschen Boote in den Mittelmeerraum 1941/42 mindestens 500 000 BRT in der Atlantikschlacht weniger versenkt. Dönitz, K., Deutsche Strategie zur See im Zweiten Weltkrieg. Die Antworten des Großadmirals auf 40 Fragen, Frankfurt a.M. 1970, S. 69 ff. Vgl. dazu ferner: Salewski, Seekriegsleitung, Bd. II, S. 425 ff.

beim Ob.d.M. angeregt hatte, deutsche Unterseeboote ins Mittelmeer zu entsenden, ablehnend reagiert[90], griff er nun, wenige Tage darauf, den Vorschlag Hitlers von selbst auf. In der Lagebesprechung am 19. August erklärte Raeder, bevor er Hitler am 22. August erneut persönlich auf die sich verschärfende Seetransportlage im Bereich des zentralen Mittelmeers aufmerksam machte[91], daß sich der Einsatz deutscher Unterseeboote im Mittelmeer angesichts des völligen Versagens der Italiener nicht vermeiden lassen würde[92]. Raeder dachte hierbei an die Entsendung von 6 bis 10 Booten mittlerer Größe.

Wenige Wochen später, am 13. September 1941 – die Überlegungen zur Entsendung deutscher U-Boote ins Mittelmeer hatten inzwischen Gestalt angenommen – wandte sich Weichold in einem dramatischen Appell, der der katastrophalen Seetransportlage im zentralen Mittelmeer Rechnung trug[93], an die Seekriegsleitung, was diese wiederum veranlaßte, deswegen erneut an Hitler heranzutreten. Im Fernschreiben der Seekriegsleitung vom gleichen Tage hieß es: »Die geschilderte Lage ist unhaltbar. Ital. Luft- und Seestreitkräfte für ausreichende Sicherung unfähig. Vorgesehene ital. Maßnahmen genügen keinesfalls, sind weiterhin als völlig unzureichend zu beurteilen. Skl hält grundlegende Änderung und äußerste Beschleunigung Abhilfemaßnahmen für dringend erforderlich, wenn nicht gesamte deutsch-italienisch-nordafrikanische Position verlorengehen soll, von eigener Offensive ganz abgesehen. Verlust Nordafrikaposition aber gleichbedeutend mit Verlust Gesamtmittelmeer. Katastrophale Auswirkungen hiervon unabsehbar und von so kriegsentscheidender Bedeutung, daß alle überhaupt möglichen politischen und militärischen Maßnahmen jetzt umgehend getroffen werden müssen, um Transportlage und damit Lage Nordafrika grundlegend zu verbessern. Außer Forderungen des Dt. Generals hält Skl schnellstmögliche Wegebnung für Verlegung S- und R-Boote Mittelmeer und Rückverlegung deutscher Luftstreitkräfte Sizilien für unumgänglich notwendig. Sicherung deutsch-italienischer Nordafrikatransporte ist ausgesprochen Schwerpunktaufgabe und muß allen anderen Aufgaben im Mittelmeer vorangestellt werden. Auch Auswirkung deutscher Luftangriffe gegen Suez-Gebiet weit hinter Notwendigkeit Sicherstellung Seetransporte zurück, da oberster Grundsatz Stärkung unserer Nordafrika-Position sein muß. Skl wiederholt die bereits in Denkschrift und zahlreichen Rücksprachen stets zum Ausdruck gebrachte Überzeugung, daß Erhaltung Nordafrika- und damit Mittelmeerposition und Erhaltung westafrikanischer Position für unsere Kriegführung sowie Verhinderung Verlustes Nord/West-Afrika an England/Amerika als Voraussetzung für Gewinn Gesamtkrieg anzusehen ist[94].«

Nun reagierte Hitler. Noch am 13. September, befahl er, sechs deutsche U-Boote in das Mittelmeer zu entsenden[95]. Darüber hinaus erging ein Befehl an das X. Fliegerkorps, fortan seine Aufgabe ausschließlich im Schutz der Geleite, insbesondere auf der Haupt-

---

[90] Während seines Lagevortrages bei Hitler am 25.7.41 (Wagner, Lagevorträge, S. 272) stellte Raeder noch die Entsendung deutscher U-Boote ganz im Sinne Dönitz' »als abwegige Zersplitterung« dar und lehnte sie nachdrücklich ab. OKM Skl Ia, Nr. 1380/41, 9.8.41, BA-MA, RM 7/845.

[91] Wagner, Lagevorträge, 22.8.41, S. 277 ff.

[92] KTB Skl, 19.8.41, BA-MA, RM 7/27. Am 25.8.41 kündigte die Seekriegsleitung den erwogenen Einsatz deutscher U-Boote im Mittelmeer Weichold an. 1.Skl Iu, Nr. 1440/41, 25.8.41, BA-MA, RM 7/234.

[93] KTB Skl, 12.9.41, BA-MA, RM 7/28.

[94] Wagner, Lagevorträge, 17.9.41, S. 298. Der Text ist weitgehend identisch mit der Eintragung ins KTB der Skl vom Vortage.

[95] Skl Iop, Nr. 1521/41, 13.9.41, BA-MA, RM 7/935.

route Neapel–Tripolis, zu sehen[96]. Als letzterer Befehl von Göring dahingehend verwässert wurde, daß der Geleitschutz durch das X. Fliegerkorps nur noch zwischen Griechenland und der nordafrikanischen Küste sowie an der nordafrikanischen Küste zwischen Benghasi und Derna gestellt werden sollte, forderte die Seekriegsleitung, den Einsatzbefehl für das X. Fliegerkorps im ursprünglichen Sinne der OKW-Weisung erneut zu ändern oder die Zuführung zusätzlicher Luftstreitkräfte in allernächster Zeit auch »unter Inkaufnahme Schwächung Ostfront« zu veranlassen, da »angesichts Unzulänglichkeit mit bestem Willen versprochenen italienischen Einsatzes weiteres Abgleiten der Mittelmeer-Transportlage unvermeidlich und damit schwerste militärische Rückschläge in Nordafrika mit entsprechender Wirkung auf Gesamtlage Mittelmeer und Italiens als Kriegspartner zu erwarten«[97] sein würden.

Nachdem Raeder erst am 17. September die Schwierigkeiten beim Seetransport im Mittelmeer bei Hitler angesprochen und die von Assmann erstellte Lagebetrachtung, deren Wortlaut mit dem Fernscheiben vom 13. September identisch war, vorgelegt hatte[98], hielt es die Seekriegsleitung bereits am 23. September abermals für angebracht, wegen der kritischen Lage an der südlichen Peripherie bei Hitler bzw. dem OKW vorstellig zu werden. Die Seekriegsleitung übergab ein neuerliches, an Hitler persönlich gerichtetes und von Raeder unterzeichnetes Fernschreiben dem Marineadjutanten Hitlers, Kapitän zur See Karl-Jesco von Puttkamer, mit der Bitte, es bei »günstiger Gelegenheit« dem Obersten Befehlshaber vorzulegen[99]. Puttkamer aber fand hierzu keine Möglichkeit, so daß die warnende Stimme Raeders niemals ihren Adressaten erreichte[100].

Mitte Oktober 1941 war der Nachschubverkehr zwischen Italien und Nordafrika fast zusammengebrochen. Die überaus heftigen Aktivitäten der auf Malta gestützten See- und Luftstreitkräfte wurden von der Skl als Vorboten einer britischen Offensive verstanden[101]. Aus zwei Gründen mußten die Briten nach Auffassung der Seekriegsleitung nun in Nordafrika offensiv werden: zum einen, um die anscheinend kurz vor dem Zusammenbruch stehende sowjetrussische Kriegführung durch eine Entlastungsoperation zu stützen, zum anderen, um die im Mittelmeer gebundenen Seestreitkräfte der »Home Fleet« – jedenfalls teilweise – durch die Inbesitznahme der gesamten nordafrikanischen Küste von Suez bis zum Atlantik für den heraufziehenden Fernostkonflikt freizubekommen, um so Druck auf Japan auszuüben und das Kaiserreich von seinen Expansionsgelüsten in Südostasien abzuhalten[102].

Die Konsolidierung der Mittelmeerlage wurde deshalb für die Seekriegsleitung zum Gebot der Stunde. Auch Hitler war sich inzwischen durch die »Hilferufe« von der südlichen Peripherie über das katastrophale Ausmaß der Lage klargeworden. Skl und Hitler stimmten allerdings in der Wahl der zu ergreifenden Gegenmaßnahmen nicht überein.

[96]   Vgl. dazu unten S. 110.
[97]   1. Skl Ia, Nr. 1551/41, 19.9.41, BA-MA, PG 33050.
[98]   Wagner, Lagevorträge, 17.9.41, S. 298.
[99]   Wagner, Lagevorträge, 17.9.41, S. 299 f.
[100] Assmann, K., Deutsche Schicksalsjahre. Historische Bilder aus dem Zweiten Weltkrieg und seiner Vorgeschichte, Wiesbaden 1950, S. 352 (weiterhin zitiert als: Assmann, Schicksalsjahre).
[101] Siehe oben S. 94 f.
[102] Vgl. dazu »Lagebetrachtung zur weiteren Kampfführung (Stand: 20.10.41)«, Salewski, Seekriegsleitung, Bd. III, S. 216 ff.; »Betrachtung über die Bedeutung Gibraltars«, 2.12.41, BA-MA, RM 7/234.

Während es die Seekriegsleitung begrüßte, daß Hitler nun, da der Sieg über die Sowjetunion erkämpft zu sein schien[103], dazu übergehen wollte, den Schwerpunkt der Landkriegführung in den Mittelmeerraum zu verlegen, und deshalb schon erste Verbände aus dem östlichen Kriegsschauplatz herauslösen ließ, lehnte die Seekriegsleitung trotz der erwarteten britischen Groß-Offensive, gemäß der maritimen Strategie, nach der der Krieg im wesentlichen als Seekrieg gegen die britisch-amerikanische Feindkoalition fortgesetzt werden sollte, die von Hitler geforderte Entsendung weiterer U-Boote vom Atlantik ins Mittelmeer ab.

Am 27. Oktober 1941 erklärte deshalb der Chef des Stabes der Seekriegsleitung dem Oberbefehlshaber der Wehrmacht, daß »nach Auffassung der Seekriegsleitung die Bedeutung der Schlacht im Atlantik im Gegensatz zu dem Schwerpunktwechsel auf den Landkriegsschauplätzen unverändert geblieben sei«[104] und außerdem bedacht werden müsse, »daß der Engländer nach wie vor die größte Gefahr in der Unterbindung der Versorgungsschiffahrt für das Mutterland sehe und daß man den Alpdruck nicht gerade in einem Augenblick von ihm nehmen solle, in dem er unter der Depression des für ihn ungünstigen Ausganges des Ostfeldzuges leide. Die Anzahl der deutschen U-Boote im Atlantik ist zur Zeit so gering, daß ein Wegziehen von Kräften ins Mittelmeer eine fühlbare Entlastung der Versorgung des englischen Mutterlandes bedeuten würde«[105].

Die äußerst bedrohte Seetransportlage im zentralen Mittelmeer glaubten Vizeadmiral Fricke, der Ende Mai 1941 Admiral Otto Schniewind als Chef des Stabes abgelöst hatte, und die Seekriegsleitung durch einen gezielten Mineneinsatz, besonders gegen die Ansteuerungskurse nach Malta[106], durch den Einsatz der im September ins Mittelmeer entsandten U-Boot-Gruppe »Goeben« und der sich in Marsch befindlichen zehn Schnell- und acht Räumboote[107] sowie durch den Einsatz eines Luftflottenkommandos, dessen Verlegung nach Süditalien/Sizilien Hitler soeben beschlossen hatte, konsolidieren zu können. »Bevor man Kräfte aus dem Atlantik wegziehe«, führte Fricke weiter aus, »solle man die Durchführung aller dieser Maßnahmen (gegenüber den Italienern) erzwingen[108].«

Darüber hinaus sprach der Chef des Stabes der Skl noch die Möglichkeit von Operationen gegen Gibraltar und Malta an, wie sie im Juli 1941 von der Operationsabteilung des Heeres im Rahmen der Nach-»Barbarossa«-Planung für das Jahr 1941 in Erwägung gezogen worden waren. Gleichsam als Alternative zu der von Hitler beabsichtigten Verlegung weiterer Atlantik-U-Boote ins Mittelmeer sollte die Eroberung Gibraltars die

---

[103] Siehe unten S. 112 ff.

[104] Wagner, Lagevorträge, 27.10.41, S. 301 ff. Vgl. dazu: »Lagebetrachtung der Seekriegsleitung zur weiteren Kampfführung gegen England (Stand 20.10.41)«, Salewski, Seekriegsleitung, Bd. III, S. 215 ff. Vgl. hierzu auch die Zusammenfassung des Gespräches im KTB Skl, 28.10.41, BA-MA, RM 7/29 sowie Salewski, Seekriegsleitung, Bd. II, S. 476 ff.

[105] Wagner, Lagevorträge, 27.10.41, S. 302.

[106] Ebd. Tatsächlich wurden auf Betreiben der Skl die Verminungsaktivitäten in der Sizilienstraße forciert. Skl IE, Nr. 1781/41, 29.10.41, BA-MA, PG 33281.

[107] Bereits am 25.7.41 hatte die Seekriegsleitung die Verlegung deutscher Schnell- und Räumboote aus der Ostsee ins Mittelmeer angeordnet (1. Skl I op, Nr. 16474/41, 25.7.41, BA-MA, RM 7/234). Die Verhandlungen mit Vichy über die Nutzung des Rhein-Rhône-Kanals für die Überführung der Boote durch das unbesetzte Frankreich verzögerten sich jedoch derartig, daß die Boote erst im Oktober im Mittelmeer eintrafen. Zur 3. S-Boot-Flottille, deren Anmarsch und Einsatz im Mittelmeer vgl.: Kemnade, F., Die Afrika-Flottille. Der Einsatz der 3. Schnellbootflottille im Zweiten Weltkrieg, Stuttgart 1978.

[108] Wagner, Lagevorträge, 27.10.41, S. 303.

militärischen und politischen Probleme des Mittelmeerraumes in ihrer ganzen Vielfalt lösen. Wenn Fricke außerdem die Eroberung Maltas ansprach, so würde dies ebenfalls – sozusagen als »kleine Lösung« des Mittelmeerproblems – die Entsendung weiterer Unterseeboote ins Mittelmeer erübrigen.

Fricke stieß allerdings bei Hitler auf Ablehnung; denn für eine Eroberung Gibraltars würden – so Hitler – die politischen Voraussetzungen fehlen; einer sicherlich verlustreichen Eroberung Maltas stand er gänzlich ablehnend gegenüber, und die Luftstreitkräfte allein würden nach Hitlers Auffassung nicht ausreichen, um die Lage im Mittelmeer konsolidieren zu können. Deshalb befahl er dem Chef des Stabes der Seekriegsleitung unmißverständlich, »ihm schnellstens einen im Sinn seiner geäußerten Wünsche gelegenen Durchführungsvorschlag vorzulegen«[109].

Schon am darauffolgenden Tage, dem 28. Oktober 1941, entwarf die Operationsabteilung der Seekriegsleitung einen Einsatzplan, der in etwa den von Hitler am Vortage gegenüber Fricke skizzierten Gedanken über einen U-Boot-Einsatz im Mittelmeer entsprach[110]. Danach sollten sich, neben der U-Boot-Gruppe »Goeben«, weitere 18 Boote auf den Marsch ins Mittelmeer begeben und dort in zwei Sperrzonen – südlich von Kreta gegen die britische Versorgungsschiffahrt zwischen Alexandria und Tobruk sowie zwischen Alexandria und Malta und im westlichen Mittelmeer südlich von Sardinien gegen die westliche Zufuhr nach Malta – aufgestellt werden. In einem sich auf diesen Einsatzplan beziehenden Runderlaß, der auf die Person des B.d.U., der sich hartnäckig gegen die weitere »Verzettelung« seiner U-Boot-Waffe sträubte, abzielte, hieß es, daß ein Einspruch gegen die Verlegung der Boote ins Mittelmeer »nicht in Frage komme«[111].

Der Zufuhrkrieg im Atlantik, wo am 10. November 1941 nur noch 22 Boote operierten, war damit zur Wirkungslosigkeit verdammt[112].

3. Hitlers »Haltestrategie« und erneute Aushilfsmaßnahmen für den Mittelmeerraum

Während die Ostoperationen so erfolgreich angelaufen waren, daß sich in den deutschen Oberkommandos die Erwartung, auch die Sowjetunion in einem neuen »Blitzkrieg« niederwerfen zu können, zu bestätigen schien[113], beurteilte das OKH die Lage auf dem nordafrikanischen Kriegsschauplatz trotz der soeben errungenen Abwehrerfolge Rommels bei Sollum nach wie vor kritischer als das OKW und Hitler, der die Nachrichten aus Nordafrika »nicht besonders ernst«[114] nahm. Am 6. Juli, nach einer eingehenden Ausprache mit dem aus Nordafrika herangeholten General Gause, dem Verbindungsoffizier beim Italienischen Oberkommando Libyen, notierte Halder in sein Tagebuch:

---

[109] Ebd., S. 304.
[110] 1. Skl Ia, Nr. 1791/41, 29.10.41, BA-MA, RM 7/234.
[111] Ebd.
[112] Wagner, Lagevorträge, 13.11.41, Anlage 3, S. 313 f.
[113] Bereits am 3.7.41 hatte Halder in sein Tagebuch notiert: »Es ist wohl nicht zuviel gesagt, wenn ich behaupte, daß der Feldzug gegen Rußland innerhalb von 14 Tagen gewonnen wurde.« KTB Halder, Bd. III, S. 38.
[114] Below, Adjutant, S. 293.

»Die Lage bei Bardia und Sollum bleibt dauernd gespannt. Zwar hat der Engländer sich nach seiner letzten Niederlage abgesetzt. Es scheint aber durchaus möglich, daß er gegen Ende Juli seine Angriffe wiederholt. Die Witterungslage soll um diese Zeit nicht schlechter sein als zur Zeit des letzten Angriffes. Bei diesem hat der Engländer 400 Panzerwagen und zwei Infanterie-Divisionen eingesetzt. Ende Juli kann er in der Lage sein, 600 Panzerwagen und drei Divisionen einzusetzen. Ob dann die deutschen Kräfte werden durchhalten können, ist fraglich. Denn schon beim letzten englischen Angriff stand es auf Spitz und Knopf. Man wird in Rechnung stellen müssen, daß bei einem erneuten Angriff der Feind auch aus Tobruk angreift[115].«

Um die durch den Kampf an zwei Fronten – Tobruk und Sollum – bedingte schwierige Lage des Deutschen Afrikakorps bereinigen und damit eventuellen feindlichen Operationen während des Rußlandfeldzuges trotzen zu können, bedurfte es nun nach Auffassung des OKH – ein Ausweichen auf die Gazala-Stellung konnte ohnehin bei Hitler nicht durchgesetzt werden – der beschleunigten Wegnahme der Festung Tobruk. Das Deutsche Afrikakorps wurde deshalb vom OKH aufgefordert, außer einem Operationsplan für die im Herbst vorgesehene Fortsetzung der Offensive gegen Ägypten auch einen Plan für den Angriff auf Tobruk einzureichen[116]. Bereits am 13. Juli lagen diese Pläne im OKH vor. Daraus ergab sich – an Rommels Offensivdrang gemessen – überraschenderweise, »daß mit Rücksicht auf die vorher sicherzustellende Versorgung und die Witterungsverhältnisse der Angriff erst im Oktober durchführbar wird«[117], also nach Abschluß von »Barbarossa«.

Im Gegensatz zu den Vorstellungen des OKH beabsichtigte Rommel, mit der Masse der 5. leichten Division und der 15. Panzerdivision und nicht mit den neu zugeführten Infanterie-Verbänden und Artilleriekräften den Angriff auf Tobruk zu führen. Angesichts dieses Planes befürchtete die Operationsabteilung des OKH, daß die beweglichen Kräfte des Deutschen Afrikakorps so weit gebunden und geschwächt werden würden, daß dadurch die spätere Fortsetzung der Operationen gegen den Suez-Kanal wesentlich erschwert und verzögert werden würde[118]. Diese Befürchtung vor dem Hintergrund der sich ständig verschärfenden Seetransportlage im zentralen Mittelmeer sowie die sich im Verlaufe der näheren Untersuchungen herausstellende militär-technische Unmöglichkeit, noch im Herbst 1941 über die Türkei nach Syrien vorzustoßen, ließen die Operationsabteilung und der Oberquartiermeister I des Heeres die bisherige Zeitplanung verwerfen[119]. Am 24. Juli kam man zu dem neuen Ergebnis, daß ein Angriff auf Tobruk zwar etwa Anfang/Mitte September 1941, der Antritt zu einer Offensive gegen Ägyp-

---

[115] KTB Halder, Bd. III, 6.7.41, S. 47 f.
[116] OKH Gen.St.d.H. Op.Abt. (IIb), Nr. 1299/41, 28.6.41, BA-MA, RH 2 v. 460. Vgl. dazu auch: KTB OKW, Bd. I, 2.7.41, S. 426.
[117] KTB OKW, Bd. I, 13.7.41, S. 433.
[118] Ebd.
[119] Die Planungen für die Nach-»Barbarossa«-Kriegführung, die aufgrund des Entwurfes zur Weisung Nr. 32 seit Ende Juni in der Operationsabteilung des Heeres vorangetrieben worden waren (Hinweise hierzu finden sich im KTB Halder, Bd. III, 25.6. und 3.7.41 auf den Seiten 15 und 39), zeitigten am 13.7.1941 bezüglich eines Angriffes auf den Suez-Kanal sowohl über die Türkei und Syrien als auch von Libyen aus erste Ergebnisse. Die Planung einer Operation aus dem Kaukasus in Richtung Persischer Golf wurde zu diesem Zeitpunkt eben erst eingeleitet. KTB OKW, Bd. I, 13.7.41, S. 433.

ten – in einer Nebenoperation aus Libyen heraus und in einer Hauptoperation über die Türkei, wie es die Weisung Nr. 32 vorsah – aber erst »Anfang 1942« möglich sei[120]. Um die Seetransportlage im zentralen Mittelmeer zu konsolidieren und damit die Voraussetzung für die Eroberung Tobruks und für die Anfang 1942 geplante weiträumige Offensive Rommels zu schaffen, wurde in der von der Operationsabteilung des Heeres angefertigten Studie »Kriegführung nach Abschluß ›Barbarossa‹«[121] vom 24. Juli 1941 die Ausschaltung des britischen Luft- und Seestützpunktes Malta für Herbst 1941 gefordert. Ob allerdings für die von der Operationsabteilung »an sich erwünschte Wegnahme der stark besetzten und befestigten Insel Malta«[122] nach Abschluß des Ostfeldzuges ausreichende Mittel der Kriegsmarine und Kräfte der Luftwaffe zur Verfügung stehen würden, entzog sich – wohl aus Rücksichtnahme auf Hitlers völlig ablehnende Haltung gegenüber Luftlandeoperationen – bemerkenswerterweise der Beurteilung des OKH. Um so ausdrücklicher wurde jedoch in der Studie der Operationsabteilung des Heeres, »um (...) für die schwierige Seetransportlage im westlichen Mittelmeer beschleunigt die dringend notwendige Erleichterung zu schaffen, (...) ein Niederhalten Maltas durch die deutsche Luftwaffe zum frühestmöglichen Zeitpunkt«[123] gefordert.

Neben der Ausschaltung Maltas sollte ebenfalls noch im Herbst 1941 die »Hauptkraftquelle« der Insel, die strategische Schlüsselstellung am westlichen Ausgang des Mittelmeeres, Gibraltar, erobert sowie durch die gleichzeitige Besetzung der gegenüberliegenden nordafrikanischen Küste ein dortiges Festsetzen der Briten verhindert werden[124].

Hatten die Überlegungen des OKH, des OKW und diejenigen Hitlers bisher darauf basiert, die Lage im Mittelmeerraum durch zurückhaltende Einflußnahme auf den italienischen Bundesgenossen, etwa durch die von Hitler vorgeschlagene und von Mussolini gebilligte Aufwertung der deutschen Verbindungsstäbe in Rom[125], bis zum Freiwerden der deutschen Kräfte aus dem Ostfeldzug »hinüberzuretten«, so wurde diese Hoffnung mit den ab Ende Juli 1941 aufkommenden Zweifeln, den Rußlandfeldzug noch bis Ende September 1941 »programmgemäß« abschließen zu können[126] und der sich weiter zuspitzenden Seetransportlage im zentralen Mittelmeer zunehmend geringer.

---

[120] OKH OQu.I Op.Abt. (IIb), 1380/41, 21.7.41, BA-MA, RH 2 v. 460. Zweifel daran, daß die konzentrische Zangenoperation gegen die britische Nahost/Mittelmeer-Position noch im Jahre 1941 durchgeführt werden könnte, äußerte Halder bereits am 28.5.1941 (KTB Halder Bd. II, 28.5.41, S. 433). Da die Operation zur Wegnahme Gibraltars (Unternehmen »Felix«) mit der dafür erforderlichen Aufmarschzeit von 90 Tagen noch für 1941 vorgesehen war, war die Verschiebung der Operationen über die Türkei und Syrien gegen Suez/Ägypten auf das Frühjahr 1942 lediglich eine militär-technische Notwendigkeit und stand demnach nicht im Zusammenhang mit der innerhalb des deutschen Hauptquartiers Ende Juli aufkommenden Einsicht, die Sowjetunion doch nicht in einem dreimonatigen Blitzkrieg niederwerfen zu können. Entgegen Hillgruber, Strategie, S. 545, Anm. 51.

[121] OKH Gen.St.d.H. OQu. I Op.Abt. (IIb), Nr. 1385/41, 24.7.41, BA-MA, RH 2 v. 1521. Vgl. dazu: KTB Halder, Bd. III, 23.7.41, S. 103.

[122] Ebd.

[123] KTB Halder, Bd. III, 23.7.41, S. 103.

[124] Ebd.

[125] Vgl. dazu Hitlers Brief an Mussolini vom 20.7.41 (ADAP D XIII.1,Dok.134, S. 160 ff.) und dessen Antwortschreiben vom 26.7.41 (ebd., Dok.156, S. 184 ff.).

[126] Nach »›der Zeit der Siegesgewißheit, der Überzeugung, daß die Entscheidung bereits gefallen sei (3.7.-30.7.)‹« folgte »die Zeit kritischer Zweifel, ob das gestreckte Ziel in dem angesetzten Zeitraum zu erreichen sei (30.7.-Ende September)«. Nach Hillgruber, Strategie, S. 537.

Einer aus dem mit amerikanischer Hilfe ständig verstärkten Nahostraum für Oktober 1941 erwarteten britischen Offensive, deren Ziel es nach Auffassung der Wehrmachtführung sein mußte, den nordafrikanischen »Achsen«-Brückenkopf zu beseitigen, um dadurch Weygand zum Abfall von Vichy zu veranlassen, den Blockadering um Mitteleuropa enger zu ziehen, die Möglichkeit einer Nach-»Barbarossa«-Kriegführung »bedenklich einzuschnüren« und schließlich den Zusammenbruch des faschistischen Italien zu erreichen[127], hätte man dann auf der Seite der »Achse« wenig entgegensetzen können.

Diese britischen Absichten zu vereiteln, die Versorgung der in Nordafrika kämpfenden Truppen auf eine breitere Basis zu stellen und damit die Voraussetzung für einen baldigen Angriff auf Tobruk zu schaffen, war das Ziel der in den Oberkommandos angestellten Überlegungen. Die politischen Möglichkeiten zur Lösung des Mittelmeerproblems, wie sie in der großen, vom Wehrmachtführungsstab/Abteilung L am 28. August vorgelegten und von Hitler gebilligten Denkschrift unter dem Titel »Die strategische Lage im Spätsommer 1941 als Grundlage für die weiteren politischen und militärischen Absichten«[128] und schon in dem vom Chef der Abteilung L, General Warlimont, erstellten »Kurzen strategischen Überblick über die Fortführung des Krieges nach dem Ostfeldzug«[129] vom 8. August 1941 erwogen wurde, waren überaus begrenzt. Da mit einem baldigen Kriegseintritt Spaniens ohnehin nicht gerechnet werden konnte, ein eventuell durch großzügige politische Zugeständnisse an Vichy-Frankreich erkauftes Nutzungsrecht für Bizerta, das den Vorteil mit sich bringen würde, die Versorgung des »italienischen Kriegsschauplatzes« auf eine breitere Basis stellen zu können, gleichzeitig aber die für die Nach-»Barbarossa«-Kriegführung wichtigen westafrikanischen Positionen bei einer Aufgabe des neutralen Status' Vichys dem britisch-amerikanischen Zugriff anheimfallen würden, blieb nicht mehr als die schwache Hoffnung, die Türkei zu einem Kriegseintritt an der Seite Deutschlands zu bewegen. Dies glaubte man vielleicht durch »rein politische Mittel«, »unterstützt durch weitere Erfolge besonders am Südteil der Ostfront«, erreichen zu können[130]. An der Seite Deutschlands würde die Türkei – so wurde es in der Studie vom 28. August zum Ausdruck gebracht – russische Kräfte an ihren Grenzen fesseln und dadurch den deutschen Truppen eine rasche Inbesitznahme der kaukasischen Ölquellen ermöglichen, denen aufgrund der sich abzeichnenden Ölknappheit für die Fortsetzung des Krieges eine ständig steigende Bedeutung beigemessen werden mußte. Darüber hinaus versprach man sich von einem Kriegseintritt der Türkei britische Streitkräfte in Nahost zu binden und damit die in Nordafrika erwartete Offensive verhindern oder wenigstens verzögern zu können. Außerdem würde die Voraussetzung für die nach den Berechnungen der Operationsabteilung des Heeres unter günstigsten Bedingungen am 1. März 1942, wahrscheinlicher jedoch erst am 1. Juni 1942 durchzuführende Offensive aus der Türkei[131] in den Nahostraum geschaffen werden. Angesichts dieser bescheidenen politischen Möglichkeiten blieb den Verfassern der Denkschrift nichts anders übrig, als ausgangs erneut festzustellen, »daß der Zusammenbruch Rußlands (...) das nächste und entscheidendste Kriegsziel (sei), das unter Einsatz aller an anderen Fronten entbehrlichen Kräften erzwungen werden

[127] OKW WFSt Chef Abt. L, Nr. 441339/41, 6.8.41, BA-MA, RM 7/258.
[128] ADAP D XIII.1, Dok. 265, S.335 ff.
[129] OKW WFSt Chef Abt. L, Nr. 441339/41, 6.8.41, BA-MA, RM 7/258.
[130] Vgl. oben Anm. 128.
[131] OKH Gen.St.d.H.OQu.I (IIb), (ohne Nr.), 22.8.41, BA-MA, RH 2 v. 460.

muß. Soweit es 1941 nicht völlig verwirklicht wird, steht die Fortsetzung des Ostfeldzuges 1942 an erster Stelle«[132].

War hiermit unterstrichen worden, daß Stabilisierungsmaßnahmen für die südliche Peripherie keinesfalls auf Kosten des Rußlandfeldzuges durchgeführt werden konnten – die Forderung nach dem Abzug deutscher Luftwaffenverbände vom Ostkriegsschauplatz wurde deshalb als jeglichen Prinzipien der Kriegführung zuwiderlaufend von OKW und OKH abgelehnt[133] –, so waren die verbleibenden Möglichkeiten, die dortige Lage zu entspannen, ebenfalls gering. Da sich bereits Ende Juli 1941 mit der sich abzeichnenden Verzögerung des Rußlandfeldzuges die von Hitler zum wiederholten Male erwogene Entsendung deutscher U-Boote ins Mittelmeer beim Ob.d.M. noch auf Ablehnung gestoßen war, blieb dem OKW nichts anderes als der erneute Versuch, auf den italienischen Bundesgenossen dahingehend einzuwirken, daß dieser sämtliche verfügbaren Mittel zum Schutze der rückwärtigen Seeverbindungen der »Achsen«-Truppen in Nordafrika einsetzte. Die Möglichkeit hierzu bot sich zwischen dem 25. und 28. August 1941, als Mussolini in Begleitung Cianos und Cavalleros mit Hitler, Keitel und den Spitzen der Wehrmacht in der »Wolfsschanze« und im Führerhauptquartier Süd bei Krasno zusammentraf. Dem von Keitel vorgebrachten Anliegen verschlossen sich die Gäste nach außen hin zwar nicht, hofften aber insgeheim, daß der baldige Abschluß des Rußlandfeldzuges, vor allem aber der Durchbruch zum Kaukasus und die damit einhergehende Bedrohung der britischen Nahost-Position von Norden her starke britische Kräfte dort binden würde und sich die Lage im Mittelmeer deshalb bald von allein stabilisieren würde[134].

Als einzige Möglichkeit blieb die Rückverlegung des X. Fliegerkorps von Griechenland und Kreta nach Italien, wie sie seit längerem in den verschiedenen Oberkommandos und Stäben diskutiert worden war. Auf diese besonders von den deutschen Verbindungsstäben in Rom seit Juni gestellte Forderung reagierte Göring, noch bevor sich das OKW einschalten konnte. In einem Schreiben an den Chef des Wehrmachtführungsstabes, General Jodl[135], begründete er seine Ablehnung damit, daß eine Rückverlegung des X. Fliegerkorps nach Sizilien nicht nur Kreta und das Ägäische Meer mit seinen für die »Achse« wichtigen Nachschublinien den dann zu erwartenden Vorstößen der britischen Ostmittelmeer-Seestreitkräfte ungeschützt preisgegeben wären, sondern daß sich darüber hinaus sehr schnell ein »unangenehmer Druck« der britischen Flotte auf die nordafrikanische Küste bis einschließlich Benghasi bemerkbar machen würde. Göring gestand zwar ein, daß der Seeweg Neapel–Tripolis der Hauptnachschubweg nach Nordafrika bleiben müsse, schlug jedoch vor, die Route Tarent–Benghasi/Derna/Bardia, »die bisher nur gelegentlich ausgenutzt worden ist«, soweit »irgend möglich«[136] für die Versorgung der »Achsen«-Truppen heranzuziehen. Der Reichsmarschall versprach sich von der verstärkten Inanspruchnahme der östlichen, das Operationsgebiet

---

[132] OKW WFSt Abt. L, Nr. 441465/41, 27.8.41; ADAP D XIII.1, Dok. 265, S.345 ff.

[133] KTB Halder, Bd. III, 30.7.41, S. 131. Danach sollte die Sicherung der Nachschubtransporte nach Nordafrika weiterhin »Sache der Italiener« sein. »Deutsche Flieger dafür abzugeben, ist in der jetzigen Lage ein Verbrechen. OKW hat keine Mittel um zu helfen.«

[134] ADAP XII.1, Dok.242, 25.8.41, S. 315 ff.; Cavallero, Diario, 25.-28.8.41, S. 131 ff.

[135] Der Reichsminister der Luftfahrt und Oberbefehlshaber der Luftwaffe Ia, Nr. 11064, 12.8.41, BA-MA, RL 2 II/38.

[136] Ebd.

des X. Fliegerkorps tangierenden Route, den Nachschub in größerer Entfernung von Malta sowie unter dem Schirm der deutschen Luftstreitkräfte nahezu verlustfrei überführen und zudem durch die »Zersplitterung« der Malta-Offensivkräfte auch eine Entlastung der Hauptnachschubroute erreichen zu können. Er begründete die verstärkte Inanspruchnahme des östlichen Seeweges nach Nordafrika zusätzlich mit der »unbedingten Notwendigkeit«, den Hafen von Tripolis, die von Malta bedrohte Küstennachschubschiffahrt zwischen Tripolis und Benghasi sowie den ohnehin aufgrund des zu knapp bemessenen Kolonnenraumes ständig überforderten Landnachschubweg von Tripolis zur Front zu entlasten. Göring wies ausdrücklich darauf hin, daß weder die Kapazität der Cyrenaika-Häfen voll genutzt sei, noch daß die Wiederinstandsetzung der Häfen von Bardia und Derna seit deren Rückeroberung durch Rommel von den Italienern in Angriff genommen worden sei.

Ausschlaggebend für Görings Widerstand gegen eine Verlegung von den Teilen des X. Fliegerkorps nach Sizilien dürfte jedoch nicht die Überzeugung von Vorteilen der östlichen Route, sondern vielmehr die noch ungetrübte Erwartung eines baldigen siegreichen Abschlusses der Ostoperationen gewesen sein. Dies hätte die Fortsetzung des Krieges an der südlichen Peripherie Europas im Sinne der Weisung Nr. 32 erlaubt. Angesichts einer derartigen Aussicht wollte Göring wohl eher sein X. Fliegerkorps geschlossen im ostmediterranen Operationsgebiet, gleichsam in der »Startposition« für den alsbald erwarteten Griff nach der britischen Nahost-Mittelmeer-Position, zusammenhalten.

Der Luftkrieg im zentralen Mittelmeer – der unter der Prämisse einer baldigen siegreichen Beendigung des Ostfeldzuges ohnehin nur noch für eine begrenzte Zeit von vorrangiger Bedeutung sein würde – sollte deshalb den Luftstreitkräften des »Achsen«-Partners überlassen bleiben. Der Reichsmarschall forderte daher das OKW am 12. August auf, dem Comando Supremo mitzuteilen, »daß die italienische Luftwaffe ihre Kräfte auf Sizilien, in Süditalien und im Raum Tripolis/Benghasi derart verstärkt, daß sie laufend Malta nachhaltig bekämpfen und die Sicherung der Seetransporte aus der Luft durchführen«[137] könne.

Als im September 1941 die auf Malta gestützten britischen U-Boote und Luftstreitkräfte den Geleitverkehr zwischen Italien und Tripolis zunehmend erfolgreicher bekämpften, schlug auch die Operationsabteilung des Heeres, »da die als einzig wirksame Abhilfe immer wieder geforderte und als notwendig anerkannte Verstärkung der Luftwaffe im Mittelmeer unmöglich«[138] war, vor, den Seetransportweg und den Einsatzraum des X. Fliegerkorps räumlich zusammenzulegen. Hierzu wurde erwogen, entweder den bisherigen Seeweg Neapel–Tripolis beizubehalten und das X. Fliegerkorps nach Sizilien zurückzuverlegen oder die Seetransporte durch das jetzige Operationsgebiet des X. Fliegerkorps über Griechenland und Kreta nach der Cyrenaika zu führen. Als Ergebnis der in der Operationsabteilung angestellten Überlegungen wurde vorgeschlagen, den Seeweg Neapel–Tripolis durch »rücksichtslosen Einsatz« des vorhandenen Seetransportraumes sowie der italienischen See- und Luftstreitkräfte – zusätzlich sollten deutsche Ju-Transport-Gruppen den Geleitverkehr entlasten – bis zu der für Ende Oktober 1941 beabsichtigten Eroberung Tobruks aufrechtzuerhalten. Nach dem Fall Tobruks sollte der Nachschub sofort unter dem Luftschirm des im östlichen Mit-

---

[137] Ebd.
[138] OKH Gen.St.d.H. Op. Abt. (IIb), Nr.1496/41, 12.9.41, BA-MA, RH 2 v. 460.

telmeer verbliebenen X. Fliegerkorps über Griechenland und Kreta vornehmlich nach dem in seiner Leistungsfähigkeit weit überschätzten Hafen von Tobruk fließen. Der dramatische Appell der Seekriegsleitung vom 13. September bewog Hitler, neben der sofortigen Entsendung deutscher Unterseeboote ins Mittelmeer auch ab sofort den Schutz der Seetransporte nach Nordafrika einschließlich derer auf der Hauptroute Neapel–Tripolis als zentrale Aufgabe des X. Fliegerkorps zu betrachten[139]. Die Bekämpfung der feindlichen Nachschublinien im Bereich des östlichen Mittelmeerraumes sollte fortan nur noch als »Nebenaufgabe« durchgeführt werden. Göring erreichte jedoch noch am gleichen Tage, den Befehl Hitlers dahingehend zu modifizieren, daß nur bei besonders wichtigen Nachschubtransporten deutsche Zerstörer den von der italienischen Luftwaffe nach wie vor zu stellenden Luftschirm überlagern sollten[140]. Nur für diesen Zweck sollten dazu auch kurzfristig die notwendigen Sicherungskräfte nach Sizilien verlegt werden. Um weitere Forderungen an das X. Fliegerkorps von vornherein abzublocken, wurde in der Neuauflage des Befehls ausdrücklich erwähnt, daß »eine Verlegung des X. Fliegerkorps nach Sizilien zur Bekämpfung des englischen Stützpunktes Malta (...) nicht in Frage (kommt)«[141].

Als Gründe gegen eine Rückverlegung bzw. gegen ein erneutes verstärktes Engagement im Bereich des zentralen Mittelmeeres führte der Reichsmarschall neben der zeitraubenden Verlegung der Bodenorganisation vor allem und zum wiederholten Male an – was dann wohl auch für Hitler der ausschlaggebende Grund war, seinen Befehl im Sinne Görings abzuändern[142] –, daß das X. Fliegerkorps für den Fall, daß starke Teile nach Sizilien verlegt würden, weder in der Lage wäre, den ägäischen Raum nach Süden hin zu sichern noch den bevorstehenden Angriff der Panzergruppe Afrika gegen die Festung Tobruk erfolgversprechend zu unterstützen[143]. Wie schon seit der Verlegung des X. Fliegerkorps ins östliche Mittelmeer verwies Göring auch jetzt, als es abermals galt, seine ablehnende Haltung gegenüber einer Stationierung des X. Fliegerkorps in Sizilien zu begründen, auf die ungenutzten Möglichkeiten der östlichen Alternativroute hin und trug damit zu jener Überschätzung dieses Seeweges samt der Leistungsfähigkeit der Cyrenaika-Häfen seitens des OKW bei, die sich später so verhängnisvoll auswirken sollte.

Die parallel zu den weiter ansteigenden Verlusten der Nachschubschiffahrt zunehmende Kritik seitens der Skl und der deutschen Verbindungsstäbe in Rom an der Modifikation des Hitler-Befehls einerseits und der ungebrochene Wille des Reichsmarschalls, das X. Fliegerkorps im Hinblick auf die erwartete baldige Schwerpunktverlegung der weiteren Kriegführung an die südöstliche Peripherie Europas geschlossen auf den griechisch-kretischen Luftbasen zu belassen, andererseits, veranlaßten ihn, jetzt eine Reihe von Initiativen zur direkten Einflußnahme auf die Luftwaffenführung des Bundesgenossen zu entwickeln. Am 20. September 1941 ließ er über Ritter von Pohl, den Chef des Luftwaffenverbindungsstabes bei der königlich-italienischen Luftwaffe (Superaero), in dem offensichtlichen Bestreben, die italienischen Luftstreitkräfte aus ihrer im

---

[139] OKW WFSt Abt. L, Nr. 441530/41, 13.9.41, BA-MA, RM 7/234; vgl. dazu: Gundelach, Luftwaffe, Bd. I, S. 289 f.

[140] 1.Skl Ia, Nr. 1551/41, 19.9.41, BA-MA, PG 33050 nimmt Bezug auf OKW WFSt Abt. L, Nr. 11293/41, 13.9.41, wonach der Befehl Hitlers modifiziert wurde. Das Aktenstück selbst war nicht auffindbar.

[141] Zitiert nach Warlimont MS/P-216, S. 448, dem das Aktenstück offensichtlich vorgelegen hatte.

[142] Hitler fürchtete einmal mehr um das rumänische Ölgebiet um Ploesti.

[143] 1.Skl Ia, Nr. 1551/41, 19.9.41, BA-MA, PG 33050.

Mai vereinbarten Verantwortung nicht zu entlassen, diese ausdrücklich auf ihre Pflichten, insbesondere auf die verstärkt auszuführende Bekämpfung Maltas, hinweisen[144]. Neben der Forderung nach einem beschleunigten Auf- und Ausbau der Häfen von Benghasi, Derna und Bardia kündigte er der italienischen Luftwaffenführung an, daß er das X. Fliegerkorps beauftragt habe, sich »unverzüglich« in die Organisation des Geleitzugdienstes einzuschalten.

Am 2. Oktober traf der Reichsmarschall selbst mit dem Stabschef der italienischen Luftwaffe, General Pricolo, im ostpreußischen Rominten zusammen[145]. Um eventuellen Forderungen Pricolos nach einer Bekämpfung Maltas durch das X. Fliegerkorps von vornherein entgegenzutreten, gab Göring schon zu Beginn der Unterredung seiner Meinung Ausdruck, daß »die deutsche Luftwaffe nichts gegen Malta unternehmen (könne), weil sie jetzt die sehr wichtigen Stützpunkte auf Kreta nicht aufgeben könne und außerdem der Welt nicht zeigen wolle, daß die italienische Luftwaffe die deutschen Luftstreitkräfte brauche«[146]. »Was Malta betrifft, haben wir den Eindruck, es zu beherrschen«[147], erwiderte Pricolo sichtlich bemüht, die Unfähigkeit der italienischen Luftstreitkräfte zu vertuschen. Darüber hinaus lehnte er das Angebot Görings, im Rahmen der beabsichtigten Neuregelung den italienischen Luftschirm auf der Hauptroute Neapel – Tripolis in Ausnahmefällen auch mit deutschen Zerstörern zu »überlagern«, mit der Einschränkung, sofern »es der Reichsmarschall nicht für unbedingt notwendig«[148] halte, ab. Göring hielt dies jedoch für »unbedingt notwendig«; denn auch er war sich durchaus des Ernstes der Lage im zentralen Mittelmeer bewußt. Deshalb rief er seinem Gesprächspartner die drei Hauptaufgaben der italienischen Luftwaffe, die nur ein Einsatzgebiet, das Mittelmeer, habe, nochmals in Erinnerung: Erstens handele es sich dabei um den Angriff auf Malta, zweitens um die Sperrung des Kanals von Sizilien und drittens um die Sicherung der Geleite nach Libyen. Die Organisation der Geleite betreffend, schlug Göring vor, Truppen zukünftig nur noch auf Zerstörern und Unterseebooten und Material ausschließlich auf kleinen Schiffen möglichst nach den Cyrenaika-Häfen Benghasi, Derna und Bardia zu transportieren, anstatt den gesamten Verkehr auf der gefährlichen Route nach Tripolis durchzuführen. Die Einwände Pricolos, daß die »Achsen«-Truppen in Nordafrika täglich 5000 Tonnen Nachschub benötigen würden und Tripolis der einzige Hafen sei, der das Löschen von 4500 Tonnen täglich ermögliche, in Benghasi dagegen nur 1000 Tonnen pro Tag, in Bardia 600 Tonnen und in Derna nur 500–600 Tonnen täglich ausgeschifft werden könnten und diese Häfen außerdem stark beschädigt seien, überging der Reichsmarschall mit der Bemerkung, daß »die italienische und deutsche Marine nur aus Büchern wisse, daß in diesem

---

[144] Italuft Ia, Nr. 246/41, 20.9.41, BA-MA, RL 7/691.

[145] »Gespräch zwischen Reichsmarschall Göring und General Pricolo in Rominten, 2. Oktober 1941«, BA-MA, RL 7/691. Vgl. auch dazu: Pricolo, Fr., La Regia Aeronautica nella Seconda Guerra Mondiale Novembre 1939 - Novembre 1941, Mailand 1971, S. 420 ff. An jenem 2.10.41 legte der Oberbefehlshaber der italienischen Luftwaffe ein Memorandum vor, nach dem die italienische Luftwaffe ihre Aufgaben im zentralen Mittelmeer bislang gelöst habe und zukünftig noch gründlicher lösen würde. Derartige den wahren Sachverhalt verzerrende Lageeinschätzungen des Bundesgenossen mochten Göring in seiner Entscheidung, das X. Fliegerkorps geschlossen im Ostmittelmeerraum zu belassen, geradezu bestärkt haben. Das Memorandum Pricolos befindet sich unter der Überschrift »Mittelmeer, Strategische Lage«, in BA-MA, RL 7/691.

[146] »Gespräch zwischen Reichsmarschall Göring und General Pricolo in Rominten, 2. Oktober 1941«, BA-MA, RL 7/691.

[147] Ebd.

[148] Ebd.

oder jenem Hafen 1000 Tonnen gelöscht werden können und daß sie sich danach richten, daß sie aber nicht – wie die englische Marine – improvisieren können«[149].
Die wenigen Wochen bis zum Zusammenbruch der russischen Front, mit dem der
Reichsmarschall an jenem 2. Oktober nach wie vor fest rechnete, glaubte er überbrük-
ken zu können, bis nach der geplanten Einnahme von Tobruk der Luftkrieg gegen
Alexandria und den Suez-Kanal mit einem dann durch die freiwerdenden Luftstreitkräfte im Osten ständig verstärkten X. Fliegerkorps – wie er gegenüber Pricolo andeu-
tete – allmählich im Sinne einer Weiterführung des Krieges in der Zeit nach »Barbarossa« beginnen würde.

Tatsächlich schien die Lageentwicklung an der Ostfront Anfang Oktober der optimistischen Erwartung des Reichsmarschalls Rechnung zu tragen. Bei Hitler ließen
die deutschen Siege über die Rote Armee bei Wjasma und Brjansk, die den Weg nach
Moskau freigemacht zu haben schienen, noch einmal die optimistische Erwartung auf-
flammen, die kontinentale Stufe seines Programms – die Zerschlagung der Sowjetunion – im wesentlichen doch noch 1941 verwirklichen zu können[150].
Neben den jetzt wiederbelebten Planungen für einen nach der Inbesitznahme des kaukasischen Ölgebietes für Herbst 1942 von dort aus beabsichtigten Vorstoß in die iraki-
sche Tiefebene[151] – die Operationsplanungen für einen Angriff über die Türkei gegen
die britische Ostmittelmeerposition waren zurückgestellt worden – veranlaßten die
positive Lageentwicklung an der Ostfront einerseits und die sich zuspitzende Lage an
der südlichen Peripherie andererseits den Wehrmachtführungsstab, Überlegungen hinsichtlich einer rasch einzuleitenden Schwerpunktverlagerung des Luftkrieges von Rußland in den Mittelmeerraum anzustellen. Gemäß den Vorstellungen der Abteilung L,
die in einem um den 10. Oktober erstellten »Entwurf eines Briefes des Führers an den
Duce«[152] niedergelegt wurden, sollten »mit dem diesjährigen Abschluß der Ostoperationen (...) in absehbarer Zeit«[153] freiwerdende starke Fliegerkräfte nach Süditalien
und Sizilien verlegt werden, um »die Seewege nach Libyen und die Cyrenaika zu
sichern, Malta niederzuhalten, den feindlichen West-Ost-Verkehr zu unterbinden und
die Kämpfe in Nordafrika, vor allem auch den bevorstehenden Angriff gegen Tobruk,
nachhaltig zu unterstützen«. Alle fortan im Mittelmeer eingesetzten See- und Luftstreitkräfte der »Achse« sollten von einem erfahrenen deutschen und »dem Comando
Supremo unterstellten« Generalfeldmarschall befehligt werden, der »dann die Mög-

---

[149] Ebd.
[150] Schon am 3.10.1941 hatte Goebbels in seinem Tagebuch notiert, daß »der Führer (...) der Überzeugung
(ist), daß, wenn das Wetter halbwegs günstig bleibt, die sowjetische Wehrmacht in vierzehn Tagen zertrüm-
mert sein wird. (...) Er strahlt förmlich Optimismus aus«. Goebbels Tagebücher, 3.10.41, BA, NL 118/30.
Die weitgesteckten Erwartungen Hitlers und seiner Umgebung spiegeln sich auch in den Eintragungen der
darauffolgenden Tage wider. BA, NL 118/30 ff. Hillgruber (Strategie, S. 537) bezeichnet jene Phase zwischen dem 1.10. und 19.11.1941 als »die Zeit der Illusion, daß das große Ziel, die Ausschaltung der Sowjetunion, doch noch gelungen sei«.
[151] KTB OKW, Bd. I, Dok.105, »Besprechung bei OQu.I am 24. Oktober 1941«, S. 1072 f.; vgl.: Hillgruber,
Staatsmänner, Bd. I, Dok.87, 25.10.41, S. 629.
[152] OKW WFSt Abt. L (II op),»Entwurf eines Briefes des Führers an den Duce«, (ohne Datum), BA-MA, RM
7/234. Wie aus Assmanns Paraphe (Ib Skl) ersichtlich ist, muß er vor dem 16. Oktober angefertigt worden
sein.
[153] Ebd.

lichkeit hätte (...), einheitlich zu führen und durch den Kampf Schulter an Schulter den Zusammenhalt und die Überlegenheit der ›Achse‹ auch im Mittelmeer zu beweisen«[154]. Hinter diesen pathetischen Worten verbarg sich nichts anderes als der Wille, die militärische Gesamtführung im Mittelmeerraum zu übernehmen, um nach dem als unmittelbar bevorstehend angesehenen Zusammenbruch der Sowjetunion ein »neues Kräftezentrum der Achsenmächte«[155] im Sinne der Post-»Barbarossa«-Kriegführung aufzubauen.

Der Forderung nach einer Verlegung deutscher Luftstreitkräfte von der Ostfront nach Sizilien zur Konsolidierung der Seetransportlage im zentralen Mittelmeer, wie sie Mitte Oktober vom Wehrmachtführungsstab ans OKL herangetragen worden war, entgegnete Göring in seiner Antwort vom 20. Oktober, daß, »wenn wir erneut Teile der deutschen Luftwaffe (dort) einsetzen wollen, (...) sie so stark sein (müssen), daß sie Malta nachhaltig niederhalten (...), den unmittelbaren Geleitschutz laufend übernehmen (....) und den Schutz des Ausladehafens Tripolis sicherstellen können«[156]. Hierzu veranschlagte der Reichsmarschall ein Generalkommando der Luftwaffe, zwei Kampfgeschwader, ein Stuka-Geschwader sowie sechs Flak-Abteilungen. Den Zeitbedarf für die Verlegung dieser Kräfte berechnete Göring auf etwa zwei Monate.

Während der Reichsmarschall – ganz den Vorstellungen einer ostmediterranen Luftkriegführung verhaftet – das OKW mit einem derartig großen vorveranschlagten Kräfteaufwand und seinen zeitlichen Berechnungen abschrecken[157] sowie dessen Neigung, Luftwaffenverbände nach Italien zu entsenden, entgegenwirken wollte, beanspruchte er für den Fall, daß Hitler dennoch einen solchen Befehl erteilen würde, weitestreichende Vollmachten für seine Luftwaffe, um einem eventuellen »Kompetenzgerangel« von vornherein aus dem Wege zu gehen. Er forderte, daß das X. Fliegerkorps, »die möglichst stark zu haltenden Teile der italienischen Luftwaffe, die von Rhodos aus im östlichen Mittelmeer eingesetzt werden«[158], sowie diejenigen Luftstreitkräfte des Bundesgenossen, die beim Schutz der Geleite und an der Bekämpfung Maltas teilnehmen sollten, einem deutschen Luftflottenkommando zu unterstellen seien, das in enger Kooperation mit den italienischen Seestreitkräften »maßgeblichen Einfluß« auf die Organisation des gesamten Nordafrika-Geleitverkehrs ausüben sollte.

Am 22. Oktober 1941 griff der Chef des Wehrmachtführungsstabes, General Jodl, Görings Ausführungen über die Verlegung von Luftwaffenverbänden nach Süditalien und Sizilien auf und befahl, unverzüglich mit den Vorbereitungen zu beginnen[159]. Jodls Vorstellungen von den Befehlsbefugnissen des für den Posten eines »Oberbefehlshabers Süd« vorgesehenen, Generalfeldmarschall Albert Kesselring, deckten sich durchaus mit denjenigen, die im Entwurf des vom Wehrmachtführungsstabs verfaßten Briefes Hitlers an Mussolini und auch von Göring vorgebracht worden waren[160].

Unterdessen hatten die sich seit der Verlegung der »Force K« nach La Valetta mehrenden Hilferufe aus Rom den fast ausschließlich mit der Großoffensive der Heeresgruppe Mitte auf Moskau (Unternehmen »Taifun«) befaßten Hitler auf den Plan gerufen, der

---

[154] Ebd.
[155] Ebd.
[156] Der Reichsmarschall des Großdeutschen Reiches Ia, Nr. 01559/41, 20.10.41, BA-MA, RM 7/234.
[157] Dies bestätigt v. Rintelen, Mussolini, S. 156.
[158] Der Reichsmarschall des Großdeutschen Reiches Ia, Nr. 01559/41, 20.10.41, BA-MA, RM 7/234.
[159] Vortragsnotiz von General Jodl vom 22.10.41, BA-MA, RM 7/234.
[160] Ebd.

sich jetzt, unter dem Vorwurf, von seinen Stäben nicht ausreichend über die kritische Lage im Mittelmeerraum informiert worden zu sein[161], der europäischen Südflanke zuwandte. Hitler befürchtete, daß die Briten aufgrund des vermeintlichen Zusammenbruchs ihres »Festlandsdegens« – der Sowjetunion – unter verstärkten Zugzwang geraten und sich zu Entlastungsoperationen für die russische Kriegführung an der südlichen Peripherie oder auch im Nordraum genötigt sehen würden. Neben einer Offensive gegen die »Achsen«-Truppen bei Sollum und Tobruk häuften sich jetzt auch die Anzeichen für britische Operationen über das »Sprungbrett« Malta gegen Sizilien sowie gegen Kreta und den ägäischen Raum[162]. Der besonders im Falle einer britischen Landung auf Sizilien ins Unerträgliche gesteigerte Druck auf das ohnehin kriegsmüde Italien mußte den Zusammenbruch des faschistischen Systems bewirken. »Die innenpolitische Lage in Italien ist durch Ernährungsschwierigkeiten und englische Bombenangriffe schwer belastet«, bemerkte Hitler am 27. Oktober gegenüber dem Chef des Stabes der Seekriegsleitung, Vizeadmiral Fricke, und fuhr fort, daß »man (...) sich im klaren sein (muß), daß das faschistische Regime nicht so gesichert ist wie die deutsche Regierung und daß jeder Regierungswechsel in Italien das Ende des faschistischen Regimes bedeute. Italien würde dann unweigerlich auf die Seite unserer Feinde überwechseln[163].« Um eine derartige Entwicklung mit all ihren fatalen Rückwirkungen auf den politischen Status von Vichy-Frankreich und seinen afrikanischen Besitzungen sowie auf die politisch unsicheren Mittelmeeranrainer Spanien und Türkei zu verhindern, entschied Hitler nun, da der Sieg im Osten bereits erkämpft schien, daß »das Mittelmeer«, wie er gegenüber Fricke am 27. Oktober betonte, »der für die Fortführung des Krieges entscheidende Raum«[164] sein werde.

Nachdem Hitler am 27. Oktober gegenüber Fricke durchgesetzt hatte, weitere deutsche U-Boote ins Mittelmeer zu entsenden, befahl er am Tag darauf – analog zu den Vorstellungen des Wehrmachtführungsstabes – erste Vorbereitungen für die Verlegung des Luftflottenkommandos 2 unter Generalfeldmarschall Kesselring und des II. Fliegerkorps von der Heeresgruppe Mitte nach Sizilien und Süditalien einzuleiten[165]. Aufgabe dieser Verbände sollte es sein, in Kooperation mit den bereits im Mittelmeer stationierten deutsch-italienischen Luftstreitkräften die Seewege nach Libyen und der Cyrenaika zu sichern, Malta niederzuhalten, den feindlichen Ost-West-Geleitverkehr zu unterbinden

---

[161] Assmann, Schicksalsjahre, S. 352.

[162] Vgl.dazu: Hitlers Brief an Mussolini vom 29.10.41 (ADAP D XIII.2, Dok.433, S. 580 ff.). Ciano notiert dazu: »Offensichtlich sorgt er sich um uns. (...) Er fürchtet eine englische Landung in Korsika, in Sizilien, in Sardinien und bietet uns alle seine Unterstützung mit dem Ton eines Mannes, der nicht weiß, wo uns ein erfolgreicher Schlag der Engländer treffen könnte.« (Ciano, Tagebücher, 1.11.41, S. 365.) Goebbels vermerkte am 30.10.41: »Die Engländer verstärken ihre Bombergeschwader auf Malta und stellen Landungstruppen bereit; man vermutet, daß sie ein Unternehmen gegen Sizilien planen.« (Goebbels, Tagebücher, BA, NL 118/34.)

[163] Wagner, Lagevorträge, 27.10.41, S. 302. Hitler bereiteten die zunehmenden Ressentiments innerhalb der militärischen Führung des Bundesgenossen gegenüber Deutschland Sorgen. Seit Herbst installierten die Italiener zusätzliche Befestigungsanlagen auf dem Brenner. Vgl.: Goebbels, Tagebücher, 8.11.41, BA, NL 118/35. Zur anti-deutschen Stimmung in Italien vgl.: Ciano, Tagebücher, 20.7.41, S. 346 und 8.7.41, S. 342.

[164] Wagner, Lagevorträge, 27.10.41, S. 302.

[165] Warlimont, MS P-216, S. 40. Jeschonnek, der Generalstabschef der Luftwaffe, war bereits »im Laufe des Septembers« an Kesselring herangetreten und fragte diesen, ob er »etwas für Italien und Nordafrika übrig hätte. Man müsse dort unten in absehbarer Zeit mehr tun, wenn man den Zusammenbruch der italienischen Position in Nordafrika vermeiden wolle«. Kesselring, A., Soldat bis zum letzten Tag, Bonn 1953, S. 138 (weiterhin zitiert als: Kesselring, Soldat).

und die Kämpfe in Nordafrika, vor allem aber den bevorstehenden, aufgrund der Nachschublage schon mehrfach aufgeschobenen, nun für Mitte November festgelegten Angriff auf Tobruk nachhaltig zu unterstützen. Die nach der Eroberung Tobruks frei-werdenden Kräfte sollten sofort der Sollum-Front zugeführt werden, um einer dort erwarteten britischen Offensive etwas entgegensetzen zu können[166]. Die Bekämpfung Maltas sollte erst nach vollzogenem Aufmarsch der Luftflotte 2 beginnen[167]. Eine Eroberung der Insel, wie sie der Chef des Stabes der Skl Hitler am 27. Oktober vorgeschlagen hatte, stand dieser infolge der aus dem Unternehmen »Merkur« gewonnenen Erfahrungen weiterhin ablehnend gegenüber. »Zur Frage Malta vertritt der Führer die Auffassung, daß bei der starken Besatzung der Insel weder für Marine noch für Luftstreitkräfte eine Landungsmöglichkeit bestehe, zum mindesten sei die italienische Wehrmacht nicht dazu in der Lage. Man könne Malta also nur dadurch ausschalten, daß man die Zufuhr sperre und durch eine Art Reizverfahren den Zufuhrbedarf an Munition erhöhe, indem dauernde Angriffe die britische Besatzung sowohl zum Verschießen ihrer Munition wie zum Verbrauch ihrer Rohre veranlaßt[168].« Während in den Oberkommandos ganz unverhohlen die militärische Gesamtführung über die Streitkräfte der »Achsen«-Mächte im Mittelmeer beansprucht wurde, verhielt sich Hitler, der trotz der fortgesetzten militärischen Mißerfolge Italiens an seiner Freundschaft zu Mussolini festhielt, aus Rücksichtnahme auf die ins Wanken geratene innenpolitische Stellung des »Duce« solchen Ansprüchen gegenüber zurückhaltender. Daher stellte die beabsichtigte Schwerpunktverlagerung des Krieges in den Mittelmeerraum für ihn – im Gegensatz zu den Spitzen der Wehrmacht, die ihre ablehnende Haltung gegenüber dem Bundesgenossen offen vorbrachten – ein Problem dar; denn die Frage, wie man im Comando Supremo, wo die Ressentiments gegenüber dem allmächtigen deutschen Partner mit Dauer des für Italien bislang so erfolglos verlaufenen Krieges ständig zugenommen hatten[169], auf eine neuerliche Stationierung deutscher Luftstreitkräfte auf italienischem Gebiet reagieren würde, war durchaus offen.

[166] Warlimont, MS P-216, S. 450 f. Die im Vorbefehl vom 28.10.1941 festgelegte Aufgabenstellung der Luft-flotte 2 im Mittelmeerraum entsprach der der Weisung Nr. 38 vom 2. Dezember 1941. Hitlers Weisungen, S. 169 f.

[167] Gen.d.Dt.Luftwaffe b. Okdo.d.kgl.-ital. Luftwaffe Ia, Nr. 1575/41, 17.11.41, BA-MA, RL 7/691.

[168] Wagner, Lagevorträge, 27.10.41, S. 303. Von der Notwendigkeit einer Eroberung der Insel Malta versuchte der Kommandierende General des XI. Fliegerkorps, General Student, die Oberste Führung mit Hilfe von Denkschriften und Berichten zu überzeugen. Da Student nach dem Kreta-Unternehmen weder von Hitler noch von Göring zum persönlichen Vortrag zugelassen wurde, ließ dieser keine Gelegenheit aus, seine Auffassung kundzutun (Student, Erinnerungen, S. 338). So auch bei einem Besuch beim Reichspropagandaminister Goebbels am 8. Oktober 1941, der in seinem Tagebuch darüber festhielt: »Kreta hat sehr viel Blut gekostet, aber es hat sich gelohnt. Student ist der Meinung, daß man auf die gleiche Weise, allerdings auch unter schweren Opfern, ohne weiteres Malta erobern könnte (...). Allerdings ist Malta eine von den Engländern seit vielen Jahrzehnten ausgebaute Festung, so daß also jeder abspringende Fallschirmjäger fast einem Engländer in die Hände fallen würde. Die Aktion wird im einzelnen vorbereitet; ob sie praktisch einmal durchgeführt wird, das steht noch dahin. Darüber müßte im geeigneten Augenblick der Führer selbst entscheiden«. (Goebbels, Tagebücher, 8.10.41, BA, NL 118/30.) Auch der Oberbefehlshaber Süd, General-feldmarschall Kesselring, will bei seiner Einweisung für die Eroberung der Insel Malta eingetreten sein. Sein »Einwand« gegenüber Hitler, » daß man doch etwas Ganzes machen und Malta wegnehmen solle, wurde mit der Bemerkung abgetan, daß dafür keine Kräfte zur Verfügung ständen«. Kesselring, Soldat, S. 140.

[169] Schon am 26.7.41 hatte Halder in sein Tagebuch notiert: »Italien: Krieg unpopulär. Starke Stimmen, die von Kolonien und Impero nichts wissen wollen.« (KTB Halder, Bd. III, S. 122.) Angesichts der sich zuspitzenden Lage an der südlichen Peripherie hatte sich das innenpolitische Klima Italiens weiter verschlechtert. Goebbels konstatierte, daß sich dort »die Verhältnisse wieder mehr und mehr krisenhaft (zuspitzen würden)«. Goebbels, Tagebücher, 22.10.41, BA, NL 118/33.

Um hinsichtlich der italienischen Antwort auf diese Frage vorzufühlen, wurde von Rintelen für den 24. Oktober 1941 zum mündlichen Vortrag ins FHQ befohlen. Seine nüchterne Stellungnahme, »daß man in Rom von der Notwendigkeit eines stärkeren Luftschutzes für die Seetransporte überzeugt sei und deutsche Hilfe zwar nicht gerne, aber der Not gehorchend annehmen werde«[170], vermochte Hitlers Sorgen um die Reaktion des Bundesgenossen kaum zu mindern. Zur Schonung der italienischen Empfindlichkeiten hielt er es deshalb für angebracht, die Ankündigung der deutschen Verstärkungen in den Rahmen einer das gesamte Kriegsgeschehen umfassenden Lagebetrachtung zu kleiden[171]. Vor diesem Hintergrund eröffnete Hitler Mussolini in seinem Brief vom 29. Oktober nur ganz beiläufig, daß er »bereit« sei, »wenn Sie, Duce, einverstanden sind, weitere Kräfte der deutschen Luftwaffe, vor allem auch Fern-Nachtjäger, nach Sizilien oder auch Sardinien zu legen, um für Ihre süditalienischen Hafenstädte durch eine möglichst gründliche Ausschaltung Maltas eine Entlastung zu bringen und unsere Geleite zu sichern helfen«[172].

Hitlers Sorgen erwiesen sich jedoch als unbegründet. Mussolini erklärte sich, nachdem ihm von Rintelen am 31. Oktober Hitlers Brief übergeben hatte, sogleich mit der Entsendung deutscher Luftstreitkräfte nach Italien »sehr einverstanden«[173]; denn schon am 29. Oktober hatte sich das Comando Supremo mit der Bitte um deutsche Luftstreitkräfte zur Bekämpfung Maltas über von Rintelen an das OKW gewandt[174]. Eine Anfrage gleichen Inhalts war von Pricolo, dem Generalstabschef der italienischen Luftwaffe, an den Ob.d.L. ergangen[175].

Anfang November 1941 ließen der unerwartet frühe Einbruch des russischen Winters und der zähe Widerstand der Roten Armee die in den Oberkommandos gehegte – vermeintliche – Auffassung, die Sowjetunion bereits militärisch geschlagen zu haben, rasch schwinden. Dennoch mußte Hitler angesichts der dramatischen Lageentwicklung im Mittelmeer – in der Nacht zum 9. November war das »Duisburg«-Geleit von der »Force K« völlig vernichtet worden –, im Interesse seiner Gesamtkriegführung die Bitte des OKH, wenigstens doch den Stab der Luftflotte 2 bei der Heeresgruppe Mitte zu belassen[176], abschlagen und statt dessen am 10. November den Befehl zur beschleunigten Verlegung der für den Einsatz im Mittelmeerraum vorgesehenen Verbände der deutschen Luftwaffe erteilen[177], obwohl die deutschen Luftstreitkräfte gerade jetzt mehr denn je auch bei der Heeresgruppe Mitte im Osten gebraucht worden wären.

Parallel zu den ernüchternden Ereignissen an der Ostfront mußte sich die im Oktober von den Spitzen der Wehrmacht letztlich aus der Position der Stärke heraus verfolgte Absicht, im Mittelmeerraum längerfristig die militärische Gesamtführung übernehmen zu wollen, der politischen Notwendigkeit, das faschistische Italien »bei der Stange halten zu müssen«, unterordnen. Da das Comando Supremo weder bereit war, die Verant-

---

[170] v. Rintelen, Mussolini, S. 155.
[171] ADAP D XIII. 2, Dok.433, 29.10.41, S. 580 ff.
[172] Ebd., S. 584.
[173] Dt.Bot.Rom, Nr. 2767, 31.10.41, PA-AA, NL v. Mackensen, Bd. 5. Zur Antwort Mussolinis vgl.: ADAP D XIII.2, Dok. 454, 6.11.41, S. 613 ff.
[174] v. Rintelen, Nr. 1588/41, 29.10.41, BA-MA, RH 2 v. 460.
[175] »Telegramm von General Pricolo an Göring«, (ohne Nr.), 30.10.41, BA-MA, RL 7/691.
[176] »Vortragsnotiz zum Ferngespräch des Ob.d.H. mit Feldmarschall von Bock«, 7.11.41, BA-MA, RH 2 v. 461.
[177] OKW WFSt Abt. L, Nr. 441907/41, 11.11.41, BA-MA, RH 2 v. 461.

wortung für die Durchführung der Nordafrika-Geleite abzugeben, noch Kesselring italienische See- und Luftstreitkräfte unterstellen wollte, mußten die seit dem 8. November von Hoffmann von Waldau, dem Chef des Luftwaffenführungsstabes, in Rom geführten Verhandlungen über die Befehlsbefugnisse und Zuständigkeiten des von Hitler im Oktober zum OB. Süd ernannten Generalfeldmarschalls Kesselring, der zu diesem Zeitpunkt noch an der Ostfront gebraucht wurde, hinter den von der militärischen Führung noch wenige Wochen zuvor gehegten Erwartungen zurückbleiben[178]. Wenn es dennoch in der Weisung Nr. 38 vom 2. Dezember 1941 hieß, daß »sämtliche im Mittelmeerraum und Nordafrika eingesetzten Kräfte der deutschen Luftwaffe (und) die seitens der italienischen Wehrmacht zur Durchführung seiner Aufgaben zur Verfügung gestellten Flieger- und Flak-Verbände«[179] Kesselring zu unterstellen seien, so entsprach dies nicht der Wirklichkeit; denn der Feldmarschall befehligte bis November 1942 lediglich eine deutsche Luftflotte. Seine aus der Hochstimmung des Oktobers geschaffene Dienststellenbezeichnung »Oberbefehlshaber Süd« mit dem darinliegenden Anspruch war ein Torso geblieben. Wenn er dennoch wenige Monate nach seiner Kommandoübernahme mit Leben erfüllt wurde, so fand dies seine Ursache in der Persönlichkeit Kesselrings.

Was den nordafrikanischen Kriegsschauplatz betraf, drängte jetzt das OKW Rommel zum baldigen Angriff auf Tobruk, um einer britischen Offensive zuvorzukommen[180]. Im OKH vertrat man dagegen nun die Auffassung, daß aufgrund der momentanen feindlichen Luftüberlegenheit vorerst besser auf eine Offensive verzichtet werden sollte; denn die von der Abteilung Fremde Heere West gemeldeten Vorbereitungen, die auf eine alsbaldige feindliche Offensive hindeuteten[181], würden es den Briten im Fall eines deutschen Angriffs auf Tobruk ermöglichen, sofort einen Gegenschlag an zwei Fronten – Tobruk und Sollum – zu führen. Der Überraschungseffekt, eine der wesentlichsten Voraussetzungen für einen erfolgreichen Angriff auf Tobruk, war nach Auffassung des OKH damit nicht mehr gegeben, so daß vorgeschlagen wurde, den Angriff erst Anfang 1942, dann mit Hilfe der von Hitler ins Mittelmeer entsandten Luftstreitkräfte zu führen[182]. Die Meinungsverschiedenheiten wurden jedoch durch den Gang der Ereignisse überholt; denn am 18. November traten die Briten in Nordafrika zur Offensive an.

---

[178] Lediglich eine »brüderliche Zusammenarbeit« wollte Cavallero zugestehen; Cavallero, Diario, 8.11.41, S. 150. Zu den Besprechungen vgl. ferner: »Meldungen des General von Waldau«, (ohne Datum und Nr.), BA-MA, RL 7/691; Kesselring, Soldat, S. 140.
[179] Hitlers Weisungen, S. 170.
[180] Gen.d.Dt.Luftwaffe b. Okdo. d. kgl.-ital. Luftwaffe Ia, Nr. 1575/41, 17.1.41, BA-MA, RL 7/691.
[181] Siehe oben S. 86.
[182] v. Taysen, Tobruk 1941, S. 206 f.

VI. Die Zeit des Höhepunktes der Krise und der sich abzeichnenden Konsolidierung (November 1941–Januar 1942)

1. Die Kontroverse zwischen Rommel und der italienischen Führung um die Verteidigung Libyens und die Planungen zur Konsolidierung der Seetransportlage

Die Offensive der britischen 8. Armee unter Generalleutnant Cunningham mit dem Ziel, die Cyrenaika zurückzuerobern und Tobruk zu entsetzen, kam Rommels Angriff nur um wenige Tage zuvor[1]. Den weit überlegenen britischen Kräften gelang zwar die taktische Überraschung, Cunningham aber zeigte sich in der Ausnutzung der günstigen Ausgangsposition wenig geschickt. Er ließ seine Panzerverbände fächerförmig auseinandergezogen angreifen und war so an keiner Stelle stark genug, die während des Sommers gut ausgebaute Sollum-Front zu durchbrechen. In geschickten Manövern konnte Rommel während der ersten Tage der britischen Offensive dem Gegner schwere Verluste zufügen; Ausbruchversuche der Tobruk-Besatzung konnten von den »Achsen«-Truppen ebenfalls abgewehrt werden.

Als Reaktion auf die britische Offensive wurden sämtliche im Mittelmeer stehenden deutschen Unterseeboote auf Befehl des OKW in den östlichen Bereich verlegt, um zwischen Alexandria und Tobruk gegen den feindlichen Nachschubverkehr zu operieren[2]. Darüber hinaus wurden die am 28. Oktober von der Seekriegsleitung für den Einsatz im Mittelmeer bestimmten Unterseeboote am 22. November von ihrem nordatlantischen Einsatzgebiet aus in Richtung Gibraltar in Marsch gesetzt[3]. Am 25. November versenkte U-331 das britische Schlachtschiff »Barham« südlich von Kreta[4], während U-81 schon am 13. November den zusammen mit der »Force H« von der planmäßig durchgeführten Operation, 37 Jagdflugzeuge und sieben Bomber nach Malta zu starten, aus dem westlichen Mittelmeer nach Gibraltar zurückkehrenden Flugzeugträger »Ark Royal« torpediert hatte. Das schwerbeschädigte Schiff war am 14. November, nur noch 25 Seemeilen von Gibraltar entfernt, im Schlepp gesunken[5]. Zwischen dem 24. und 28. November passierten fünf weitere Unterseeboote die Gibraltar-Straße, womit sich die Zahl der im Mittelmeer eingesetzten deutschen Boote auf insgesamt 14 erhöhte[6].

Auch Generalfeldmarschall Albert Kesselring war aufgrund der wohl letzlich doch überraschenden britischen Offensive am 28. November in Rom eingetroffen[7]. Seine

---

[1]   Zur britischen Offensive, dem Unternehmen »Crusader« vgl.: Rommel, Krieg, S. 71 ff.; v. Taysen, Tobruk 1941, S. 220 ff.; Playfair, Mediterranean, Vol.III, S.38 ff.; Seconda offensiva, S. 44 ff.

[2]   1. Skl Ia, Nr. 1972/41, 20.11.41, BA-MA, RM 7/936.

[3]   1. Skl Ia, Nr. 1990/41, 22.11.41, BA-MA, RM 7/234. Vgl. dazu: Salewski, Seekriegsleitung, Bd. I, S. 482 f.; Dönitz, K., Zehn Jahre und zwanzig Tage, Bonn 1958, S. 153 f.

[4]   Playfair, Mediterranean, Vol. III, S. 109; Cunningham, Odyssey, S. 424 f.

[5]   Playfair, Mediterranean, Vol. III, S. 109; Cunningham, Odyssey, S. 420.

[6]   Fechter/Hümmelchen, Seekriegsatlas, S. 68.

[7]   Kesselring, Soldat, S. 140.

Hauptaufgabe, die in der OKW-Weisung vom 2. Dezember noch einmal umrissen worden war, nämlich die Luft- und Seeherrschaft im Raum zwischen Süditalien und Nordafrika zur Herstellung gesicherter Verbindungswege nach Libyen und Nordafrika, hierzu insbesondere (die) Niederhaltung Maltas«[8], zu erzwingen, konnte er jedoch noch nicht in Angriff nehmen, da die am 10. November eingeleitete Herauslösung der Verbände aus der Heeresgruppe Mitte und deren Umrüstung und Auffrischung in Deutschland ihre Zeit forderten[9]. Als Sofortmaßnahme wurde deshalb das Nachtjagdgeschwader 2 und die Küstenfliegergruppe 606 aus dem Reich nach Sizilien verlegt[10]. Doch auch ihr Eintreffen wurde nicht vor Anfang Dezember erwartet. Um dennoch etwas zu unternehmen, schaltete sich der Oberbefehlshaber Süd unverzüglich in die Organisation des Nachschubverkehrs ein. Am 4. Dezember konferierte er aus diesem Grunde in Anwesenheit der Chefs der deutschen Verbindungsstäbe mit den Spitzen des Comando Supremo[11]. Der Einblick in die Seetransportlage, den der italienische Admiralstabschef, Admiral Riccardi, gewährte, mußte auf Kesselring deprimierend wirken: Seit der Vernichtung des »Duisburg«-Geleites am 8. November und einem weiteren am 20. November unternommenen, aber abgebrochenen Versuch, einen Konvoi auf der Hauptroute nach Tripolis zu überführen, war der Nachschubverkehr nach dorthin eingestellt worden. Lediglich auf der östlichen Route (Tarent – griechische Westküste – Benghasi) konnten die Seetransporte mit schnellen Einzelfahrern, darunter auch Kriegsschiffen, in begrenztem Umfang unter Einsatz allerletzter Heizölreserven aufrechterhalten werden. Doch auch dagegen operierten, durch die Vollmondphase des ausgehenden Novembers begünstigt, die auf Malta und die Ostmittelmeerbasen gestützten britischen See- und Luftstreitkräfte – insbesondere die Unterseeboote – trotz des in diesem Gebiet vom X. Fliegerkorps gestellten Luftschirmes sehr erfolgreich, so daß auch hier die Verluste unerträglich wurden[12]. Allein die zu Transportzwecken umgebauten italienischen Unterseeboote vermochten noch eine einigermaßen gesicherte, im Umfange jedoch äußerst begrenzte Nachschublieferung nach Nordafrika zu gewährleisten[13]. Trotz aller Überlegungen, wie die Seetransportlage zu stabilisieren sei – Kesselring hatte auch Lufttransportraum in Aussicht gestellt – wurde bei der Besprechung im Comando Supremo allzu klar, daß mit einer Entspannung der Lage erst nach dem Aufmarsch der Luftflotte 2 zu rechnen sei, was von Rintelen auch am gleichen Tage dem OKW meldete[14].

[8]   Hitlers Weisungen, S. 169 ff., hier S. 169.
[9]   Zum Aufmarsch der Luftflotte 2 vgl.: Gundelach, Luftwaffe, Bd. I, S. 339 f.
[10] Ebd., S. 339.
[11] »Comando Supremo. Protokoll der Sitzung vom 4. Dezember 1941«, BA-MA, PG 45132.
[12] Zu den Nachschubgeleiten zwischen Italien und Nordafrika in den Monaten November/Dezember 1941 vgl.: Fechter/Hümmelchen, Seekriegsatlas, S. 55. Nach Rohwer, Nachschubverkehr, S. 106, gingen im November von insgesamt 164 876 BRT eingesetzten Schiffsraum 54 990 BRT verloren. Im darauffolgenden Monat von 119 245 BRT 38 757 BRT. Der Panzergruppe Afrika wurden im November ganze 4167 t und im Dezember 3 845 t Nachschubgut zugeführt (BA-MA, RM 7/230). Vgl. auch: v. Taysen, Tobruk 1941, S. 365 ff.
[13] Mit italienischen Unterseebooten wurden dann in den Monaten November/Dezember ca. 1 500 t Nachschubgut nach Nordafrika überführt. Anlage zu Skl Qu.A IV, Nr. 11253/41, (ohne Datum), BA-MA, RM 8/1158. Zum Einsatz italienischer Versorgungs-U-Boote vgl.: La difesa, Tomo 1, S. 223; Tomo 2, S. 223.
[14] Dt.Gen.b.HQu.d.kgl.-ital.Wehrmacht Ia, Nr. 1725/41, 4.12.41, BA-MA, PG 33050. Erschwerend für die Seetransportlage im zentralen Mittelmeer kam hinzu, daß durch die Räumung der sizilianischen Flugplätze für die Verbände des II. Fliegerkorps kaum noch italienischer Luft-Geleitschutz gestellt werden konnte.

Alle bislang eingeleiteten Aushilfsmaßnahmen und Überlegungen sollten jedoch an der Entwicklung der Lage auf dem nordafrikanischen Kriegsschauplatz nichts mehr ändern: Rommel war am 8. Dezember gezwungen, die Einschließung Tobruks aufzugeben und seine ausgeblutete Panzergruppe nach Westen in die Gazala-Stellung zurückzunehmen. Die Besatzungen der Stützpunkte im Raum Bardia–Sollum–Halfaya sollten auf Befehl des Comando Supremo möglichst lange halten, um den Rückzug der ausweichenden »Achsen«-Truppen so weit zu decken, daß sie dem nachstoßenden Feind den schnelleren Vormarsch auf der Küstenstraße verwehrten. Bardia hielt bis zum 2. Januar 1942; die Kampfgruppen im Raum Sollum–Halfaya kapitulierten am 17. Januar 1942[15].

Während das Comando Supremo in Übereinstimmung mit dem OKW den Rückzug auf die Gazala-Stellung billigte[16], wirkte die Nachricht aus Nordafrika, daß Rommel nun auch den Befehl zur Räumung dieser Verteidigungslinie ohne jegliche Absprache mit dem Bundesgenossen gegeben hatte, in Rom wie ein Schock. Denn dort erinnerte man sich noch allzu gut der Niederlagen Grazianis vom Winter 1940/41, deren Konsequenzen das faschistische System Italiens an den Rand des Abgrundes geführt hatten. Es stellte sich nunmehr die Frage, ob das Land einen weiteren militärischen Rückschlag dieser Art verkraften konnte, wie er sich in Gestalt von Rommels Rückzugsabsichten anzukündigen schien.

In Nordafrika ging es jedoch noch um einen anderen Sachverhalt: Rommels Vorhaben hatte dem italienischen Oberbefehlshaber Bastico die vermeintliche Gefahr signalisiert, daß die nichtmotorisierten italienischen Divisionen der Absetzbewegung der motorisierten Verbände Rommels nicht folgen könnten und damit den nachstoßenden Briten zum Opfer fallen würden. Bastico und Cavallero empfanden daher Rommels Entschluß »als eine Brüskierung, die die ›Achsen‹-Partnerschaft gefährde«[17]. Sofort nachdem die Kunde davon in Rom eintraf, flogen Cavallero und Kesselring, dem auf dessen Bitte »die Bereinigung der immer häufiger werdenden und tiefgehenden Unstimmigkeiten zwischen der italienischen und deutschen Führung auf dem nordafrikanischen Kriegsschauplatz«[18] zufiel, nach Berta, um dort gemeinsam mit Bastico und General Gambarra, dem Befehlshaber des XX. italienischen Korps, Rommel zu veranlassen, seinen Befehl zurückzunehmen und die Cyrenaika, das kultivierte Gebiet zwischen Derna und Benghasi, den wertvollsten Teil ganz Libyens, unter allen Umständen zu verteidigen[19]. In der »äußerst lebhaft« verlaufenden Debatte hielt Rommel unbeirrbar an seiner Meinung fest, daß ein Halten der Gazala-Stellung mit der Einschließung und Vernichtung des Gros der »Achsen«-Truppen enden würde, während ein Ausweichen an die Große Syrte die Möglichkeit böte, wenigstens Tripolitanien erfolgversprechend zu verteidigen[20]. Weder Kesselrings politische Argumente, noch Cavalleros Hinweis, daß infolge des japanischen Kriegseintritts bereits Anzeichen dafür vorlägen, daß starke feindliche Verbände aus dem nordafrikanischen Kriegsschauplatz herausgelöst wer-

[15] v. Taysen, Tobruk 1941, S. 336 f.; Playfair, Mediterranean, Vol. III, S. 95 ff.
[16] OKW WFSt Abt. L, Nr. 442100/41, 8.12.41, BA-MA, RW 4 v. 657.
[17] Kesselring, Soldat, S. 161.
[18] Ebd., S. 142.
[19] Zur Besprechung in Berta/Cyrenaika am 16./17.12.41 vgl.: Rommel, Krieg, S. 90; Kesselring, Soldat, S. 161 f.; Cavallero, Diario, 16.12.41, S. 164 ff.; Westphal, S., Erinnerungen, Frankfurt a.M. 1975, S. 140.
[20] Rommel, Krieg, S. 91 f.

den würden, vermochten Rommel umzustimmen[21]. So blieb dann auch Mussolini nichts anderes übrig, als in seiner Weisung vom 17. Dezember 1941 herauszustellen, daß wenigstens »Tripolitanien unter allen Umständen verteidigt werden (müsse)«[22]. Kesselring dagegen begnügte sich nicht damit und wandte sich am 21. Dezember erneut mit der »dringenden Bitte« an Rommel, die Stellung ostwärts Benghasis zu halten[23]. Doch als die Luftaufklärung meldete, daß die Briten sich anschickten, die Cyrenaika zu durchqueren, um Benghasi somit südlich zu umgehen, wurde Kesselrings Vorschlag hinfällig. Rommel befahl abermals den Rückzug. Als die britischen Panzer am ersten Weihnachtstag 1941 in Benghasi einrollten, hatten sich die »Achsen«-Truppen bereits geordnet nach Westen abgesetzt. Am 4. Januar 1942 ließ Rommel El Agheila räumen; bis zum 12. Januar stand das Gros der deutsch-italienischen Verbände nach vierwöchigem Rückzug und geschickt geführten Abwehrkämpfen wiederum in den Ausgangsstellungen an der Großen Syrte, von wo man im März des vergangenen Jahres aufgebrochen war, um Ägypten zu erobern. Die alleinige Verantwortung für diese Lageentwicklung schob Rommel ganz offen dem italienischen Bundesgenossen zu, wodurch das ohnehin angespannte Verhältnis der Koalitions-Kriegführenden einen neuen Tiefpunkt erreichte[24].

Während sich in der Folgezeit die Versorgungssituation der »Achsen«-Streitkräfte allmählich verbesserte und Rommel begann, die Marsa-el-Bregha-Stellung zum »Ostwall Tripolitaniens«[25] auszubauen, ebbte die Wucht des britischen Ansturms langsam ab. Die inzwischen auf über eintausend Kilometer angewachsenen Nachschublinien und der Abzug starker australischer und neuseeländischer Einheiten in den von Japan bedrohten asiatischen und pazifischen Raum begannen ihren Tribut zu zollen[26]. Auf dem See- und Luftkriegsschauplatz Mittelmeer kündigte sich diese Entwicklung beseits seit Mitte Dezember an: Teile der »Mediterranean Fleet« wurden nach Fernost verlegt; die »Force K« lief nach dem ersten Syrte-Seegefecht auf ein Minenfeld und verlor dabei den Kreuzer »Neptune« und den Zerstörer »Kandahar«[27]. Demgegenüber gelang es deutschen Unterseebooten, deren Zahl bis zum Jahresende im

[21] Allerdings sicherte Rommel zu, daß er alles versuchen werde, die Bewegungen der motorisierten Einheiten denen der übrigen Kräfte anzupassen, was ihm tatsächlich gelingen sollte. Wie sich Kesselring erinnert, hatten sich die italienischen Infanterie-Divisionen »in einem bemerkenswerten Tempo abgesetzt«. Kesselring, Soldat, S. 162.

[22] Tagesmeldungen D.A.K. vom 9.4.-31.12.41, hier 17.12.41, BA-MA, RH 2 v. 694. Ciano notierte am 17.12.41 in sein Tagebuch (S. 382): »In Lybien geht es schlecht. Auch Mussolini beginnt es zuzugeben, und er tadelt Rommel.« Rommels Rückzug wurde auch in Kreisen der militärischen Führung Italiens mit Genugtuung aufgenommen, so von Gambarra, dem Befehlshaber des XX. italienischen Armeekorps, der »sich über Rommel, ›der als Führer ein Reinfall ist‹, (ereifert)«. Ciano, Tagebücher, 27.12.41, S. 387.

[23] OBS Ia, (ohne Nr.), 21.12.41, BA-MA, RH 2 v. 622.

[24] Die sich ständig verschärfenden Auseinandersetzungen zwischen Rommel und der italienischen Führung in Nordafrika, die ein »extremes Mißtrauen« Rommel gegenüber entwickelte, führten nach Kesselring zu »irreparablen politischen Folgen« im Verhältnis der Koalitionskriegführenden zueinander. Kesselring, A., Final Commentaries on the Campaign in North Africa 1941-43, 1950/51, MGFA, MS C-075 (weiterhin zitiert als: Kesselring, MS C-075).

[25] Gundelach, Luftwaffe, Bd.I, S. 325.

[26] So wurden zwei Divisionen und eine Panzerbrigade sowie fast 300 Flugzeuge nach Fernost verlegt. Vgl. dazu: Lewin, Rommel, S. 124; Richards/Saunders, R.A.F., Vol.II, S. 181 und 189.

[27] Fechter/Hümmelchen, Seekriegsatlas, S. 58; Playfair Mediterranean, Vol III, S. 113 f.

Mittelmeer auf 24 anstieg[28], südlich von Kreta den britischen Kreuzer »Galatea«, die Korvette »Salvia« sowie sechs Frachtschiffe zu versenken[29]. Auch die italienischen Kleinkampfmittel, die sogenannten »Torpedoreiter«, konnten, nachdem sie in den Hafen von Alexandria eingedrungen waren, die letzten im Mittelmeer einsatzbereiten Schlachtschiffe der britischen Flotte, »Queen Elizabeth« und »Valiant«, für Monate außer Gefecht setzen[30].

Zur selben Zeit waren auch die bis zur unmittelbaren Kommandoübernahme Kesselrings unter dem Befehl des »Fliegerführers Sizilien«, Oberst Roth, laufenden Auf- und Ausbauarbeiten der deutschen Luftbasen in Süditalien und Sizilien in ein fortgeschrittenes Stadium getreten, so daß am 19. Dezember 1941, nach halbjähriger Unterbrechung, die ersten deutschen Luftangriffe von dort aus gegen Malta geflogen werden konnten[31]. Obwohl das II. Fliegerkorps Ende Dezember 1941 erst über 23 Aufklärungs- und Jagdflugzeuge und 38 Kampfflugzeuge verfügte[32], konnten dennoch bis zum Jahresende ca. 400 Einsätze gegen den britischen Inselstützpunkt geflogen werden. In den ersten drei Januarwochen des Jahres 1942 stieg die Zahl trotz des schlechten Wetters auf 950[33].

Die Luft- und Seeherrschaft im zentralen Mittelmeer konnte aber, wie schon in der Weisung Nr. 38 vom 2. Dezember 1941 angedeutet worden war, nur erkämpft werden, wenn es gelang, den »unsinkbaren Flugzeugträger«, wie die Insel Malta von Jeschonnek, dem Generalstabschef der Luftwaffe, genannt wurde, ganz auszuschalten. Um dieses Ziel zu erreichen, hatte der Stab des II. Fliegerkorps Mitte Dezember 1941 begonnen, konkrete Überlegungen anzustellen. Bis zum 31. Dezember 1941 wurde die maßgeblich vom Stabschef des Korps, Oberst Deichmann, ausgearbeitete »Weisung für die Kampfführung gegen Malta«[34] fertiggestellt. In ihr wurden die zukünftigen Aufgaben der deutschen Luftstreitkräfte folgendermaßen umrissen: Die für die Bekämpfung Maltas insgesamt zur Verfügung stehenden vier Jagd- und fünf Kampfgruppen des II. Fliegerkorps sollten in fortlaufenden, ununterbrochenen Tages- und Nachteinsätzen in der ersten Angriffsphase die feindliche Jagdwaffe am Boden und in der Luft vernichten und, parallel dazu, die gefürchtete Flakabwehr der Insel durch

---

[28] Von den bis Jahresende insgesamt 32 ins Mittelmeer entsandten deutschen Unterseebooten waren fünf Boote verlorengegangen und drei bei der Passage der Straße von Gibraltar angegriffen und dabei beschädigt worden, so daß sie umkehren mußten. Fechter/Hümmelchen, Seekriegsatlas, S. 68. Vgl. dazu auch: Mattesini/Santoro, Partizipazione, S. 115 ff.

[29] Ebd.

[30] Azioni navali, Tomo 2, S. 78 ff.; Penne, L.D. de la, The Italian Attack on the Alexandria Naval Base, in: US.Naval Inst. Proc. 82/1956, S. 125 ff.

[31] Gundelach, Luftwaffe, Bd. I, S. 340; KTB OKW, Bd.I, 20.12.41, S. 845. Vgl. dazu auch die Eintragungen der folgenden Tage.

[32] Gundelach, Luftwaffe, Bd. I, S. 341. Am 3.1.42 verfügte Kesselring bereits über 118 Flugzeuge auf Sizilien, von denen 80 einsatzbereit waren. Ebd., S. 344. Das II. Fliegerkorps setzte sich zusammen aus: der ersten und zweiten Staffel der Fernaufklärungsgruppe 122 (1. und 2./(F)122), dem Stab und der ersten Gruppe des Kampfgeschwaders 54 (St.u.I./KG 54), den Küstenfliegergruppen 806 und 606 (KGr. 606 u. KGr 806), der zweiten und dritten Gruppe des Kampfgeschwaders 77 (I. und II./KG 77), der ersten, zweiten und dritten Gruppe des Jagdgeschwaders 53 (I., II. und III./JG 53), der zweiten Gruppe des Jagdgeschwaders 27 (II./JG 27), der achten Staffel des Zerstörergeschwaders 26 (8./ZG 26), der ersten Gruppe des Nachtjagdgeschwaders 2 (I./NJG 2) sowie der ersten Gruppe des Stukageschwaders 1 (I./St.G.1).

[33] Air Battle, S. 41.

[34] OBS Ia, Nr. 599/41, 31.12.41, BA-MA, PG 45103. Vgl. dazu auch Kesselring, Soldat, S. 164 f.; Deichmann, P., Der Chef im Hintergrund. Ein Leben als Soldat von der preußischen Armee bis zur Bundeswehr, Oldenburg/München/Hamburg 1979, S. 145 f. (weiterhin zitiert als: Deichmann, Chef).

reich variierte Scheinangriffe zum »Ausschießen« veranlassen. In der darauffolgenden zweiten Phase sollten dann durch die Angriffe schwerer Kampfverbände die Zerstörung der Hafenanlagen und der dort liegenden Schiffe sowie der Flugplätze und der infrastrukturell wichtigen Einrichtungen der Insel erfolgen.

Die Beteiligung von Seestreitkräften an dem beabsichtigten Luftwaffen-Großeinsatz wurde darüber hinaus von Kesselring gefordert, um die Abschnürung Maltas auf dem Seewege zu gewährleisten. »Erreicht werden muß«, so hieß es in seinem Schreiben an das Deutsche Marinekommando Italien vom 6. Januar, »die wirksame Sperrung der Straße von Sizilien, eine wirkungsvolle Minensperre vor La Valetta und den anderen Anlegeplätzen der Inselfestung sowie eine völlige Unterbindung jeglichen (feindlichen) Schiffsverkehrs[35].«

Weichold, der Chef des Marinekommandos Italien, der die sich mit Jahresbeginn einstellende Ruhe auf dem Mittelmeerkriegsschauplatz auf die beiderseitige Kräfteverausgabung zurückführte und bald mit einem Wiederaufleben der britischen Aktivitäten rechnete[36], reagierte prompt auf Kesselrings Schreiben vom 6. Januar. Schon zwei Tage später legte er eine Ausarbeitung vor, derzufolge die »Ausschaltung« Maltas – eine Eroberung der Insel stand für Weichold zu diesem Zeitpunkt außerhalb der Möglichkeiten – »eine strategische Operation von Luftwaffe und Marine bedingt«[37]. Um die durch den zeitlich begrenzten Großeinsatz der Luftwaffe zu erwartenden Erfolge »auf die Dauer« zu sichern, entwickelte Weichold in dieser Ausarbeitung zum wiederholten Male eine das ganze Mittelmeer umfassende maritime Konzeption, in der der Einsatz aller dort verfügbaren »Achsen«-Seestreitkräfte vorgesehen war. Das Gros der italienischen Flotte wollte er offensiv gegen jeden feindlichen Verband im Bereich des zentralen Mittelmeeres angesetzt wissen, während die bereits südlich von Kreta operierenden deutschen Unterseeboote, deren Aufgabe es war, neben Tobruk auch Malta von seiner östlichen Zufuhr abzuschneiden, seiner Auffassung nach verstärkt werden mußten. Deutsche und italienische Schnellboote sollten durch Torpedo-Einsätze und durch das Auslegen von Minenfeldern die Sizilien-Straße sperren. Auf der Verminung des Seegebietes im unmittelbaren Vorfeld der Insel Malta, der »Sperrung des Eingangstores«, lag in Weicholds Konzeption das Hauptaugenmerk.

Weichold und Kesselring kamen Ende Januar überein, daß der See- und Luftkrieg gegen Malta am 1. Februar 1942 mit dem Auslegen neuer Minenfelder und dem Aufstellen von U-Boot-Sperren zwischen Kreta und der Cyrenaika und auch unmittelbar vor Alexandria beginnen sollte[38]. Für die Zeit zwischen dem 10. und 20. Februar 1942 war danach das Auslegen der Minensperren im Seegebiet um Malta vorgesehen. Zeitlich parallel hierzu sollten in einer ersten Phase ununterbrochene Stör- und Scheinangriffe des II. Fliegerkorps die Malta-Luftstreitkräfte binden, um den eigenen Seestreitkräften ein ungehindertes Auslegen der Minensperren zu ermöglichen, bis schließlich ab dem 16. Februar die zweite Phase der Luftoffensive, die verstärkten Zerstörungsangriffe, beginnen sollten.

Bis zum eigentlichen Beginn des Luft- und Seekrieges gegen Malta wurden vorerst Stör- und Scheinangriffe in unregelmäßiger Stärke und in großer Höhe geflogen, die jedoch

---

[35]   OBS Führungsabt. Ia, (ohne Nr.), 6.1.41, BA-MA, PG 45103.
[36]   Dt.Markdo. Italien, Nr. 41/42, 13.1.42, BA-MA, RM 7/235.
[37]   Dt.Markdo. Italien, Nr. 29/42, 9.1.42, BA-MA, PG 33289.
[38]   OBS Ia, Nr. 559/42, 26.1.42, BA-MA, RL 7/692.

weder verhinderten, daß der Insel bei nur geringfügigen Verlusten zwischen dem 18. Dezember 1941 und Ende Januar 1942 42 000 t Nachschub zugeführt werden konnten[39], noch, daß die R.A.F. in den beiden letzten Wochen des vergangenen Jahres zu 173 und in den ersten beiden Wochen des neuen Jahres immer noch zu 107 Bomber-Einsätzen von der Insel Malta aus startete[40]. Dabei gelang den britischen Fliegern am 4. und 5. Januar ein besonders schwerer Schlag gegen den Fliegerhorst von Castelvetrano, wo ihren Bombern 49 italienische und deutsche Transportflugzeuge zum Opfer fielen[41]. Der jetzt entschlossener durchgeführte Geleitschutz der italienischen Seestreitkräfte und der dichte Schirm der deutschen Luftwaffe bewirkten jedoch, daß es den Briten nicht mehr gelang, den Nachschubverkehr von Italien nach Nordafrika in ähnlichem Ausmaß zu bedrohen, wie dies noch bis Mitte Dezember 1941 der Fall gewesen war. Erste Einzelfahrer und die beiden deutschen Januar-Geleite des Jahres 1942 erreichten so bei nur einem einzigen Verlust, dem als Truppentransporter eingesetzten Motorschiff »Victoria«, Tripolis und überführten der Panzergruppe Afrika 12 273 Tonnen des so dringend benötigten Nachschubs[42].

2. Das Mittelmeer im Schatten der beabsichtigten Reaktivierung des Zufuhrkrieges auf dem Atlantik

Die Seekriegsleitung sah in der durch den japanischen Überfall auf Pearl Harbor am 7. Dezember 1941 eingeleiteten globalen Ausweitung des Seekrieges die Möglichkeit, der durch Nord- und Mittelmeer-Einsatz zum Aushilfsinstrument von Hitlers Kontinentalkonzeption herabgesunkenen Seekriegführung zu neuem entscheidenden Eigenwert zu verhelfen.

Von den Vereinigten Staaten erwartete man nämlich in Unterschätzung des amerikanischen Rüstungspotentials, daß sie ihre gesamten Kräfte vorerst, bedingt durch die japanischen Anfangserfolge, auf den pazifischen Raum konzentrieren müßten und deshalb auch »die erheblichen Lieferungen an England (...) sofort einstellen (würden)« [43]. Nach Ansicht der Seekriegsleitung mußten die für Großbritannien ausbleibende Unterstützung und die Diversion der britischen Seestreitkräfte – besonders aber der Tonnage – auf zwei Ozeane das bisherige Kräfteverhältnis im Atlantik grundlegend verändern, so daß die Chance gesehen wurde, durch eine längerfristige Reaktivierung des Zufuhrkrieges Großbritannien doch noch niederringen zu können[44]. Alles hing davon ab, ob man

[39] Bell, Défense, S. 270.
[40] Air Battle, S. 41.
[41] Ebd., S. 43; Richards/Sauders, R.A.F., Vol.II, S. 183.
[42] BA-MA, RM 7/230. Nach Rohwer, Nachschubverkehr, S. 106, gingen im Januar 1942 von den insgesamt im Nordafrikaverkehr eingesetzten 173 000 BRT Schiffsraum 18 849 BRT verloren.
[43] »Betrachtung der allgemeinen strategischen Lage nach Kriegseintritt Japan/USA«, 17.12.41, Salewski, Seekriegsleitung, Bd. III, S. 236 ff., hier S. 239.
[44] Ebd. Etwas zurückhaltender, aber durchaus im gleichen Sinne äußerte sich Raeder am 12.12.1941 gegenüber Hitler. Wagner, Lagevorträge, S. 325 f. Vgl. auch Junges Denkschrift »Überblick über die Bedeutung des Kriegseintritts der U.S.A. und Japans«, OKW WFSt Abt. L, (IK op), Nr. 442173/41, 14.12.41, BA-MA, RH 2 v. 1521; ferner Fricke gegenüber Ritter am 18.1.1941. Danach lag das Schwergewicht der maritimen Strategie eindeutig auf der atlantischen Zufuhrkriegführung. KTB Skl, 18.1.42, BA-MA, RM 7/32. Entgegen Salewski, Seekriegsleitung, Bd. II, S. 76 f.

in der Lage war, wie die Führung der Kriegsmarine kalkulierte, über einen »längeren Zeitraum« hinweg monatliche Versenkungserfolge zwischen 800 000 und 1 Mio. Tonnen zu erzielen[45]. Ein plötzliches »Einschwenken« Großbritanniens aufgrund der sich abzeichnenden Rückschläge in Fernost wurde von der Seekriegsleitung ausgeschlossen[46].

Trotz der überaus schwierigen Heizöllage der Kriegsmarine – ihr Quartiermeister hatte am 9. Dezember gemeldet, daß »die Flotte (...) bis auf weiteres stillgelegt ist«[47] – beabsichtigte die Seekriegsleitung, neben der Verstärkung des Unterseeboot-Krieges auch wieder die schweren Einheiten im Atlantik einzusetzen[48]. Das Wiederherstellen ihrer Einsatzbereitschaft, d. h. die Lösung des Heizölproblems, sollte »mit allen Mitteln« bis spätestens Ende März 1942 erreicht werden[49].

Eine schwerpunktmäßige Kampfführung im Mittelmeer mit dem Ziel, die dort eingesetzten britischen Seestreitkräfte zu zerschlagen, wie es für den Fall, daß die angelsächsischen Seemächte ihre Kriegsflotten zuerst auf den pazifischen Raum konzentrieren würden, in den »Militärischen Vereinbarungen zwischen Deutschland, Italien und Japan« am 18. Januar 1942 niedergelegt worden war[50], stand dagegen für die See-

---

[45] Vgl. dazu oben Anm. 43.

[46] KTB Skl, 18.1.42, BA-MA, RM 7/32.

[47] KTB Skl, 9.12.41, BA-MA, RM 7/31.

[48] »Die Skl hält trotz der Erschwerung durch die feindlichen Überwachungsmaßnahmen und der gegnerischen Überlegenheit angesichts der hohen Bedeutung einer Bedrohung der Zufuhrwege grundsätzlich an dem Einsatz der schweren Überwassereinheiten, Kreuzer und Hilfskreuzer beim Zufuhrkrieg fest. Die zu erwartende Verminderung der englischen und amerikanischen schweren Streitkräfte im Atlantik aufgrund der Lage im indischen und pazifischen Raum wird die Operationsmöglichkeiten für die deutschen Streitkräfte verbessern. Die Aufnahme der Operationstätigkeit der schweren deutschen Streitkräfte nach Herstellung ihrer Einsatzbereitschaft im ersten Vierteljahr 1942 wird mit allen Mitteln angestrebt.« »Betrachtung der allgemeinen strategischen Lage nach Kriegseintritt Japan/USA«, 17.12.41, Salewski, Seekriegsleitung, Bd. III, S. 235 ff., hier S. 245. Auch Raeder trat am 12.12.1941 gegenüber Hitler für eine Reaktivierung des Überwasserseekrieges im Atlantik ein. Wagner, Lagevorträge 12.12.41, S. 325. Zu den Bemühungen des Skl, besonders aber Raeders, die von Hitler beabsichtigte Verlegung der schweren Einheiten in den Nordraum zu verhindern, vgl. Salewski, Seekriegsleitung, Bd. II, S. 1 ff.

[49] Ab September 1941 begann sich die Umstellung der rumänischen Treibstoffindustrie auf eine verstärkte Vergaser- und Dieselkraftstofferzeugung für den Ostfeldzug dahingehend auszuwirken, daß die in Rumänien produzierten Heizölmengen nicht einmal zur Deckung des italienischen Heizölaufkommens ausreichten. Dennoch glaubte offensichtlich der Ob.d.M. Hitler, der als Grund für die Unterbrechung der rumänischen Heizölzufuhr eine »fehlerhafte finanzielle Behandlung Rumäniens, daß Gold von uns fordert zur Stützung seiner Währung«, anführte und versicherte, daß »nach Zahlung des Goldes (...) mit erneuter Ölzufuhr aus Rumänien zu rechnen (sei)«. Wagner, Lagevorträge, 12.12.41, S. 326. Zur Heizölversorgung der Kriegsmarine vgl.: Meier-Dörnberg, Ölversorgung, S. 57 ff.

[50] In den »Vereinbarungen« war als Leitgedanke der gemeinsamen Kriegführung vorgesehen: »Wenn die nordamerikanische und die englische Kriegsflotte sich größtenteils im Atlantik konzentrieren, wird Japan im ganzen Gebiet des Pazifiks und des Indischen Ozeans seinen Handelskrieg verstärken und außerdem einen Teil seiner Marinestreitkräfte in den Atlantik entsenden, um dort mit der deutschen und italienischen Kriegsmarine zusammenzuarbeiten.« Umgekehrt erklärten sich Deutschland und Italien bereit, daß sie »wichtige Stützpunkte Englands und der Vereinigten Staaten im Nahen Osten und im Mittleren Osten, im Mittelmeer und Atlantik vernichten, deren dortige Gebiete angreifen und besetzen wollten. Sie werden die Vernichtung der englischen und nordamerikanischen Land-, Luft- und Seestreitkräfte im Atlantik und im Mittelmeer und die Zerstörung des feindlichen Handels anstreben. Wenn die englische und nordamerikanische Kriegsflotte sich größtenteils im Pazifik konzentriert, werden Deutschland und Italien einen Teil ihrer Marinestreitkräfte nach dem Pazifik entsenden und dort mit der japanischen Marine unmittelbar zusammenarbeiten.« Martin, B., »Die militärische Vereinbarung zwischen Deutschland, Italien und Japan« vom 18. Januar 1942, in: Hillgruber, A. (Hrsg.), Probleme des Zweiten Weltkrieges, Köln/Berlin 1967, S. 134 ff. (weiterhin zitiert als: Martin, »Vereinbarungen«).

kriegsleitung vorerst wegen der noch immer als äußerst bedrohlich eingeschätzten Lage an der südlichen Peripherie außerhalb der näheren Erwägungen[51]. Mit einer derartig schnellen Wende im Mittelmeerraum, wie sie dann tatsächlich durch Rommels Offensive zustande kam, rechnete bis zu diesem Zeitpunkt – ähnlich wie schon im Vorjahr – bei der Skl niemand. Deshalb hielt die Marineführung an der atlantischen Schwerpunktlegung fest, wodurch eine echte Kooperation mit der kaiserlich-japanischen Marine, deren Zielsetzung nicht der Tonnagekrieg, sondern vielmehr das Niederkämpfen der anglo-amerikanischen Seestreitkräfte und deren Stützpunkte sein mußte, von vornherein ausgeschlossen war. Die »Militärischen Vereinbarungen« waren deshalb für beide Marineleitungen nicht mehr als der von Anfang an aufgrund unterschiedlicher strategischer Konzeptionen zum Scheitern verurteilte Versuch, die Seekriegführung des jeweiligen Bundesgenossen der eigenen Konzeption dienstbar zu machen[52]. So verwundert es wenig, wenn als einzig konkretere Abmachung – selbst diese wurde nach Hitlers Intervention nur widerwillig zugestanden – in den »Militärischen Vereinbarungen« eine Trennung der Operationszonen beider Mächte auf den 70. Grad östlicher Länge festgelegt wurde[53].

Im Mittelmeerraum erwartete die Seekriegsleitung, trotz der sich seit Mitte Dezember 1941 allmählich abzeichnenden Entspannung der Luft- und Seelage, weitere Offensiv-Operationen der Briten[54]. Der Seekriegsleitung ging es deshalb darum, wie Assmann, ihr Ib, in einer »Betrachtung über die seestrategische und militärische Lage (...)« vom 10. Januar 1942 festhielt, die »sichere Verteidigung aller zum gegenwärtigen Zeitpunkt in den Händen der ›Achse‹ befindlichen Gebiete (zu gewährleisten)«[55]. Im einzelnen hieß dies, daß der griechisch-ägäische Raum, die Inseln Kreta, Sardinien und Korsika, und vor allem der nordafrikanische Brückenkopf, von dessen Besitz – nach Ansicht der Marineführung – die Sicherheit der gesamten europäischen Südflanke entscheidend abhing, erfolgreich verteidigt werden mußten. Als operative Notwendigkeiten ergaben sich daraus für die Seekriegsleitung – formelhaft zusammengefaßt – die Sicherung der eigenen und die Unterbrechung der feindlichen Nachschublinien. Für die eigene Haupt-Nachschub-Route bedeutete dies, daß die wichtigen Italien-Nordafrika-Geleite durch starke Luft- und Seesicherungsstreitkräfte direkt und durch die Bekämpfung und Blockade des britischen Stützpunktes Malta indirekt gesichert werden mußten[56].

Angesichts dieser defensiven, mit der des italienischen Bundesgenossen übereinstimmenden Mittelmeerzielsetzung, war es dann auch keine Schwierigkeit, bei den Spitzenbesprechungen beider Marinen am 14./15. Januar 1942 in Garmisch-Partenkirchen in der Beurteilung der strategischen Lage und der sich daraus ergebenden operativen Erfordernisse im wesentlichen Übereinstimmung zu erzielen[57]. Gefährdet schien die

[51] Zur Lageeinschätzung der Skl bezüglich des Mittelmeerraumes siehe unten S. 126.

[52] Entgegen Salewski (Seekriegsleitung, Bd. II, S. 72 ff.), der die Entstehung des »Großen Planes«, wie er die vom Mittelmeer ausgehende maritime Strategie des Jahres 1942 umschreibt, als Konsequenz des japanisch/nordamerikanischen Kriegseintrittes versteht und dabei die Ereignisse auf dem nordafrikanischen Kriegsschauplatz gänzlich unberücksichtigt läßt. Vgl. dazu unten S. 144 ff.

[53] Vgl. dazu: Martin, »Vereinbarungen«, S. 134 ff.; Salewski, Seekriegsleitung, Bd. II, S. 74 f.

[54] »Betrachtung über die seestrategische und militärische Lage im Mittelmeer nach dem Stand vom 10.1.42« (verfaßt vom Ib Skl Assmann), BA-MA, RM 7/235.

[55] Ebd.   [56] Ebd.

[57] Skl Ib, Nr. 1402/42, »Ergebnis der deutsch-italienischen Marinebesprechungen am 14./15. Januar in Garmisch«, BA-MA, RM 7/235. Vgl. dazu: Salewski, Seekriegsleitung, Bd. II, S. 54 f.; Schreiber, Revisionismus, S. 328 f.

Durchführung der vom Deutschen Marinekommando Italien in Kooperation mit der Luftflotte 2 ausgearbeiteten – von beiden Marineführungen gebilligten – zukünftigen Operationen lediglich durch die überaus schwierige Heizöllage, die deshalb auch in den Mittelpunkt der Garmischer Unterredungen rückte.

So mußte Raeder, obwohl ab Februar 1942 ein zu diesem Zeitpunkt noch nicht übersehbarer Fehlbestand an Heizöl zu erwarten war, aufgrund der ebenfalls bis aufs äußerste angspannten Heizöllage der deutschen Kriegsmarine – die rumänische Ausfuhr für die »Achsen«-Mächte war seit November 1941 gänzlich eingestellt worden und auch die innerdeutsche Produktion wies eine rückläufige Tendenz auf – der italienischen Marineführung mitteilen, daß fortan mit keinen weiteren Heizölzuwendungen aus Deutschland zu rechnen sei. Sobald aber die Unterbrechung der rumänischen Ölzufuhr, die Raeder in erster Linie auf Zahlungsschwierigkeiten zurückführte, behoben werde – Hitler hatte dies schon im Dezember 1941 versichert[58] – und die eigene vorausgesagte Produktionssteigerung eintreten würde, konnten nach Auffassung der Seekriegsleitung die Voraussetzungen für den atlantischen Überwasser-Zufuhrkrieg bis März 1942 geschaffen werden. Die Operationen der italienischen Seestreitkräfte sollten deshalb ab März 1942 so angesetzt werden, daß sie mit dem auf 75 000 Tonnen festgelegten, für Geleitsicherungsaufgaben und vereinzelte Flottenvorstöße als ausreichend angesehenen Kontingent ausschließlich rumänischen Heizöls bestritten werden konnten. Selbst für den Fall, daß die italienischen Seestreitkräfte wider Erwarten nicht mit den 75 000 Tonnen aus Rumänien versorgt werden konnten, behielt sich Raeder vor, die italienische Zuweisung von 75 000 Tonnen zugunsten der eigenen Operationsführung im Atlantik unterschreiten zu können. Nichts anderes hieß es, wenn im Abschlußprotokoll der Garmischer Besprechungen festgelegt wurde, daß in einem solchen Fall »der insgesamt verfügbare Ölvorrat für solche Operationen einzusetzen (sei), die nach gegenseitiger Übereinkunft als vordringlich erachtet worden«[59] seien.

Die vom Comando Supremo seit Herbst 1941 in Aussicht genommene Eroberung der Insel Malta als dauerhafte Lösung des Nachschubproblems – jetzt angesichts des stark heizölverbrauchenden Geleitschutzes besonders aktuell –, von deren Vorarbeiten Admiral Riccardi, der Unterstaatssekretär und Admiralstabschef der italienischen Marine, den Großadmiral unterrichtet hatte, wurde von der Seekriegsleitung als nicht erforderlich angesehen[60]. Zur Wiederherstellung einer begrenzten Stabilität im Mittelmeerraum als Voraussetzung für die beabsichtigte Reaktivierung des atlantischen Tonnage-Krieges bedurfte es – nach Meinung der Seekriegsleitung – weder der Inbesitznahme Maltas noch der von Weichold geforderten Entsendung weiterer Unterseeboote ins Mittelmeer[61]. Am Tirpitzufer erwartete man nämlich, »ohne den (...) noch bestehenden Ernst der Lage verkennen zu wollen«, wie Assmann am 10. Januar 1942 festhielt, durch »den weiteren entschlossenen Kampfeinsatz« der im Mittelmeerraum eingesetzten Luftwaffen- und Seestreitkräfte sowie durch die sich langsam bemerkbar machende diversionsbedingte Schwächung des Gegners »in absehbarer Zeit eine fühlbare Auswirkung im Sinne einer allmählichen Niederhaltung der britischen Kampf-

---

[58]   Siehe oben S. 125, Anm. 49.
[59]   Skl Ib, Nr. 1402/41, »Ergebnis der deutsch-italienischen Marinebesprechungen am 14./15. Januar in Garmisch«, BA-MA, RM 7/235.
[60]   1. Skl Im, Nr. 472/42, 4.3.42, BA-MA, RM 7/235.
[61]   Dt.Markdo. Italien, Nr. 41/42, 13.1.42, BA-MA, RM 7/235.

kraft Maltas«, um so »die schwierige Transportlage nach Nordafrika in zunehmend günstigem Sinne« meistern zu können[62].

Auch die schon seit längerer Zeit periodisch immer wieder laut werdende und am Rande der Besprechungen von Garmisch erneut vom italienischen Bundesgenossen zur Sprache gebrachte Forderung nach einer Nutzung der vichy-französischen Häfen in Tunesien, besonders Bizertas, und die sich damit eröffnende Möglichkeit, den Nachschub für Nordafrika sicher innerhalb einer Nacht auf dem kürzesten Seewege überführen zu können, wurde von der Seekriegsleitung abgelehnt, da man bei einer offensichtlichen Nutzung dieser Häfen eine beschleunigt eintretende Intervention der Anglo-Amerikaner gegen die nordwest- und die westafrikanischen Besitzungen Vichy-Frankreichs erwartete[63]. Gerade jetzt, zu einem Zeitpunkt, an dem durch den Kriegseintritt Japans die Chance gegeben zu sein schien, den atlantischen Zufuhrkrieg in absehbarer Zeit in kriegsentscheidendem Ausmaß zu entfesseln, würde aber ein eventueller Verlust der für den Zufuhrkrieg so wichtigen Dakar-Freetown-Position besonders schmerzlich sein. »Die deutsch-italienische Kriegführung«, vermerkte Assmann, »hat daher nicht nur zur Abwehr einer angelsächsischen Angriffsfront gegen Europa, sondern aus seestrategischen Gründen ein dringendes Interesse daran , einen Verlust dieser kriegswichtigen Position zu verhindern«[64]. Eine Verstärkung der nordwest- und westafrikanischen Stützpunkte Vichy-Frankreichs mußte deshalb, nach Ansicht der Seekriegsleitung, einer Nutzung Bizertas und der tunesischen Häfen für den Nordafrika-Geleitverkehr der »Achse« vorangehen[65]. Erfolgversprechende Schritte, d.h. politische Konzessionen gegenüber Vichy-Frankreich als Voraussetzung einer Integration dieser strategischen Schlüsselpositionen in die atlantische Kriegführung bei Hitler durchgesetzt zu haben, hatte die Seekriegsleitung allerdings noch nicht für sich verbuchen können[66].

3. Hitlers Aufwertung der Mittelmeerkriegführung vor dem Hintergrund seines gescheiterten »Weltblitzkriegsplanes« und der veränderten gesamtstrategischen Lage

Seit dem 17. November, mit der russischen Offensive gegen die Flanken der auf Rostow vorstoßenden ersten deutschen Panzerarmee, allerspätestens aber mit dem Beginn der Gegenoffensive der sowjetischen »Kalininfront« am 5./6. Dezember 1941 mußte Hitler einsehen, daß sein im Winter 1940/41 konzipierter »Weltblitzkriegsplan« endgültig gescheitert war. Deutschland drohte nun – analog zur Situation des Ersten Weltkrieges – in einen Zweifronten-Abnutzungskrieg zu geraten und längerfristig weniger der Roten Armee, als vor allem einem sich frei entfaltenden, auf der Seite Großbritanniens in die Waagschale geworfenen US-amerikanischen Rüstungspotentials zu

---

[62] »Betrachtung über die seestrategische und militärische Lage im Mittelmeer nach dem Stand vom 10.1.42«, BA-MA, RM 7/235.

[63] »Betrachtung der allgemeinen strategischen Lage nach Kriegseintritt Japan/USA«, 17.12.41, Salewski, Seekriegsleitung, Bd. III, S. 240.

[64] Ebd., S. 240 f.

[65] Ebd.

[66] Vgl. dazu unten S. 133 f.

erliegen, dem das an Rohstoffen arme Deutschland nichts auch nur annähernd Gleichwertiges entgegenzusetzen hatte[67]. Zwangsläufig mußte Hitler, um sein dogmatisch festgelegtes Ziel nach einer erhofften Konsolidierung der dramatisch zugespitzten Lage an der Ostfront weiter verfolgen zu können, nun nach Mitteln und Wegen suchen, um Großbritannien aus der Feindkoalition herauszubrechen, noch bevor die USA aktiv an dessen Seite in den europäischen Krieg eingetreten waren.

Am 19. November 1941 ließ Hitler im kleinen Kreis erkennen, daß er den sozialen Spannungen in England »großen Wert beimesse« und erwarte, daß diese die konservative Führungsschicht Großbritanniens zum »Einlenken« und zum politischen »Ausgleich« mit ihm veranlassen würden[68]. Vier Tage darauf äußerte er gegenüber dem Minister für Propaganda und Volksaufklärung, Josef Goebbels, daß »er große Hoffnungen auf Japan« setze und glaube, »daß es unter Umständen in absehbarer Zeit aktiv in den Krieg eintreten werde«[69]. Japans Kriegseintritt – so kalkulierte Hitler – würde die anglo-amerikanischen Kräfte auf zwei Ozeane zersplittern und die Gefahr einer in erster Linie von den USA getragenen »Zweiten Front« in Europa wenigstens vorerst bannen. Darüber hinaus wäre die momentan günstige Lage Großbritanniens alsbald ins Gegenteil verkehrt und dieses zur Einsicht und zum »Ausgleich« mit Deutschland gezwungen und damit die Voraussetzung für eine Fortsetzung seines »eigentlichen Krieges« geschaffen[70]. Um zu verhindern, daß im Falle einer alleinigen Konzentration

---

[67] »Wir müssen der Möglichkeit ins Auge sehen, daß es keinem der beiden Hauptgegner (gemeint sind Deutschland und Großbritannien) gelingt, den anderen vernichtend zu schlagen«, deutete Halder die Ausführungen Hitlers am 23.11.1941. KTB Halder. Bd. III, 23.11.41, S. 306. Vgl. dazu auch die Stellungnahme Jodls vom 15.5.45, KTB OKW, Bd. IV, S. 1503. Vgl. ferner Reinhardt, K., Die Wende vor Moskau. Das Scheitern der Strategie Hitlers im Winter 1941/42, Stuttgart 1972, S. 172 ff.; Hillgruber, Strategie, S. 551 ff. Zum Zeitfaktor in Hitlers Strategie: ebenda, S. 718 f.; ders.: Der Hitler-Stalin-Pakt und die Entfesselung des Zweiten Weltkrieges. Situationsanalyse und Machtkalkül der beiden Pakt-Partner, in: HZ 237/1980, S. 339 ff.

[68] KTB Halder, Bd. III, 19.11.41, S. 295.

[69] Goebbels, Tagebücher, 22.11.41, BA, NL 118/36. Bemerkenswerterweise hatte Hitler noch am 18.11.41 gegenüber Goebbels gesagt: »Wir haben von ihnen nicht viel zu erhoffen (...). Jedenfalls kann im Augenblick überhaupt keine Rede davon sein, daß die Japaner die Absicht haben, in den kriegerischen Konflikt einzugreifen.« Goebbels, Tagebücher, 18.11.41, BA, NL 118/36.

[70] Hitlers strategisches Kalkül, das er mit einem Kriegseintritt Japans verband, spiegelte sich in den Aufzeichnungen Heinrich Heims (Hitlers Monologe) trefflich wider. Mit dem Kriegseintritt Japans, der »Wende von unvorstellbarem Ausmaß« (5.1.42, S. 179), sah Hitler die Bedrohung Indiens und damit des gesamten Britischen Empire heraufziehen. Seiner Auffassung zufolge gab es »keinen Engländer, der jetzt nicht ununterbrochen an Indien denke. Stünden sie vor der Wahl: Deutschland den Kontinent zu lassen und dafür Indien zu behalten, so würden 99 von 100 Engländer sich für Indien entscheiden. Indien ist für die Engländer auch etwas Symbolisches geworden: das Fundament seiner Weltherrschaft« (10.1.41, S. 193). Nur noch im britischen Unterhaus, namentlich in der Person Churchills, vermutete Hitler den Exponenten jener für Großbritannien so verderblichen Politik; denn »gewinnen wird in diesem Krieg, wenn überhaupt gewonnen wird, nur Amerika; wenn verloren wird, verliert nur England« (15.1.42, S. 199). Da »der ganze Reichtum (...) (Großbritanniens) heute nur einen Gedanken hat, nämlich den: »Wie retten wir das Empire«, folgte daraus für Hitler die zwingende Notwendigkeit britischer Politik, »alles nach Indien ohne Rücksicht auf Rußland und ohne Rücksicht auf Nordafrika (zu geben)« (15.1.42, S. 199). Für seine Kriegführung ergab sich dann die Chance, den Ostfeldzug, das Kernstück der ersten, kontinentalen Stufe seines »Programms«, abschließen zu können. Hitler erwartete jedoch nicht nur, daß »England (...) eines Tages zum Kontinent gezwungen sein (werde)«, sondern auch »programmgemäß« an der Seite Deutschlands den Kampf gegen die USA eröffnen werde. So entspann sich am 7.1.42 in Hitlers dogmatisch verblendeter Gedankenwelt die Wunschvorstellung, daß »eine deutsch-englische Armee (...) die Amerikaner aus Island herauswerfen (werde)« (7.1.42, S. 184).»Wie man (allerdings) die USA besiege«, wußte er, wie er gegenüber Oshima am 3. Januar zugeben mußte, »noch nicht.« Hillgruber, Staatsmänner, Bd. II, Dok. 1, 3.1.42, S. 41.

des amerikanischen Rüstungspotentials auf den fernöstlichen Kriegsschauplatz Japan rasch zusammenbrechen würde und sich daran anschließend die gesamte Wucht der einmal in Gang gekommenen überlegenen amerikanischen Kriegsmaschinerie gegen Deutschland und Italien wenden würde, entschloß sich Hitler, im Falle einer japanischen Kriegserklärung an dessen Seite in den Krieg gegen die USA einzutreten[71].

Was am 21. November noch geradezu illusorisch angemutet hatte, rückte dann schon wenige Tage darauf in den Bereich des Möglichen[72]. Am 27. November berichtete nämlich der deutsche Geschäftsträger in Washington, Thomsen, von einer Krise bei den japanisch-amerikanischen Verhandlungen. Schon am darauffolgenden Tag traf dann der deutsche Außenminister mit dem japanischen Botschafter in Berlin, Oshima, zusammen, um diesen durch deutsche Beistandsbekundungen für einen Kriegseintritt gegen die USA zu »erwärmen«. Zwei Tage später, als die japanisch-amerikanischen Verhandlungen endgültig gescheitert waren, bemühten sich die Japaner ihrerseits, Deutschland und Italien für einen Kriegseintritt zu gewinnen, so daß einem Pakt nun nichts mehr im Wege stand. Dennoch beurteilte Hitler – in Unkenntnis darüber, daß sich bereits ein japanischer Flottenverband Pearl Harbor näherte – die japanisch-deutsch-italienischen Verhandlungen offenbar skeptisch; denn so sehr er den japanischen Kriegseintritt auch herbeisehnte, so sehr suchte er ebenfalls noch nach anderen Möglichkeiten, den »Ausgleich« mit Großbritannien zustande zu bringen. Am 6. Dezember 1941 glaubte er, durch einen Verzicht auf die Gewinnung der Nahost-, Nord- und nordwestafrikanischen Positionen unter Einbeziehung des französischen Kolonialbesitzes als Kompensationsobjekte zu einer Verständigung mit Großbritannien gelangen zu können[73].

Die deutsch-japanisch-italienischen Verhandlungen über einen Kriegseintritt gegen die USA waren noch nicht abgeschlossen, als am 8. Dezember 1941 die Nachricht vom japanischen Angriff auf die amerikanische Flotte in Pearl Harbor und die Kolonien Großbritanniens und der Niederlande in Ostasien im deutschen Hauptquartier eintraf. Am 11. Dezember verwirklichte Hitler daraufhin seinen aufgrund des Scheiterns des Ostfeldzuges zwangsweise gefaßten Entschluß und erklärte den USA den Krieg. Italien schloß sich dem an. Noch am gleichen Tage wurde ein Beistandspakt, der einen Separatfrieden ausschloß, unterzeichnet, dem am 18. Januar 1942 die »Militärischen Vereinbarungen zwischen Deutschland, Italien und Japan« folgten[74].

Der japanische Kriegseintritt und Deutschlands Kriegserklärung an die Vereinigten Staaten befreiten Hitler jedoch nicht von seiner Furcht vor einer »Zweiten Front«; denn die Frage, ob die USA tatsächlich ihre Kräfte über zwei Ozeane verteilen oder sich unter Konzentration aller ihrer Ressourcen bei vorübergehender Preisgabe der von

---

[71] Zum Kalkül Hitlers bezüglich eines japanischen Kriegseintritts vgl.: Jäckel, E., Die deutsche Kriegserklärung an die Vereinigten Staaten von 1941. In: Im Dienste Deutschlands und des Rechtes. Festschrift für W.G. Grewe, Baden-Baden 1981, S. 177 ff. (weiterhin zitiert als: Jäckel, Kriegserklärung); Hillgruber, A., Der Zweite Weltkrieg. Kriegsziele und Strategien der großen Mächte, 2. Aufl., Stuttgart/Berlin/Köln/Mainz 1983, S. 82 f. Zur Vorgeschichte des japanischen Kriegseintritts vgl. ferner: Herde, P., Pearl Harbor, 7. Dezember 1941. Der Ausbruch des Krieges zwischen Japan und den Vereinigten Staaten und die Ausweitung des europäischen Krieges zum Zweiten Weltkrieg, Darmstadt 1980 (weiterhin zitiert als: Herde, Pearl Harbor).

[72] Jäckel, Kriegserklärung, S. 117 ff.; Herde, Pearl Harbor, S. 248 ff.

[73] »Führer hofft anscheinend immer noch auf Kosten Frankreichs mit England ins Gespräch zu kommen.« KTB Halder, Bd. III, 7.12.41, S. 333.

[74] Detailliert in der oben unter Anm. 71 aufgeführten Literatur.

Japan angegriffenen Räume zuerst gegen die »Achse« wenden würden, war nicht mit Sicherheit im voraus zu beantworten[75]. Die Gefahr einer »Zweiten Front« – besonders in Norwegen und im Mittelmeerraum – war deshalb für ihn latent vorhanden[76]. Dagegen ging der Wehrmachtführungsstab davon aus, daß selbst im ungünstigsten Fall, d.h. bei einer amerikanischen Kräftekonzentration gegen den Hauptfeind Deutschland, aufgrund des gegnerischen Rüstungsstandes eine alliierte Landung auf dem europäischen Kontinent nicht vor 1943 stattfinden würde. Lediglich im Zuge einer »vorbereitenden (angelsächsischen) Raumstrategie« rechnete die Abteilung L für das Jahr 1942 damit, daß der Feind »Absprungräume« in England, in Nordafrika und im Nahostraum einrichten und ausbauen würde, um von dort aus 1943 zum Sturm auf Europa anzutreten[77].

Die deutsche Kriegführung mußte deshalb die Zeitspanne, die die anglo-amerikanischen Mächte bis dahin benötigen würden, dazu nutzen, »die Angriffsoperationen zu Lande abzuschließen, die zur Abrundung eines wirtschaftlich lebensfähigen und militärisch und politisch verteidigungsfähigen Machtbereiches erforderlich sind«[78]. In erster Linie mußte es sich hierbei um den Abschluß des Rußlandfeldzuges handeln. Dazu sollten im Norden Murmansk und Archangelsk – die Kontaktstellen der Sowjetunion mit den anglo-amerikanischen Mächten – genommen bzw. ausgeschaltet werden. Im Süden, wo der Schwerpunkt der Sommeroffensive von 1942 liegen sollte, ging es darum, »das nord- und südkaukasische Gebiet mit seinem Ölvorkommen und einem ausreichenden, verteidigungsfähigen Vorfelde fest in die Hand zu bekommen«[79]. Daneben war beabsichtigt, wie es auch am 14. Dezember in der OKW-Weisung hieß –, »die von uns beherrschten Eismeer-, Nordsee- und Atlantikküstenbereiche (...) im Endziel zu einem neuen ›Westwall‹ auszubauen, um dann (...) mit Sicherheit jedes feindliche Landungsunternehmen auch stärkster Kräfte abwehren zu können«[80].

Weit hinter den defensiven strategischen Vorstellungen, Europa zu einer unangreifbaren Festung auszubauen, stand Hitlers Absicht, nach Erreichen des Kaukasus nach Süden einzuschwenken und die Operationen bis zu den feindlichen Ausladehäfen am

---

[75] Diese Unsicherheit spiegelte sich unter anderem in der von Junge verfaßten und von Jodl gebilligten Denkschrift des WFSt »Überblick über die Bedeutung des Kriegseintritts der U.S.A. und Japans« (OKW WFSt Abt. L, (IK op), Nr. 442173/41, 14.12.41, abgedruckt bei: Salewski, Seekriegsleitung, Bd. III, S. 249 ff., hier S. 250 f.) wider. Dort heißt es: »Für die Entschlußfassung der Feindmächte werden im großen drei Möglichkeiten gesehen: a) Konzentration aller Kräfte und Anstrengungen im Kampf gegen die Achsenmächte und bis nach deren Niederringung vorübergehende Preisgabe der von Japan angegriffenen Schutzobjekte und Räume. b) Konzentration der gesammelten Macht gegen Japan, um zunächst dieses niederzuringen, unter wesentlicher Schwächung der Kräfte im Atlantik, im Mittelmeer und in Nahost. c) Keine sofortige Schwerpunktbildung, sondern lediglich eine beschränkte Verstärkung der pazifischen Kräfte aus dem atlantischen Raum mit dem Ziel, in der strategischen Defensive Zeit zu gewinnen, bis die eigene Machtverstärkung den Angriff nach einer Seite erlaubt.«

[76] Vom britischen Geheimdienst geschickt lancierte Gerüchte von einer bevorstehenden anglo-amerikanischen Invasion auf dem europäischen Festland steigerten Hitlers Furcht davor, obwohl gleichzeitig erste Siegesmeldungen aus Fernost seine weitgespannten Erwartungen nährten. Vgl. dazu: Salewski, Seekriegsleitung, Bd. II, S. 2 ff. Zu diesem Themenkomplex vgl. insbesondere: Hillgruber, A., Das Problem der »Zweiten Front« in Europa 1941-1944. In: Seemacht und Geschichte, Festschrift F. Ruge, Bonn 1975, S. 133 ff.

[77] OKW WFSt Abt. L, (IK op), Nr. 442173/41, 14.12.41; Salewski, Seekriegsleitung, Bd. III, S. 253 ff.

[78] Ebd., S. 257.

[79] Ebd., S. 257 f.

[80] OKW WFSt Abt. L, (I op). Nr. 003022/41, 14.12.41, KTB OKW, Bd. II, S. 1262. In die gleiche Richtung zielte schließlich auch die von Hitler am 22.1.42 endgültig gegenüber dem Ob.d.M. durchgesetzte Verlegung der schweren Einheiten in den Nordraum. Vgl. dazu: Salewski, Seekriegsleitung, Bd. II, S. 2 ff.

Suez-Kanal und am Persischen Golf fortzuführen[81]. Gegenüber dem japanischen Botschafter Oshima erklärte er am 3. Januar 1942, »sein Ziel sei, sobald das Wetter günstig würde, die Offensive in Richtung des Kaukasus wieder aufzunehmen. Diese Stoßrichtung sei die wichtigste; man müsse an das Öl und an Iran und den Irak herankommen. Wenn man erst einmal dort stünde, so hoffe er, daß man auch der Freiheitsbewegung der arabischen Welt zum Durchbruch verhelfen könne[82].«

Im Gegensatz zu den Vorstellungen des WFSt/L sah Hitler die Möglichkeit, auch von Libyen aus gegen die britische Suez-Ägypten-Position vorzugehen – ohne allerdings diese Operation als Bestandteil einer konzentrischen Zangenoperation anzusehen, wie dies in der Weisung Nr. 32 für die Nach-»Barbarossa«-Zeit ursprünglich einmal vorgesehen war.

Noch unter dem Eindruck der sich seit dem 17. November anbahnenden Katastrophe an der Ostfront hatte Hitler die Lage auf dem nordafrikanischen Kriegsschauplatz, wo Rommel die Sollum-Front gegen einen überlegenen Angreifer erfolgreich verteidigte, düster eingeschätzt, wie Goebbels am 22. November nach einer Unterredung mit ihm notierte: »Der Führer beurteilt unsere Chancen in Nordafrika nicht so günstig wie die Herren im OKH, und er hat zweifellos recht damit. Zwar setzt er noch große Hoffnungen auf Rommel, dem es vielleicht doch noch gelingen werde, hier ein entscheidendes Wort mitzusprechen; aber unsere Möglichkeiten sind ja dadurch begrenzt, daß wir nicht genügend Truppen und Material nach Nordafrika haben transportieren können[83].«

Ob die Lage in Nordafrika noch »zu meistern sei«, darüber war sich Hitler auch noch am 30. November »nicht im klaren«[84], während er Anfang Dezember, nach der Ausweitung des europäischen Krieges zum Zweiten Weltkrieg, obwohl sich Rommel seit dem 7. Dezember auf dem Rückzug befand, der Lageentwicklung auf dem nordafrikanischen Kriegsschauplatz bereits zunehmend optimistischer entgegensah. Ende Dezember, als die britische Ostmittelmeer-Position infolge der weltpolitischen Entwicklung nicht nur schwächer, sondern der Einsatz deutscher See- und Luftstreitkräfte sowie die wiederaufgenommene Nachschubzufuhr für die Panzergruppe Afrika immer wirkungsvoller zu werden begann, festigte sich in Hitler die Erwartung, daß »der Engländer (...) in Nordafrika abbauen werde«[85] und Rommel – gleichsam automatisch – abermals die Initiative übernehmen könnte. Was zu diesem Zeitpunkt weder Seekriegsleitung noch OKW und OKH in Erwägung zogen, nämlich alsbald wieder militärischen Druck auf die britische Ägyptenposition auszuüben, hatte Hitler zum Jahreswechsel 1941/42, trotz des noch andauernden Vormarsches der Briten in Nordafrika, als möglichen Ansatz für einen deutsch-britischen »Ausgleich« in sein Kalkül aufgenommen, ohne aber dadurch sein Hauptziel im Osten aus den Augen zu verlieren. In seinem Neujahrsbrief an Mussolini deutete er diesem bereits an: »Wenn wir unsere gemeinsamen Verbände in Nordafrika mit der notwendigen motorisierten Panzerwaffe versehen, dann kann diese überraschend schnell zu einem Umschwung führen, den sich Herr

[81] OKW WFSt Abt. L, (IK op), Nr. 442173/41, 14.12.41; Salewski, Seekriegsleitung, Bd. III, S. 257 f.; Hillgruber, Staatsmänner, Bd. I; Dok. 97, 29.11.41, S. 678; ebd., Dok. 99, 13.12.41, S. 685; ebd., Bd. II, Dok. I, 3.1.42, S. 34 f.
[82] Hillgruber, Staatsmänner, Bd. II, Dok. 1, 3.1.42, S. 34 f.
[83] Goebbels, Tagebücher, 22.11.41, BA, NL 118/36.
[84] Ebd., 30.11.41, BA, NL 118/36.
[85] Hitler, Monologe, 4.1.42, S. 176.

Churchill vielleicht heute noch nicht träumen läßt[86].« Deutlicher gab Hitler seiner Erwartung während der Tischrunde am 4. Januar 1942 in der »Wolfsschanze« Ausdruck: »Der Engländer weiß nicht, was er tun soll. Nordafrika, Rußland, Indien, Australien, wo soll er helfen? Sobald er endgültig abbaut, schicke ich Rommel, was er braucht[87].«

Vorerst galt es jedoch – gemäß Hitlers Auffassung –, die kritische Zeitspanne bis zur erwarteten diversionsbedingten Erschöpfung der britischen Mittelmeer/Nahost-Position zu überbrücken. Daher kam alles darauf an, den entscheidenden Nachschub unter erträglichen Verlusten von Süditalien vorbei an Malta nach Nordafrika zu überführen. Deshalb widmete er jetzt den Geleiten sein besonderes Augenmerk: Nicht nur, daß er sich um die Beladung eines jeden, für Rommel bestimmten Schiffes persönlich kümmerte[88], sondern er riet auch Mussolini, »daß im Mittelmeer der Nachschub nach Libyen bzw. Tripolitanien so organisiert wird, daß der Großschiffsraum in erster Linie Tanks, Fahrzeuge sowie sonstige sperrige Güter wie Artillerie usw. transportiert, während der Nachschub an Verpflegung, kleiner Munition und vor allem an Brennstoff – wenn irgend möglich – durch kleine Schiffe und besonders schnelle gesichert wird«[89]. Darüber hinaus forderte Hitler von Mussolini besonders für den Transport von wichtigsten Nachschubgütern den Einsatz von italienischen Transportunterseebooten. Die Fahrt des ersten deutschen Geleits des Jahres 1942, das am 5. Januar Neapel verließ, verfolgte er wie gebannt. »Wenn der heutige Transport auch wieder hinüberkommt«, kommentierte er am Abend des gleichen Tages, »dann sieht es nicht gut aus für sie (die Briten) in Nordafrika.«[90].

Der von der italienischen Seite und auch von den dortigen deutschen Verbindungsstäben lautgewordenen Forderung, mit Vichy-Frankreich ein Nutzungsrecht Bizertas für den »Achsen«-Geleitverkehr auszuhandeln[91] oder gar, wie Mussolini wohl unter dem Eindruck des Scheiterns eigener gleichgearteter Bemühungen[92] am 29. Dezember 1941 gegenüber von Rintelen erklärt hatte, Bizerta mit Gewalt zu nehmen[93], stand Hitler gänzlich ablehnend gegenüber; denn – wie er am 22. Januar 1942 ausführte –, könnten »die Franzosen uns (zwar) einige Dienste in Nordafrika leisten (....), aber diese Dienste (seien) nicht so groß (...), als daß sie uns veranlassen könnten, ihnen entgegenzukommen«[94].

Noch im November 1941 war der vom WFSt unternommene und vom deutschen Botschafter in Paris, Otto Abetz, nach Kräften geförderte Versuch, den seit Monaten auf hoher Ebene abgerissenen Verhandlungsfaden zwischen Deutschland und Vichy-

[86] ADAP E I, 29.12.41, Dok. 62. »Er hoffe, in wenigen Wochen so viele Panzer nach Nordafrika zu bringen, daß Rommel die Engländer wieder anpacken könne«, erklärte Hitler am 3.1.1942 gegenüber Oshima. Hillgruber, Staatsmänner, Bd. II, Dok.1, 3.1.42, S. 33.

[87] Hitler, Monologe, 4.1.42, S. 177.

[88] v. Rintelen, Mussolini, S. 162.

[89] ADAP E I, 29.12.41, Dok. 62, S. 110.

[90] Hitler, Monologe, 5.1.42, S. 179.

[91] ADAP E I, Dok.532, 2.12.41, S. 760 f.; OKW WFSt Abt. L, (IV K), Nr. 442051/41, 3.12.41, BA-MA, RW 4 v. 657.

[92] Anfang Dezember war Ciano mit Darlan zusammengekommen, um ein Nutzungsrecht Bizertas für den »Achsen«-Geleitverkehr auszuhandeln. Vgl. dazu: Ciano, Tagebücher, 9.-11.12.41, S. 379 f.

[93] ADAP E I, Dok. 78, 29.12.41, S. 140 ff.; Ciano, Tagebücher, 29./30.12.41, S. 388.

[94] Goebbels, Tagebücher, 22.1.42, S. 46.

Frankreich wiederaufzunehmen, unter dem Eindruck der katastrophalen Seetransportlage von Hitler gebilligt worden[95]. Ein erstes Treffen zwischen Pétain und Göring am 1. Dezember 1941 bei St. Florentin-Vergigny war zwar ergebnislos geblieben; dennoch hatte man sich geeinigt, am 20. Dezember in Berlin erneut zusammenzukommen, um u.a. auch die Öffnung der tunesischen Häfen für den »Achsen«-Geleitverkehr zu erörtern[96].

Die inzwischen durch den Kriegseintritt Japans und der Vereinigten Staaten veränderte weltpolitische Lage ließ Hitlers ohnehin geringe Neigung, sich mit Frankreich zu arrangieren, wieder rasch schwinden. Politische Konzessionen wie Garantieerklärungen für den Fortbestand des französischen Kolonialreiches, mit denen die Nutzung Bizertas erkauft werden sollte, ließen sich mit Hitlers gerade zu diesem Zeitpunkt wiederbelebten Hoffnungen, alsbald mit England zu einem politischen »Ausgleich« kommen zu können, bei dem dem französischen Kolonialbesitz als Kompensationsobjekt eine überaus wichtige Bedeutung zufallen konnte, nicht vereinbaren. So stand das Folgetreffen von St. Florentin-Vergigny unter einem denkbar ungünstigen Stern. Göring, von Hitler entsprechend instruiert, versetzte die französischen Gesprächspartner, den innerhalb der deutschen Führung als »pro-deutsch« angesehenen Weygand-Nachfolger, General Juin, und den an früheren Unterredungen beteiligten Benoist-Méchin, von vornherein in die demütigende Rolle der Bittsteller, wobei er augenfällig bemüht war – wie sich der als Sachverständiger ebenfalls anwesende General Warlimont erinnert – für den eigentlichen Gegenstand des Gesprächs, die Nutzung Bizertas, so wenig Interesse wie möglich entgegenzubringen[97]. So endete das Berliner Treffen, wie Hitler beabsichtigt hatte, ohne Vereinbarungen, obwohl die Vichy-Vertreter bereitwillig in Aussicht gestellt und wenige Tage später noch einmal ausdrücklich bestätigt hatten, daß Rommels Armee sich notfalls nach Französisch-Tunesien zurückziehen könne[98]. Auch die von Vichy im gleichen Zusammenhang abgegebene Erklärung, daß die französischen Truppen in Tunesien im Falle einer Verletzung ihres Territoriums den Befehl erhalten würden, auf die nachrückenden Engländer das Feuer zu eröffnen, blieb auf deutscher Seite ohne Echo[99].

---

[95]   Pétain hatte am 20.11.41 den Generaldelegierten Vichys in Nordafrika und erklärten Feind Deutschlands, Weygand, entlassen und damit eine günstige Voraussetzung für die deutsch-französischen Konsultationen geschaffen. Vgl. dazu: Jäckel, Frankreich, S. 205; Abetz, O., Das offene Problem. Ein Rückblick auf zwei Jahrzehnte deutsche Frankreichpolitik, Köln 1951, S. 202 (weiterhin zitiert als: Abetz, Frankreichpolitik).

[96]   Jäckel, Frankreich, S. 207 f.; Abetz, Frankreichpolitik, S. 213 ff.

[97]   Warlimont, MS P-216, S. 444 f.; ders.,Hauptquartier, S. 141; Jäckel, Frankreich, S. 208 ff.; Abetz, O., Memorandum d'Abetz sur les Rapports Franco-Allemands, Paris 1948, S. 126.

[98]   Warlimont, MS P-216, S. 445.

[99]   Ebd.

VII. Die Zeit der wiedergewonnenen Stabilität und Entscheidungssuche im Mittelmeerraum (Januar–Juni 1942)

1. Rommels Auseinandersetzung mit dem Comando Supremo während der zweiten Offensive der »Achsen«-Mächte und die Forderung nach einer Eroberung der Insel Malta

Die Verbesserung der Nachschubsituation sowie die infolge der weltweiten Diversion der britischen Militärmacht zunehmende Schwäche des Feindes in der Cyrenaika veranlaßten Rommel bereits Mitte Januar 1942 von seinem Plan, die Marsa el Bregha-Stellung zum »Ostwall« Tripolitaniens auszubauen, abzurücken und sich, entgegen den Vorstellungen des Comando Supremo, wieder gänzlich seiner alten offensiven Zielsetzung zuzuwenden. Darüber hinaus waren wohl zu dieser Zeit auch jene weit ausgreifenden strategischen Vorstellungen in der Phantasie Rommels herangereift, die er 1944 in seiner Rückschau auf den Nordafrika-Feldzug niedergelegt hat. Diesen zufolge hätte nach dem Erkämpfen eines »angemessenen Luftschwerpunktes« im Mittelmeerraum mit Luftwaffenverbänden aus Frankreich, Norwegen und Dänemark, der Überführung »einiger Panzer- und mot. Verbände« aus Frankreich und dem Reich – Hitlers Furcht vor einer »Zweiten Front« teilte Rommel demzufolge nicht –, der Wegnahme Maltas und der Herstellung einer deutschen Gesamtführung »ungefähr« folgendes erreicht werden können:

»Wir hätten die britische Feldarmee schlagen und vernichten können. Damit wäre der Weg über den Suez-Kanal frei gewesen. (…)
Nach Inbesitznahme der gesamten Mittelmeerküste hätte der Transport von Nachschubgut nach Nordafrika so gut wie ungestört erfolgen können. Dann wäre es möglich gewesen, in den persischen und irakischen Raum mit dem Ziel vorzustoßen, die Russen von Basra abzuschneiden, die Ölfelder in Besitz zu nehmen und uns eine Angriffsbasis gegen den Süden des russischen Reiches zu schaffen. (…)
Als letztes strategisches Ziel hätte man einen Angriff gegen die Südfront des Kaukasus einleiten müssen, um Baku samt Ölfeldern zu nehmen. Damit hätte man die Russen in ihrem Lebensnerv getroffen. (…) Damit wären die strategischen Voraussetzungen gegeben gewesen, um den russischen Koloß mit konzentrischen Schlägen zusammenzuschlagen[1].«

Jenen Weg wollte Rommel wohl der Führung weisen, als am 21. Januar die Panzergruppe nicht nur zur Überraschung der Briten, sondern auch zu der der eigenen übergeordneten Kommandostellen gegen einen fluchtartig zurückweichenden Feind nach

---

[1] Rommel, Krieg, S. 390 f. In den Akten fanden sich jedoch keine Anhaltspunkte, ob Rommel, wie er in »Krieg ohne Haß«, S. 391 berichtet, tatsächlich diese weitreichenden strategischen Vorstellungen »in wesentlichen Zügen« der obersten Führung vorgetragen hatte.

Osten aufbrach[2]. Bereits am 23. Januar nahm er Agedabia, worauf er seine Armee in zwei Angriffskeilen, entlang der Küstenstraße und diagonal, unter südlicher Umgehung des Ghebels, durch die Cyrenaika-Wüste in Richtung Msus vorantrieb.

So erfolgreich Rommels Offensive auch anlief, dem Gedanken der Koalitionskriegführung erwies er durch sein erneutes eigenwilliges Handeln einen schlechten Dienst. Das Comando Supremo und das Comando Superiore, das Oberkommando der italienischen Streitkräfte in Nordafrika, denen de facto auch Rommels Panzergruppe unterstellt war, fühlten sich übergangen und befürchteten zudem, wegen der ihrer Meinung nach logistisch nicht ausreichend abgesicherten Offensive neue Rückschläge einstecken zu müssen. So begab sich Cavallero, begleitet vom OBS, am 23. Januar – ausgestattet mit den Richtlinien Mussolinis – in Rommels Hauptquartier, um diesen von seinem Offensivkurs abzubringen[3]. Der von Cavallero vorgetragene italienische Standpunkt, daß »die allgemeine Lage im Mittelmeer (…) es zur Zeit nicht (gestatte), an eine Vorverlegung unserer Stellungen zu denken«[4], vermochte Rommel nicht sonderlich zu beeindrucken; denn dieser war sich sicher, daß Hitler sein Handeln voll und ganz billigte. Diese Überzeugung hatte er aus einem an ihn gerichteten Brief seines Generalstabschefs, Generalmajor Alfred Gause, gewonnen, in dem dieser von seinem Gespräch mit Hitler in der »Wolfsschanze« am 5. Januar berichtete[5]. Außerdem hatte Hitler ihm als erstem Offizier des Heeres die Schwerter zum Ritterkreuz des Eisernen Kreuzes verliehen und die Umbenennung der Panzergruppe Afrika in Panzerarmee Afrika verfügt. Dies alles mußte »Extratouren« des ehrgeizigen Rommels geradezu provozieren. Daher half dann auch Cavalleros beschwörender Appell – »nur raus aus der Stellung und wieder zurück«[6] – wenig. Selbst Kesselrings Schlichtungsversuche stießen bei ihm auf Ablehnung. Mit den Worten, daß »nur der Führer in der Lage wäre, mich von diesem Entschluß abzuhalten«[7], beendete Rommel die Debatte und gab unmißverständlich zu verstehen, daß er beabsichtige, die Offensive fortzusetzen.

Während in der folgenden Zeit Cavallero und das Comando Supremo an ihrer Auffassung festhielten, Rommel erst Bewegungsfreiheit für die motorisierten Verbände zu erteilen, »wenn nach einigen Wochen die italienischen Infanteriedivisionen wieder aufgefrischt sind und die Agedabia-Stellung besetzen können und eine ausreichende Versorgungsbasis in diesem Raum hergestellt ist«[8], war Mussolini – beeindruckt von den

---

[2] Nach Rommel, Krieg, S. 97, sollen die Italiener von der Offensive durch Anschläge an den Straßenwärterhäuschen in Tripolis erfahren haben. Mussolini beabsichtigte sogar noch am Vortage, die Front auf die Linie Syrte-Homs zurückzunehmen. Ciano, Tagebücher, 20.1.42, S. 396. Zur Offensive Rommels vgl.: Seconda controffensiva, S. 21 ff.; Playfair, Mediterranean, Vol. III, S. 140 ff.; Gause, A., Der Feldzug in Nordafrika im Jahre 1942, in WWR 12/1962, S. 652 ff. Ferner vgl. dazu die Eintragungen im KTB OKW, Bd. II, ab 22.1.42, S. 246 ff. Zur Funkaufklärung während der Offensive siehe: Behrendt, Rommels Kenntnis, S. 163 ff.

[3] Rommel, Krieg, S. 98; Kesselring, Soldat, S. 162 f.; Westphal, Erinnerungen, S. 149 f.; Cavallero, Diario, 23./24.1.42, S. 203 ff. Zur Weisung Mussolinis vgl.: KTB OKW, Bd. II, 24.1.42, S. 254 ff.

[4] KTB OKW, Bd. II, 24.1.42, S. 254 f.

[5] Zu den Ausführungen Hitlers gegenüber Gause im FHQ: Hitler, Monologe, 5.1.42, S. 178 f. Seiner Frau schrieb Rommel am 19. Januar 1942, Bezug nehmend auf Gauses Brief: »Der Führer ist offensichtlich mit meinen Handlungen einverstanden.« Liddell Hart, Rommel Papers, 19.1.42, S. 178.

[6] Rommel, Krieg, S. 98.

[7] Liddell Hart, Rommel Papers, 22.1.42, S. 182.

[8] KTB Skl, 2.2.42, BA-MA, RM 7/33. Rommel interpretierte die Weigerung Cavalleros, die nicht motorisierten ital. Divisionen aufschließen zu lassen, als Rache für seinen Ungehorsam. Liddell Hart, Rommel Papers, 22.1.42, S. 182. Vgl. dazu auch die Eintragungen bei Cavallero, Diario, 24.1.42, S. 203 ff.

bisher erzielten Erfolgen Rommels – schnell geneigt, diesem freie Hand zu gewähren[9]. Auch in den deutschen Befehlsstellen in Italien wurde Rommels Offensive durchaus unterschiedlich bewertet. War Kesselring aus Rücksichtnahme auf das Verhältnis der koalitionskriegführenden Parteien vor allem bemüht zu schlichten[10], so tendierte von Rintelen dazu, einer Fortsetzung der Offensive zuzustimmen[11]. Der Quartiermeister Rom unterstrich dagegen in mehrfachen Unterredungen mit von Rintelen – wie er am 28. Januar dem OKH meldete –, daß, »vom Versorgungsstandpunkt aus gesehen, ein weiterer Vorstoß der Panzergruppe in der Cyrenaika vorläufig unmöglich sei. Verpflegung und Munition seien im Augenblick ausreichend vorhanden. Bei einem weiteren Vorgehen wären jedoch im Hinblick auf die weit zurückliegende Versorgungsbasis Tripolis und den mangelnden Kolonnenraum in kürzester Zeit ernste Spannung auf dem Versorgungsgebiet zu erwarten. Betriebsstoff wäre jetzt schon so knapp, daß größere taktische Bewegungen nicht durchgeführt werden könnten. Ein Beweis für die Unmöglichkeit der Stützung einer derartigen Operation sei die Tatsache, daß die Pz.Gr. 8000 Fahrzeuge angefordert habe«[12].
Nicht die Befehle des Comando Supremo, sondern der Treibstoffmangel war es dann auch, der den weiteren Vormarsch der Panzerarmee behindern sollte. Der rechte Angriffskeil blieb in der Gegend von Msus liegen, der linke wurde, nachdem Benghasi am 29. Januar genommen worden war, nur noch mit zwei schwächeren motorisierten Brigaden – für stärkere Kräfte reichte auch hier der Treibstoff nicht aus – entlang der Küstenstraße in Richtung Derna vorangetrieben[13].

Trotz völliger Unkenntnis der Versorgungslage auf dem nordafrikanischen Kriegsschauplatz »bearbeitete« Göring, der sich zwischen dem 28. Januar und dem 4. Februar 1942 in Rom aufhielt, unterdessen den italienischen Regierungschef, damit dieser der Panzerarmee den Befehl zum Angriff auf Tobruk erteile[14]. Die großspurigen Zusicherungen des Reichsmarschalls, der vorrückenden Truppe alles Notwendige auf dem Luftwege zuzuführen und die Meldung von der Einnahme Benghasis ließen Mussolini zusehends den Gedanken einer Eroberung Tobruks aufnehmen[15]. Cavallero und das Comando Supremo dagegen beharrten zäh auf dem von ihnen mehrfach vertretenen Standpunkt.
Am 6. Februar 1942 blieben schließlich auch die beiden motorisierten Brigaden Rommels wegen Nachschubmangel und völliger Erschöpfung mit leeren Treibstofftanks vor der tapfer kämpfenden britischen Nachhut, südlich der Enge vom Tmimi, also wenige Kilometer westlich der Gazala-Stellung, wo die Briten sich zur Verteidigung einrichte-

[9] Ebd.
[10] Kesselring, Soldat, S. 163.
[11] Dt.Gen.b.HQu.d.ital. Wehrmacht Qu 1/I, (ohne Nr.), 28.1.42, BA-MA, RH 2 v. 461.
[12] Ebd.
[13] Rommel, Krieg, S. 96 ff., sowie Literatur unter Anm. 2.
[14] v. Rintelen, Mussolini, S. 161 f.: Rintelen »versuchte, Göring über die eigene und die Feindlage aufzuklären, die einen Überfall auf Tobruk ausschlössen, (und) wies außerdem darauf hin, daß der Draufgänger Rommel eher zurückgehalten als angefeuert werden müsse. Er antwortete mir, Mussolini werde zehn Jahre verjüngt sein, wenn Tobruk zurückerobert sei«.
[15] Ebd. Ciano, Tagebücher, 2.2.42, S. 400: »Mussolini ist mit der Entwicklung der Operationen in Libyen sehr zufrieden. Er wünscht, daß wir nachstoßen, da aus einigen aufgefangenen amerikanischen Nachrichten hervorgeht, daß die englischen Streitkräfte etwas desorganisiert sind.«

ten, stecken[16]. Rommels fortgesetzte Versuche, das Comando Supremo zum Aufschließen von wenigstens drei der fünf, in der Marsa-el-Brega-Stellung (2 Div.), der Agedabia-Stellung (2 Div.) und im Raum Benghasi (1 Div.) zurückgebliebenen, ihm nicht unterstellten italienischen Infanteriedivisionen zu bewegen[17] und einen bereits am 8. Februar allen Widrigkeiten zum Trotz mit dem wenigen, inzwischen wieder herangeschafften Betriebsstoff durchgeführten Vorstoß der vor Tmimi liegengebliebenen Teile der Panzerarmee operativ auszuweiten[18], wurden im Comando Supremo geradezu als Affront aufgefaßt und abgelehnt[19].

In Rom hatten sich mittlerweile die Meinungsverschiedenheiten zwischen dem Comando Supremo und dessen Chef Cavallero einerseits und Mussolini andererseits zur Führungskrise gesteigert[20]. Mussolini hatte Rommel, »der mit seinem Panzerwagen immer an der Spitze der angreifenden Truppen ist«[21], dem Comando Supremo ständig als leuchtendes Beispiel dargestellt und Cavallero beschuldigt, daß er durch seine Weigerung gegenüber Rommels Ersuchen, die italienischen Infanteriedivisionen vorzuverlegen, »die Weiterführung der Operationen in Nordafrika, insbesondere die Eroberung von Tobruk durch einen ›Handstreich‹, verhindert hätte«[22]. Umgekehrt nahm in weiten Kreisen der italienischen Generalität die Kritik an Mussolini, der ihrer Meinung zufolge »Italien an Deutschland verkauft« hatte, zu[23].

Der »Duce«, zunehmend in die Defensive gedrängt, glaubte nunmehr seine ins Wanken geratene innenpolitische Position nur dadurch wieder stärken zu können, indem er die ihm nachgesagte Marionettenrolle durch ein entschlossenes Auftreten gegenüber dem Bundesgenossen korrigiere. Einen ersten Schritt in diese Richtung unternahm er, als er ein für März geplantes Treffen mit Hitler »aus gesundheitlichen Gründen« absagte[24]. Zwei Tage später, am 11. Februar, gab er Richtlinien für die weitere Kampfführung in Nordafrika heraus, die durchaus der defensiven Auffassung Cavalleros und des Comando Supremo Rechnung trugen[25]. Als Hauptaufgabe der »Achsen«-Kriegführung wurde darin die Verteidigung Tripolitaniens durch eine bewegliche Kampfführung mit Teilen der motorisierten Verbände im Vorfeld der Cyrenaika herausgestellt. Die Masse der deutsch-italienischen Kräfte sollte in der Linie Marsa el Brega–Marada–El Agheila zurückbleiben. Als Zugeständnis an Rommel hieß es darin lediglich, daß »durch die Inbesitznahme der Cyrenaika«, die mit stärkeren Kräften für einen späte-

---

[16] Aufgrund der auch für den Fliegerführer Afrika völlig überraschend eingeleiteten Offensive Rommels war es angesichts des ohnehin zu knapp bemessenen Kolonnenraumes nicht möglich, die Bodenorganisation der Luftwaffe schnell genug der vorrückenden Panzerarmee nachzuführen, so daß zwischen dem 4. und 6. Februar die R.A.F. die eindeutige Luftüberlegenheit über dem Kampfgebiet erlangte und Rommels Armee schwere Verluste zufügen konnte. Richards/Saunders, R.A.F., Vol. II, S. 184 f.

[17] Pz.A. Afrika Ia, Nr. 180/42, 9.2.42, BA-MA, RH 19 VIII/14; KTB OKW, Bd. II, 4.2.42, S. 287 f.

[18] Pz.A. Afrika Ia, Nr. 176/42, 8.2.42, BA-MA, RH 19 VIII/14.

[19] Dt.Gen.b.HQu.d.ital. Wehrmacht Ia, Nr. 314/42, BA-MA, RH 19 VIII/14; Cavallero, Diario, 9./10.2.42, S. 216 f.

[20] Amt Ausland/Abwehr Abt. Ausland, Nr. 22/42, 14.2.42, BA-MA, RM 7/33, 233; v. Rintelen, Mussolini, S. 162: »Cavallero sträubte sich gegen den von (...) Mussolini ausgeübten Duck, so daß eine Vertrauenskrise Mussolini - Cavallero entstand, die erst wieder beseitigt wurde, als das OKW der Auffassung des Comando Supremo beitrat.«

[21] Ciano, Tagebücher, 7.2.42, S. 402.

[22] Amt Ausland Abwehr Abt. Ausland, Nr. 22/42, 14.2.42, BA-MA, RM 7/233.

[23] Ciano, Tagebücher, 3.2.42, S. 400.

[24] Cavallero, Diario, 9.2.42, S. 216.

[25] Dt.Gen.b.HQu.d.ital. Wehrmacht Ia, Nr. 5013/42, 11.2.42, BA-MA, RH 19 VIII/14.

ren, von der Versorgungslage abhängigen Zeitpunkt geplant war, »die Vorbereitungen für den im geeigneten Zeitpunkt durchzuführenden Angriff auf Tobruk erleichtert werden sollten«[26]. Der »geeignete Zeitpunkt« konnte jedoch nach Auffassung des Comando Supremo nicht mehr im Jahre 1942 liegen, da für den Ausbau einer logistischen Basis im Raum Agedabia, der entscheidenden Voraussetzung für die Weiterführung der Operationen, das gesamte Jahr vorveranschlagt wurde[27]. Auch das OKW bekräftigte die italienischen Richtlinien vom 11. Februar 1942[28]. Daran vermochten weder Rommels persönliche Intervention bei Mussolini am 15. Februar noch drei Tage darauf bei Hitler in der »Wolfsschanze« etwas zu ändern[29]. Aus Rücksichtnahme auf die innenpolitische Stellung des »Duce« hatte sich Hitler nämlich ganz der italienischen Auffassung angeschlossen, daß eine Offensive mit dem Ziel Suez »unter gar keinen Umständen« noch im Jahre 1942 durchgeführt werden könnte[30].

Für den Luft- und Seekrieg der »Achse« im Bereich des zentralen Mittelmeeres verbesserte sich durch die Offensive Rommels die operative Ausgangslage. Die Nutzung der von der Panzerarmee zurückeroberten Flugfelder der Cyrenaika im Raum Derna und Benghasi durch den Fliegerführer Afrika in Kooperation mit dem auf Kreta und Griechenland gestützten X. Fliegerkorps ermöglichte ein konzentrisches Vorgehen gegen den britischen Geleitverkehr zwischen dem westlichen und dem östlichen Mittelmeer[31]. In der von den Briten als »Bombenallee« bezeichneten Enge zwischen Kreta und der Cyrenaika fiel dann auch am 12. Februar das von Alexandria ausgelaufene und für Malta bestimmte Versorgungsgeleit »MW 9« den Angriffen der deutschen Sturzkampfbomber zum Opfer[32]. Zwei der drei unter dem Schutz starker Deckungsstreitkräfte laufenden Frachter wurden versenkt. Der dritte konnte gerade noch, schwerbeschädigt, den Hafen von Tobruk erreichen.

Obwohl die Einsatzbereitschaft der inzwischen vollzählig auf Sizilien und in Süditalien versammelten Verbände des II. Fliegerkorps bei den Jagdflugzeugen nur 50 Prozent und bei den Kampfflugzeugen vom Typ Ju 88 sogar nur 38 Prozent betrug[33], begann Anfang Februar der Großkampf gegen Malta. In der Zeit zwischen Ende Januar und dem 24. Februar 1942 flog das Korps 1960 Einsätze[34]. Dabei wich man zwischen dem 4. und 7. Februar erstmals von der bislang verfolgten Taktik der Stör- und Scheinangriffe aus großer Höhe ab und bevorzugte Zerstörungseinsätze im Sturzflug gegen Punktziele, wie es in der »Weisung für die Kampfführung gegen Malta« vom 31. Dezember 1941 festgehalten worden war[35]. Am 7. Februar erreichten diese Angriffe ihren Höhepunkt, als annähernd jede halbe Stunde deutsche Bomber unter Jagdschutz

---

26 Ebd.
27 Geht hervor aus: Dt.Gen.b.HQu.d.ital. Wehrmacht Ia, Nr. 5050/42, 12.4.42, BA-MA, RH 19 VIII/14.
28 Dt.Gen.b.HQu.d.ital.Wehrmacht Ia, Nr. 322/42, 11.2.42, BA-MA, RH 19 VIII/14.
29 Der MVO zum OKH berichtete der Skl am 27.2.42, daß sich Hitler am 18.2.42 gegenüber Rommel vorerst gegen eine Weiterführung der Offensive in Nordafrika ausgesprochen habe. MVO zum OKH, Nr. 23/42, 27.2.42, BA-MA, PG 32584.
30 Siehe unten S. 149.
31 Gundelach, Luftwaffe, Bd. I, S. 345 f.
32 Zum Geleit MW 9 vgl.: Fechter/Hümmelchen, Seekriegsatlas, S. 74; Playfair, Mediterranean, Vol. III, S. 159 ff.
33 Gundelach, Luftwaffe, Bd. I, S. 345.
34 Weber, Luftschlacht, S. 150.
35 Ebd.

über der Insel erschienen. Sechzehnmal heulten allein an diesem Tag die Sirenen Maltas[36]. Allerdings fielen die wenigen gleichzeitig angreifenden Bomber – insbesondere nach dem Abfangen aus dem Sturzflug – der geballten Feuerkraft der zentralgeleiteten Flak des Inselstützpunktes in hoher Zahl zum Opfer, so daß bereits am 8. Februar die Zerstörungseinsätze, d.h. der Großkampf, abgebrochen werden mußten[37].

Die unter diesen Umständen ungewöhnlich hohen Verluste des II. Fliegerkorps ließen innerhalb der Luftwaffe erneut die Diskussion über die Einsatzgrundsätze der deutschen Kampfflieger ausbrechen. Während Jeschonnek und Göring an der »Zermürbungstaktik« ständig im Sturzflug angreifender, kleinerer Verbände festhielten, wurde beim Stab des II. Fliegerkorps – besonders bei dessen Chef, Oberst Deichmann –, zunehmend die Auffassung vertreten, daß allein Horizontalangriffe stärkster geschlossener Verbände zum Erfolg führen könnten[38]. Kesselring, schwankend zwischen den beharrlich vertretenen Vorstellungen der Luftwaffenführung und den aus dem bisherigen Verlauf der Luftangriffe gegen Malta erforderlichen Konsequenzen, umging schließlich den Konflikt, indem er, da ohnehin die Einsatzbereitschaft der Verbände sowie die fliegerisch-technischen Voraussetzungen der sizilianischen Luftwaffenbasen noch zu wünschen übrig ließen, kurzerhand die eigentliche Luftoffensive, die Zerstörungsangriffe, auf Mitte März verschob und befahl, die Zeit bis dahin mit Stör- und Scheinangriffen zu überbrücken[39]. Gleichzeitig veranlaßte ihn die verlustreiche Kampfführung seiner Luftstreitkräfte gegen den britischen Inselstützpunkt, auf eine baldige Eroberung der Insel zu drängen.

Schon am 17. Januar war Kesselring bei einer Besprechung im Comando Supremo mit den dort seit Oktober 1941 angestellten Überlegungen zu einer Landungsoperation auf Malta konfrontiert worden[40]. Sein damaliges Angebot, die Leitung für die Planung und Vorbereitung zu übernehmen, wurde von Cavallero, der den italienischen Charakter

---

[36] Ebd.

[37] Deichmann, Chef, S. 146 f.: »Das Ergebnis war verheerend. Es mußte so sein, wenn man nur einen Blick auf die ausgewerteten Luftaufnahmen und Zielkarten der Insel warf. Die Flak von Malta, die schon den Besatzungen des X. Fliegerkorps heillosen Respekt abgenötigt hatte, war verstärkt worden. Die wichtigsten Ziele auf der Insel konnten jeweils von 45 Geschützen mit zentraler Feuerleitung gleichzeitig geschützt werden. Diese geballte, in der Höhe gestaffelte Feuerkraft konnte sich stets auf nur wenige (gleichzeitig) angreifende Flugzeuge konzentrieren. (...) Immer häufiger wurden unsere Ju 88 abgeschossen (...) Aber auch wenn sie durchkamen und ihre Bomben ins Ziel brachten, blieb ihrem Mut meist der Erfolg versagt. Bei der Eigenart der Hauptziele (Kriegsschiffe im Hafen La Valetta, Docks, Werftanlagen) blieben selbst sehr nahe einzelne Treffer ohne nachhaltige Wirkung.« Zur Flakabwehr Maltas vgl. Weldon, H.E.C., The Artillery Defence of Malta, in: Journal of the Royal Artillery, Januar 1952, S. 15 ff.

[38] Deichmann, Chef, S. 147.

[39] Santoro, G., L'Aeronautica Italiana nella Seconda Guerra Mondiale, Roma 1957, Bd. II, S. 345 (weiterhin zitiert als: Santoro, L'Aeronautica).

[40] Cavallero, Diario, 17./18.1.42, S. 200 f. Überlegungen für eine Eroberung der Insel Malta hatte die italienische Marine bereits vor Beginn des Zweiten Weltkrieges angestellt. Vgl. dazu: Fioravanzo, G., Studie e progetti per la presa di Malta, in: Rivista Marittima 86/1954, S. 5 ff. Nach Cavallero wurde ein solches Vorhaben dann wieder am 5.9.41 (S. 138) zwischen Pricolo und Mussolini besprochen. Am 13.9.41 (S. 146) wurde die Eroberung der Insel erneut als Wunschziel genannt. Am 14.9.1941 befahl Cavallero Roatta, dem Generalstabschef des italienischen Heeres, vorbereitende Überlegungen zu einer Landungsoperation auf Malta anzustellen, »da diese unumgänglich sei, weil Bizerta für den ›Achsen‹-Geleitverkehr nicht genutzt werden könne«. Am 6.1.1942 trat Cavallero dafür ein, die Studien zu beschleunigen, worauf am folgenden Tag eine Besprechung im Comando Supremo über Mittel und Möglichkeiten eines solchen Vorhabens stattfand (S. 193). Am 13.1.1942 trafen Cavallero und Roatta erneut zusammen, um das eventuell beabsichtigte Unternehmen zu erläutern (S. 197). Bislang handelte es sich lediglich um recht vage gehaltene Vorüberlegungen.

des beabsichtigten Unternehmens wahren wollte, am darauffolgenden Tag mit der Begründung, daß die Flotte dem Comando Supremo unterstehe und eine Teilung der Befehlsführung nicht möglich sei, abgelehnt[41]. Ende Februar, nachdem Kesselring schon bei Hitler für die Eroberung Maltas eingetreten war und von diesem mit den Worten »Sind's schon ruhig Feldmarschall Kesselring, ich tu's ja« abgespeist worden war[42], zog das Comando Supremo dann doch neben den in Italien weilenden japanischen Militärs[43] endlich auch den seit Wochen um größeren Einfluß bemühten OBS zu den Planungen und Vorbereitungen für das Unternehmen »C 3«, der beabsichtigten italienischen Operation zur Wegnahme der Insel Malta, heran[44]. Die Ursache für die plötzliche Bereitschaft der Italiener zur Kooperation war deren Hoffnung auf Hilfe vom deutschen Bundesgenossen. Tatsächlich bat das Comando Supremo schon Anfang März das OKW über Kesselring um Materialien für den Bau von Marinefährprähmen und für die Ausbildung ihrer Luftlandetruppen, um die Entsendung des Fallschirmlehrbataillons unter dem Befehl von General Ramcke[45]. Auch von den anwesenden japanischen Militärs gedachte das italienische Oberkommando zu profitieren; denn man wollte sich deren Erfahrungen aus den bisher in Fernost erfolgreich durchgeführten amphibischen Operationen zunutze machen[46].

Eine Eroberung der Insel hielt der Oberbefehlshaber Süd »nach Niederkämpfen der beweglichen Kräfte und stationären Anlagen wie Werften sowie Fernhalten der englischen Nachschubgeleite« für kein sonderlich ernstzunehmendes Problem[47]. »Meines Erachtens wesentlich einfacher als die Wegnahme Kretas, da hier planmäßige Vorbereitung und Durchführung möglich«[48], vermerkte Kesselring als Antwort auf eine Nachfrage der Seekriegsleitung vom 11. März 1942. Der Zeitpunkt für die Durchführung von »C 3« sollte von der Bereitstellung der benötigten Landungsfahrzeuge, des Lufttransportraumes und der sich in Aufstellung befindlichen italienischen Fallschirm- und Luftlandedivision abhängig gemacht werden. Da sich aber die Vorbereitungen noch im Anfangsstadium befanden, rechnete niemand mit einer Realisierung des Unternehmen »C 3« vor Sommer 1942[49].

Auch die Beteiligung der Marine am Kampf gegen die Insel konnte nicht so aussehen, wie sie sich Weichold, der Chef des Deutschen Marinekommandos Italien, noch in seiner Konzeption vom 8. Januar 1942 vorgestellt hatte; denn der offensive Einsatz der italienischen Seestreitkräfte gegen den feindlichen Geleitverkehr war angesichts der Notwendigkeit, die eigenen Geleite nach Nordafrika durch starke Deckungsstreitkräfte zu sichern, aus Mangel an Heizöl nicht in Angriff genommen worden[50]. Zu dem dro-

---

[41]   Cavallero, Diario, 18.1.42, S. 200.
[42]   Kesselring, Soldat, S. 148.
[43]   Cavallero, Diario, 24.2.42, S. 223 f.; Gabriele, M., Operazione C 3: Malta, Roma 1965, S. 139 ff. sowie S. 149 ff. (weiterhin zitiert als: Gabriele, Operazione).
[44]   Cavallero, Diario, 22.2.42, S. 222.
[45]   OBS, Nr. 7015/42, 11.3.42, BA-MA, RM 7/945.
[46]   Cavallero, Diario, 24.2.42, S. 223f.
[47]   OBS, Nr. 7015/42, 11.3.42, BA-MA, RM 7/945.
[48]   Ebd.
[49]   Ebd.
[50]   Die rumänischen Heizöllieferungen für Italien beliefen sich im Februar 1942 nur auf 23 000 t (für den Geleitschutz eines einzigen Nordafrika-Konvois wurden ca. 15 000 t benötigt). Meier-Dörnberg, Ölversorgung, S. 69.

henden Wegfall des offensiven Einsatzes der italienischen Flotte im Bereich des zentralen Mittelmeeres – einem der wesentlichsten Elemente der Weicholdschen Konzeption zur Beteiligung der »Achsen«-Seestreitkräfte am geplanten »Großkampf« gegen Malta – kam ein zweiter, noch wichtigerer Faktor hinzu: Schon im Januar 1942 hatte sich nämlich beim Auslegen von Minensperren in der Straße von Sizilien und im Seegebiet unmittelbar vor La Valetta gezeigt, daß die hauptsächlich verwendete »TMA-Mine« eine derartige Versagerquote aufwies[51], daß sie von der Seekriegsleitung als »frontunbrauchbar« erklärt werden mußte[52]. Weichold sah sich daher veranlaßt, der Seekriegsleitung am 3. Februar zu melden, »daß der in der Planung noch wirksamste Teil der Ausschaltung Maltas (eben der Verminung des Seegebiets im unmittelbaren Vorfeld der Insel), soweit die deutsche Kriegsmarine sich beteiligen kann, zum großen Teil ausfällt. Es kann zur Zeit nicht damit gerechnet werden, daß in Ausnutzung des bevorstehenden Großeinsatzes der Luftwaffe gegen Malta eine so nachhaltige Verminung des Küstenvorfeldes der Insel erreicht wird, daß sie damit als Stützpunkt für See- und Luftstreitkräfte unbrauchbar gemacht wird«[53].

Ab Mitte Februar 1942 wurden dann noch die von der Nordsee über den Rhein-Rhone-Kanal ins Mittelmeer überführten Boote der 3. Schnellboot-Flottille entgegen den Vorstellungen Weicholds, der sie weiterhin für die begrenzt durchführbaren Verminungsaufgaben im Seegebiet um Malta einsetzen wollte, auf Raeders Befehl hin in erster Linie zur Bekämpfung des britischen Alexandria-Tobruk-Küstennachschubverkehrs eingesetzt[54]. Verminungsaufgaben im Seegebiet vor Malta sollten auf Befehl des Ob.d.M. »erforderlichenfalls mit den restlichen (nicht bei der Küstengeleitbekämpfung eingesetzten) Schnellbooten durchgeführt werden«[55]. Insgesamt waren Ende 1942 von den zehn Booten der 3. Schnellboot-Flottille jedoch nur sechs einsatzfähig[56], so daß aufgrund des Befehls Raeders nicht einmal das verfügbare einsatzbereite Material zu Minenfeldern ausgelegt werden konnte, zumal sich Supermarina weigerte, mit italienischen Kleinkampfmitteln auszuhelfen[57].

Damit war Weicholds Januar-Konzeption einer Marinebeteiligung am bevorstehenden »Großkampf« gegen Malta bereits Ende Februar 1942 auf den Einsatz der deutschen Unterseeboote zusammengeschmolzen, die seit November 1941 unter den erschwerten Mittelmeereinsatzbedingungen[58] ohnehin mit bescheidenem Erfolg im Seegebiet südlich von Kreta gegen den sowohl für Malta als auch für Tobruk bestimmten britischen Nachschubverkehr operierten[59]. Eine völlige Ausschaltung Maltas und die Sperrung der Straße von Sizilien »auf die Dauer« zu erreichen – diesen Anspruch hatte Weichold seiner im Januar ausgearbeiteten Konzeption zugrunde gelegt –, hielt der Chef des

---

[51] KTB Markdo. Italien, 3.2.42, BA-MA, PG 39974. Zu den Mineneinsätzen der 3. Schnellbootflottille und deren Schwierigkeiten mit dem Minenmaterial vgl.: Kemnade, Afrika-Flottille, S. 188 ff.

[52] KTB Markdo. Italien, 3.2.42, BA-MA, PG 39974.

[53] Ebd.

[54] 1.Skl Ia, Nr. 3905/42, 18.2.42, BA MA, RM 7/235.

[55] Ebd.

[56] Alman, K., Graue Wölfe in blauer See. Der Einsatz der deutschen U-Boote im Mittelmeer, Rastatt 1967, S. 63.

[57] Baum/Weichold, Krieg, S. 209.

[58] Das klare Wasser des Mittelmeeres ermöglichte der Luftaufklärung auch das Erfassen von getauchten Booten.

[59] Vgl. dazu: Rohwer, J., Die U-Boot-Erfolge der »Achsenmächte« 1939-1945, München 1968. Zum Verbleib der deutschen Mittelmeer-U-Boote vgl.: Fechter/Hümmelchen,Seekriegsatlas, S. 110 f.

Deutschen Marinekommandos Italien angesichts der Lageentwicklung im Laufe des Februars jetzt, am Ende des Monats, für nicht mehr realisierbar. Am 25. Februar teilte er deshalb der Seekriegsleitung mit[60], »daß für den Augenblick, da Malta nicht mehr Schwerpunkt massiver deutscher Luftbedrohung ist, mit der Wiederinstandsetzung und Ausnutzung des Stützpunktes gerechnet werden muß«. Da Weichold aber den Dauereinsatz der deutschen Luftstreitkräfte »angesichts der sonstigen Erfordernisse des Krieges wohl kaum (erwartete)«, wie er in Anspielung auf die noch ausstehenden Aufgaben im Osten vermutete, hätte seiner Meinung nach ihr geplanter Einsatz »lediglich eine Atempause bewirkt«. Der Chef des Deutschen Marinekommandos Italien leitete deshalb aus seiner Lageeinschätzung die Forderung ab, daß angesichts der günstigen Gesamtlage im Mittelmeerraum »als Abschluß des bevorstehenden Großeinsatzes der Luftwaffe gegen Malta die Eroberung der Insel stehen muß«.

Trotz der sich auf der Seite der »Achse« bei der Kampfführung gegen Malta einstellenden Schwierigkeiten hatte die Offensivkraft der auf Malta gestützten britischen Luft- und Seestreitkräfte im Februar 1942 nachgelassen. Die Vizeluftmarschall Lloyd unterstellten, auf der Insel stationierten Teile der Royal Air Force starteten in diesem Monat nur noch zu 60 Einsätzen gegen Tripolis, zu 30 Einsätzen gegen die sizilianischen Luftwaffenbasen des II. Fliegerkorps und zu 34 Einsätzen gegen die für Libyen bestimmten »Achsen«-Geleite[61]. Diese Einsatzzahlen bedeuteten, verglichen mit denen des Januar 1942 einen Rückgang um ca. 50 Prozent[62]. Am 22. Februar 1942 hatten sich die Briten sogar gezwungen gesehen, ihre Blenheim-Bomber nach Ägypten zu verlegen[63]. Am 8. März schließlich erlosch für mehrere Wochen jegliche Offensivtätigkeit der Malta-Luftstreitkräfte[64]. Auch der Seestützpunkt La Valetta, der noch bis Mitte Februar 1942 funktionsfähig geblieben war, verlor in der zweiten Hälfte des Monats zusehends seine Bedeutung, so daß selbst die dort stationierte X. britische Unterseebootflottille zu einer »stumpfen Waffe« wurde[65].
Dem dritten deutschen Seetransport des Jahres 1942 und mehreren Einzelfahrern gelang es deshalb, die eben zurückeroberten Cyrenaika-Häfen und Tripolis unter dem Luftschirm des II. Fliegerkorps und dem, mit letzten Heizölreserven durchgeführten, starken Geleitschutz der italienischen Seestreitkräfte zu erreichen und Rommels Armee insgesamt 12273 t Nachschubgut ohne eigene Verluste zuzuführen[66].

2. Das Mittelmeer in der weltumspannenden Strategie der Seekriegsleitung vom Februar 1942

Die Seekriegsleitung stand seit dem Kriegseintritt Japans vor der Misere, einerseits im Atlantik einem diversionsgeschwächten Gegner gegenüberzustehen, andererseits aber

---

[60]   Dt. Markdo. Italien Ia, Nr. 97/42, 25.2.42, BA-MA, RM 7/235.
[61]   Air Battle, S. 44; Weber, Luftschlacht, S. 150.
[62]   Weber, Luftschlacht, S. 150.
[63]   Richards/Saunders, R.A.F., Vol. II, S. 183.
[64]   Macmillan, R.A.F., Vol. III, S. 163.
[65]   Ebd.
[66]   Siehe Tabellen in: BA-MA, RM 7/230. Nach den Akten der Pz.A. Afrika erreichten im Januar 1942 11 311 t Nachschub die Ausladehäfen. BA-MA, RH 19 VIII/252.

kräftemäßig nicht imstande zu sein, die günstige Lageentwicklung kriegsentscheidend zu nutzen. Während nach Auffassung der Seekriegsleitung die – auf Befehl Hitlers fortgesetzte – »Verzettelung« der eigenen Unterseeboote im Mittel- und Nordmeer und schließlich die von Raeder lange hinausgezögerte Verlegung der schweren »Brest-Einheiten« in den Nordraum die »atlantischen Hoffnungen« trotz sprunghaft angestiegener Versenkungserfolge der deutschen U-Boote weiter in die Zukunft verschoben, eröffneten sich an der südlichen Peripherie Europas völlig überraschend strategische Perspektiven.

Rommels ungestümer Vormarsch zwischen dem 21. Januar und 7. Februar 1942 und die jetzt scheinbar offenliegende Möglichkeit, die Offensive gegen Tobruk und darüber hinaus[67] fortzusetzen, sowie die Nachrichten von den sich bis zum offenen Aufruhr steigernden Spannungen im Inneren Ägyptens[68] führten in der Vorstellungswelt der Seekriegsleitung, die über keinen Verbindungsoffizier zur Panzerarmee verfügte und deshalb auf die OKW-Meldungen vom nordafrikanischen Kriegsschauplatz angewiesen war, zu einer grundlegenden Umbewertung der britischen Mittelmeerstellung. Gleichsam als Nekrolog auf das Britische Empire notierte der IOp.(a) der Seekriegsleitung, Fregattenkapitän Hansfrieder Rost, am 12. Februar 1942: »Die Landfront ist gekennzeichnet durch ein buntes Völkergemisch; neben stark angeschlagenen britischen Panzerverbänden stehen Südafrikaner, Inder, Franzosen und Polen, vor ihnen der gefürchtete General Rommel und hinter ihnen Alexandria mit seinen schwerbeschädigten Schlachtschiffen und das Gerücht von einer zusammenbrechenden englischen Weltordnung am Ostrande des Indischen Ozeans und die Tatsache des Falls von Singapore[69].«

Derartige, die wahre Situation auf dem nordafrikanischen Kriegsschauplatz verzerrende Lageanalysen in Verbindung mit den »beneidenswerten Erfolgen« der japanischen Marine in Fernost vor dem Hintergrund einer noch nicht in kriegsentscheidendem Umfang angelaufenen Atlantik-Tonnage-Kriegführung inspirierten die Seekriegsleitung, die in den »Militärischen Vereinbarungen« vage umrissenen Perspektiven einer deutsch-japanisch-italienischen Zusammenarbeit aufzugreifen und zu jener, die Fesseln der Realität sprengenden strategischen Konzeption auszugestalten, in deren Mittelpunkt die Ausschaltung der britischen Nah-Mittelost-Position stand[70].

Eingeleitet wurden die emsigen Aktivitäten der Seekriegsleitung durch die Besuche des japanischen Vertreters der Dreimächtepakt-Kommission, Admiral Nomura, bei deren Leiter, Admiral Otto Groos, am 10. Februar 1942 und beim Chef des Stabes der Seekriegsleitung zwei Tage darauf[71]. Der Japaner vertrat dabei gegenüber den deutschen

---

[67] Im KTB Skl hieß es unter dem 8.2.1942: »Die gegenwärtigen Erfolge der Rommel-Offensive lassen es möglich erscheinen, daß die Panzergruppe (!) in der Erkenntnis der operativen und taktischen Unzulänglichkeit des geschlagenen Gegners und der operativ schwachen Gegnerkräfte im weiteren Hintergelände sich nicht mit dem bisher erreichten begnügt, so daß die Möglichkeit einer überraschenden Aktion gegen Tobruk nicht von der Hand zu weisen ist.«

[68] Die Briten hatten die Lage in Ägypten als so ernst angesehen, daß sie den deutschfreundlichen König Faruk zwangen, eine neue pro-britische Regierung unter Nahas Pascha einzusetzen. Schröder, Mittlerer Osten, S. 185 ff.

[69] Entwurf Rost (I op a Skl), (ohne Nr.), 12.2.41, BA-MA, RM 7/253.

[70] Zum »Großen Plan«, wie Salewski die vom Mittelmeerraum ausgehende maritime Strategie der Skl bezeichnet, vgl. Salewski, Seekriegsleitung, Bd. II, S. 72 ff. Vgl. dazu auch oben Anm. 52.

[71] Anlage zu HWK, Nr. 148/42, 10.2.42, BA-MA, RM 7/253; »Erörterung der augenblicklichen Lage v. 11.2.42«, (ohne Nr.), 12.2.42, BA-MA, RM 7/253; auch kommentiert im KTB Skl, 25.2.42, BA-MA, RM 7/33.

Seeoffizieren erneut die Auffassung, daß »die Niederkämpfung Englands (...) wichtiger (sei) als die Niederkämpfung Sowjetrußlands, letztere könne man, wenn der Sieg über England errungen sei, im Zusammenwirken mit Japan immer noch nachholen«[72]. Nomura entsprach mit derlei Gedanken nicht zum ersten Mal der Auffassung der Seekriegsleitung, doch im Gegensatz zu früher orientierten sich die deutschen Admiräle jetzt weitgehend, angesichts der neuen, scheinbar so günstigen Lage im Mittelmeer, an den operativen Vorschlägen des Japaners, die mit den eigenen strategischen Absichten vom Frühsommer 1941[73] weitgehend identisch waren.

Schon am 13. Februar 1942 skizzierte Großadmiral Raeder gegenüber Hitler die Grundgedanken der vorangegangenen Besprechungen: »Suez und Basrah-Position sind die Westpfeiler der britischen Herrschaft im indischen Raum. Gelingt es, diese Positionen durch gemeinsamen Druck der ›Achsenmächte‹ zum Einsturz zu bringen, so müssen die strategischen Folgen für das britische Reich vernichtend sein. Ein baldiger deutsch-italienischer Stoß (von Libyen aus) gegen die britische Schlüsselposition Suez wäre strategisch gesehen von allergrößter Bedeutung (völlige Bereinigung der Mittelmeerlage, Mossulölquellen, Rückwirkung auf die Haltung der Türkei, Naher Osten, arabische und indische Bewegung, Rückwirkung auf Ostfront, Kaukasus). Die Engländer selbst sehen (...) die gegenwärtige Bedrohung im ägyptischen Raum als äußerst stark an und befürchten die Herstellung einer strategischen Verbindung der deutsch-italienischen und japanischen Kampfführung[74].«

Obwohl Hitler am 13. Februar »die Vordringlichkeit der Lösung der russischen Frage durch Wiederaufnahme des Feldzuges in Rußland«[75] betont hatte, formulierte die Seekriegsleitung ihre neue strategische Zielsetzung in der Folgezeit weiter aus. In der großen, von der Operationsabteilung verfaßten und am 25. Februar vorgelegten Denkschrift[76] wurde dann der geforderte Suez-Vorstoß in den Kontext des Weltkriegsgeschehens integriert und als maritime Alternativ-Strategie zu Hitlers »Nur-Kontinental-Konzeption« unter lebhafter Unterstützung des Auswärtigen Amtes der obersten Führung und den Oberkommandos der Teilstreitkräfte vorgelegt. Im Gegensatz zu den japanischen Vorstellungen, die eine Beendigung des Ostfeldzuges als Voraussetzung für eine gemeinsame maritime Strategie betrachtet wissen wollten[77], wurden hier die Landoperationen auf dem russischen Kriegsschauplatz, wenn auch in modifizierter Form, zu Instrumentarien der neuen Strategie[78]. Neben der Sicherung des »Großeuropäischen Lebensraumes« nach Osten auf der Linie Ladogasee – Don – Wolga, sollten lediglich begrenzte Operationen des Heeres gegen Leningrad die Seeherrschaft in der Ostsee sichern und mit einem Vorstoß nach Murmansk die anglo-amerikanische Zufuhr in die Sowjetunion unterbinden. Im Mittelpunkt dieser maritimen Strategie standen das Vorgehen der japanischen Seestreitkräfte im Indischen Ozean und gegen Ceylon, gegen die strategischen Schlüsselpositionen an den Ausgängen des Persischen

---

[72] KTB Skl, 25.2.42, BA-MA, RM 7/33.
[73] Siehe oben S. 64 ff.
[74] Wagner, Lagevorträge, 13.2.42, S. 356.
[75] KTB Skl, 14.2.42, BA-MA, RM 7/33.
[76] Abgedruckt bei Salewski, Seekriegsleitung, Bd. III, S. 266 ff. »Denkschrift der Seekriegsleitung zur Frage: Welche strategischen Forderungen ergeben sich aus der gegenwärtigen Lage für die weitere Kriegsführung der Dreierpaktmächte« - 25. Februar 1942.
[77] Anlage zu HWK, Nr. 148/42, 10.2.42, BA-MA, RM 7/253.
[78] Salewski, Seekriegsleitung, Bd. III, S. 266 ff.

Golfes und des Golfs von Aden sowie die konzentrische Landoperation der deutschen Wehrmacht über Kaukasus und Suez in die iranisch-irakische Tiefebene mit den für die weitere Kriegführung der »Achsen«-Mächte so wichtigen Erdölvorkommen. Von den beiden deutschen Stoßrichtungen ließ sich nach Auffassung der Seekriegsleitung »bei der gegenwärtigen Schwäche der englischen Stellung am Suez-Kanal«[79] die östliche, von Libyen ausgehende, wesentlich leichter erkämpfen als der Weg über den Kaukasus. Der Panzerarmee Afrika kam demzufolge bei der Verwirklichung der maritimen Strategie die zentrale Funktion zu; ihr sollte deshalb fortan die gesamte Seekriegführung im Mittelmeer dienen.

»Zwecks Herstellung sicherer Nachschubverbindungen nach Nordafrika«[80] – wie es in der großen Februar-Denkschrift hieß – wurde die »Wegnahme« oder »völlige Neutralisierung« der Insel Malta neben der Eroberung Tobruks als Voraussetzung für die geplante Suez-Offensive im Rahmen der maritimen Strategie genannt. Als Weicholds Bericht vom 25. Februar schließlich die völlige Neutralisierung der Insel ohne deren Inbesitznahme ausschloß und für die Zeit nach der Beendigung der geplanten Luftoffensive ein Wiederkehren der Zustände vom Herbst 1941 prognostizierte[81], forderte auch die Seekriegsleitung ausschließlich die Wegnahme der Insel[82].

Das Tirpitzufer verband mit der Koordination der deutschen, japanischen und italienischen Kriegführung samt ihren wehrwirtschaftlichen, politischen und strategischen Auswirkungen – wie sie Raeder am 13. Februar gegenüber Hitler skizziert hatte – die illusionäre Hoffnung, den Widerstandswillen Großbritanniens brechen zu können und so die Entscheidung in greifbare Nähe zu rücken. Fregattenkapitän Hansfrieder Rost, der IOp.(a) der Seekriegsleitung, hatte am 22. Februar notiert: »Wenn sich Deutschland und Japan am Indischen Ozean die Hand reichen, dürfte der Endsieg nicht mehr ferne sein[83].«

Die Reaktionen Hitlers auf die von der Seekriegsleitung vorgeschlagene Alternativ-Strategie ließen die Admiräle schon Anfang März 1942 zu dem Schluß kommen, daß der Diktator an der Priorität des Ostfeldzuges und der für den Frühsommer beabsichtigten Wiederaufnahme der dortigen Operationen uneingeschränkt festhielt, dennoch aber den Gedanken an eine Suez-Offensive keineswegs einfach von sich wies[84]. Wenn Hitler diese Offensive trotzdem nicht im Jahre 1942 verwirklicht wissen wollte, so geschah dies – wie von der Skl angenommen wurde – aufgrund seiner vermeintlichen Auffassung, daß der von der Marineführung vorgeschlagene Vormarsch zum Suez-Kanal der – in Hitlers Augen – ungleich wichtigeren Wiederaufnahme der Offensive an der Ostfront Kräfte entziehen würde. Die Skl glaubte nun, daß, wenn es ihr gelingen würde nachzuweisen, daß für die Suez-Offensive sowohl die logistischen Voraussetzungen gegeben seien als auch die Offensive selbst ohne nennenswerte Verstärkungen durchgeführt werden könne, Hitler doch noch für den Suez-Plan zu gewinnen wäre[85].

---

[79] Ebd., S. 271.   [80] Ebd., S. 273.
[81] Dt. Markdo. Italien, Nr. 97/42, 25.2.42, BA-MA, RM 7/235; siehe oben S. 142 f.
[82] »Vermerk A 1 zur Lagebetrachtung Skl. vom 20.2.42«, (ohne Nr. und Datum), BA-MA, PG 45107.
[83] Salewski, Seekriegsleitung, Bd. II, S. 81.
[84] Siehe unten S. 151. von Weizsäcker, Staatssekretär des Auswärtigen Amtes, notierte am 6.3.1942 zur maritimen Alternativ-Strategie: »Das alles sind hübsche Konzeptionen. Sie scheinen mir aber nicht in naher Zukunft, d.h. nicht 1942, realisierbar zu sein.« Hill, L. (Hrsg.), Die Weizsäcker-Papiere 1933-1950, Frankfurt a.M./Berlin/Wien 1974, S. 290 (weiterhin zitiert als: Hill, Weizsäcker-Papiere).
[85] Salewski, Seekriegsleitung, Bd. II, S. 87.

Umfangreiche Prüfungen der logistischen Voraussetzungen und Möglichkeiten für die Wiederaufnahme der nordafrikanischen Offensive mußten deshalb die globalstrategischen Planungen innerhalb der Operationsabteilung ergänzen. Wegen des fortgesetzten Drängens Nomuras auf eine definitive deutsche Zusage[86] zur »gemeinsamen« maritimen Strategie standen diese Erkundungen unter einem besonderen Zeitdruck. Für die kaiserlich-japanische Marine bestand nämlich, wie Nomura mehrfach betonte, keine Veranlassung, in den Indischen Ozean vorzustoßen, falls nicht auch die deutsche Wehrmacht über Suez in das Herz der britischen Nah-Mittelost-Stellung vorzurücken gedachte[87]. Schon am 23. Februar ließ deshalb die Seekriegsleitung über Weygold, den Marineverbindungsoffizier beim Quartiermeister des Heeres, Auskünfte über die für eine Fortsetzung der Offensive Rommels zum Suez-Kanal erforderlichen Seetransportleistungen einholen[88]. Obwohl vom OKH mitgeteilt wurde, daß eine Offensive gegen Ägypten unter den gegenwärtigen Voraussetzungen nicht möglich sei[89], kam die Seekriegsleitung zu einem völlig entgegengesetzten Ergebnis; die Operationsabteilung hielt die vom OKH geforderten Seetransportleistungen sowohl für die Überführung des monatlichen Nachschubgutes von Italien nach Nordafrika – allerdings »vorausgesetzt, daß keine weiteren Verluste auftreten«[90] – als auch für die Küstennachschub-Schiffahrt für erfüllbar. Obwohl bei der Küstennachschub-Schiffahrt der geforderte Transportraum nicht annähernd zur Verfügung stand, glaubte man, die vorausberechneten Transportleistungen durch eine Steigerung der Hafenleistungen und eine Erhöhung der Umlaufzeiten annähernd erfüllen zu können. Was danach noch fehlte, sollte, da man die Auffassung vertrat, daß »die Möglichkeit zur Durchführung von Transporten über Land (...) in gewissem Umfang bestehen bleiben« mußte, durch Lastkraftwagen bewältigt werden, für deren Beschaffung aber die Marineführung nicht verantwortlich zeichnete.

Noch bevor allerdings dieses Ergebnis überhaupt vorlag, hatte Raeder bereits am 13. März von Hitler gefordert, »die Operation gegen Suez noch in diesem Jahr durchzuführen. Augenblicklich ausgesprochen günstige Lage kehrt voraussichtlich nie wieder. Transportraumproblem für Offensive gegen Suez ist lösbar«[91]. Gleichzeitig forderte der Ob.d.M. die für die Seekriegsleitung zur Voraussetzung der Suez-Offensive gewordene Eroberung der Insel Malta und legte Hitler die von Assmann für diesen Anlaß erstellte Lagebetrachtung vor. Darin hieß es: »Wenn Malta nicht von ›Achsen‹-Truppen besetzt, ist Aufrechterhaltung weiterer ständigerAngriffstätigkeit deutscher Luftwaffe im bisherigen Ausmaß dringend erforderlich, da nur bei pausenloser Kampfführung Gegner an Wiederaufbau Offensiv- und Defensivkraft Maltas gehindert wird. Fallen laufende Angriffe fort, wird Gegner Aufbau Maltas sofort wieder beschleunigt in Gang setzen. Erneute Anspannung Transportlage Nordafrika-Nachschub wäre die Folge[92].«

In Kenntnis von Hitlers ablehnender Haltung gegenüber der schon mehrfach seitens der Seekriegsleitung geforderten Eroberung der Insel versuchte man deshalb abermals,

---

[86]   Anlage zu HWK, Nr. 148/42, 10.2.42, BA-MA, RM 7/253.
[87]   Ebd.
[88]   OKH Gen.St.d.H. Qu. Abt. Heeresversorgung Qu.1/I, Nr. 1189/42, 28.2.42, BA-MA, PG 45107.
[89]   1.Skl Ib, Nr. 632/42, 24.3.42, BA-MA, PG 45107. Siehe unten S. 150 f.
[90]   Ebd.
[91]   Wagner, Lagevorträge, 12.3.42, S. 360.
[92]   Ebd., S. 361.

auch auf »Umwegen«, an Hitler und das OKW heranzutreten, um doch noch die entscheidende Voraussetzung ihrer strategischen Planungen durchsetzen zu können. Schon am 4. März 1942 hatte daher Kapitän zur See Wagner, Frickes Nachfolger als Chef der Operationsabteilung, bei Korvettenkapitän Junge, dem Marinereferenten im Wehrmachtführungsstab, nachfragen lassen, wie es um die italienischen Vorbereitungen zur Inbesitznahme der Insel Malta bestellt sei[93]. Gleichzeitig hatte sich die Seekriegsleitung, die in Garmisch anläßlich der Spitzenbesprechung beider Marinen am 14./15. Januar 1942 von der beabsichtigten Wegnahme der Insel erfahren hatte, über Weichold an den OBS gewandt, um diesen zu veranlassen, seinerseits mit der Forderung nach der Eroberung der Insel, die man dem italienischen Bundesgenossen in »Eigenregie« kaum zutraute, mit »entsprechender Dringlichkeit und praktischen Vorschlägen« an das OKW und an Hitler heranzutreten[94].

3. Hitlers Vorstellungen von einer offensiven Mittelmeerkriegführung als Gegenstück zur erfolgreichen japanischen Expansion in Fernost – Zwischen weitgespannten Erwartungen und der Rücksichtnahme auf den italienischen Bundesgenossen

Schon Anfang Januar 1942 hatte Hitler in seiner Tischrunde geäußert: »Ich glaube, wenn die Engländer heute wüßten, daß sie mit einem blauen Auge davonkommen könnten, würden sie lieber heute als morgen Schluß machen[95].« Anfang Februar 1942, als sich die »japanische Sturmflut« bereits über den gesamten malayischen Archipel ausweitete, wurde für Hitler das »Umschwenken« Großbritanniens zur bloßen Frage der Zeit. Den Fall der inzwischen für ihn zum »Weltbegriff«[96] gewordenen Festung Singapore, mit dem der Weg für den Vorstoß der japanischen Streitkräfte in den indischen Raum, dem Kernstück des Britischen Empire, frei wurde, kommentierte er am 11. Februar gegenüber dem rumänischen Staatsführer Antonescu – seine wahre Haltung gegenüber dem zukünftigen »Wunschpartner« andeutend – »als freudige – vielleicht sogar traurige – Nachricht«[97]. Im engeren Kreise soll Hitler sogar bemerkt haben, daß »er am liebsten (...) den Engländern 20 Divisionen schicken (würde), um die Gelben wieder zurückzuwerfen«[98].

---

[93]   1.Skl Im, Nr. 472/42, 4.3.42, BA-MA, RM 7/235.
[94]   Dt. Markdo. Italien, Nr. 106/42, 5.3.42, BA-MA, PG 45103.
[95]   Hitler, Monologe, 7.1.42, S. 183.
[96]   Ebd., 2.2.42, S. 253. Wie sehr Hitler im Februar 1942 mit dem Rücktritt Churchills und damit mit dem langersehnten politischen »Ausgleich« mit Großbritannien rechnete, geht aus den Aufzeichnungen Heinrich Heims hervor. Danach glaubte Hitler am 2.2.1942 feststellen zu können, daß »Churchill (...) einem gehetzten Wild (gleiche)«. Am 6.2.1942 bemerkte er, daß »den Engländern (...) nur der Absprung (fehle)«. (Hitler, Monologe, S. 252 und S. 268.)
[97]   Hillgruber, Staatsmänner, Bd. II, Dok.2, 11.2.42, S. 48.
[98]   Hassell, U.v., Vom anderen Deutschland. Aus den nachgelassenen Tagebüchern 1938-1944, Zürich 1948, S. 253.

Im Mittelmeerraum sah Hitler zu diesem Zeitpunkt jene bereits zum Jahreswechsel prognostizierte Wende[99] gekommen; denn in Nordafrika war Rommel seit dem 21. Januar wieder auf dem Vormarsch. Siegesmeldung auf Siegesmeldung hatte dieser über von Rintelen dem Führerhauptquartier übermitteln lassen; die Nachschubprobleme und die Streitigkeiten mit dem italienischen Bundesgenossen hatte er für sich behalten, so daß dort der Eindruck entstehen mußte, daß vorerst nichts mehr den Vormarsch der Panzerarmee aufhalten könne[100]. Gegenüber General Nehring, der sich, von der Ostfront kommend, auf dem Wege zur Übernahme seines neuen Kommandos als Chef des Generalstabes des D.A.K. befand, betonte Hitler am 5. Februar, daß es darauf ankomme, Tobruk zu nehmen und so weit wie möglich vorzustoßen[101]. Er glaubte, daß die Bedrohung Ägyptens vor dem Hintergrund der ostasiatischen Ereignisse die britische Friedensbereitschaft schneller herbeiführen könne.

Erst als von Rintelen und die Abteilung Fremde Heere West von den das gesamte Verhältnis der Koalitionskriegführenden überschattenden Reibereien zwischen Rommel und den italienischen Kommandostellen sowie den daraus resultierenden Spannungen innerhalb der obersten italienischen Führung dem deutschen Hauptquartier berichteten[102], mußte man dort von der noch am 28. Januar geäußerten Auffassung, Rommel in Nordafrika freie Hand zu lassen[103], abrücken und den Richtlinien Mussolinis, in denen die Verteidigung Tripolitaniens als Hauptaufgabe der »Achsen«-Truppen herausgestellt worden war[104], im Interesse des deutsch-italienischen Verhältnisses notgedrungen Folge leisten, so daß dies, ohne daß im OKW letztlich Klarheit darüber herrschte, wie es um die logistischen Möglichkeiten der Panzerarmee tatsächlich bestellt war, dem Vormarsch Rommels – aus der Perspektive des OKW – Einhalt zu gebieten schien. Um den italienischen Empfindlichkeiten Rechnung zu tragen, wurde Rommel, der seit Anfang Februar 1942 auf ein Treffen mit Hitler drängte, vom OKW zuerst nach Rom beordert, um dort mit Mussolini zusammenzutreffen, bevor er weiter nach Rastenburg flog[105]. Rommels Vorschlägen, die Offensive möglichst bald in Richtung Ägypten fortzusetzen, wich Hitler bei den Besprechungen in der »Wolfsschanze« am 17./18. Februar 1942 mit der Bemerkung aus, daß, »wenn wir uns zu einer weiteren offensiven Kriegführung im Mittelmeerraum entschließen, dann (...) nichts gut und teuer genug (sei), um hierfür eine gesunde Grundlage zu schaffen«[106]. Auch Jodl, mit dem Rommels Generalstabschef, Oberst Westphal, am Abend des 17. und am Vormittag des 18. Februar 1942 längere Zeit unter vier Augen sprach, war nicht zu einer klaren Stellungnahme zu bewegen[107].

[99] Siehe oben 132 f.
[100] Vgl. dazu die Eintragungen im KTB OKW, Bd. II, S. 246 ff. Dort findet sich kein Hinweis über die Schwierigkeiten und Probleme mit dem Bundesgenossen, die Rommels Vormarsch begleiteten.
[101] Carell, P., Die Wüstenfüchse. Mit Rommel in Afrika, Hamburg 1958, S. 179 f. (weiterhin zitiert als: Carell, Rommel).
[102] Amt Ausland/Abwehr, Nr. 22/42, 14.2.42, BA-MA, RM 7/233.
[103] OKH Qu.1/I, (ohne Nr.), 28.1.42, BA-MA, RH 2 v. 461.
[104] Siehe oben S. 138 f.
[105] Carell, Rommel, S. 178; Westphal, Erinnerungen, S. 153.
[106] Carell, Rommel, S. 179 (Zitat). Ferner: Westphal, Erinnerungen, S. 153 ff.; ders., Heer in Fesseln. Aus den Papieren des Stabschefs von Rommel, Kesselring und Rundstedt, Bonn 1950, S. 176.
[107] Westphal, Erinnerungen, S. 155.

Ähnlich reagierte Hitler auf den strategischen Alternativ-Vorschlag der Seekriegsleitung, der seit Mitte Februar 1942 bereits mehrfach an ihn herangetragen worden war[108]. Einerseits entsprach die Suez-Offensive, das Kernstück der maritimen Strategie, unter anderer Gewichtung und unterschiedlichem Kräfteaufwand durchaus seinen Vorstellungen von einem begrenzten Schlag gegen die britische Ägypten-Position, andererseits aber war deren Durchführung wegen der Rücksichtnahme auf die defensiven Vorstellungen des italienischen Bundesgenossen und aufgrund der Priorität des Ostproblems überaus fraglich. Wie Raeder am 14. Februar berichtete, habe Hitler zwar zunächst noch die Priorität der Beendigung des Ostkrieges durch Wiederaufnahme der Offensive hervorgehoben, »sich aber dann den beredten Gedankengängen keineswegs verschlossen«[109].

Gänzlich ablehnend stand das OKH der von der Seekriegsleitung vorgeschlagenen Zangenoperation mit ihrer Hauptstoßrichtung über Suez/Ägypten gegenüber[110]; denn die 300 Kilometer Mittelmeer zwischen Italien und Nordafrika, mit dem »unsinkbaren Flugzeugträger« Malta auf halbem Wege, schienen den Kontinentalstrategen im OKH schwerer überquerbar zu sein als die Gebirgspässe des Kaukasus. Von dort aus sollte unter defensivem Festhalten des nordafrikanischen Brückenkopfes nach Abschluß der Ostoperationen dann auch der entscheidende Schlag gegen den »Kraftquell« des Britischen Empire, der Nahost-Position, geführt werden. Bis zur Niederwerfung der Sowjetunion galt es nach Auffassung des OKH, alle irgend verfügbaren Kräfte nur diesem einen Ziel zu unterstellen[111]. Auf die Anfrage der Seekriegsleitung nach den logistischen Voraussetzungen hin berechnete der Oberquartiermeister I im Generalstab des Heeres für die Auffrischung der momentanen Versorgungslücken der Panzerarmee Afrika und der deutschen Luftstreitkräfte in Nordafrika ca. 20000 Tonnen Wehrmachtgut sowie einen laufenden monatlichen Versorgungsbedarf von 25 000 Tonnen Wehrmachtgut, 500–1 000 Lastkraftwagen und sonstigen Fahrzeugen. Der Nachschubbedarf während der Offensive selbst wurde mit 1 500 Tonnen täglich (45000 Tonnen monatlich) vorveranschlagt[112]. Die Nachschubgüter sollten, wie der Oberquartiermeister I weiter mitteilte, nicht nur von Italien nach den nordafrikanischen Hauptnachschubhäfen überführt werden, sondern auch entlang der Küste bis wenigstens 500 Kilometer hinter die kämpfende Truppe mit dem Schiff befördert werden, da die Armee nicht über eine für den gesamten Landtransport des Nachschubgutes erforderliche Anzahl von Lastkraftwagen verfügte[113]. Angesichts derartiger Erfordernisse brachte der Oberquartiermeister I übereinstimmend mit seinem Generalstabschef Halder zum

---

[108] Erstmals von Raeder am 13.2.42, Ende Februar in Gestalt der großen Skl-Denkschrift und am 12.3.42 im Rahmen des Lagevortrages des Ob.d.M. bei Hitler (siehe oben S. 143 ff.).

[109] KTB Skl, 14.2.42, BA-MA, RM 7/33.

[110] MVO zum OKH, Nr. 23/42, 27.2.42, BA-MA, RM 7/240; MVO zum OKH 29/42, 4.4.42, BA-MA, RM 7/240.

[111] Ebd. Später, am 12.6.42, kommentierte der Generalstabschef des Heeres, Halder, die strategischen Vorstellungen der Skl dahingehend: »Das Bild der Kriegslage, wie es sich die Seekriegsleitung macht, weicht von unserer nüchternen Betrachtung der Dinge weit ab. Die Leute träumen in Kontinenten. Sie nehmen aufgrund der bisherigen Erfahrungen mit Heer ohne weiteres an, daß es nur von unserem guten Willen abhängt, ob und wann wir auf dem Landweg über den Kaukasus an den Persischen Golf oder aus der Cyrenaika über Ägypten bis zum Suez-Kanal durchstoßen. (...) Abends sind die Seeoffiziere (...) zu Tisch. Es wird viel leeres Stroh gedroschen.« KTB Halder, Bd. III, 12.6.42, S. 455.

[112] OKH Qu.1/I, Nr. 1189/42, 28.2.42, BA-MA, RM 7/240.

[113] Ebd.

Ausdruck, daß die laufende Versorgung der Panzerarmee zwar gesichert, eine großzügige Bevorratung »jedoch wegen der immer noch stark angespannten Transportlage« nicht möglich sei. Ohne eine grundsätzliche Besserung der Transportlage hielt der Oberquartiermeister I eine Offensive gegen Ägypten »für ausgeschlossen«[114].
Analog zu diesen Ergebnissen erklärte Hitler als Reaktion auf die Februar-Denkschrift seine grundsätzliche Zustimmung, betonte jedoch, daß »die für die Durchführung des Suez-Projektes erforderlichen Mittel (...) zur Zeit« fehlen würden[115]. Am 12. März 1942 entgegnete er dann dem Ob.d.M., daß er »geneigt sei«, die Suez-Offensive noch 1942 durchzuführen, vorausgesetzt, daß die Luftstreitkräfte im Mittelmeer bleiben könnten[116]. Als die Luftwaffe im Zuge der Vorbereitungen für die Wiederaufnahme der Sommeroffensive an der Ostfront mitteilte, »daß, wenn die planmäßige Bekämpfung Maltas durch die Luftflotte 2 beendet ist, (...) eine Aufklärerstaffel, zwei Kampfgruppen und zwei Jagdgruppen (Anfang Mai) zurückgezogen werden müßten«[117] und damit nach Hitlers Auffassung die Voraussetzung für eine Offensive mit dem Ziel Suez endgültig nicht mehr gegeben war, schien für ihn die Idee eines mit begrenzten Kräften durchzuführenden Schlages gegen die Ägypten-Position und den damit verknüpften weitreichenden politischen Rückwirkungen vorerst vom Tisch. Ebenso enttäuscht über die ausbleibenden politischen Reaktionen des Falls von Singapore konzentrierte sich Hitler Ende März 1942 ausschließlich auf die Wiederaufnahme der Sommeroffensive im Osten; denn die in der entsprechenden Weisung (Nr. 42)[118] umrissenen Planungen verfolgten letztlich auch das Ziel, den letzten potentiellen Verbündeten Großbritanniens auf dem Kontinent auszuschalten, Europa damit unangreifbar zu machen und Großbritannien vor die unausweichliche Notwendigkeit eines politischen Ausgleichs mit Deutschland zu stellen. Selbst als im OKW bekannt wurde, daß Japan beabsichtige, in den indischen Raum, dem Kernstück des Britischen Empire, vorzustoßen, bemerkte Hitler am 20. März gegenüber Goebbels lediglich, daß »es (...) selbstverständlich möglich (sei), daß der Zusammenbruch Englands ganz plötzlich eintritt, aber man soll(e) sich nicht allzu stark darauf kaprizieren und nicht seine Aussichten einzig auf diese Möglichkeit bauen«[119].
War die Wegnahme der Insel Malta, von deren Vorbereitungen und Planungen durch den italienischen Bundesgenossen Hitler nach Görings Rückkehr aus Rom unterrichtet worden war[120], zur Voraussetzung für die Suez-Offensive im Rahmen der maritimen Strategie geworden, so galt dies nicht für den Suez-Vorstoß, wie Hitler ihn vorübergehend erwog. Gegenüber der von der Seekriegsleitung groß konzipierten Operation verband Hitler damit einen letztlich improvisierten Vorstoß, für dessen Realisierung die dauerhafte Sicherung der Nachschubwege keine unabdingbare Voraussetzung war. Als Raeder seinen Obersten Befehlshaber am 12. März dazu aufforderte, baldestmöglich mit dem Ziel Suez-Kanal zur Offensive anzutreten, vorher jedoch die Insel Malta zu nehmen, erkannte Hitler zwar vorbehaltlos an, daß der Besitz dieser Insel »eine sehr

---

[114] Ebd.
[115] KTB Skl, 9.3.42, BA-MA, RM 7/33.
[116] Wagner, Lagevorträge, 12.3.42, S. 361.
[117] Chef OKW WFSt, Nr. 55578/42, 27.3.42, BA-MA, RM 7/235.
[118] Hitlers Weisungen, S. 183 ff.
[119] Goebbels, Tagebücher, 20.3.42, S. 134.
[120] Am 29.1.1942 teilte Mussolini dem Reichsmarschall mit, daß die Möglichkeiten einer Eroberung Maltas »in Italien bereits studiert worden« seien. ADAP E I, Dok. 181, 29.1.42, S. 331.

große Erleichterung für eine Suez-Offensive«[121] sei, ging jedoch erst gar nicht auf die Forderung des Ob.d.M. nach deutscher Unterstützung für das beabsichtigte italienische Unternehmen ein; denn auch er wußte genau – dies war auch bereits vom Wehrmachtführungsstab auf eine Anfrage der Seekriegsleitung hin mitgeteilt worden –, daß angesichts der noch bevorstehenden Aufgaben der deutschen Wehrmacht im Osten ein Mitwirken deutscher Verbände bei einem Angriff auf Malta sich »auf die im Mittelmeer befindlichen Kräfte der Luftwaffe, der Kriegsmarine und einiger improvisierter Verbände des Heeres beschränken«[122] müßte. Als Hitler den Gedanken an eine Offensive gegen Suez Ende März 1942 aufgab, verlor auch die Wegnahme Maltas endgültig ihren Sinn. So klang wahrscheinlich auch Hitlers Auffassung mit, als Jodl am 28. März die Vorbereitungen des Bundesgenossen dahingehend kommentierte, daß »man den Italienern nicht mitteilen kann (...), sie mögen die Vorbereitungen zur Wegnahme von Malta einstellen, da sie Malta doch nicht bekommen werden«[123]. Lediglich aus Rücksichtnahme auf die Empfindlichkeiten des Bundesgenossen ließ man über Kesselring schließlich den Italienern mitteilen, daß, sofern keine feindlichen Landungen an Europas Küsten stattfinden würden, neben einer bereits am 9. März vom Wehrmachtführungsstab in Aussicht genommenen, höchst bescheidenen deutschen Unterstützung, zwei Fallschirmjäger-Regimenter für den Angriff auf Malta abgestellt werden würden[124].

4. Das Ringen zwischen Kesselring, Rommel und der italienischen Führung um den mediterranen Operationsplan 1942

Anfang März 1942 gelang es dem Generalstabschef des II. Fliegerkorps, Oberst Deichmann, den OBS von der »Unproduktivität« der Einsatzweise der deutschen Luftstreitkräfte gegen den britischen Luft- und Seestützpunkt Malta zu überzeugen.[125] Ein von Kesselring in Auftrag gegebener und von Deichmann ausgearbeiteter neuer Operationsplan wurde daraufhin am 12. März 1942 im Hauptquartier des II. Fliegerkorps in Catania vorgelegt[126]. Er sah nunmehr vor, stärkste Bomberverbände im Horizontalangriff einzusetzen. Neben diesem Flächenbombardement sollten die Sturzangriffe lediglich noch gegen spezielle Ziele wie z.B. gegen die unterirdischen Flugzeughallen oder gegen die über die ganze Insel verstreuten schweren und leichten Flak-Stellungen durchgeführt werden. Die Reihenfolge der Zielobjekte entsprach dabei noch ganz der der Weisung für die Kampfführung gegen Malta vom 31. Dezember 1941. Bevor dieser Plan in Angriff genommen werden konnte, galt es für Kesselring, noch die Beteiligung der italienischen Luftstreitkräfte an der beabsichtigten Luftoffensive zu regeln, welche für

[121]   Wagner, Lagevorträge, 12.3.42, S. 361.
[122]   OKW WFSt Op.(M), Nr. 55454/42, 9.3.42, BA-MA, RM 7/945.
[123]   Chef OKW WFSt, Nr. 55578/42, 27.3.42, BA-MA, RM 7/235.
[124]   OKW WFSt Op.(M), Nr. 55454/42, 9.3.42, BA-MA, RM 7/945.
[125]   Deichmann, Chef, S. 147 f.
[126]   »Bericht über die Besprechung, die am 12.3.1942 in Catania unter dem Vorsitz von Feldmarschall Kesselring stattfand«, BA-MA, RL 7/692. Vgl. dazu: Deichmann, Chef, S. 148; Kesselring, Soldat, S. 165.

den neuen Generalstabschef der italienischen Luftwaffe, General Fougier[127], »eine Prestigefrage für das Land«[128] darstellte. Das Problem war hierbei, daß die italienischen Flugzeuge den deutschen technisch unterlegen waren und deshalb nicht gleichzeitig mit diesen eingesetzt werden konnten. Kesselring beabsichtigte daher, sie in der ersten Phase der geplanten Luftoffensive gegen Malta zurückzuhalten, um sie im Anschluß daran – in der zweiten Phase des Angriffs – nach der Ausschaltung der feindlichen Jagd- und Flakabwehr in größere deutsche Verbände zu integrieren[129]. Fougier wollte sich darauf nicht einlassen und forderte eine kontinuierliche Beteiligung der italienischen Luftwaffe von Anfang an. Da sämtliche Einsätze der bei den Angriffen auf Malta beteiligten Verbände dann vom II. Fliegerkorps koordiniert wurden, konnte trotz aller Einwände des italienischen Generalstabschefs die von Kesselring vorgesehene Form der Beteiligung – wie die Zukunft zeigen sollte – ohne größere Schwierigkeiten durchgeführt werden[130].

Im Morgengrauen des 20. März 1942 – vier Monate nach Eintreffen der ersten deutschen Verbände und sechs Monate nach Hitlers Entschluß, eine Luftflotte ins Mittelmeer zu entsenden – begann endlich der Luftwaffen-»Großkampf« gegen den britischen Inselstützpunkt Malta, wie er in dem revidierten, von Deichmann erstellten Operationsplan vom 12. März 1942 niedergelegt worden war. An diesem Tag wurden schwerpunktmäßig das Flugfeld von Takali, auf dem die britische Jagdabwehr stationiert war, sowie die gefürchteten 112 schweren und 144 leichten Flakstellungen erfolgreich angegriffen. In den beiden darauffolgenden Tagen wurden gegen dieselben Ziele insgesamt 330 Einsätze geflogen[131].

Am 23. März war der unter dem Schutz starker Deckungsstreitkräfte von Alexandria ausgelaufene britische Geleitzug »MW 10« das herausragende Ziel der deutschen Luftangriffe, da dieser nach einem gescheiterten italienischen Flottenvorstoß unbeschadet Kurs auf La Valetta lief. Kesselrings Fliegern gelang es, drei der fünf Frachter auf offener See zu versenken. Die beiden anderen erreichten zwar La Valetta, wurden aber im Hafen vernichtet, so daß auch die wertvolle Ladung der Inselgarnison verlorenging[132]. Nach ununterbrochenen Luftangriffen – zweihundert Einsätze innerhalb von vierundzwanzig Stunden waren dabei keine Seltenheit – hatte Anfang April nicht nur die Feuerkraft der britischen Flakabwehr spürbar nachgelassen, sondern auch der größte Teil der feindlichen Jagdabwehr war teils am Boden, teils in unerbittlichen Luftkämpfen zerschlagen worden, so daß die Luftwaffe, jetzt auch unter Beteiligung der

---

[127] Pricolo war bereits Mitte November 1941 durch Fougier ersetzt worden. Vgl. dazu: Ciano, Tagebücher, 15.11.41, S. 370, sowie 18.11.41, S. 371. Fougier führte diejenigen italienischen Luftstreitkräfte, die in der zweiten Hälfte des Jahres 1940 an der Seite der Luftflotte 2 unter dem Kommando Kesselrings an der »Luftschlacht um England« teilnahmen.

[128] Santoro, L'Aeronautica, Bd. II, S. 294.

[129] Gundelach, Luftwaffe, Bd. I, S. 346 und 353.

[130] Von der italienischen Luftwaffe nahmen eine Staffel BR 20, eine Gruppe Torpedo-Flugzeuge, drei Jagdgruppen und ein Bomber-Geschwader, letzteres nur »für die gelegentlich anfallenden Aufgaben des Geleitschutzes und für die Suche nach U-Booten« teil. Operationskommando Süd, Abt. Op. Ia, 1.42, BA-MA, RL 7/692. Nach Gundelach, Luftwaffe, Bd. I, S. 353 flogen die italienischen Verbände von Sizilien aus im Februar 1941 791, im März 806 und im April 858 Angriffe. Vgl. dazu die Einsatzzahlen des II. Fliegerkorps, S. 154.

[131] Richards/Saunders, R.A.F., Vol. II, S. 191.

[132] Zum Geleit MW 10 und den Ereignissen der 2. Syrte-Schlacht vgl. Fechter/Hümmelchen, Seekriegsatlas, S. 76 f.; Cunningham, Odyssey, S. 449 ff.; Playfair, Mediterranean, Vol. III, S. 163 f.

italienischen Verbände, ihr Zerstörungswerk an den Dock- und Hafenanlagen La Valettas beginnen konnte[133].

Am 21. April starteten die Briten zur Unterstützung der niedergekämpften Jagdwaffe Maltas 47 der modernen »Spitfire«-Jäger vom US-Flugzeugträger »Wasp«. Als Antwort darauf warf Kesselring 306 Kampf- und Jagdflugzeuge gegen die – von den auf Pantelleria installierten Funkmeßgeräten »Freya« und »Würzburg« rechtzeitig georteten – britischen Jagdmaschinen in den Kampf. Schon zwanzig Minuten nach der Landung auf Malta wurden so die meisten der eben eingetroffenen, sich für den Einsatz vorbereitenden Maschinen von den einfliegenden Luftwaffen-Verbänden am Boden zerstört[134].

Als am 28. April 1942 die Luftoffensive gegen Malta mit schwerpunktmäßigen Angriffen gegen Versorgungseinrichtungen und Truppenlager auslief, konnte die Luftwaffe nach ihrem knapp sechswöchigen »Großkampf« auf die stattliche Zahl von 11 819 Einsätzen zurückblicken[135]. Allein im April waren dabei 6 557 Tonnen Bomben auf Maltas Flugplätze, Hafenanlagen und die übrigen militärischen Ziele der Insel gefallen[136]. Die durchschnittlichen Einsatzzahlen von 286 Jagd- und Kampfflugzeugen pro Tag entsprachen dabei durchaus denen der Luftschlacht um England. Doch was war mit der insgesamt viereinhalb Monate dauernden Kampfführung und der sechswöchigen Luftoffensive, bei der das II. Fliegerkorps 177 Flugzeuge verloren hatte[137], erkauft worden? Sicherlich, Malta war militärisch ausgeschaltet; die X. britische Unterseeboot–Flottille und die letzten Überwasser-Seestreitkräfte hatten La Valetta verlassen; die Royal Air Force verfügte noch über ganze sechs einsatzfähige Jagdflugzeuge, und die Flakmunition war auf fünfzehn Schuß täglich rationiert worden[138]. Kesselring aber war sich darüber im klaren, daß seine Luftoffensive nur eine zeitlich befristete Wirkung haben konnte; denn die Infrastruktur der Insel hatte man durch die Angriffe nicht zerstören können[139]. Der Karstfelsen Malta hatte es den Briten im Laufe des Krieges erlaubt, wie Kesselring durch Meldungen der Abteilung Fremde Heere West im Generalstab des Heeres längst bekannt war, die gesamte Insel zu unterminieren, so daß sich alle wichtigen Versorgungseinrichtungen – angefangen bei der Funkstation bis hin zum Kraftwerk zur Stromerzeugung – unter meterdickem Fels befanden[140]. Unterirdische, in das Karstgestein gesprengte Hangars bewahrten abgestellte Maschinen trotz besonderer, vom II. Fliegerkorps einstudierter Angriffstechniken und modernster Sprengbomben

---

[133] Insgesamt fielen im Monat März 1942 bei 2 850 eingesetzten Flugzeugen 2 174 t Bomben auf Malta. Richards/Saunders, R.A.F., Vol. II, S. 192.

[134] Air Battle, S. 61; Richards/Saunders, R.A.F., Vol. II, S. 194.

[135] Gundelach, Luftwaffe, Bd. I, S. 137.

[136] Von den 6 728 t Bomben fielen 3 156 auf Hafen-, Dock- und Kaianlagen, 2 592 t auf die vier Flugplätze der Insel und 980 t auf sonstige Ziele. Im Stadtgebiet La Valettas wurden ca. 10 000 Gebäude zerstört oder beschädigt. Insgesamt fanden bei den deutschen Luftangriffen 800 Menschen den Tod, während ca. 1000 verletzt wurden. Air Battle, S. 54 f.

[137] Gundelach, Luftwaffe, Bd. I, S. 357. An der Luftoffensive gegen Malta hatten folgende Kräfte der Luftflotte 2 teilgenommen: 390/268 Maschinen des II. Fliegerkorps, 95/46 des X. Fliegerkorps sowie 117/83 des Fliegerführers Afrika (die erste Zahl bedeutet »Ist«, die zweite »einsatzbereit«). Gundelach, Luftwaffe, Bd. I, S. 354.

[138] Lloyd, H., Briefed to Attack. Malta's Part in African Victory, London 1949, S. 164 f. (weiterhin zitiert als: Lloyd, Attack).

[139] OBS, (ohne Nr.), 26.3.42, BA-MA, RH 2 v. 1660; Reichsminister der Luftfahrt und Ob.d.L. Gen.St. 7. Abt., Nr. 200/42, (ohne Datum), BA-MA, RH 2 v. 1660.

[140] 1.Skl, Nr. 21620/42, 2.7.42, BA-MA, RH 2 v 1660; Weber, Luftschlacht, S. 86.

vor der sicheren Zerstörung[141]. Selbst die zeitweise zu Kraterlandschaften deformierten Flugfelder waren von den Briten rasch wieder instandgesetzt worden. Dazu hatte der Befehlshaber der Insel allein ein Zehntel seiner dreißigtausend Mann starken Garnison eingesetzt[142]. Daneben gewährleisteten sogenannte »künstliche Flugfelder«, im Licht reflektierende Metallnetze, die als Landemarkierungen an den Stellen ausgelegt wurden, wo auch nach den Angriffen ein Landen und Starten möglich war, eine nahezu uneingeschränkte Funktionsfähigkeit der Flugplätze[143].

Am bedrohlichsten für den britischen See- und Luftstützpunkt war die Blockade, die die Insel auszuhungern drohte. Malta mußte mindestens einmal im Monat durch einen Geleitzug oder mehrere Einzelfahrer mit Nachschub versorgt werden. Die britische Geleitzugoperation »MW 10« vom 23. März 1942 konnte der Insel nahezu keinen Nachschub zuführen. Der vorletzte Konvoi hatte Malta im Januar 1942 erreicht, und in der Zwischenzeit hatten lediglich einige Unterseeboote nur unzureichend Nachschub heranschaffen können[144], so daß die Versorgungslage auf der Insel Ende April 1942 nahezu hoffnungslos war[145]. General Dobbie, ihr britischer Befehlshaber, kabelte am 20. April 1942 nach London: »Heute sind wir über jenen Punkt hinaus, und es liegt auf der Hand, daß das Schlimmste zu befürchten ist, wenn unser dringendster Bedarf vor allem an Mehl und Munition nicht befriedigt wird und das schon sehr bald... Es ist eine Frage auf Leben und Tod[146].« Als dann, am Tage darauf, britische Aufklärer schließlich auch noch den Bau provisorischer Flugplätze in der Ebene von Catania, die eindeutig auf den Flugbetrieb von Lastenseglern schließen ließen[147], meldeten und bekannt wurde, daß sich der aus dem Kreta-Unternehmen hinlänglich bekannte Spezialist für Luftlande-Operationen, General Student, in Italien aufhielt[148], sahen die Briten die längst erwartete Invasion Maltas unmittelbar bevorstehen. Churchill beurteilte angesichts dieser Vermutung die Lage der Insel, die inzwischen vom britischen König kollektiv mit dem Georgs-Kreuz, dem zur Belohnung ziviler Tapferkeit bei feindlichen Fliegerangriffen 1940 gestifteten Kriegsorden ausgezeichnet worden war[149], derart negativ, daß er dem neuen Befehlshaber Maltas, dem ehemaligen Gouverneur Gibraltars, Viscount Gort, der den erkrankten General Dobbie ablösen sollte, die überaus resignierten Worte mit auf den Weg gab, daß dieser »wohl die tragische Pflicht erfüllen müsse, Malta dem Feind zu übergeben«[150]. Die Möglichkeit, durch eine Fortsetzung der Blockade Malta »auszuhungern«, um die Insel so in die Hand zu bekommen, d.h. sie zur Kapitulation zu zwingen, erkannte Kesselring nicht. Der OBS glaubte vielmehr, das Malta-Problem nur durch eine Wegnahme der Insel endgültig lösen zu können.

---

[141] Gundelach, Luftwaffe, Bd. I, S. 352; Kesselring, Soldat, S. 165.
[142] Air Battle, S. 46.
[143] Fremde Heere West, Nr. A 3787/42, 6.6.42, BA-MA, RH 2 v 1660.
[144] Zur Versorgungslage der Insel Malta in den Monaten März bis Mai 1942 vgl.: Bell, Défense, S. 269 ff.
[145] Lloyd, Attack, S. 170 f.
[146] Churchill, Weltkrieg, Bd. IV.1, S. 355 f.
[147] Macmillan (R.A.F., Vol.III, S. 165) berichtet, daß am 21.4.1942 die Aufklärungsstaffel 431 der R.A.F. erstmals Aufnahmen von rechteckigen Streifen parallel zur Startpiste von Gerbini/Sizilien machte, die auf einen bevorstehenden Einsatz von Großlastenseglern schließen ließen.
[148] Student, Erinnerungen, S. 359.
[149] Air Battle, S. 60 f.
[150] Zitiert bei: Bekker, C., Angriffshöhe 4000. Ein Kriegstagebuch der deutschen Luftwaffe, Oldenburg 1964, S. 309.

Als frühest möglicher Zeitpunkt einer Eroberung Maltas, bei deren Planung und Vorbereitung seit Ende Februar auch der Oberbefehlshaber Süd beteiligt war, hatte sich inzwischen bei einer Besprechung am 17. März 1942 im Comando Supremo, an der Cavallero, Kesselring und von Rintelen teilgenommen hatten, der 1. August 1942 herauskristallisiert[151]. Die Begründung Cavalleros für diesen aus deutscher Sicht recht späten Zeitpunkt lautete, daß »sowohl die (...) in Aufstellung begriffene Fallschirmdivision wie die Luftlandedivision (...) früher noch nicht genügend ausgebildet (seien) (und) auch (...) die Bereitstellung der Flugzeuge und der erforderlichen Übersetzmittel früher nicht möglich sei«[152]. General von Rintelen hatte daraufhin Cavallero gebeten, zu prüfen, ob das Unternehmen nicht doch früher durchgeführt werden könne, »falls die Luftangriffe Malta so geschwächt haben, daß ein ›Handstreich‹ aussichtsreich erscheint«[153]. Kesselring sprach daran anschließend das aus, was von Rintelen zu seiner Frage bewogen hatte, nämlich, daß er (Kesselring) daran zweifele, daß die deutschen Luftstreitkräfte, die die Voraussetzung einer Operation zur Wegnahme der Insel darstellten, angesichts ihrer sonstigen Verpflichtungen, gerade bei der für den Frühsommer beabsichtigten Wiederaufnahme der Ostoffensive, bis zum August 1942 im Mittelmeer bleiben könnten. Wenn dies nicht der Fall war, was nach von Rintelens und Kesselrings Auffassung, ohne daß sie dies jedoch gegenüber dem Italiener zum Ausdruck brachten, weitaus wahrscheinlicher war, blieb, wollte man den Briten Malta noch im Jahr 1942 entreißen, nur noch die Möglichkeit eines »Handstreichs« im unmittelbaren Anschluß an die Luftoffensive. Mit der Begründung, ein Wiederaufleben des feindlichen Stützpunktes nach Beendigung der Luftoffensive auf jeden Fall verhindern zu müssen, unterstützte daher Kesselring an jenem 17. März den Vorschlag von Rintelens und trat in der folgenden Zeit als lautstärkster Verfechter des »Handstreich«-Gedankens in Erscheinung. Cavallero dagegen stand dem Vorschlag, Malta nach Ablauf der Luftoffensive im »Handstreich« zu nehmen, äußerst skeptisch gegenüber und berief sich darauf, daß die Insel nicht nur genommen, sondern auch gehalten werden müsse. Dafür aber ständen zu diesem Zeitpunkt nicht die erforderlichen Waffen zur Verfügung[154]. Dennoch erklärte er sich bereit, neben den planmäßigen Vorbereitungen zu einer regulären Operation im August auch die Möglichkeit eines »Handstreichs« im Mai zu überprüfen[155].

In der Absicht, die italienischen Vorbereitungen, die sich aller Wahrscheinlichkeit nach über die Zeit der Anwesenheit der Luftflotte 2 in ihrer momentanen Stärke hinausziehen würden, zu beschleunigen, forderte Kesselring dann am 21. März 1942 bei seinem Besuch im Führerhauptquartier deutsche Unterstützung für einen »Handstreich« gegen Malta[156]. Kesselrings Anliegen stieß dort jedoch auf wenig Resonanz. Lediglich eine bescheidene deutsche Beteiligung in Form von zwei Fallschirmregimentern neben den im Mittelmeer ohnehin eingesetzten Teilen der Luftwaffe und Kriegsmarine wurde dem OBS in Aussicht gestellt[157], noch dazu mit der Einschränkung, daß dann inzwischen

---

[151]   Dt.Gen.b.HQu.d.ital.Wehrmacht Ia, Nr. 5032/42, 18.3.42, BA-MA, RM 7/945; Cavallero, Diario, 17.3.42, S. 231 ff.
[152]   Ebd.
[153]   Ebd.
[154]   Cavallero, Diario, 17.3.42, S. 231 ff.
[155]   Dt.Gen.b.HQu.d.ital. Wehrmacht Ia, Nr. 5032/42, 18.3.42, BA-MA, RM 7/945.
[156]   Gabriele, Operazione, S. 159 ff.; OKW WFSt, Nr. 55578/42, 27.3.42, »Bemerkungen zu dem Bericht des OBS vom 21. März 1942«, BA-MA, RM 7/235.
[157]   OKW WFSt Op. Nr. 55586/42, 29.3.42, BA-MA, RM 7/235.

keine feindlichen Landungen in Norwegen oder Frankreich stattfinden dürften. Als Kesselring darüber hinaus erfahren mußte, daß eine Aufklärer-Staffel, zwei Kampfgruppen und zwei Jagdgruppen Anfang Mai 1942 aus der Luftflotte 2 herausgelöst werden müßten, und sich damit seine gegenüber Cavallero geäußerte Befürchtung schneller bewahrheitete, als er erwartet hatte, trat Kesselring stärker denn je für den »Handstreich« ein; denn einer Durchführung des Angriffs im August 1942 – wie es die Italiener beabsichtigten – wurde durch diese Ankündigung des OKW, wie Kesselring meinte, die Grundlage entzogen[158]. Aus Furcht vor den Auswirkungen auf die italienische Kampfmoral verschwieg der OBS jedoch dem Comando Supremo die Absichten des OKW. Dennoch hatte sich Cavallero dem von Kesselring hartnäckig vertretenen »Handstreich«-Plan zunehmend verweigert[159]. Dies geschah nicht nur in Anbetracht der schwachen in Aussicht gestellten deutschen Unterstützung, sondern auch aus Furcht vor dem erhöhten Risiko einer zwangsläufig überstürzt vorbereiteten und durchgeführten Operation im Mai 1942, deren Ausgang aufs engste mit dem Schicksal des italienischen Wehrmachtgeneralstabschefs verbunden war.

Während Kesselring und von Rintelen versuchten, den »Handstreich«-Plan gegenüber dem Comando Supremo und dem OKW durchzusetzen, war Rommel ganz mit den Vorbereitungen einer erneuten Offensive beschäftigt. Durch sein ständiges Drängen beim Comando Supremo und bei Mussolini hatte er eine Neufestlegung der Aufgabenstellung für seine Panzerarmee erreichen können. Für diese sollte es fortan darauf ankommen, gemäß der Weisung Mussolinis vom 18. März 1942, »den Südrand der Cyrenaika als Sprungbrett fest in der Hand zu behalten und die Vorbereitungen für den Angriff (nach Osten) selbst zu treffen«[160].
Im Gegensatz zu den Vorstellungen Mussolinis hatte Rommel nach wie vor nur ein Ziel: die Eroberung Ägyptens. Dennoch mußte er im März von seinem Plan abrücken, direkt gegen Tobruk vorzugehen und nach dessen Einnahme weiter zum Nil vorzustoßen; denn die Versorgungslage seiner Panzerarmee ließ trotz der im Bereich des zentralen Mittelmeeres erkämpften See- und Luftherrschaft zu wünschen übrig. Die katastrophale Heizöllage Italiens machte es der italienischen Marine kaum möglich, die Deckungsstreitkräfte für die Nordafrika-Geleite zu stellen, so daß der Nachschubverkehr stark verzögert wurde[161]. So konnten der Panzerarmee Rommels im März 1942 nur 9242 Tonnen Nachschubgut zugeführt werden[162]. Aufgrund dieser angespannten Versorgungslage beabsichtigte Rommel nun, lediglich die beweglichen britischen Kräfte in der Marmarika bis Juni 1942 zu schlagen, um damit die Voraussetzung für einen Angriff auf Tobruk zu schaffen, der allerdings erst nach dem Sommer, der wegen seines unerbittlichen Klimas jegliche größere Operationsführung verbot, stattfinden sollte[163].

---

[158] Cavallero, Diario, 23.3.42, S. 236.
[159] Warlimont, MS P-261, S. 475 f.; Engel, Adjutant, S. 303; Cavallero, Diario, 23.3.42, S. 236.
[160] Pz.A. Afrika, Nr. 17/42, 23.3.42, BA-MA, RH 2 v 462; Dt.Gen.b.HQu.d.ital.Wehrmacht Ia, Nr. 5033/42, BA-MA, PG 45107.
[161] 1.Skl Ia, Nr. 8557/42, 4.42, BA-MA, RM 7/235.
[162] Im Februar betrug die Transportleistung für die in Nordafrika eingesetzten deutschen Truppen insgesamt 20 083 t. Im März 1942 wurden dagegen nur 11 063 t Nachschub überführt. BA-MA, RM 7/230.
[163] Dt.Gen.b.HQu.d.ital.Wehrmacht Ia, Nr. 5036/42, 24.3.42, BA-MA, RH 19 VIII/14.

Obwohl sich die Versorgungslage der Panzerarmee Anfang April 1942 noch nicht gebessert hatte – am 4. April z.b. verfügte die Armee über ganze 1,6 Verbrauchersätze Treibstoff[164] –, hatte Rommel in einer, das latent vorhandene Spannungsverhältnis zwischen ihm und dem Comando Superiore erneut aufs ärgste strapazierenden Manier, ohne das ihm de facto übergeordnete Comando Superiore davon in Kenntnis zu setzen, die Front am 5. April nach Osten auf die Linie Tengeder – Segnali – Gasr el Ambar vorverlegt[165]. Während Rommel diese Verschiebung der Front dem Comando Superiore im Nachhinein damit erklärte, daß nunmehr eine Umfassung der eigenen Cyrenaika-Front durch starke feindliche Verbände »nahezu unmöglich« sei, verstand er die neue Stellung wohl mehr als Ausgangsbasis für weitere Offensivoperationen[166], wie es sich schon bald herausstellen sollte.

Am 6. April meldeten die Luftaufklärung des Fliegerführers Afrika und die Horchkompanie der Panzerarmee übereinstimmend, daß sich der Gegner an verschiedenen Frontabschnitten auf dem Rückzug befände[167]. Diese Nachrichten veranlaßten das Oberkommando der Panzerarmee zu weitreichenden Spekulationen, die in der Wunschvorstellung gipfelten, daß der Feind mit Hauptkräften sogar auf Marsa Matruh ausweichen würde[168]. Während das Comando Supremo unverändert am Aufbau einer logistischen Basis als Voraussetzung für einen weiteren Vormarsch nach Osten festhielt[169], nahm Rommel die jüngste Lageentwicklung zum Anlaß, den Zeitplan für seine zukünftigen Operationen abermals neu festzulegen. Im Gegensatz zu seinen früheren Absichten plante er nun, noch vor Beginn der Hitzeperiode, etwa Anfang Juni 1942, »die im Raum Bir el Gubi–Tobruk–Ain el Gazala–Bir Hacheim befindlichen britischen Kräfte anzugreifen und zu vernichten«, und im direkten Anschluß daran die Festung Tobruk, »wenn möglich im Handstreich, sonst im abgekürzten Angriffsverfahren«, zu nehmen[170].

Überlegungen zu einer Offensive in Nordafrika wurden auch an anderer Stelle getätigt: Die deutsche Seekriegsleitung hatte – wie bereits ausgeführt – infolge der durch Rommels Januar-Februar-Offensive herbeigeführten Wende in Nordafrika eine großangelegte maritime Strategie konzipiert, in deren Mittelpunkt die Ausschaltung der britischen Nah-Mittelost-Position stand[171]. Die in der großen Februar-Denkschrift der Seekriegsleitung niedergelegte Konzeption wurde Weichold, dem Chef des Marinekom-

---

[164] Pz.A. Afrika, Nr. 21/42, 4.4.42, BA-MA, RH 19 VIII/14.
[165] Pz.A. Afrika Ia, (ohne Nr.), 12.4.42, BA-MA, RH 19 VIII/14. Rommel meldete darin dem italienischen Oberkommando Libyen, »daß die am 5.4. festgestellten Vorbereitungen des Gegners einen feindlichen Angriff als unmittelbar bevorstehen ließen. Sofortiges Handeln zur Klärung der Lage war daher dringend geboten. Aus diesen Gründen war es leider nicht möglich, das Oberkommando der Streitkräfte zu informieren«. Dennoch hatte sich Rommel beim Bundesgenossen darüber beklagt, daß sie nicht schnell genug den Nachschub herangeschafft hätten.
[166] OKW WFSt Op.(H), Nr. 55671, 13.4.42, RM 7/945.
[167] Pz.A. Afrika Ia, (ohne Nr.), 6.4.42, RH 19 VIII/14.
[168] OKW WFSt Op.(H), Nr. 55671, 13.4.42, RM 7/945: »Bei Panzerarmee zum Ausdruck gebrachte Auffassung, daß Feind auf Hauptstellung westlich Tobruk zurückgeht, vielleicht sogar mit Hauptkräften auf Marsa Matruk ausweicht«, pflichtete Kesselring nicht bei. Er war vielmehr der Auffassung, »daß die seit Jahren und Monaten umkämpfte Tobruk-Sollum-Stellung nicht entscheidenden Widerstand aufgegeben wird«.
[169] Dt.Gen.b.HQu.d.ital. Wehrmacht Ia, Nr. 5050/42, 12.4.42, BA-MA, RH 19 VIII/14.
[170] KTB OKW, Bd. II, 13.4.41, S. 321; Pz.A. Afrika, Ia, Nr. 31/42, 30.4.42, BA-MA, PG 45107.
[171] Siehe oben S. 143 ff.

mandos Italien, am 24. März 1942 zur Stellungnahme übergeben. Einen Monat später legte er als Antwort darauf eine umfassende Studie unter dem Titel »Überlegungen des deutschen Marinekommandos zur Durchführung einer Offensive gegen Suez-Ägypten aus dem Raume der Cyrenaika«[172] vor. Dieser zufolge war vorgesehen, nach einer Eroberung Maltas in einer kombinierten Land- und Seeoperation zum Griff nach Ägypten auszuholen. Die »Achsen«-Seestreitkräfte hatten hierbei die Aufgabe, Rommels Offensive flankierend zu unterstützen und – eventuell – überholende Landungen durchzuführen. Operationen im Atlantik und im Mittelmeer sollten eine Diversion der feindlichen Kräfte bewirken. Die logistischen Vorbereitungen für die Gesamtheit dieser Operationen konnten Weicholds Auffassung zufolge bis Herbst 1942 abgeschlossen werden. Allerdings sah Weichold im Falle einer italienischen Beteiligung an diesen Unternehmen einen Mißerfolg »als sicher« voraus, so daß er diese vielleicht »kriegsentscheidende« Operation allein unter deutscher Führung als erfolgversprechend ansah.

Auch Kesselring und von Rintelen billigten die strategischen Vorstellungen der Seekriegsleitung, ohne sich jedoch ernsthaft damit auseinanderzusetzen. Ihrer Auffassung nach konnte eine Offensive mit »derart weitgestecktem Ziel«, für die die »vollkommene Ausschaltung oder besser Wegnahme von Malta Voraussetzung war«[173], aufgrund der logistischen Möglichkeiten frühestens im Herbst 1942 in Angriff genommen werden[174]. Vorerst galt es, dringendere Probleme zu lösen als die zeitliche Abstimmung der Eroberung Maltas mit der beabsichtigten Offensive Rommels.

Zu einer ersten Koordination beider Operationen kam es wahrscheinlich am 7. und 8. April 1942 in Rommels Hauptquartier, als sich Kesselring dort »eingehend« über die Lage in Nordafrika informierte[175]. Der OBS und Rommel kamen überein, daß der Angriff der Panzerarmee in den ersten Junitagen 1942 stattfinden sollte, da die Offensive in Nordafrika unbedingt vor Beginn der heißen Jahreszeit durchgeführt werden mußte. Da sie aber davon ausgehen mußten, daß für eine gleichzeitige Realisierung beider Operationen die Luftstreitkräfte nicht stark genug sein würden, mußte die Wegnahme der Insel Malta entweder als »Handstreich« vor Rommels Offensive, etwa ab Mai/Juni 1942, stattfinden, oder wie es das Comando Supremo lieber gesehen hätte, als reguläre Operation danach. Als die zweifellos bessere Reihenfolge beurteilten Rommel und Kesselring übereinstimmend eine der nordafrikanischen Operation vorangestellte, die Nachschublinien der Panzerarmee dauerhaft sichernde, Malta-Wegnahme im »Handstreich«[176].

In der Erkenntnis, seine Absicht, die Insel Malta im Anschluß an die Luftoffensive im »Handstreich« zu nehmen, gegenüber Cavallero und dem Comando Supremo nicht

[172] Dt. Markdo. Italien, Nr. 173/42, 20.4.42, BA-MA, PG 45107; vgl. dazu: Schreiber, Revisionismus, S. 332 f.
[173] OBS, Nr. 7015/42, 11.3.42, BA-MA, RM 7/945.
[174] Ein Bericht des Dt.Gen.b.HQu.d.ital. Wehrmacht von Mitte März 1942 schloß mit folgenden Feststellungen: »Zur Zeit bestehen noch erhebliche Versorgungsschwierigkeiten für die Truppen in der Cyrenaika. Durch Ausbau des Hafens von Benghasi wird sich die Versorgungslage in der Cyrenaika langsam verbessern. Die Transporte zur See und Luft müssen erheblich gesteigert werden, damit die Aufstellung der in Libyen befindlichen Verbände und die Anlage einer Versorgungsreserve durchgeführt werden kann. Dieses ist nur unter dem Schutz der Luftflotte 2 gewährleistet. Durchführung der Maßnahmen nimmt etwa 7 Monate in Anspruch, so daß erst im Herbst an eine Offensive gedacht werden kann.« 1.Skl Ib, Nr. 632/42, 24.3.42, BA-MA, PG 45107.
[175] OKW WFSt Op.(H), Nr. 55671/42, 13.4.42, BA-MA, RM 7/945.
[176] Ebd.

durchsetzen zu können, trat Kesselring mit seiner Forderung jetzt auch verstärkt an Mussolini selbst heran[177]. Am 11. und 12. April berichtete er im Comando Supremo in Anwesenheit Mussolinis über die bisher erzielten Erfolge der seit dem 20. März laufenden Luftoffensive gegen Malta[178]. Unter anderem führte er dabei aus, daß »die Werft- und Dockanlagen (...) so beschädigt (sind), daß Malta bis auf weiteres als Seebasis nicht mehr in Frage kommt. Die letzten Überwasserstreitkräfte haben Malta verlassen und der englische Unterseebootstützpunkt ist nach Alexandria verlegt worden. Die Flugplätze sind stark beschädigt, jedoch ist damit zu rechnen, daß Malta als Flugbasis nicht ganz ausgeschaltet werden kann.«[179] Im direkten Anschluß an seinen Bericht über den bisherigen Stand der Luftoffensive trug Kesselring an Mussolini die Forderung heran, Malta unter Ausnutzung der bisher erreichten Erfolge sobald wie möglich im »Handstreich«-Verfahren zu nehmen. Ein von Kesselring inszenierter Vortrag General Ramckes über die Durchführung von Luftlandeoperationen unter Berücksichtigung neuester Erkenntnisse, der sich an Kesselrings Bericht anschloß, veranlaßte schließlich den »Duce«, den »Handstreich«-Gedanken aufzugreifen und eine solche Operation für Ende Mai vorbereiten zu lassen[180]. Am 18. April erklärte Mussolini voller Stolz gegenüber dem gerade in Rom weilenden Oberbefehlshaber der Unterseeboote, Admiral Dönitz, daß Malta jetzt »reif« sei[181].

Für eine solche »Handstreich«-Unternehmung standen aber zu diesem Zeitpunkt auf italienischer Seite nur zwei bis drei Fallschirmjäger-Bataillone zur Verfügung, so daß der dieser Operation nach wie vor höchst skeptisch gegenüberstehende Cavallero im Auftrag Mussolinis um deutsche Fallschirmjäger-Bataillone bitten mußte. Darüber hinaus forderte er die sofortige Kommandierung eines Generalstabsoffiziers des Heeres als Vertreter des »Deutschen Generals beim Hauptquartier der italienischen Wehrmacht« sowie eines Generalstabsoffiziers der Luftwaffe, die über einschlägige Erfahrungen in kombinierten Luft- und Seelandungsoperationen verfügen sollten. Beide Offiziere sollten dem jetzt ins Leben gerufenen, seit Kriegsbeginn ersten gemeinsamen deutsch-italienischen Planungsstab unter der Leitung des italienischen General Gandin beitreten[182].

In der Absicht, nach Mussolinis Zustimmung zum »Handstreich« nun auch Hitlers Einverständnis sowohl zu dem Unternehmen als auch zu den italienischen Forderungen nach Fallschirmjäger-Bataillonen zu erlangen, begab sich Kesselring am 18. April 1942 abermals ins Führerhauptquartier. Dort erstattete er Hitler in Anwesenheit Görings Bericht über die Lage im Mittelmeerraum, wobei er nicht versäumte hervorzuheben, Malta bereits durch die Luftoffensive ausgeschaltet zu haben. Im Verein mit einer übertriebenen Darstellung von weitgediehenen italienischen Vorbereitungen zur Wegnahme der Insel in unmittelbarem Anschluß an die auslaufende Luftoffensive, konnte Kesselring schließlich Hitler für seine mit Rommel abgesprochene, weitere Mit-

[177] Ebd.
[178] Dt.Gen.b.HQu.d.ital.Wehrmacht Ia, Nr. 5051/42, 12.4.42, BA-MA, RH 2 v. 464a; Cavallero, Diario, 11.4.41, S. 246 f. KTB OKW, Bd. II, 15.4.42, S. 322.
[179] KTB OKW, Bd. II, 15.4.42, S. 322.
[180] Ebd.
[181] Mar.Att.Rom, Nr. 494/41, 24.4.42, BA-MA, PG 45172.
[182] Dt.Gen.b.HQu.d.ital.Wehrmacht Ia, Nr. 934/42, 14.4.42, BA-MA, RH 2 v. 462; v. Rintelen, Mussolini, S. 165 f. Zur Beschickung des gemeinsamen Planungsstabes vgl.: Cavallero, Diario, 12.4.42, S. 247 f.

1. Seine Absicht, deutsche Luftstreitkräfte ins Mittelmeer zu entsenden, kündigte Hitler dem italienischen Außenminister Ciano am 18. November 1940 an. Im Hintergrund von links nach rechts: der italienische Militärattaché Alfieri, Chefdolmetscher Schmidt und Jodl.

2. In Meran konferierten am 13./14. Februar 1941 Seekriegsleitung und Supermarina. Rechts die deutsche Delegation mit dem Chef der Operationsabteilung, Admiral Fricke (2. v. rechts), dem Oberbefehlshaber der Kriegsmarine, Großadmiral Raeder (3. v. rechts), und dem Chef des Marineverbindungsstabes Italien, Vizeadmiral Weichold (5. v. rechts). Auf der italienischen Seite als zweiter von links Admiral Riccardi, der Chef des Admiralstabes von Supermarina.

3. Im Hafen von Neapel wurden Anfang Februar 1941 die ersten Teile des Deutschen Afrika-korps eingeschifft.

4. Zerstörer vom Typ Me 110 des X. Fliegerkorps stellten den Luftschirm für die deutschen See-transporte.

5. Truppenparade in Tripolis (Februar 1941). Ein Kriegsberichterstatter filmt den Vorbeimarsch motorisierter Verbände des Deutschen Afrikakorps.

6. Rommel und General Gariboldi, der italienische Oberbefehlshaber Libyens, nehmen die Parade ab.

7. Benghasi, die Hauptstadt der Cyrenaika, nahm Rommel am 4. April 1941. In der Bildmitte die Kathedrale, das Wahrzeichen der Stadt.

8. Im Gegensatz zu von Brauchitsch (3. v. links) und Halder (ganz rechts) begrüßte Hitler das eigenmächtige Vorgehen Rommels in Nordafrika; denn er glaubte, durch die Bedrohung der britischen Nahostposition Englands Friedensbereitschaft noch vor Beginn des Rußlandfeldzuges erreichen zu können. Ganz links am Lagetisch steht Keitel.

9. Im April 1941 entsandte Göring den Chef des Luftwaffenführungsstabes, General Hoffmann von Waldau (Bildmitte), nach Nordafrika, um zu klären, was Rommel am dringendsten benötige.

10. Soldaten des Deutschen Afrikakorps in der Cyrenaika (Sommer 1941).

11. Großadmiral Raeder und Admiral Riccardi schreiten auf dem Garmischer Bahnhof die Ehrenformation ab. Die Spitzen von Supermarina und Seekriegsleitung waren dort am 14./15. Januar 1942 zusammengetroffen, um die weitere Mittelmeer-Seekriegführung abzusprechen.

12. Der Ib der Seekriegsleitung, Fregattenkapitän Heinz Assmann, war der strategische Kopf der Operationsabteilung. An der Ausfertigung der großen Denkschriften des Jahres 1942 war er entscheidend beteiligt.

13. Generalfeldmarschall Kesselring, der Oberbefehlshaber Süd, im Gespräch mit General Ugo Cavallero, dem Chef des Comando Supremo. Kesselrings Luftstreitkräfte sollten die seit Spätsommer 1941 dramatisch zugespitzte Seetransportlage entspannen helfen.

14. Göring auf einem Feldflughafen des II. Fliegerkorps. Zum Monatswechsel Januar/Februar 1942 reiste der Reichsmarschall nach Italien, um mit der italienischen Führung zusammenzutreffen und um die eigenen Verbände zu inspizieren.

15. Der britische Seestützpunkt La Valetta. Malta lag im Schnittpunkt zweier Lebensadern, der britischen von Gibraltar nach Alexandria und der der »Achse« zwischen Italien und Libyen.

16. Ein deutscher Heinkel-Bomber des II. Fliegerkorps im Anflug auf Malta. Am 20. März 1942 begann die mehrfach verschobene Luftoffensive gegen den Inselstützpunkt.

17. Im Tiefflug über der Insel. Gut zu erkennen sind die das Gelände unterteilenden Mauern, die den für »Herkules« beabsichtigten Einsatz von Lastenseglern in Frage stellten.

18. Nachdem die feindliche Jagdwaffe niedergekämpft worden war, nahmen auch italienische Verbände an der Luftoffensive teil. Rechts im Bild La Valetta mit seinen Hafenanlagen; links unten der britische Luftstützpunkt Luca.

19. Mussolini (links), Hitler, Ciano (2. v. rechts) und Ribbentrop (ganz rechts) in Kleßheim. Am 29./30. April 1942 kamen sie dort zusammen und vereinbarten, in Nordafrika zur Offensive mit dem Ziel Tobruk anzutreten und anschließend Malta zu erobern.

20. Motorisierte Verbände des Deutschen Afrikakorps vor Bir Hacheim (Juni 1942).

21. Tobruk, das am 21. Juni 1942 von Rommel genommen wurde.

22. Vizeadmiral Weichold (2. v. rechts) im Hafen von Marsa Matruh (Juli 1942). Er leitete während der Offensive die Küstennachschub-Schiffahrt.

23. Die Generalfeldmar-
schälle Rommel und Kesselring im Gespräch. Entgegen
der Absprache zwischen
Hitler und Mussolini setzte
Rommel nach dem Fall der
Festung Tobruk die Offensive
fort.

24. Der Suez-Kanal. Hinter
den atlantischen Konvoi-Rou-
ten die wichtigste »Lebensader« des britischen Weltreiches. Sie zu durchtrennen,
war das Ziel der deutschen
Mittelmeerkriegführung. Es
wurde nie erreicht.

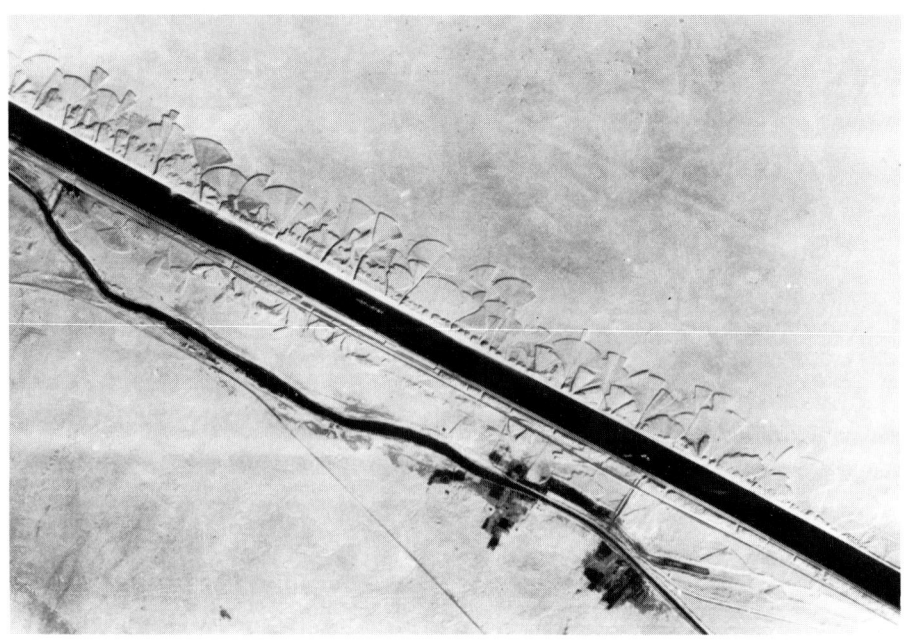

telmeerplanung gewinnen[183]. Hitler stimmte, entgegen seiner bisher ablehnenden Haltung, einer »Handstreich«-Operation gegen Malta zu und begrüßte die Absichten Rommels, die bereits am 13. April zusammen mit umfangreichen Nachschubforderungen im OKW vorgelegen hatten[184], noch vor Beginn des afrikanischen Sommers gegen die Briten zur Offensive anzutreten[185]. Neben der Entsendung von 52 deutschen Panzern für die nordafrikanische Offensive – die weitaus umfangreicheren Forderungen Rommels konnten »im Hinblick auf die Operationen an der Ostfront« nicht genehmigt werden –, ordnete Hitler die Unterstützung des geplanten Unternehmens zur Wegnahme Maltas durch deutsche Heeres- und Luftstreitkräfte an[186]. Von seiten des Heeres sollten hierzu besonders zusammengesetzte Pionierkräfte in der Stärke eines Bataillons sowie einige stark gepanzerte Kampfwagen bereitgestellt werden. Die Luftwaffe sollte zwei Fallschirmjäger–Bataillone mit Lufttransportraum für ein Bataillon sowie Sprung- und Lastenfallschirme für das Unternehmen abgeben. Die Kriegsmarine sollte mit einigen Marine-Fährprähmen daran teilnehmen.

Am 21. April 1942 nahm Cavallero Hitlers Zustimmung zur Wegnahme der Insel Malta von dem aus dem Reich zurückgekehrten Kesselring schon auf dem römischen Flughafen Campino mit Genugtuung entgegen[187]. Weniger befriedigt zeigte er sich allerdings über den Umfang der vom OKW für »Herkules«, wie der Deckname für die Operation gegen Malta seit dem 10. April 1942 lautete[188], zugesagten Unterstützung[189]. Auch die in Aussicht gestellten Panzerkampfwagen, die nach Kesselrings Auffassung nach ihrer Anlandung auf der Insel das dortige Kampfgeschehen entscheidend beeinflussen sollten und von diesem besonders, wohl um die allzu bescheidene deutsche Beteiligung etwas zu kaschieren, herausgestellt wurden, vermochten Cavalleros Enttäuschung nicht zu mildern[190].

Dennoch, die Vorbereitungen zu »Herkules« liefen seit Hitlers definitiver Zusage auf Hochtouren weiter, da bis zum beabsichtigten Zeitpunkt der Durchführung des »Handstreichs«, Ende Mai 1942, nur noch wenige Wochen verblieben waren. Noch am 21. April wurde General Student, der Kommandierende General des XI. Fliegerkorps, zur Verstärkung des gemeinsamen deutsch-italienischen Planungsstabes von Kesselring telefonisch nach Rom beordert[191]. Ein erster Operationsplan für den beabsichtigten »Handstreich« wurde in Windeseile fertiggestellt[192]. Diesem zufolge sollten alle für »Herkules« verfügbaren Streitkräfte unter Nutzung eines erwarteten plötzlichen Zusammenbruchs des Verteidigungssystems der Insel infolge der schweren Luftangriffe in einer ersten Phase auf dem Südteil Maltas landen, um nach der Errichtung eines Brückenkopfes die in einer zweiten Phase beabsichtigte Seelandung an der Südostküste zu ermöglichen.

[183] Kesselring berichtete (in Reinhardt, H., (and others), Airborne Operations: A German Appraisal, 1951, MFGA MS P-051 L, 21), daß »sich Hitler für die Luftlandeoperation Malta durch (...) (seine) immer wiederkehrende Forderung (hat) gewinnen lassen«. KTB OKW, Bd. II, 18.4.42, S. 324.

[184] KTB OKW, Bd. II, 13.4.42, S. 321.

[185] Siehe unten S. 163 ff.

[186] OKW WFSt Op., Nr. 55718, 21.4.42, BA-MA, RH 2 v. 462; KTB OKW, Bd. II, 18.3.42, S. 324.

[187] Cavallero, Diario, 21.4.42, S. 249.

[188] OKW WFSt Op., Nr. 55655/42, 10.4.42, BA-MA, RM 7/945.

[189] Gabriele, Operazione, S. 159.

[190] Cavallero, Diario, 21.4.42, S. 249.

[191] Student, Erinnerungen, S. 350.

[192] Comando Supremo, Op.Abt. C3, »Studie über das Unternehmen C3 (›Herkules‹)« (als »Handstreich«), BA-MA, PG 45108.

Unterdessen waren aber Cavalleros Zweifel an der Durchführbarkeit des »Handstreiches« gewachsen. Ciano notierte dazu in seinem Tagebuch: »Aber die Frage, ob und wann das Unternehmen stattfinden wird, ist dann doch etwas anderes. Cavallero will sich in dieser Hinsicht nicht verpflichten und er verschanzt sich hinter einer Menge von Wenns und Abers[193].« Doch nicht nur Cavallero, sondern auch viele italienische General– und Admiralstäbler begannen, die Durchführbarkeit eines »Handstreiches« zu bezweifeln. Sie räumten zwar ein, daß Malta infolge der Luftoffensive »buchstäblich zusammengeschlagen« sei, konstatierten aber zugleich, daß die Küstenverteidigung der Insel noch intakt sei und deshalb eine überstürzte, als »Handstreich« durchgeführte Operation als »höchst gefährlich« und »äußerst verlustreich« angesehen werden müsse[194].

Die steigende Skepsis an der Durchführbarkeit des »Handstreichs« bewog schließlich das vom Kriegsglück bisher nicht gerade verwöhnte Comando Supremo, die strategische Ausgangslage für »Herkules« erneut zu überdenken und die Forderung nach deutscher Unterstützung für dieses Unternehmen in einem Memorandum neu zu formulieren, das noch vor dem seit März geplanten Spitzentreffen beider Führungen in Berchtesgaden und Kleßheim am 29./30. April 1942 dem deutschen Hauptquartier – namentlich Keitel – überstellt wurde[195]. Darin unterstrich das Comando Supremo eingangs noch einmal die Bedeutung des Unternehmens »Herkules«: Bei einem erfolgreichen Ausgang müßten die italienischen Streitkräfte den Geleitschutz nicht mehr in der bisherigen Stärke stellen, das Heizölproblem wäre damit gelöst, und auch andere Aufgaben könnten dann von den Italienern, soweit dies die Heizöllage erlauben würde, wahrgenommen werden; der Nachschub nach Nordafrika könnte dann unbeeinträchtigt fließen und den dort befindlichen »Achsen«-Truppen die Operationsfreiheit endgültig sichern. Alles in allem würde der Besitz Maltas – dies war der insgesamt defensive Grundtenor des Memorandums – die eigenen Positionen im Mittelmeerraum gegen einen für Ende 1942, wahrscheinlicher jedoch erst für 1943, erwarteten anglo-amerikanischen Großangriff wirksamer sichern. Sogleich wurde aber dann vom Comando Supremo auf die außerordentliche Schwierigkeit, die eine Eroberung der Insel mit sich bringen würde, hingewiesen. Für den Sturm auf die »Festung Malta«, deren Küstenverteidigungsanlagen durch die Luftangriffe nicht ausgeschaltet werden konnten, mußte nach Auffassung des Comando Supremo eine entsprechend stärkere Streitmacht bereitgestellt werden. Von der deutschen Seite forderten die Italiener deshalb die Beteiligung einer ganzen Luftlande-Division, von Panzern und Panzerabwehrwaffen, 150 Landungsbooten, 200 Transportflugzeugen vom Typ Junkers Ju 52, die Bereitstellung von 40 000 Tonnen Heizöl für den Flotteneinsatz gegen den bei der Durchführung von »Herkules« erwarteten Angriff britischer Seestreitkräfte, von 12 000 Tonnen Benzin sowie von 500 Tonnen sonstiger Schmierstoffe. Das Memorandum schloß mit der Feststellung, daß der Zeitpunkt der Operation davon abhänge, ob und wann die deutsche Unterstützung gewährt werden könne. Zwar sicherte das Comando Supremo noch zu, daß man auf italienischer Seite alles unternehmen würde, um möglichst bald für »Her-

---

[193] Ciano, Tagebücher, 28.4.42, S. 430.
[194] Ebd., 22.4.42, S. 429. Selbst nachdem Hitler in Kleßheim eine erweiterte deutsche Beteiligung an »Herkules« zugesagt hatte (siehe unten S. 166 ff.), äußerten sich Fougier und sein Stabschef Casero höchst ablehnend zu »Herkules«. Ciano, Tagebücher, 13.5.42, S. 437.
[195] Gabriele, Operazione, S. 177. Ebd., S. 177 ff. ist das Memorandum des Comando Supremo abgedruckt.

kules« bereit zu sein[196], aber man übergab im Grunde mit der umfangreichen Forderung die Entscheidung, ob das Unternehmen durchgeführt werden sollte oder nicht, weitestgehend dem OKW.

Es muß ungeklärt bleiben, ob Kesselring vom Memorandum des Bundesgenossen erfahren hatte. Über die Möglichkeit, daß »Herkules« aufgrund der zögernden Haltung des Comando Supremo gegenüber dem »Handstreich« doch noch verschoben werden konnte und eventuell mit Rommels spätestens für Juni geplanter Offensive zeitlich kollidieren würde, war sich Kesselring durchaus im klaren. Am 28. April 1942, als er mit Rommel noch einmal die weitere Vorgehensweise auf dem Mittelmeer-Kriegsschauplatz erörterte, bekräftigten sie deshalb abermals, da beide Operationen nicht gleichzeitig durchgeführt werden konnten, daß »Herkules« entweder vor der nordafrikanischen Offensive als »Handstreich« oder danach als reguläre Operation durchgeführt werden müsse, da für die Rommel-Offensive der Termin im Juni der einzig mögliche war[197].

5. Die geplante Offensive in Nordafrika als strategische Notwendigkeit in Hitlers Konzeption – Die Zustimmung zur Eroberung Maltas als Zugeständnis an den italienischen Bundesgenossen

Kesselrings vom italienischen Bundesgenossen gebilligter Vorschlag vom 18. April 1942, die Insel Malta in unmittelbarem Anschluß an die Luftoffensive im Mai 1942 zu nehmen und – etwa im Juni 1942 – in Nordafrika zur Offensive mit dem Ziel Tobruk anzutreten, fügte sich nahtlos in Hitlers gesamtstrategisches Konzept. Dies bewegte sich im April 1942 – mehr denn je – im »Spannungsfeld« zwischen der beklemmenden Vorstellung, daß eine »Zweite Front« die mit dem Kriegseintritt Japans noch einmal gegebene Chance, die Sowjetunion in einem zweiten Anlauf entscheidend zu schlagen, gefährden würde, und der irrationalen Hoffnung, mit Großbritannien doch noch zu einem »Ausgleich« zu gelangen.

Vom britischen Geheimdienst schon seit Dezember 1941 geschickt lancierte Gerüchte von bevorstehenden Landungs-Operationen an den europäischen Küsten und die innenpolitische Szenerie Großbritanniens – gegenüber Goebbels äußerte Hitler, »daß Churchill sich in der Innenpolitik und auch der ganzen Kriegführung in einer außerordentlichen Klemme befinde und jetzt etwas tun muß, um etwas zu tun«[198] – hatten Hit-

---

[196] Gabriele, Operazione, S. 179. Dort heißt es: »Si tratta ora die determinare: se questi mezzi potranno esser dati; quando potranno essere a pie' d'opera. In base a questi dati si potra prevedere l'epoca dell'operazione. Da parte nostra tutto si fa per esser pronti al piu presto, (...).«

[197] Esebeck, H.G. Frhr. v., Afrikanische Schicksalsjahre. Geschichte des Deutschen Afrikakorps unter Rommel, Wiesbaden 1961, S. 110 (weiterhin zitiert als: Esebeck, Schicksalsjahre) berichtet, daß Rommel und Kesselring am 28.4.1942 vereinbarten, daß Malta Ende Mai in Besitz genommen werden sollte. »Falls die Operation gegen Malta sich über den 1.6.42 hinaus verschieben sollte«, hielt Rommel am 30.4.1942 fest, »kann es jedoch notwendig werden, daß die Armee ohne die Einnahme von Malta abzuwarten zum Angriff antritt.« Pz.A. Afrika Ia, Nr. 31/42, 30.4.42, BA-MA, PG 45107.

[198] Goebbels, Tagebücher, 26.4.42, S. 143.

lers Furcht vor einer »Zweiten Front« weiter ansteigen lassen. Neben der latent vorhandenen Sorge um den Nordraum rechnete er im April 1942 vor allem mit einer alliierten Landung an der französischen Atlantikküste, für die er im britischen Kommandounternehmen gegen St. Nazaire vom 28. März 1942 den ersten Vorboten zu erkennen glaubte[199]. »Ein Unglück im Westen«, wie er eine eventuell dort stattfindende Landung bezeichnete, mußte seiner Auffassung zufolge ein Umschwenken Vichy-Frankreichs nach sich ziehen, da »die Franzosen (...) alle dasselbe Ziel (haben), (nämlich) uns bald aus dem Land zu haben, um dann wieder mit den Engländern gehen zu können«. Darüber hinaus mußte dann »damit gerechnet werden, daß das französische Nordafrika losschlägt«[200]. Weiterhin schloß Hitler nicht aus, daß die Alliierten eine Landung auch an der portugiesischen und an der spanischen Atlantikküste[201] oder an den atlantischen und mediterranen Küsten West- und Nordwestafrikas wagen würden, wie aus Informationen des Amts Auslandsnachrichten zu schließen war[202]. Genau wie eine Landung an der westfranzösischen Küste könnten derartige Feindoperationen Französisch-Nordafrika zum Abfall von Vichy veranlassen und somit die Nordafrika-Position der »Achse« durch eine zusätzliche Front im Westen aufs ärgste bedrohen.

Neben der für Hitler ständig steigenden Furcht vor einer alliierten Landungsoperation bot ihm ein weiterer Grund Anlaß, die Rommel-Offensive möglichst bald durchzuführen. Aus Nordafrika häuften sich nämlich die Meldungen, daß die britische 8. Armee ihrerseits Vorbereitungen zu einer Offensive treffen würde, die zur Entlastung des hartbedrängten Malta noch vor Anbruch des Sommers zu erwarten war. Eine möglichst baldige Offensive der Panzerarmee Afrika wurde deshalb für Hitler zu einem strategischen Zwang; denn nur der Sieg über die britische 8. Armee und die Einnahme der Festung Tobruk sowie des Gebietes um Sollum hätte eine Verteidigung auf Dauer aussichtsreich erscheinen lassen. Nach dem erfolgreichen Abschluß dieser Operationen würden dann eventuell Kräfte frei werden, die nicht nur einer von Französisch-Nordafrika ausgehenden militärischen Bedrohung entgegengestellt werden könnten, sondern die zusätzlich durch bloße Präsenz im Raum Tripolis Druck auf Vichy und dessen Politik ausüben könnten[203]. Darüber hinaus versprach sich Hitler von einem Sieg über die Briten und der Einnahme Tobruks der arabischen Unabhängigkeitsbewegung im »revolutionsreifen« Ägypten[204] neuen Auftrieb zu verleihen. Ein von innen und außen gleichzeitig bedrohtes Ägypten mußte Großbritannien dort ein verstärktes militärisches Engagement abfordern und würde somit vielleicht sogar die Bildung einer »Zweiten Front« hinauszögern, wo immer sie auch errichtet werden würde.

---

[199] Zur Reaktion Hitlers auf das britische Kommando-Unternehmen gegen St. Nazaire und seiner gesteigerten Sorge um die westlichen Küsten der »Festung Europa« vgl.: Wagner, Lagevorträge, 13.4.42, S. 372 ff.; Salewski, Seekriegsleitung, Bd. II, S. 134 ff. Vgl. dazu auch: R. Martens, Operation »Chariot«. Die Abwehr eines Kommandounternehmens auf St. Nazaire am 27. und 28. März, in: H. Schuur/R. Martens/W. Koehler: Führungsprobleme der Marine im Zweiten Weltkrieg, Freiburg i.Br. 1973.

[200] »Bericht über die Besprechungen am 30.4.42«, S. 7, BA-MA, RM 7/235. Es handelt sich hierbei um eine von der veröffentlichten (Hillgruber, A./Förster, J., Zwei neue Aufzeichnungen über »Führer«-Besprechungen aus dem Jahre 1942, in: Militärgeschichtliche Mitteilungen, Heft 1/1972, S. 109 ff., weiterhin zitiert als: Hillgruber/Förster, Aufzeichnungen) abweichende Aufzeichnung. Vgl. dazu: KTB Halder, Bd. III, 28.3.42, S. 420.

[201] KTB OKW, Bd. II, 25.4.42, S. 328; Warlimont, Hauptquartier, S. 250.

[202] Dt.Bot.Rom, Nr. 126/42, 8.3.42, PA-AA, Geheimakten Rom Quir. Bd. 138; Amt Auslandsnachrichten, (ohne Nr.), 15.4.42, PA-AA, Pol. I M 175.

[203] Hillgruber/Förster, Aufzeichnungen, S. 118.

[204] KTB OKW, Bd. II, 21.4.42, S. 326.

Neben der Verbesserung der Defensiv-Position an der europäischen Südflanke samt ihren positiven Rückwirkungen auf die Verteidigung Gesamteuropas war mit der beabsichtigten Eroberung der Festung Tobruk die Möglichkeit geboten, je nach Lage der Dinge – gleichsam unter Nutzung eines Lawineneffektes – weiter zum Suez-Kanal vorzustoßen und damit jene im März 1942 verworfene Absicht doch noch zu verwirklichen, durch die Zerschlagung der britischen Ägypten-Position – nach Singapore – eine weitere, diesmal entscheidende Säule aus dem wankenden Gebäude des Britischen Empire herauszubrechen[205]. Von einem Zusammenhang zwischen der geplanten Offensive Rommels und ihrer von Hitler vage angestrebten Fortsetzung ins Innere Ägyptens und der in der Weisung Nr. 42 abgesteckten Ostoperationsplanung in Gestalt einer großangelegten Zangenoperation über Suez und den Kaukasus in das iranisch-irakische Ölgebiet konnte im April 1942 allerdings keine Rede mehr sein[206]. Hitlers Hauptaugenmerk lag nach wie vor eindeutig auf der Verwirklichung seines dogmatisch festliegenden Zieles, der Zertrümmerung der Sowjetunion[207]. Der Mittelmeerraum blieb ein Nebenkriegsschauplatz, auch wenn sich im Falle fortgesetzter Erfolge Rommels weitestreichender politischer Kredit einstellen konnte.

Die Rommels Offensive vorangestellte Eroberung Maltas im »Handstreich«, wie sie Kesselring in Absprache mit dem italienischen Bundesgenossen am 18. April vorgeschlagen hatte[208], würde die Ausgangslage für die nordafrikanischen Operationen verbessern, wurde aber von Hitler nicht als unbedingte Voraussetzung dafür angesehen. Da die Inselfestung ohnehin durch Kesselrings Luftoffensive ausgeschaltet schien[209] – daß sich Malta so schnell wieder erholen würde, wie es dann tatsächlich geschah, lag außerhalb Hitlers Vorstellungskraft –, konnte die Nachschubschiffahrt auch ohne den Besitz der Insel unbeeinträchtigt ablaufen. Selbst im Falle eines »Weiterstoßens« ins Innere Ägyptens würde der Hafen von Tobruk, dessen Kapazität von Hitler völlig überschätzt wurde, die östliche Versorgungsroute – weit außerhalb der Reichweite der Malta-Luftstreitkräfte – über Griechenland und Kreta leistungsfähiger gestalten[210]. Wenn Hitler glaubte, den Empfindlichkeiten des italienischen Bundesgenossen, in dessen defensiver strategischer Vorstellung eine Eroberung Maltas weit wichtiger war als eine Offensive zum Suez-Kanal, Genüge tun zu können und seine aus den Erfahrungen des Unternehmens »Merkur« resultierende Ablehnung gegenüber Luftlandeoperationen überwand, so tat er dies in dem festen Glauben, den er aus Kesselrings Lageschilderung vom 18. April gewonnen hatte, daß die Verteidigungskraft der Insel durch die Luft-Offensive bereits weitestgehend gebrochen war und das italienische Unternehmen, dessen Vorbereitungen weit gediehen zu sein schienen, schon unter geringer deutscher Beteiligung erfolgversprechend durchgeführt werden könnte.

Als Ende April 1942 die umfangreichen Forderungen des Comando Supremo nach Unterstützung des italienischen Landungsunternehmens vorlagen, entpuppten sich die

---

[205]   Bei den Kleßheimer/Berchtesgadener Besprechungen deutete Hitler dies an.
[206]   Hillgruber, Mittelmeer, S. 292.
[207]   Die Lage an der Ostfront und die Chancen, die Sowjetunion in einem zweiten »Anlauf« niederringen zu können, beurteilte Hitler im April »ganz positiv«. Vgl. dazu: Goebbels, Tagebücher, 26.4.42, S. 143. Zum Unternehmen »Blau«, der für Frühsommer beabsichtigten und schließlich Ende Juni angelaufenen Großoffensive am Südabschnitt der Ostfront, vgl. Philippi, A./Heim, F., Der Feldzug gegen Sowjetrußland 1941 bis 1945, Stuttgart 1962, S. 125 ff.
[208]   Siehe oben S. 160 f.
[209]   Ebd.
[210]   Dieses Argument führte Hitler bereits im Vorjahr an. Vgl. dazu oben S. 78.

allzu optimistischen Ausführungen Kesselrings vom Stand der italienischen Vorbereitungen zu »Herkules« als Illusion. Weder war ein endgültiger Operationsplan vorhanden, noch waren die zu seiner Realisierung benötigten materiellen und personellen Voraussetzungen gegeben, wie die Forderungen des Comando Supremo jetzt drastisch verdeutlichten. »Herkules«, wie es sich Hitler zu diesem Zeitpunkt darstellte, war plötzlich nicht mehr der mit schwachen deutschen Kräften zu unterstützende italienische »Handstreich« gegen die ohnehin von Kesselrings Luftstreitkräften sturmreif bombardierte Inselfestung Malta, sondern zu einer Groß-Operation geworden, deren Hauptlast auf deutschen Schultern liegen sollte.

Wie wenig die von italienischer Seite geforderte deutsche Unterstützung zu realisieren war, ohne dabei gleichzeitig der Wehrmacht für die Verteidigung der europäischen Küsten gegen die von Hitler erwartete »Zweite Front« und für die bevorstehende Wiederaufnahme der Ostoperationen wichtige Kräfte zu entziehen, verdeutlicht ein genauerer Blick auf die italienische »Wunschliste«.

Das Comando Supremo verlangte für den flankensichernden Einsatz der italienischen Seestreitkräfte allein 40 000 Tonnen Heizöl. Die sich seit Anfang April 1942 erneut verschärfende Heizöllage der deutschen Kriegsmarine zwang Hitler in Übereinstimmung mit Raeder zu dem Entschluß, die knappen Heizölbestände den Nordmeerhäfen Narvik und Drontheim zuzuweisen, um die Flotte für die unmittelbar im Dienste des Ostfeldzuges stehende Bekämpfung der alliierten Nordmeer-Geleite, sowie für den Fall einer feindlichen Landungsoperation an der nordnorwegischen Küste einsatzbereit zu halten. Eine Abgabe von Heizöl an die Italiener in der vom Comando Supremo geforderten Höhe von 40 000 Tonnen war deshalb unmöglich[211].

Ähnlich stand es mit der italienischen Forderung nach einer Luftlande-Division. Die durch die starken Verluste bei den Einsätzen gegen Kreta und kurz darauf im Osten in der Qualität abgesunkene Fallschirmtruppe, deren Ersatz nur notdürftig ausgebildet war[212], wurde zum Schutz der französischen Atlantikküste gebraucht[213].

Die von den Italienern geforderten 50 Motorfährprähme konnten ebenfalls nicht aufgebracht werden, da die ìm Schwarzmeerraum und in der Ägäis eingesetzten Boote unentbehrlich[214] und die Schleusen des Rhein-Rhône-Kanals für die Überführung der an der Kanalküste befindlichen Boote zu klein waren[215].

Zweihundert Transportflugzeuge vom Typ Junkers Ju 52 zur Verfügung zu stellen, verbot sich für Hitler aufgrund der bei der Luftlandung auf Kreta gewonnenen Erfahrungen; denn ein ähnlicher Verlust an Flugzeugen, wie seinerzeit, konnte angesichts der Transportmittelknappheit und der bevorstehenden Sommeroffensive im Osten unter keinen Umständen riskiert werden[216].

Als sich schließlich die Regierungschefs Italiens und Deutschlands und ihr militärisches Gefolge am 29. und 30. April 1942 auf dem Obersalzberg und in Kleßheim einfanden[217], um den künftigen Kurs der »Achsen«-Kriegführung im Mittelmeerraum fest-

---

[211] Siehe unten S. 177 ff.

[212] Dt. Markdo. Italien Nr. 246/42, 7.5.42, BA-MA, PG 45108.

[213] Förster/Hillgruber, Aufzeichnungen, S. 119.

[214] 1.Skl Im, Nr. 811/42, 23.4.42, BA-MA, PG 45106.

[215] 1.Skl, (ohne Nr.), 20.4.42, BA-MA, RM 7/945.

[216] Wagner, Lagevorträge, 15.6.42, S. 397. Nach Halder (KTB, Bd. II, 5.6.41, S. 444) sind beim Kreta-Unternehmen von 500 eingesetzten Maschinen 250 zu Bruch gegangen. Davon 138 Totalschäden.

[217] Zu den Besprechungen auf dem Berghof am 29.4.1942 und im Kleßheimer Schloß, an denen neben Hitler und Mussolini die Außenminister Ciano und Ribbentrop sowie der ital. Militärattaché General Marras,

zulegen, wurde Hitler erst gar nicht in die Zwangslage versetzt, in Anbetracht seines gerade erst erteilten Einverständnisses zu »Herkules« und der zugesicherten deutschen Unterstützung seine nun ablehnende Haltung, zur Wegnahme der Insel gegenüber dem »Juniorpartner« vorbringen zu müssen. Schon in den parallel zu den politischen Konsultationen der Diktatoren und ihrer Außenminister ablaufenden Besprechungen der Militärs wurde die von Cavallero vertretene und auch von Kesselring – in Übereinstimmung mit dem nicht anwesenden Rommel – für besser befundene Reihenfolge, zuerst Malta zu nehmen und anschließend in Nordafrika zur Offensive anzutreten, verworfen. Da die bisherigen Vorbereitungen eine Durchführung von »Herkules« im Mai 1942 noch nicht zuließen und sich ein Aufschub des Unternehmens mit der aufgrund der klimatischen Gegebenheiten des nordafrikanischen Kriegsschauplatzes spätestens für Juni festgelegten Offensive Rommels überschnitten hätte, trat Kesselring, wie er mit Rommel vereinbart hatte, unterstützt von Jodl und Keitel, für ein Vorziehen der nordafrikanischen Operation ein. Noch bevor sich Hitler und Mussolini in die militärischen Besprechungen einschalteten[218], hatten sich Jodl, Kesselring und – zögernd – auch Cavallero schon auf die umgekehrte Vorgehensweise geeinigt. Das Ergebnis dieser Unterredung – eine echte Alternative zu den darin getroffenen Vereinbarungen existierte demnach gar nicht, es sei denn, man hätte auf beide Vorhaben verzichtet – entsprach voll und ganz den Vorstellungen Hitlers. Dieser begründete die festgelegte Reihenfolge der Operationen noch einmal damit, daß »in Nordafrika (...) der Engländer sich ständig verstärken (kann), solange wir ihm Zeit lassen. Malta kann jedoch nicht wieder aufgebaut werden. Die Abwehr auf Malta kann auf die Dauer nur schwächer werden. Die englischen Armee in Nordafrika dagegen kann in sechs bis acht Wochen fertig sein«[219]. So kamen schließlich auch Hitler und Mussolini überein, den Angriff der Panzerarmee für Ende Mai 1942, spätestens aber für Anfang Juni festzulegen und »Herkules« auf Mitte Juli, spätestens aber auf Mitte August 1942 zu verschieben. Damit war das Unternehmen »Herkules« für Hitler vorerst vom Tisch, und die für ihn unendlich wichtigere Rommel-Offensive vom Bundesgenossen sanktioniert. Obwohl konkrete Pläne für ein Vorgehen gegen Ägypten nicht erörtert wurden – »es wurde lediglich das Vorstoßen bis zum Suez–Kanal als erstrebenswertes Zukunftsziel hingestellt«[220] –, deutete Hitler doch bereits seine vage Absicht an, nach der Einnahme der Festung Tobruk direkt weiter in Richtung Suez–Kanal vorzustoßen, als er ausführte, daß, »sobald die lebendige Kraft der Engländer in Nordafrika ausgeschaltet ist, (...) zu überlegen (bleibe), ob nicht ein verwegener Stoß nach Ägypten erfolgversprechend (...) (sei). Es (...) (sei) anzunehmen daß in Ägypten ein Aufstand (...) ausbreche«[221]. Daneben ließ Hitler die als »Test« gegenüber dem italienischen Bundesgenossen gedachte Bemerkung fallen, es sei »doch

---

General Cavallero, der Chef des gemeinsamen Planungsstabes »C3«, General Gandin, Generalfeldmarschall Keitel, General Jodl, General von Rintelen und Generalfeldmarschall Kesselring in wechselnder Zusammensetzung teilnahmen. Vgl. zum 29.4.42: Hillgruber, Staatsmänner, Bd. II, Dok.5, S. 65 ff. (ADAP E II, Dok. 182, S. 305 ff.). Zum 30.5.42 vgl.: Hillgruber, Staatsmänner, Bd. II, Dok. 6, S. 79 f. (ADAP E II, Dok. 183, S. 315 f.); Hillgruber/Förster, Aufzeichnungen, S. 109 ff. Eine weitere unveröffentlichte Zusammenfassung der Konsultationen beider Tage: Chef OKW, (ohne Nr.), 29./30.4.42, BA-MA, RW 4/879; ferner: Cavallero, Diario, 29./30.4.42, S. 249 ff.; Ciano, Tagebücher, 30.4.42, S. 431 f.; von Rintelen, Mussolini, S. 164; Warlimont, MS P-216, S. 485 ff.

[218] Warlimont, MS P-216, S. 489; von Rintelen, Mussolini, S. 166.
[219] »Bericht über die Besprechungen am 30.4.42«, S. 10, BA-MA, RM 7/235.
[220] Hillgruber, Staatsmänner, Bd. II, Dok. 6, S. 80.
[221] »Bericht über die Besprechungen am 30.4.42«, S. 10, BA-MA, RM 7/235.

fraglich (...), ob die Japaner wirklich daran Anstoß nehmen würden, wenn die ›Achse‹ jetzt ein Arrangement mit England träfe. Sie hätten doch schließlich alles erreicht, was sie sich vorgenommen hätten«[222].

Wenn Hitler gegenüber seinen italienischen Gesprächspartnern nicht zugab, daß »Herkules« unter Wahrung der Priorität von Ostfeldzug und europäischer Küstenverteidigung in der vom Comando Supremo geforderten Form nicht zu verwirklichen sei, so geschah dies abermals aus Rücksichtnahme auf die italienischen Empfindlichkeiten[223]. Um die Täuschung des Verbündeten glaubhafter erscheinen zu lassen, heuchelte er sogar Interesse an den Details des Unternehmens und versprach der Form halber eine weit größere deutsche Beteiligung, als bisher vorgesehen war.

Die Zweifel Cavalleros an der Ernsthaftigkeit von Hitlers Zusage[224], »Herkules« im Juli, spätestens aber im August 1942 durchzuführen, und die daraus resultierende Frage, ob auch die deutschen Luftstreitkräfte bis dahin in Süditalien und in Sizilien bleiben könnten, womit die Voraussetzung für »Herkules« bis zum Zeitpunkt seiner Durchführung noch aufrechterhalten bleiben würden, versuchte Hitler mit der wenig überzeugenden Behauptung »abzubiegen«, daß, »wenn wir Kräfte abziehen müssen (Vergeltung gegen England), (...) sie rechtzeitig zurück sein (würden)«[225]. In anderem Zusammenhang mußte man dann doch den Italienern verbindlich mitteilen, daß bereits Anfang Mai 1942 vier Gruppen aus der Luftflotte 2 herausgelöst werden müßten. Kesselring – ständig um Ausgleich bemüht – hielt Abgaben ohne Beeinträchtigung von »Herkules« durchaus für möglich und stimmte – entgegen seiner vorher vertretenen Auffassung – Hitler mit der Bemerkung zu, daß »der Brite« nicht wieder »hochkomme«[226].

Auf Cavalleros abermals vorgebrachte Bitte, die für »Herkules« so dringend benötigten 40000 Tonnen Heizöl für die italienische Flotte aus deutschen Beständen bereitzustellen, reagierte Hitler ausweichend. Damit, daß er die Notwendigkeit hervorhob, während des Unternehmens mit schwersten Bombern von Südfrankreich gegen Gibraltar und von Griechenland/Kreta gegen Alexandria zu operieren, um die englische Flotte von einem Auslaufen abzuhalten, sollte wohl der Einsatz der italienischen Seestreitkräfte im Rahmen von »Herkules« entbehrlich erscheinen. Wie absurd diese Äußerungen waren, verdeutlichte die Tatsache, daß die deutschen Mittelmeer-Luftstreitkräfte nicht einmal für die gleichzeitige Durchführung der Unternehmen »Herkules« und »Theseus«, der Rommel-Offensive, stark genug waren. Als das Spitzentreffen am 30. April in Kleßheim sein Ende fand, glaubten demnach nicht nur die italienischen Gäste, sondern auch Hitlers Generäle immer noch, daß »Herkules«, wie vereinbart, im Juli, trotz der gerade zu diesem Zeitpunkt anlaufenden Sommeroffensive an der Ostfront, stattfinden würde.

---

[222] Hillgruber, Staatsmänner, Bd. II, Dok. 5, S. 77.

[223] Warlimont, MS P-216, S. 487 f.

[224] Gegen Ende der Besprechungen am 30.4.1942 hielt es der offensichtlich skeptisch gewordene Cavallero »für wichtig, daß seine Offiziere wissen, daß das Unternehmen gegen Malta auf jeden Fall stattfindet«. »Bericht über die Besprechungen am 30.4.42«, S. 11, BA-MA, RW 7/235.

[225] Chef WFSt, (ohne Nr.), 29./30.4.42, BA-MA, RW 4/879. Noch am 12.3.1942 hatte Raeder Hitler ausdrücklich darüber informiert, daß Malta bald wiedererstarken werde, sofern nicht die Angriffe des II. Fliegerkorps mit »unverminderter Härte« fortgesetzt werden könnten. Wagner, Lagevorträge, 12.3.42, S. 361.

[226] Junge, 1.5.42, BA-MA, RM 7/945. »Wir werden ja sehen. Er muß es ja wissen«, kommentierte der Marinereferent im OKW WFSt die Ausführungen Kesselrings.

Vier Tage nach Hitlers »Bluff« in Kleßheim erging dann am 4. Mai die Weisung für die Unternehmen »Theseus« und »Herkules«[227]. Neben den Verstärkungen für Rommels Offensive sollten die italienischen Forderungen für den geplanten Landungsangriff auf Malta zwar nicht in vollem Umfang erfüllt werden, jedoch »eine beträchtliche Erhöhung der bis dahin gehegten Absichten erfahren«[228]. Danach waren »in Süditalien (...) zu einem vom OBS bestimmten Zeitpunkt bereitzustellen: alle einsatzbereiten Teile der 7. Fliegerdivision, Pionierkräfte in Stärke eines Bataillons, 12 verstärkte Panzer IV (und) alle verfügbaren russischen Beutepanzer (mindestens 10 Stück). Der benötigte Lufttransportraum und ein möglichst hoher Bestand an Marine-Fährprähmen sollten später hinzutreten[229].«

Die Täuschung des Bundesgenossen und zwangsläufig auch der eigenen Militärs konnte Hitler zumindest gegenüber seiner unmittelbaren Umgebung nicht lange aufrechterhalten. Schon am 20. Mai, nachdem Kesselring seinen Zerstörungsauftrag gegen Malta als erfüllt gemeldet hatte[230], und Göring – den ihm von Hitler stets zugestandenen größeren Spielraum nutzend[231] – nach eigenem Gutdünken vier Gruppen aus der Luftflotte 2 herausgelöst hatte, womit »Herkules« die wichtigste Voraussetzung, die vollkommene Ausschaltung der Insel Malta durch die Luftstreitkräfte, entzogen war, äußerte sich Hitler zum wiederholten Male recht skeptisch zur geplanten Eroberung Maltas. »Wenn die Bindung der deutschen Wehrmacht im Osten nicht bestünde, würde er die Dinge ganz anders beurteilen«[232], räumte er ganz freimütig ein, begann aber gleichzeitig schon die Tatsache, kräftemäßig während des Ostfeldzuges ein solches Unternehmen nicht durchführen zu können, mit einer Reihe anderer Argumente zu verschleiern. Neben der die kontinentale Begrenztheit seiner Strategie widerspiegelnden Behauptung, daß die Versorgung eines von der »Achse« besetzten Malta »einen dauernden Aderlaß« verursachen würde, berief er sich ausgerechnet jetzt auf seine sogenannten »geschichtlichen Erfahrungen« von der unzureichenden Stärke der italienischen Streitkräfte, denen seiner Auffassung zufolge eine derart schwierige Operation, wie sie die Wegnahme Maltas darstellte, nicht zugetraut werden konnte.

Die allgemeine Unsicherheit, die die skeptischen Äußerungen Hitlers bezüglich »Herkules« nach sich zog – selbst das OKH hatte inzwischen angefragt, »was eigentlich mit ›Herkules‹ los sei«[233] –, zwang Hitler – wohl auf Drängen des Wehrmachtführungsstabes – zu einer definitiven Entscheidung. Wie schon oft zuvor bei schwerwiegenden Entschlüssen – hier allerdings nur, um den Anschein zu wahren, er beschäftigte sich noch ernsthaft mit »Herkules« – befahl er nur den verantwortlichen Befehlshaber, den seit dem 21. April in Rom mit den Vorbereitungen befaßten General Student, zum Vortrag ins FHQ[234].

[227] OKW WFSt Op., Nr. 55797, 4.5.42, BA-MA, PG 45107.
[228] Ebd.
[229] Ebd.
[230] Kesselring, Soldat, S. 165 f.
[231] KTB OKW, Bd. II, S. 348, Anm. 2; Warlimont, Hauptquartier, S. 448.
[232] Junge, 21.5.42, BA-MA, RM 7/945. Halder glaubte, »daß das Zögern der Italiener wohl mit darauf beruht, daß sie damit rechnen, daß nach der Einnahme von Malta die in Italien befindlichen deutschen Luftstreitkräfte in erheblichem Umfange zurückgezogen werden, was nicht im Interesse der Italiener ist«. KTB Skl, 8.4.42, BA-MA, 7/35.
[233] KTB OKW, Bd. II, 20.2.42, S. 370.
[234] Warlimont, Hauptquartier, S. 249. Zum Student-Vortrag im FHQ am 21.5.42 vgl.: KTB OKW, Bd. II, S. 372; KTB Skl, 23.5.42, BA-MA, RM 7/36; Junge, 21.5.42, BA-MA, RM 7/945; Student, Erinnerungen, S. 359 ff.; Warlimont MS P-216, S. 503 f.; ders., Hauptquartier, S. 249.

Als Student am Mittag des 21. Mai 1942 seinen mehrstündigen detaillierten Vortrag über die Operationsplanung, den Stand der Vorbereitungen und die Aussichten des Unternehmens beendet hatte, äußerte sich Hitler sehr »absprechend« und »dramatisch« zur beabsichtigten Wegnahme der Insel Malta[235]. Durch Generalleutnant Crüwells, des Kommandierenden Generals des D.A.K., am Vortage erstatteten Bericht, der ein vernichtendes Urteil über Moral und Zustand der italienischen Truppe in Nordafrika enthalten hatte[236], entsprechend eingestimmt, übertrug Hitler die ganze Verantwortung, daß »Herkules« nicht stattfinden könne, dem Bundesgenossen. Mit dem Gelingen des Unternehmens rechne er nicht, da dessen völlige Geheimhaltung von den Italienern nicht zu erwarten sei[237]. »Die Engländer würden eher ein genaues Bild der italienischen Absichten haben, als die italienischen Kommandeure«[238], empörte er sich und sprach den Italienern, die im gesamten Krieg noch keinen Bunker erobert hätten, eine ausreichende Angriffsstärke – besonders für den Angriff auf die stark befestigte Marsa-Scirocco-Bucht – genauso ab wie ein energisches Auftreten ihrer Flotte. Diese würde bei einem Auslaufen des britischen Alexandria- oder Gibraltar-Geschwaders fluchtartig in ihre Häfen zurücklaufen, so daß die deutschen Luftlandetruppen allein ihrem Schicksal auf der Insel überlassen blieben. Mangelnde »Gründlichkeit« und »Pünktlichkeit« – für Hitler Charaktermerkmale der romanischen Rasse – steigerten seine Erregung zum Tobsuchtsanfall.

Kaum ein »Argument«, das er vorgebracht hatte, wurde von den Anwesenden entkräftet. Göring, noch ganz unter dem Eindruck der Kreta-Operation, pflichtete Hitler aus Furcht vor zu großen Verlusten bei[239]. Jodl, der verantwortliche Berater Hitlers für den Mittelmeerkriegsschauplatz, hielt sich auffallend zurück[240]. Offensichtlich durchschaute er Hitlers »Inszenierung«. Lediglich Jeschonnek, der Generalstabschef der Luftwaffe, trat noch nachhaltig für »Herkules« ein. Student unterstützte ihn dabei. Als Jeschonnek vorbrachte, daß im Falle einer endgültigen Absage von »Herkules« die gesamte Luftoffensive nutzlos gewesen sei und der Nachschub von Italien nach Nordafrika durch Malta bald wieder ernsthaft bedroht sein würde[241], verwies ihn Hitler auf die östliche Route. Wenn General Rommel Tobruk nähme, so argumentierte Hitler schon seit dem Vorjahr, ohne jedoch über die Hafenkapazität Tobruks nähere Kenntnisse zu besitzen, könne der Nachschub von Italien durch den Isthmus von Korinth über Kreta – außerhalb der Reichweite der britischen Malta-Luftstreitkräfte – sicher nach Tobruk geführt werden. Daß die östliche Route im Wirkungsbereich der britischen Ostmittelmeer-Luftstreitkräfte lag, übersah er.

Die innerhalb der Spitzen der Wehrmacht nicht ungern vernommenen, sicherlich nicht ganz unbegründeten Zweifel Hitlers an der militärischen Leistungsfähigkeit des italieni-

---

[235] Junge, 22.4.42, BA-MA, RM 7/945.

[236] Student, Erinnerungen, S. 360.

[237] Tatsächlich war es mit der Geheimhaltung von »Herkules« in Italien nicht zum besten gestellt. Das Vizekonsulat in Savona - dort wurden Landungsboote für das Unternehmen gebaut - meldete Anfang Juni 1942, daß man sich von der bevorstehenden Operation zur Wegnahme der Insel Malta in den umliegenden Dörfern erzähle. Vizekonsulat Savona, (ohne Nr.), 5.6.42, PA-AA, Geheimakten Dt.Bot.Rom Quir., Bd. 136.

[238] Junge, 22.5.42, BA-MA, RM 7/945.

[239] KTB OKW, Bd. II, 21.5.42, Anm.2, S. 373. Kesselring berichtet darüber in MS C-075 a, S. 21 f.: »Göring, den ich wegen dieses Fehlentschlusses später ansprach, behauptete, daß aus dem Unternehmen doch nichts geworden wäre oder der Erfolg mit ungeheuren Blutopfern erkauft worden wäre.«

[240] KTB OKW, Bd. II, 21.5.42, Anm.2, S. 373.

[241] KTB OKW, Bd. II, 21.5.42, S. 373.

schen Bundesgenossen, das von ihm wohl ernst gemeinte Argument von der östlichen Alternativ-Route, ja, die Atmosphäre der zum theatralischen Schauspiel gesteigerten Lagebesprechung machten schließlich Hitlers »Entscheidung«, »Herkules« nur noch »geistig vorzubereiten«[242], den Anwesenden – wenn auch nicht unbedingt nachvollziehbar – dann doch wenigstens verständlich. Seiner militärischen Führung gegenüber war es Hitler damit gelungen, »Herkules« kaum drei Wochen nach der in Kleßheim so demonstrativ gegebenen Zustimmung abzusagen, ohne dabei sein Gesicht zu verlieren. Wie er allerdings den Italienern gegenüber die richtige Form der Ablehnung finden sollte, wußte er angesichts dieser Begründung nicht, so daß die Vorbereitungen zu »Herkules« unbeeinflußt in vollem Umfange – zur Täuschung des Verbündeten – weiterliefen.

6. Die Auseinandersetzungen um den Operationsplan für die Eroberung Maltas (Unternehmen »Herkules«)

Das geradezu unüberwindbare Konfliktpotential, das sich aus der so ungleichen deutsch-italienischen Koalition ergab, wirkte naturgemäß auch bei der Planung und Vorbereitung des Unternehmens »Herkules« fort. Das vom Kriegsglück vernachlässigte Comando Supremo, besonders aber Cavallero, hofften, mit »Herkules« endlich einmal einen Erfolg auf ihre Fahne heften zu können, obwohl die italienischen Streitkräfte weder kräftemäßig noch vom Ausbildungsstand her dazu in der Lage waren, so daß es wieder einmal der Unterstützung durch die Deutschen bedurfte, woraus diese wiederum das Recht ableiteten, bei der Planung und Vorbereitung des Unternehmens entscheidend beteiligt zu sein.

Daß das Deutsche Marinekommando Italien im April 1942 noch nicht an diesen Planungen für »Herkules« beteiligt worden war, charakterisierte das besonders spannungsreiche Verhältnis der beiden Marineführungen zueinander. Phasenweise völlig unterschiedliche strategische Zielvorstellungen, grundsätzlich differierende operative Einstellungen und die parallel zum deutschen Einfluß wachsenden gegenseitigen Ressentiments behinderten jegliche offene Kooperation. Für das Unternehmen »Herkules«, das auch für Weichold für die Realisierung des Suez-Planes der Seekriegsleitung zur Voraussetzung geworden war, forderte jener schon Mitte April 1942 eine »sichtbare« Beteiligung der deutschen Kriegsmarine gemäß ihrer – aus der Perspektive des Admirals kriegsentscheidenden – Gesamtfunktion[243]. Hitlers Zusage zu »Herkules« und die von Rintelen übermittelte Absicht der deutschen Führung, unter anderem auch einige Marinefährprähme bereitzustellen, war deshalb für Weichold das Startsignal, seinerseits eigenständige Operationsplanungen für den Einsatz der Seestreitkräfte bei »Herkules« anzustellen. Am 25. April 1942 flog hierzu der Ia des Marinekommandos Italien eilends nach Athen, um von der Marine-Gruppe Süd und von dem aus Sofia eingeflogenen Admirals Ägäis die aus dem Kreta-Unternehmen gewonnenen Erfahrungen der Marinebeteiligung einzuholen[244].

---

[242] Ebd.
[243] Dt.Markdo.Italien, Nr. 173/42, 20.4.42, BA-MA, PG 45107. Vgl. dazu: Schreiber, Revisionismus, S. 332 f.
[244] Dt.Markdo.Italien, Ia, Nr. 174/42, 21.4.42, BA-MA, PG 45106; Mar.Gr.Süd, Nr. 149/42, BA-MA, PG 45106.

Supermarina, die wenig Wert auf eine Beteiligung des Deutschen Marinekommandos legte, nahm unterdessen von Rintelens Zusage, daß auch einige deutsche Marinefährprähme bereitgestellt werden sollten, beim Wort und erließ sofort Befehle, die im nordafrikanischen Küstennachschub eingesetzten Boote für die Vorbereitungen von »Herkules« nach Italien zu verlegen[245]. Erbost über den Schritt der italienischen Marineleitung meldete Weichold dem OKW und dem OKM: »Italienische Marine bemüht sich, Deutsches Marinekommando Italien und seine Seestreitkräfte aus Unternehmen Herkules auszuschalten und rein italienische Marinedurchführung sicherzustellen. Italienische Marine versucht unter Umgehung Marinekommando sich deutsche MFP (Marinefährprähme) als Einzelfahrzeuge anzueignen[246].« Infolgedessen bat Weichold die Seekriegsleitung, dem Bundesgenossen mitzuteilen, daß die Boote nur zusammengefaßt als deutscher Landungsverband unter deutschem Befehl und im Einvernehmen mit dem Marinekommando Italien eingesetzt werden sollten. Die Seekriegsleitung billigte daraufhin Weicholds Vorschlag und setzte ihn beim OKW durch, so daß von Rintelen schon wenige Tage darauf dem Comando Supremo die von Weichold vorgeschlagenen Einsatzmodalitäten auseinandersetzen mußte[247].

Bis Anfang Juni 1942 zogen sich die Querelen um die Beteiligung des Deutschen Marinekommandos und dessen Marinefährprähme am Unternehmen »Herkules« hin, bis schließlich die Italiener Weicholds Vorstellungen einer deutschen Beteiligung billigten[248]. Ab Anfang Juni 1942 betrieb dann ein eigener Sonderstab »KM« (Kriegsmarine), der in Absprache mit der Seekriegsleitung ins Leben gerufen worden war, eine eigene Planung in leidlicher Kooperation mit dem unter dem Befehl des italienischen Generals Gandin stehenden, gemeinsamen deutsch-italienischen Operationsstab »C 3« und Supermarina[249].

Wenn sich die Zusammenarbeit zwischen Kesselring und dem Comando Supremo weniger spannungsvoll gestaltete, so war dies in erster Linie auf das diplomatische Geschick des deutschen Feldmarschalls und auf die Deutschfreundlichkeit Cavalleros zurückzuführen[250], Nachdem Kesselring anfängliche Versuche, »Herkules« auch nominell in deutsche Hände zu bekommen, indem er Loerzer, den Kommandierenden General des II. Fliegerkorps, mit der Gesamtleitung hatte betrauen wollen, aufgegeben hatte[251], verstand er es, dem Bundesgenossen die Führung zu überlassen und so den italienischen Charakter oberflächlich zu wahren, aber dennoch seinen den eigentlichen Verlauf selbst zu bestimmen.

Mit General Student, dem Kommandierenden General des XI. Fliegerkorps, der Generalfeldmarschall Kesselring seit dem 21. April unterstellt war[252], stand dem gemeinsa-

---

[245] Dt.Markdo.Italien, Nr. 193/42, 28.4.42, BA-MA, RM 7/945.
[246] Ebd.
[247] 1.Skl I op, Nr. 880/42, 9.5.42, BA-MA, PG 45106.
[248] Vgl. dazu die Vorgänge in BA-MA, PG 45106.
[249] Dt.Markdo.Italien, Ia, Nr. 288/42, 5.6.42, BA-MA, RM 7/945.
[250] Kesselring verzichtete auf eine Unterstellung italienischer Verbände schlechthin, verlangte aber dafür eine um so engere, vertrauensvolle Zusammenarbeit mit der italienischen Wehrmacht. Kesselring bemerkt hierzu: »Rückblickend glaube ich sagen zu müssen, daß diese Konzession, die das Nationalgefühl und den hochgezüchteten Stolz der Italiener berücksichtigte, erst die gedeihliche Zusammenarbeit ermöglichte.« Die Zusammmenarbeit mit Cavallero bezeichnete Kesselring als »gut und loyal«. Kesselring, Soldat, S. 140 f.
[251] Cavallero, Diario, 12.4.42, S. 247 f.
[252] Student, Erinnerungen, S. 350.

men deutsch-italienischen Planungsstab der inzwischen auch beim Feind hinlänglich bekannte Spezialist für Luftlandeoperationen zur Seite. In Rom bildeten Student und General Ramcke, der seit Februar 1942 die italienische Fallschirmjäger-Division »Superga« ausbildete und schon seit Anfang März an den Überlegungen des Comando Supremo zur Wegnahme der Insel Malta beteiligt war, das »Herz« des gemeinsamen deutsch-italienischen Planungsstabes »C 3«. Ramcke verfügte über zahlreiche Kontakte zu italienischen Spitzenmilitärs und war für Student, wie sich dieser erinnert, eine »wertvolle Hilfe«, die mannigfaltigen Schwierigkeiten, die die gemeinsamen Vorarbeiten zu »Herkules« mit sich brachten, zu überwinden[253].

Die Operationsplanungen zur Wegnahme der Insel Malta, die in den verschiedenen Stäben und auch bei der Luftflotte 2 vorangetrieben wurden, basierten auf ausgezeichnetem Luftbildmaterial[254]. Sämtliche Festungsanlagen und Küstenbatterien der Insel waren darauf bis in alle Einzelheiten erfaßt. Selbst die Kaliber und die Schwenkbarkeit der Geschütze waren den Planern bekannt[255].

Keine Auskunft dagegen konnte die Luftbilderkundung über die Anlandemöglichkeiten von schweren Waffen an der Südküste Maltas geben. Um auch diese Frage zu klären, war schon seit April 1942 ein Kommandounternehmen geplant. Ausgesuchte Kampfschwimmer des italienischen Elite-Marineregiments »San Marco« sollten von einem Unterseeboot an der Südküste der Insel ausgesetzt werden, um diese möglichst genau zu erkunden. Das Kommandounternehmen wurde aber – wie Student sich erinnert – »trotz (...) (seines) ständigen Drängens immer wieder ohne ersichtlichen Gründe verschoben«[256]. Einen ersten Operationsplan zu »Herkules«, der vom Stab der Luftflotte 2 angefertigt worden war, legte der OBS am 19. Mai 1942 vor[257]. Dieser beinhaltete, daß nach Vorbereitung und unter gleichzeitiger Unterstützung durch Kampf- und Jagdverbände der Luftwaffe die Masse der deutschen und italienischen Luftlandetruppen im Morgengrauen des 18. Juli 1942 im Süden Maltas, im Gebiet Zurriek–Krendi–Dingli, abgesetzt werden sollte. Das Ziel dieser ersten Phase der Operation war, einen etwa zehn Kilometer breiten Brückenkopf zu erkämpfen, um die in der Abenddämmerung und in der mondhellen Nacht an der Südküste Maltas zwischen Ras il Baitar und Ghar Bittia vorgesehene Seelandung zu ermöglichen. Gleichzeitig sollten Lastensegler in Hal Far landen, um nach dem Niederkämpfen des Flughafens die Küstenbefestigungen im Südwesten der Marsa-Scirocco-Bucht von der Landseite her auszuschalten und damit die Voraussetzung für die am Morgen des darauffolgenden Tages dort beabsichtigte Seelandung zu schaffen. An dieser Stelle plante der Stab der Luftflotte 2 die schweren Waffen und vor allem den Nachschub anzulanden. Neben der parallel durchgeführten Landungsoperation auf der benachbarten kleineren Insel Gozo sollten die italienischen Seestreitkräfte im Nordwesten Maltas eine weitere Landung vortäuschen. Als Hauptaufgabe der Seestreitkräfte – hierzu sollten sämtliche überhaupt verfügbare Einheiten eingesetzt werden – wurde die Sicherung der gesamten Landungsoperation gegen die erwartete Intervention der britischen Gibraltar- und Alexandria-Flottenverbände genannt.

---

[253] Ebd.
[254] Student, K., Der beabsichtigte Angriff auf Malta 1942, in: Der deutsche Fallschirmjäger 10/1956, S. 5 (weiterhin zitiert als: Student, Malta).
[255] Ebd.
[256] Ebd., S. 10. Vgl. dazu auch: Student, Erinnerungen, S. 359.
[257] Dt.Markdo.Italien, »Stellungnahme zu den in der Besprechung bei Comando Supremo am 19.5.42 vom Herrn OBS vorgeschlagenen endgültigen Landungsplanungen«, BA-MA, PG 45108.

Am 21. Mai – zur gleichen Stunde referierte Student vor Hitler und den Spitzen der Wehrmacht – legte Cavallero in Rom den Rahmenoperationsplan des Comando Supremo vor, für dessen Zustandekommen der gemeinsame deutsch-italienische Operationsstab, d. h. Student und Ramcke, verantwortlich zeichneten[258]. Cavallero bat die versammelten Befehlshaber der italienischen Teilstreitkräfte – Riccardi für die Marine, Ambrosio für das Heer und Fougier für die Luftwaffe – und den OBS, bis zum 31. Mai den jeweiligen Operationsplan ihrer Teilstreitkraft vorzulegen, um so die Voraussetzungen für einen Operationsbefehl zu schaffen[259].

In den wesentlichen Zügen seiner ersten Phase glich der Rahmenoperationsplan dem der Luftflotte 2. Eine Seelandung in der Marsa-Scirocco-Bucht war jedoch nicht vorgesehen; denn der gemeinsame deutsch-italienische Planungsstab ging davon aus, daß die schweren Waffen an der Südküste der Insel angelandet werden könnten. Genau dieser Punkt stand daher im Mittelpunkt der Besprechungen am 21. Mai 1942. Während dieser wies Kesselring darauf hin, daß die Landungsmöglichkeiten an der Südküste wegen des schwierigen Geländes sehr unsicher seien. »Insbesondere kann nicht mit Bestimmtheit vorhergesagt werden, ob sich dort Panzer und schwere Waffen auf die Insel bringen lassen. Daher muß eine weitere Anlandemöglichkeit auf alle Fälle vorbereitet werden. Das Anrennen gegen die starke Küstenbefestigung in der Marsa-Scirocco-Bucht muß in Kauf genommen werden, da dort geländemäßig das Anlanden von Panzern möglich ist[260].« Falls die Bucht von Calafrana und das Fort Benghasia vorher ausgeschaltet werden könnten, hielt Kesselring dort eine Landung von der See her für möglich.

Die Italiener standen einem derartigen Frontalangriff gegen die festungsartig ausgebaute Marsa-Scirocco-Bucht ablehnend gegenüber. Cavallero und Riccardi äußerten sich skeptisch. Auch Weichold hegte »ausgesprochene Zweifel« an der Durchführbarkeit einer solchen Landung. »Wegen kaum bestehender Möglichkeiten des Anlandsetzens von Geschützen usw. an der Südküste«[261] hatte der Chef des Marinekommandos Italien inzwischen wiederholt – allerdings nur innerhalb der deutschen Dienststellen – auf die Möglichkeit hingewiesen, an der Nordwestküste Maltas zu landen, da er einer Seelandung dort die besten Chancen für ein Gelingen einräumte.

Als man an jenem Tag auseinanderging, war man nicht weiter als zuvor: Der Rahmenoperationsplan des gemeinsamen deutsch-italienischen Planungsstabes beruhte auf nichts anderem als der Hypothese, an der Südküste der Insel landen zu können; Kesselrings darüber hinaus beabsichtigte zweite Seelandung in der Marsa-Scirocco-Bucht stellte, der allgemein vertretenen Ansicht der an den Planungen Beteiligten zufolge, ein unkalkulierbares Risiko dar, während Weicholds Vorschlag, im Nordwesten der Insel die Masse der Truppen und schweren Waffen anzulanden, erdtaktische Überlegungen völlig außer acht ließ.

Noch am 21. Mai informierte Student Kesselring telefonisch darüber, daß Hitler »Herkules« mit der merkwürdigen Formel, das Unternehmen »geistig vorzubereiten«[262], de

---

[258] Dt. Markdo. Italien, »Aktennotiz zur Besprechung am 21.5.42, 18.45 Uhr bei Comando Supremo«, BA-MA, PG 45108; Student, Erinnerungen, S. 354. Zu den »direttivi generali« des Comando Supremo vgl. Gabriele, Operazione, S. 187 f.

[259] Dt.Markdo.Italien, »Aktennotiz zur Besprechung am 21.5.42, 18.45 Uhr bei Comando Supremo«, BA-MA, PG 45108.

[260] Ebd.

[261] Dt.Markdo.Italien, Nr. 253/42, 19.5.42, BA-MA, PG 45106.

facto abgesagt und ihm (Student) untersagt habe, nach Italien zurückzukehren, um dort die Vorbereitungen fortzusetzen. Der OBS reagierte höchst verärgert, glaubte aber letztlich wohl doch nicht daran, daß Hitler gegenüber dem »Juniorpartner« sein einmal gegebenes Einverständnis zu »Herkules« zurückziehen würde[263]. Ohne auch nur ein einziges Wort über Hitlers ablehnende Haltung zu »Herkules« gegenüber dem Bundesgenossen zu verlieren, setzte deshalb Kesselring in der Hoffnung, daß das Unternehmen doch noch stattfinden würde, die Vorbereitungen unbeeinträchtigt fort[264].

Gemäß dem Befehl des Comando Supremo vom 21. Mai legten dann am 31. Mai 1942 die italienischen Teilstreitkräfte und der OBS ihre jeweiligen Operationspläne vor[265]. Die von Kesselring vorgeschlagenen Landungen – sowohl die an der Südküste als auch die in der Marsa-Scirocco-Bucht im Südwesten der Insel – wurden jetzt, nachdem wenige Tage zuvor auch die Rahmenrichtlinien des Comando Supremo im Kesselringschen Sinne geändert worden waren[266], zum festen Bestandteil der Operationsabsichten. Allerdings beruhte mit dieser Planung, die die Anlandung schwerer Waffen nach wie vor trotz schwerster Bedenken auch an der Südküste vorsah, das gesamte Unternehmen auf der Hypothese, daß eine solche Anlandung möglich sei, was im Operationsplan des italienischen Heeres, der bezeichnenderweise »Ipotesi EN« genannt wurde, einleitend ausdrücklich vermerkt wurde[267]. Folgerichtig heißt es dort weiter: »Sollte sich ergeben, daß die Anlandungsmöglichkeiten sich erheblich von den oben genannten unterscheiden, kann es notwendig werden, die Zeitenfolge und die Durchführung der vorgesehenen Operationen – auch grundlegend – zu ändern[268].«

Das Fazit der Unterredungen vom 31. Mai war, daß der Operationsplan zum Unternehmen »Herkules«, an dem inzwischen über 100 000 Mann, mehrere hundert Flugzeuge und annähernd sämtliche im Mittelmeer verfügbaren Seestreitkräfte teilnehmen sollten[269], aufgrund des immer noch ausstehenden Unternehmens zur Erkundung der Anlandemöglichkeiten auf Malta weiterhin auf unsolider Grundlage stand. Dies sollte

---

[262] Zum Vortrag General Students am 21.5.42 im FHQ vgl.: KTB OKW, Bd. II, 21.5.42, S. 372 f.; KTB Skl, 23.5.42, BA-MA, RM 7/36; Student, Erinnerungen, S. 359 ff.; Warlimont, Hauptquartier, S. 249; ders., MS P-216, S. 503 f.; detailliert oben S. 169 f.

[263] Student, Malta, S. 10; ders., Erinnerungen, S. 361.

[264] KTB Skl, 26.5.52, BA-MA, RM 7/36.

[265] Zu den Operationsplänen der italienischen Wehrmacht vgl. Gabriele, Operazione. Im einzelnen: zur Planung des ital. Heeres, der »Ipotesi EN«, siehe S. 203 ff. u. S. 361 ff. Eine deutsche Übersetzung davon befindet sich unter der Bezeichnung »C 3 (vorläufige summarische Ausarbeitung)«, Sonderstab »Herkules«, Heer, Nr. 013/42, 31.5.42 in BA-MA, PG 45108. Zur Planung der italienischen Marine, den »DG 8, Progetto delle direttive particolari per azioni di fuoco contro objettive terrestri nel corso della operazione C 3«, siehe S. 225 ff. u. S. 369 ff. Zur Planung der italienischen Luftwaffe, dem »Progetto de massima di Superaero per l'esigenza C 3«, siehe S. 251 ff. u. S. 385 ff. Eine »Studie über die Vorbereitung und Durchführung des Unternehmens C 3 (›Herkules‹) der Luftflotte 2« (OBS, Nr. 7170, 315/42), befindet sich in BA-MA, RM 7/945. Weitere, vor allem frühere italienische Studien sind bei Gabriele, Operazione, S. 295 ff. abgedruckt. Überlegungen und Stellungnahmen deutscher Provenienz, vorwiegend des Dt.Markdo.Italien, befinden sich in BA-MA, RM 7/945 u. PG 45108.

[266] Zu den Rahmenrichtlinien des Comando Supremo und deren Änderung vgl.: Gabriele, Operazione, S. 187 ff.

[267] Sonderstab »Herkules«, Heer, Nr. 013/42, 31.5.42, BA-MA, PG 45108.

[268] Ebd.

[269] Insgesamt sollten ca. 100 000 Mann, sämtliche im Mittelmeerraum verfügbaren Luft- und Seestreitkräfte sowie der vorhandene Transportschiffraum am Unternehmen »Herkules« teilnehmen. Zum Umfang der ital. Beteiligung siehe Gabriele, Operazione, S. 218, sowie die Auflistungen in den im Anhang abgedruck-

sich auch nicht mehr ändern; denn das Kommando-Unternehmen fand nie statt. Dennoch wurde allgemein die »Ipotesi EN«, der mit der Studie der Luftflotte 2 deckungsgleiche Operationsplan des italienischen Heeres, als verbindlich angesehen.

Die zeitliche Planung für »Herkules« pendelte sich dahingehend ein, daß zunächst, nach Abschluß der Operationen Rommels in Nordafrika, zwischen dem 15. und 18. Juni 1942 die Rückführung großer Teile der dort eingesetzten Luftstreitkräfte nach Sizilien anlaufen sollte[270]. Nach einer Auffrischungspause beabsichtigte Kesselring, das verstärkte II. Fliegerkorps bei Tag und Nacht gegen Malta in den Kampf zu werfen[271]. Ziel dieser Luftoffensive sollte sein, die Luftherrschaft über der Insel zu erkämpfen und die Verteidigungsanlagen so weit wie irgend möglich auszuschalten, um damit die Voraussetzung der für den 18. Juli geplanten Landungsoperation zu schaffen[272].

Für die Vorbereitungen dieser neuerlichen Luftoffensive und der daran anschließenden Luftlandeoperation installierte der OBS einen eigenen Arbeitsstab[273], der mit weiterer Spezialisten für Fallschirmjäger-Großeinsätze aus Deutschland beschickt werden sollte. So kamen Anfang Juni 1942 der Fliegerführer des XI. Fliegerkorps, Oberst Conrad, der sich um den Ausbau der für den Lastensegler-Einsatz vorgesehenen Saisonflugplätze in der Ebene von Catania kümmern sollte[274], und Oberst Seibt, der Quartiermeister des Korps, der die logistischen Möglichkeiten für den Aufmarsch der riesigen Landungsstreitmacht im infrastrukturell wenig erschlossenen Süditalien und Sizilien untersuchen sollte[275], zu Kesselrings Stab hinzu.

Am 3. Juni versah das Comando Supremo die Landungszonen mit Decknamen[276] und bestimmte kurz darauf die jeweiligen Befehlshaber[277]. Die Gesamtleitung von »Herkules« sollte hiernach bei Cavallero liegen, für den fliegerischen Einsatz wurden Kesselring, für den Luftlandeeinsatz Student und für die schwierige Frontallandung in der

---

ten Operationsplänen. Die deutsche Wehrmacht sollte mit folgenden Einheiten der Luftwaffe beteiligt sein: 3 Fallschirmjägerregimenter, 1 Fallsch.Art.Rgt., 1 Fallsch.Fla.Rgt., 1 Fallsch.Pz.Gruppe, 1 Fallsch.MG Batl., 1 Fallsch.Pi.Batl., 1-2 Fallsch.Minenwerfer Battr. sowie eine Lufttransportgruppe aus den Verbänden des OBS und 6-8 Transportgruppen zu je 53 Flugzeugen aus den Beständen des Ob.d.L. Ferner sollten Lastensegler DFS 232 und Go 241 sowie einige Großlastensegler Me 321 »Gigant« von der Luftwaffe für das Unternehmen »Herkules« abgestellt werden. OBS Ia, Nr. 7170/42, 31.5.42, Anlage 2 u. 3. Vgl. dazu auch: KTB OKW, Bd. II, S. 102 f. sowie Seibt, C., Vorbereitungen zur Wegnahme Maltas im Juni 1942, 1947, MGFA, MS D-094. Von den deutschen Seestreitkräften sollten teilnehmen: die 3. Schnellboot- und die 6. Räumbootflottille mit allen einsatzfähigen Booten sowie der Zerstörer »ZG 3« (ein von der griechischen Marine erbeuteter Zerstörer). Zu einem Landungsverband zusammengefaßt sollten ferner die 2. Landungsbootflottille mit 10 Booten, 1 Sturmbootkompanie mit 81 Booten sowie weitere 200 Sturmboote, 12 schwere Fähren (am 6. Juni wurde die Zahl auf 31 erhöht, Dt.Markdo.Italien, Nr. 290/42, 6.6.42, BA-MA, RM 7/945), 170 Landungsfloßsäck und 200 Floßsäcke teilnehmen. Dt.Markdo.Italien, Nr. 232/42, 15.5.42, 15.5.42, BA-MA, RM 7/945. Vom Heer wurden für das Unternehmen Pionierkräfte in Stärke eines Btl., 12 extra für die Landung verstärkte Pz.IV und 10 schwere russische Beutepanzer bereitgestellt. OKW WFSt Op., Nr. 55797/42, 4.5.42, 4.5.42, BA-MA, PG 45108.

[270] Sonderstab »Herkules«, Heer, Nr. 013/42, 31.5.42, BA-MA, PG 45108.
[271] Ebd.
[272] Ebd.
[273] OBS Ia, Nr. 7170/42, 31.5.42, BA-MA, RM 7/945.
[274] Conrad, G., Preparations for the Commitment of Parachute and Other Airborne Units in the Projected Invasion of Malta (June 1942), 1947, MGFA, MS D-065.
[275] Seibt, C., Vorbereitungen zur Wegnahme Maltas im Juni 1942, 1947, MGFA, MS D-094.
[276] Comando Supremo Op.Abt. »Herkules«, 3.6.42, BA-MA, RM 7/945.
[277] Supermarina, Nr. 15981/42, 19.6.42, BA-MA, PG 45106.

Marsa-Scirocco-Bucht Weichold – wie es der OBS gegenüber dem Comando Supremo durchgesetzt hatte – mit der Führung betraut[278].

Während die theoretischen Vorarbeiten einigermaßen voranschritten, machte die Bereitstellung des für »Herkules« vorgesehenen Kriegsmaterials und vor allem des Heizöls für den Flotteneinsatz, der Voraussetzung für die bislang angestellten Planungen zur Wegnahme der Insel, große Schwierigkeiten; denn angesichts der Notwendigkeit, weitere Geleitzüge für die in der Cyrenaika kämpfenden deutsch-italienischen Truppen überführen zu müssen, sah sich das Comando Supremo außerstande – wie auch Cavallero gegenüber von Rintelen am 4. Juni 1942 wiederholt zum Ausdruck brachte[279] –, bis Mitte Juli den für Herkules auf 40000 Tonnen vorausberechneten Heizölbestand bereitzustellen. Cavallero bat daher von Rintelen erneut, das OKW mit der Bitte um Unterstützung auf dieses Problem hinzuweisen, »da die Durchführung des Unternehmens ›Herkules‹ davon abhänge«[280].

Das deutsche Marinekommando beurteilte die Heizöllage der italienischen Marine noch kritischer; denn die durch Sabotageakte jüngst eingetretenen Lieferverzögerungen rumänischen Öls ließen befürchten, daß selbst der Geleitverkehr nach Nordafrika wegen des Ölmangels nicht mehr im erforderlichen Umfange aufrechtzuerhalten sei und infolgedessen die Versorgung der in Afrika hart ringenden Truppen gefährdet sei[281].

Schwierigkeiten bereitete auch die termingerechte Fertigstellung der für die Seelandung benötigten Marinefährprähme, die im Auftrag der Kriegsmarine und Supermarinas in Italien gebaut wurden, da ausbleibende Materiallieferungen aus Deutschland deren Produktion verzögerten[282]. Trotz des auch hier geradezu unermüdlichen Einsatzes des OBS und des Chefs des Deutschen Marinekommandos Italien wurde doch recht bald ersichtlich, daß »Herkules« zum geplanten Termin, dem 18. Juli, nicht stattfinden konnte.

7. Eroberung Maltas als Voraussetzung zur Realisierung der großen maritimen Strategie oder Zufuhrkrieg im Nordmeer?

Während der atlantische Zufuhrkrieg seit Februar 1942 neue Dimensionen angenommen hatte[283] und der Mittelmeerraum zum Ausgangspunkt einer weltumspannenden deutsch-japanischen Strategie geworden war, bot inzwischen auch der Kriegsschauplatz im Norden, wo seit Februar 1942 die Kernflotte als »fleet in being« zum Schutze der nord-norwegischen Küsten gegen die von Hitler befürchtete alliierte Landung lag,

[278] Ebd.
[279] Dt.Gen.b.HQu.d.ital. Wehrmacht Ia, Nr. 5089/42, 5.6.42, BA-MA, RH 2 v 462.
[280] Ebd.
[281] Dt.Markdo.Italien, Nr. 638/42, 11.6.42, BA-MA, PG 45110; KTB Markdo.Italien, 10.6. und 11.6.42, BA-MA, PG 99978.
[282] Dt.Markdo.Italien, Nr. 261/42, 22.5.42, BA-MA, PG 45107.
[283] Vgl. dazu: Rohwer, J., Der U-Boot-Krieg und sein Zusammenbruch 1943, in: Entscheidungsschlachten des Zweiten Weltkrieges, hrsg. von H.-A. Jacobsen und J. Rohwer, Frankfurt a.M. 1960, S. 327 ff.; Dönitz, K., Zehn Jahre und zwanzig Tage, Bonn 1958, S. 192 ff.; Rohwer, J., Die U-Boot-Erfolge der »Achsen-

für die Seekriegsleitung – besonders aber für den Kreis um Raeder, der am klassischen Überwasserseekrieg festgehalten hatte – neue Perspektiven[284].
Hier im Norden des europäischen Kontinents eröffnete der seit Anfang des Jahres zwischen Amerika/Großbritannien und den eisfreien sowjetischen Häfen Murmansk und Archangelsk verstärkt aufgenommene alliierte Geleitverkehr[285] die Möglichkeit, den im Atlantik nicht zur Verwirklichung gekommenen Einsatz der schweren Kampfgruppen doch noch zu realisieren. Den operativen Vorstellungen Raeders waren keine Grenzen mehr gesetzt, als Hitler am 21. Februar 1942 gegenüber Krancke erklärt hatte, er rechne »mit gelegentlich erfolgversprechendem Angriff auf Geleitverkehr nach Murmansk, hier könnte besonderer Erfolg erzielt werden, da nach Murmansk bei Schiffsraummangel der Angelsachsen nur allerwichtigstes Kriegsmaterial verschifft werden würde«[286], und somit, neben dem Schutz der Nordflanke, der Kriegsmarine als weitere Aufgabe die Bekämpfung der feindlichen Großgeleite zugewiesen hatte. Ganz im Geiste der Weisung für den Einsatz der schweren Einheiten im Atlantik vom 28. September 1941[287] forderte daher der Ob.d.M. am 12. März 1942 von Hitler, daß die »möglichst baldige Bildung einer Kampfgruppe ›Tirpitz‹/›Scharnhorst‹, einem Flugzeugträger, zwei schweren Kreuzern (und) 12–14 Zerstörern eingeleitet werden müsse«[288]. Die Vorstellung, den Briten im Nordraum Geleitzugschlachten zu liefern, sollte den Ob.d.M. von nun an für die folgenden Monate nicht mehr loslassen.
Jene durchaus vielversprechenden operativen Perspektiven im Nordmeer und im Mittelmeer, wie sie sich im Frühjahr 1942 für die Seekriegsleitung anzubieten schienen, standen jedoch aufgrund der bedrohlichen Heizöllage im krassen Mißverhältnis zu den tatsächlichen Möglichkeiten. Im März 1942 trat, wegen der immer wieder notwendig werdenden Nachlieferungen an Italien und wegen eines nicht vorhersehbaren Mehrverbrauchs im Nordraum, eine Verschärfung der sowieso schon äußerst angespannten Heizöllage der Kriegsmarine ein[289], so daß unter Beibehaltung der eigenen Zuweisungen, die nach Auffassung der Seekriegsleitung »praktisch nicht weiter herabgesetzt werden konnten«, dem italienischen Admiralstab mitgeteilt werden mußte, daß weitere Abgaben nicht mehr möglich seien[290]. Hatte man im März 1942 die durch die Verlegung der »Brest-Einheiten« freigewordenen, dort eingebunkerten Heizölreserven von 20 000 Tonnen noch der italienischen Marine zusätzlich zur Verfügung stellen können[291], so sollte von April an der italienische Heizölbedarf ausschließlich aus der rumänischen

---

mächte« 1939-1945, München 1968. Danach versenkten deutsche U-Boote im Atlantik während des Januars 1942 276 173 BRT, im Februar 411 560 BRT, im März 446 044 BRT und im April 1942 394 760 BRT feindlichen Schiffsraum. Ca. 800 000 BRT monatlicher Versenkungserfolge mußten nach Auffassung der Skl erreicht werden, um eine Entscheidung im Kampf gegen Großbritannien herbeizuführen. Tatsächlich hätte es ein Mehrfaches der von der Skl vorausberechneten Versenkungserfolge bedurft, um dieses Ziel zu erreichen.

[284] Zum Nordraum und den Vorstellungen Raeders zur dortigen Seekriegführung vgl. Salewski, Seekriegsleitung, Bd. II, S. 21 ff.

[285] Vgl. dazu: Schlauch, W., Rüstungshilfe der USA an die Verbündeten im Zweiten Weltkrieg, Darmstadt 1967, S. 177 ff.; Münch, W., Die militärische Zusammenarbeit zwischen den USA, Großbritannien und der Sowjetunion, in: WWR 1970, S. 518 ff.

[286] Skl Qu.A, Nr. 556/42, 21.2.42, BA-MA, RM 7/33.

[287] Salewski, Seekriegsleitung, Bd. I, S. 543 ff.

[288] KTB Skl, 12.3.42, BA-MA, RM 7/34.

[289] Vgl. dazu: Meier-Dörnberg, Ölversorgung, S. 68 ff.

[290] Anlage 2 zu 1. Skl Ig, Nr. 1672/42, (ohne Datum), BA-MA, RM 7/223.

[291] KTB Skl, 10.3.42, BA-MA, RM 7/34.

Produktion gedeckt werden[292]. Von der Abteilung Ig der Seekriegsleitung wurde jetzt, im Widerspruch zu den Garmischer Abmachungen, denen zufolge der Mindestbedarf der italienischen Seestreitkräfte auf 75 000 Tonnen monatlich festgelegt worden war, ein Bedarf von nur noch 50 000 Tonne vorausberechnet, »da dies die unterste Grenze für eine stark eingeschränkte Seekriegführung der italienischen Marine darstellt«[293]. Dabei wurden allein für zwei mit Schnellbooten und Zerstörern gesicherte Geleitzüge von Italien nach Nordafrika ca. 30 000 Tonnen Heizöl benötigt. Nur für den Fall einer alliierten Großoperation gegen die Südflanke sollte auf die bereits von 150 000 Tonnen auf 110 000 Tonnen geschrumpfte deutsche Notreserve zurückgegriffen werden[294]. Anfang April 1942 spitzte sich dann die Heizöllage unerwartet weiter zu, so daß der Ob.d.M. Hitler melden mußte, daß sich wegen des erhöhten Eigenverbrauchs Rumäniens die von dort erwartete Heizölmenge von 46 000 Tonnen auf nur 8 000 Tonnen verringern würde. Somit standen der italienischen und der deutschen Kriegsmarine für den Monat April 1942 lediglich 61 000 Tonnen Heizöl aus deutscher und rumänischer Produktion anstelle der erwarteten 97 000 Tonnen zur Verfügung[295]. Von den verbleibenden 61 000 Tonnen mußten 30 000 Tonnen nach Italien geliefert werden, wollte man nicht die Existenz der Panzerarmee aufs Spiel setzen; denn bei den italienischen Streitkräften hatte sich im Verlaufe des Monats März die Heizölversorgungslage in einem derart besorgniserregenden Maße verschlechtert, daß mit Nachschub für Nordafrika beladene Frachtschiffe bis zu sechs Wochen in den süd- und mittelitalienischen Häfen lagen, weil der Geleitschutz aus Heizölmangel nicht mehr gestellt werden konnte[296].
Da in dieser Lage ein Heizölmehrverbrauch auf dem einen Kriegsschauplatz unweigerlich einen Minderverbrauch auf dem anderen bedingen mußte, sollte – gemäß der Garmischer Vereinbarung – das Heizöl für das wichtigere operative Vorhaben beider Marineführungen bereitgestellt werden, wenn man nicht riskieren wollte, die ohnehin schon durch den permanenten Heizölmangel beeinträchtigte Operationsfreiheit beider Marinen auf ein nicht mehr erträgliches Maß herabsetzen zu müssen[297].

Für die konkrete Situation von Anfang April 1942 bedeutete dies, neben den existentiellen Erfordernissen der Nachschubschiffahrt, den Schwerpunkt der zukünftigen, sofern überhaupt durchführbaren Überwasser-Seekriegführung gezwungenermaßen entweder – ganz im Dienste des Ostfeldzuges – auf die Bekämpfung der feindlichen Geleite in den Nordraum oder aber auf das Mittelmeer zu legen, wo u. a. mit der Wegnahme Maltas, für deren Verwirklichung es des Großeinsatzes der italienischen Flotte gegen ein dann erwartetes Eingreifen der britischen Mediterranean Fleet bedurft hätte, ein Schritt in Richtung auf die maritime Strategie vom Februar 1942 vollzogen werden konnte. Da es nicht gelungen war, die maritime Alternativ-Strategie bei Hitler durchzusetzen, wie Raeder spätestens mit der Weisung Nr. 42 vom 4. April 1942[298], in

---

[292] Siehe oben S. 125.
[293] Zitiert bei Meier-Dörnberg, Ölversorgung, S. 70.
[294] Anlage 2 zu 1.Skl Ig, Nr. 1674/42, (ohne Datum), BA-MA, RM 7/223.
[295] 1.Skl Ig, Nr. 700/42, 2.4.42, BA-MA, RM 7/223; Skl Ig, 706/42, 4.4.42, BA-MA, RM 235.
[296] Skl Qu.A., Nr. 3969/42, 7.4.42, BA-MA, RM 7/235.
[297] Skl Ib, Nr. 706/42, 4.4.42, BA-MA, RM 7/235.
[298] Hitlers Weisungen, S. 183 ff.

der das Schwergewicht der weiteren Kriegführung auf die Fortsetzung des Ostkrieges gelegt worden war, klar werden mußte, begann der Ob.d.M., den Einsatz der Flotte im Nordraum zu favorisieren. Auch konnte der italienischen Flotte aufgrund annähernd zweijähriger schlechter Erfahrungen nicht viel Vertrauen entgegengebracht werden. Da außerdem an der Gründlichkeit der italienischen Vorbereitungen für die beabsichtigte Malta-Wegnahme zu zweifeln war[299], fiel es Raeder nicht sonderlich schwer, zugunsten des von ihm angestrebten Zufuhrkrieges im Nordraum auf das bislang als Voraussetzung einer Suez-Offensive betrachtete Unternehmen »Herkules«, für dessen Realisierung der italienische Bundesgenosse zusätzliche 40000 Tonnen Heizöl gefordert hatte[300], zu verzichten. Der Einsatz »seiner« schweren Einheiten gegen den alliierten Geleitverkehr nach Murmansk und Archangelsk mußte um so wichtiger erscheinen, als nach Ablehnung der strategischen Alternative der Seekriegsleitung, der Sieg über die Sowjetunion und die sich damit eröffnenden Rohstoff- und Rüstungsressourcen zu Voraussetzungen einer bislang noch nicht in kriegsentscheidendem Umfange erreichten Entfesselung des Seekrieges gegen die USA und Großbritannien geworden waren. Trotz der von Raeder angestrebten Schwerpunktverlagerung des maritimen Engagements in den Nordraum, hielt der Ob.d.M. aufgrund der günstigen Lage an der südlichen Peripherie auch an einem – gleichsam als Rest der maritimen Alternativ-Strategie verbliebenen – improvisierten Suez-Vorstoß fest, der zeitlich unabhängig von den Ostoperationen möglichst bald durchgeführt werden sollte. Ohne dies zu wissen, stimmte der Ob.d.M. mit den jüngsten Absichten Rommels und Hitlers überein[301].

Am 15. April ließ Raeder über den Marineattaché Löwisch dem Oberbefehlshaber der italienischen Seestreitkräfte, Riccardi, seine Auffassung mitteilen, daß angesichts der momentan günstigen Lage im Mittelmeer die Suez-Offensive möglichst bald, auch ohne eine vorangestellte Wegnahme Maltas, durchgeführt werden müsse[302]. Riccardi schloß sich jedoch dieser Ansicht des Ob.d.M. nicht an, sondern betonte statt dessen, »daß der Weg nach Suez nur über Malta führen könne«[303]. In Löwischs Worten klang daher das Bedauern über Riccardis Widerstreben gegenüber Raeders Gedanken mit, als er zwei Tage darauf meldete, daß er den Eindruck gewonnen habe, »daß Riccardi, bevor

---

[299] Diese Vermutungen Raeders fanden im Bericht des Marineattachés Rom vom 20.4.1942 ihre Bestätigung. Dort hieß es nämlich: »Die vorstehenden Darlegungen Riccardis lassen die italienische Neigung zur Improvisation auch bei Operationsabsichten entscheidenden Ausmaßes hervortreten. M.E. sind die Vorarbeiten und Überlegungen (zu ›Herkules‹) teilweise nicht auf absolut sicheren materiellen Grundlagen aufgebaut und erreichbare Hilfsmittel und Möglichkeiten zur Erhöhung der Erfolgsaussichten bisher nicht herangezogen.« Mar.Att. Rom, Nr. 11/42, 20.4.42, BA-MA, RM 7/233.

[300] Siehe oben 162.

[301] Siehe oben S. 163 ff.

[302] Dies folgt aus: Mar.Att. Rom. Nr. 11/42, 20.4.42, BA-MA, RM 7/235; Mar.Att. Rom, Nr. 883/42, 3.7.42, PG 45172. Demnach bemerkte Riccardi gegenüber Löwisch, dem Mar.Att. Rom, »er sehe jetzt ein, daß seine Mitte April (Nr.11/42) geäußerte Auffassung, der Weg nach Alexandria könne nur über den Fall von Malta führen, unzutreffend gewesen sei«. Sich geradezu entschuldigend »bat (Riccardi) ausdrücklich, dieses dem Herrn Ob.d.M. zu übermitteln, wobei er die Weitsichtigkeit des Ob.d.M. mehrfach hervorhob, als dieser ihm Mitte April seine Auffassung von der kriegsentscheidenden Bedeutung des Durchstoßes zum Suez-Kanal hatte darlegen lassen. Riccardi sei inzwischen durch die Tatsachen überzeugt worden, daß es bei der gesamtstrategischen Lage im Mittelmeer auch im April dieses Jahres schon richtig gewesen wäre, die Bedeutung Maltas als Hinderung für die eigenen Transportzufuhren nicht so hoch einzuschätzen, wie er selbst es getan habe«. Vgl. dazu die grundlegend andere Interpretation bei Salewski, Seekriegsleitung, Bd. II, S. 71 ff.

[303] Mar.Att.Rom, Nr. 11/42, 20.4.42, BA-MA, RM 7/233.

Malta nicht gefallen ist, nur zögernd an den offensiven Einsatz gegen Alexandrien herangeht«[304].

Während sich Raeder darüber im klaren war, daß der Suez-Plan, wenn er überhaupt noch vor dem Abschluß der Ostoperation durchgeführt werden konnte, dann nur ohne die vorangestellte Wegnahme Maltas, gleichsam als improvisierter Vorstoß zu realisieren war, weshalb er die Seekriegsleitung angewiesen hatte[305], nur noch intern Überlegungen darüber anzustellen, verstand die Operationsabteilung der Seekriegsleitung die Suez-Offensive nach wie vor als großangelegte Operation im Rahmen der maritimen Alternativ-Strategie, für deren Verwirklichung sie eine Reihe von Aktivitäten entwickelte. Da der Seekriegsleitung »gewisse Nachrichten darüber vorlagen, daß die Erkenntnisse über die Seekriegsbelange im Stabe des Gen.Oberst Rommel nicht in ausreichendem Maße vorhanden«[306] waren, beabsichtigte die Operationsabteilung, dort einen Marine-Verbindungsoffizier zu installieren[307]. Darüber hinaus wurde die Februar-Denkschrift Vizeadmiral Weichold zur Stellungnahme übergeben[308]. In einem Beitrag für die bevorstehende Hitler-Mussolini-Besprechung am 29./30. April in Kleßheim forderte der Ib der Seekriegsleitung, Korvettenkapitän Heinz Assmann, Anfang April 1942 die völlige Luft- und Seeherrschaft im zentralen Mittelmeer, um den Nachschubverkehr nach Nordafrika als Voraussetzung für die geplante Offensive sicherzustellen[309]. Um dies zu erreichen, verlangte er neben der Bereitstellung des nötigen Transportraumes und der Belassung starker deutscher Luftstreitkräfte auf Sizilien die Eroberung des britischen Luft- und Seestützpunktes Malta. Aufgrund der zu diesem Zeitpunkt erzielten Erfolge von Kesselrings Luftoffensive hielt Assmann eine möglichst bald durchgeführte Operation für besonders erfolgversprechend. Angesichts der äußerst angespannten Heizöllage unterstrich er in Anlehnung an die Garmischer Vereinbarungen außerdem, daß der insgesamt verfügbare Heizölvorrat für diejenigen Operationen einzusetzen sei, die nach gegenseitiger Übereinkunft als vordringlich erachtet werden. Daß für den ganz auf das Mittelmeer fixierten Assmann die Wegnahme Maltas zu jenen Operationen gehörte, verdeutlicht seine nur wenige Tage darauf für den Vortrag Raeders bei Hitler am 13. April 1942 angefertigte Lagebetrachtung zum Krieg im Mittelmeer, die mit den beschwörenden Worten schloß: »Beschleunigung Malta-Wegnahme, Beschleunigung Suez-Offensive noch 1942[310].«

Das Ergebnis der Kleßheimer Besprechungen, zuerst, etwa im Juni 1942, in Nordafrika zur Offensive anzutreten und anschließend das Unternehmen »Herkules« durchzuführen, traf die Marineleitung am Tirpitzufer völlig überraschend. Niemand hatte dort erwartet, daß sich Hitler, der bislang einer Wegnahme Maltas skeptisch gegenübergestanden hatte, so eindeutig für ein derartiges Unternehmen aussprechen würde.

---

[304] Ebd. Vgl. dazu auch: KTB Skl, 24.4.42, BA-MA, RM 7/35.
[305] Skl Ib, Nr. 632/42, 24.3.42, BA-MA, PG 45107. Darin hieß es: »Solange Weisung Führer über Inangriffnahme Vorbereitungen nicht vorliegt, haben sich gedankliche Vorarbeiten daher vorerst auf interne Arbeiten Kriegsmarinestellen zu beschränken. Keine Beteiligung Ob. Süd, Pz.Armee Afrika oder sonstiger Heeres- oder Luft(waffen)dienststellen, auch keine Beteiligung italienischer Dienststellen.«
[306] 1.Skl Ib, (ohne Nr.), 23.4.42, BA-MA, RM 7/235. Vgl. dazu: Schreiber, Revisionismus. S. 331.
[307] Ebd.
[308] 1.Skl Ib, Nr. 632/42, 24.3.42, BA-MA, PG 32584. Zu Weicholds Stellungnahme siehe oben S. 158 f.
[309] Anlage 1 zu 1.Skl Ib, Nr. 706/42, 4.4.42, BA-MA, RM 7/235.
[310] Wagner, Lagevorträge, 13.4.42, 2. Anlage, S. 384.

Dementsprechend betonte dann auch der Marinereferent im Wehrmachtführungsstab, Korvettenkapitän Junge, der in Kleßheim als »Zaungast« anwesend war – an den Besprechungen selbst hatte kein Vertreter der Seekriegsleitung teilgenommen[311] –, neben seinem »sehr befriedigenden Gesamteindruck«[312] und der »besten Atmosphäre« vor allem »das gesteigerte Interesse des Führers an diesem wichtigen Raum (Mittelmeer)«. Obwohl Junge von der Verschiebung des Unternehmens »Herkules« auf Juli oder August 1942 weniger angetan zu sein schien, interpretierte er Hitlers Entscheidung doch letztlich als Schritt in Richtung auf die maritime Alternativ-Strategie vom Februar 1942 als er bemerkte: »Jetzt (bekommt) die Sache langsam Gewicht und Hand und Fuß, nachdem der ganze Raum bisher als Nebensache angesehen wurde, wo Erfolge als Gnadengeschenke des Himmels angesehen wurden, ohne daß man auf diesem ›rein italienischen Kriegsschauplatz‹ damit rechnete und ernsthaft geneigt war, etwas dafür zu tun[313].«

Raeder aber war verwirrt. Einerseits begrüßte er Hitlers Interesse am Mittelmeerraum, der für ihn (Raeder) nach wie vor kriegsentscheidende Möglichkeiten bot, da die Verhandlungen der Seekriegsleitung, Japans Expansion in den Indischen Ozean umzulenken, zu diesem Zeitpunkt noch liefen[314]. Andererseits mußte ihn überraschen, daß Hitler kaum einen Monat nach der Ablehnung der maritimen Alternativ-Strategie sich plötzlich dem Mittelmeer zuwandte, was er durch seine Zustimmung zu einer deutschen Beteiligung am Unternehmen »Herkules« zu unterstreichen schien. Hitler mußte aber doch wissen – jedenfalls Raeders Einschätzung zufolge –, daß das für die Durchführung von »Herkules« benötigte, von den Italienern auf 40 000 Tonnen vorveranschlagte Heizölaufkommen für den Einsatz der italienischen Flotte nur aus deutschen Beständen gestellt werden konnte, womit gleichzeitig die auch von ihm selbst geforderte Einsatzbereitschaft starker Flottenverbände im Nordmeer gegen die alliierten für Murmansk und Archangelsk bestimmten Geleite aufgrund der äußerst angespannten Heizöllage mehr als in Frage gestellt wurde.

Dabei war es für Raeder aber klar, daß allein der Einsatz von Großverbänden gegen die feindlichen Geleite einen durchschlagenden Erfolg gewährleisten konnte. Dies hatte sich beim Angriff gegen die Geleite QP 11 und PQ 15 am 28. April erneut herausgestellt. Die Hauptlast des Kampfes mußte dabei von den Unterseebooten getragen werden, wogegen die 8. Zerstörer-Flottille kaum Anteil am Erfolg hatte[315]. Mit Einbruch der hellen Polarmonate mußte sich, wegen der dann weiter reduzierten Erfolgsmöglichkeiten der Unterseeboote, der bislang ohne den Einsatz der schweren Einheiten errungene, relativ begrenzte Erfolg bei der Geleitzugbekämpfung noch weiter verringern[316]. Aufgrund von Hitlers Zustimmung zu »Herkules« und der damit notwendig gewordenen Heizöllieferung an Italien schien es nun so, als ob die Geleitzugbekämpfung, für die sich in den hellen Monaten einzig die schweren Überwasser-Einheiten anboten, wegen der eigenen Heizölknappheit ausfallen mußte.

---

[311] KTB Skl, 4.5.42, BA-MA, RM 7/36.
[312] Junge, 1.5.42, BA-MA, RM 7/945.
[313] Ebd.
[314] Zu den Verhandlungen mit den Japanern und Raeders Versuch, die japanische Expansion in den indischen Raum zu lenken, vgl.: Salewski, Seekriegsleitung, Bd. II, S. 89 ff.
[315] Zu den Operationen der Kriegsmarine gegen die alliierten Nordmeergeleite PQ 11 und QP 15 vgl.: Salewski, Seekriegsleitung, Bd. II, S. 36 f. sowie Rohwer, Chronik, S. 239 f.
[316] Salewski, Seekriegsleitung, Bd. II, S. 37.

Während die Vorbereitungen zu »Herkules« Anfang Mai in Italien verstärkt weiterliefen, tat sich bei der Operationsplanung der Seekriegsleitung gegen die alliierten Nordmeer-Geleite recht wenig. Die Unsicherheit, wohin Hitler für 1942 neben dem altlantischen Zufuhrkrieg den Schwerpunkt der Seekriegführung legen würde – ins Mittelmeer, wie Hitler durch seine Zusage zu »Herkules« unterstrichen zu haben schien, oder im Dienste des Ostfeldzuges in den Nordraum, wie es der Kreis um Raeder eigentlich erwartet hatte – lähmte die Aktivitäten.

Erst nachdem sich Hitler am 20. Mai wieder »sehr skeptisch« zur Malta-Wegnahme geäußert hatte[317] und der Marineattaché an der deutschen Botschaft Tokio, Korvettenkapitän Wenneker, am 15. Mai gemeldet hatte, daß mit einem japanischen Ausgreifen in den Indischen Ozean im Jahre 1942 nicht mehr gerechnet werden könne[318], sowie auch ein letzter Versuch Wagners, des Chefs der Operationsabteilung, doch noch im Sinne einer gemeinsamen deutsch-japanischen Strategie über Nomura auf das kaiserliche Hauptquartier einzuwirken, gescheitert war[319], wurden die operativen Überlegungen für den Seekrieg im Nordraum weiter vorangetrieben. Als am folgenden Tag, dem 21. Mai, Hitler dann befahl, »Herkules« »nur noch geistig vorzubereiten«[320], was Junge, der Marinereferent im Wehrmachtführungsstab, sogleich der Sk1 meldete, und endgültig Klarheit darüber herrschte, daß »das Starkmachen des Führers für den Plan (gemeint ist »Herkules«) nach der Duce-Besprechung überhaupt nicht so ernst gemeint war«[321], vollzog der Kreis um Raeder die endgültige Schwerpunktlegung auf den Nordraum. Noch am gleichen Tag hielt die Seekriegsleitung fest: »Mit allen Mitteln muß versucht werden, die britisch-amerikanischen Zufuhren nach Sowjetrußland im Polarraum (...) anzupacken. Besonders dem Hauptzufuhrweg nach Murmansk-Archangelsk kommt kriegsentscheidende Bedeutung zu. Der Einsatz aller geeigneten Mittel der Kriegsmarine und Luftwaffe zur Unterbindung dieser Zufuhr ist erforderlich[322].«

Jetzt konnte Krancke, der Quartiermeister der Seekriegsleitung, der sich als Vertrauter Raeders seit dem 10. Mai ständig im Führerhauptquartier aufhielt, die bereits seit längerer Zeit vorliegende Heizölforderung der italienischen Marine und des Comando Supremo für die Durchführung von »Herkules« unter Hinweis auf die eigene prekäre Versorgungslage ablehnen, ohne daß dies den Anordnungen Hitlers zuwiderlief[323]. Lediglich für den Fall einer alliierten Großoperation war das OKM bereit, vom Grundsatz der Schonung des eigenen Heizölnotbestandes abzugehen und der italienischen Kriegsmarine eine Teilmenge abzutreten. Daß Krancke aber dabei peinlichst vermied, das Heizölproblem in Zusammenhang mit »Herkules« zu stellen, verdeutlicht das

[317] KTB OKW, Bd. II, 20.5.42, S. 370.
[318] Mar.Att.Tokio, Nr. 924/42, 15.5.42, BA-MA, RM 7/253; KTB Skl, 15.5.42, BA-MA, RM 7/36.
[319] 1.Skl Ia, Nr. 933/42, 17.5.42, BA-MA, RM 7/253.
[320] KTB OKW, Bd. II, 21.5.42, S. 372, vgl. dazu oben S. 171.
[321] Junge, 22.5.42, BA-MA, RM 7/945.
[322] Ebd.
[323] Am 27.5.1942 ließ Krancke, auf Raeders Befehl hin, Riccardi über das Dt.Markdo.Italien mitteilen, daß den italienischen Heizölforderungen nicht entsprochen werden könne. Skl Qu.A III, Nr. 2015/42, 15.6.42, BA-MA, PG 45102. Tatsächlich wurde in den Monaten Mai und Juni erstmals seit Dezember 1941 kein Heizöl aus deutschen Beständen nach Italien abgegeben, obwohl sich die rumänischen Öllieferungen für Deutschland, die im Februar 1942 den absoluten Tiefpunkt erreicht hatten, wieder erhöht hatten. Vgl. dazu das Zahlenmaterial bei: Hillgruber, Antonescu, S. 250; Meier-Dörnberg, Ölversorgung, S. 105.

Dilemma, in dem sich die Seekriegsleitung befand. Obwohl man von der Wichtigkeit des Malta-Unternehmens überzeugt war, hatte man einsehen müssen, daß es nicht realisiert werden konnte. Anstelle dieser Erkenntnis trat jedoch nunmehr die Kritik am Bundesgenossen. Man bediente sich immer mehr der Auffassung Hitlers, daß die Italiener nicht in der Lage seien, »Herkules« durchzuführen. Fricke, der Chef des Stabes der Sk1, notierte am 26. Mai 1942, »daß nur deutsche Führung und stärkster deutscher Einsatz – fast nur deutsche Kräfte – Gewähr für Gelingen bieten«[324]. Sich bei Hitler für »Herkules« einzusetzen, hielt er für sinnlos; denn im Gegensatz zu Junge glaubte er zu Recht, »daß der Führer über den strategischen Wert der Insel im vollsten Maße unterrichtet (ist)«[325] und, da er die »sonstigen Imponderabilien nicht abstellen kann«[326], bei seiner ablehnenden Haltung gegenüber »Herkules« bleiben müsse.

Wagner und Assmann, besonders letzterem, schienen offensichtlich jener, durch die katastrophale Öllage geschaffene Zusammenhang von »Herkules« und Nordmeer-Einsatz der eigenen Überwasser-Flotte wenig zu kümmern. Assmann hielt neben dem Einsatz der schweren Einheiten gegen die alliierten Nordmeer-Geleite, trotz der Absage der kaiserlich-japanischen Marine in den Indischen Ozean vorzustoßen, auch an der gemeinsamen Alternativ-Strategie fest. Unterstützt von Wagner, dem Chef der Operationsabteilung, trat er deshalb nach wie vor für die Wegnahme Maltas als Voraussetzung für den Suez-Plan, dem Hauptbestandteil der maritimen Strategie vom Februar 1942 ein. »Ein Verzicht auf die Unternehmung (»Herkules«) kam nach (...) (seiner Auffassung) einem Verzicht auf die Suez-Operation gleich, aber auch für die weitere Aufrechterhaltung des Afrika-Verkehrs und die Behauptung unserer Position in der Cyrenaika kommt dem Besitz der Insel Malta eine ausschlaggebende Bedeutung zu. Es ist außerdem festzustellen, daß aller Voraussicht nach, die Lage für eine Wegnahme von Malta nie wieder so günstig sein wird als in diesem Sommer. Schon heute, kurz nach der Abschwächung unserer Luftangriffe ist ein Wiederaufleben der britischen Malta-Stellung unverkennbar (...). Es besteht daher die Gefahr, daß bei Nichtdurchführung von »Herkules« die Zustände von Sommer und Herbst 1940 wiederkehren (...). Daß das Unternehmen »Herkules« ein größeres Wagnis ist, liegt auf der Hand. Die Durchführung zu unterlassen, erscheint (...) auf längere Sicht ein noch größeres Risiko. Für die Sicherheit unserer Existenz in Nordafrika und die spätere Operationsführung gegen Suez wird die Inbesitznahme von Malta (...) als strategischer Zwang und somit als unerläßlich angesehen«[327].

Am 1. Juni 1942 – die Vorbereitungen für den ersten Großeinsatz der Flotte gegen den erwarteten Geleitzug PQ 17 liefen auf Hochtouren – wurden »die Bindungen bezüglich des Einsatzes der heizölverbrauchenden schweren Einheiten« aufgehoben[328], so daß dem Einsatz der »Tirpitz« und der Panzerschiffe nichts mehr im Wege stand. Die Anfang Juni 1942 zum wiederholten Male vom Comando Supremo und von Supermarina an die Seekriegsleitung herangetretene Bitte, 40000 Tonnen Heizöl für »Herkules« zur Verfügung zu stellen, wurde deshalb erneut abgelehnt[329]. Krancke begründete dies,

[324] Handschriftliche Notiz Frickes vom 26.5.42, BA-MA, RM 7/945.
[325] Ebd.
[326] Ebd.
[327] KTB Skl, 23.5.42, BA-MA, RM 7/36.
[328] 1.Skl Ia, Nr. 1016/42, 1.6.42, BA-MA, RM 7/131.
[329] KTB Skl, 13.6.42, BA-MA, RM 7/37.

wie schon im Mai 1942, mit der eigenen prekären Heizöllage und verwies auf die der Kriegsmarine gestellten Aufgaben im Nordraum und im Atlantik.
Am 13. Juni kam es innerhalb der Seekriegsleitung zu einer offenen Auseinandersetzung über »Herkules«. In deren Verlauf bekannte Raeder – ganz auf den unmittelbar bevorstehenden Überwasser-Einsatz der Flotte gegen die feindlichen Nordmeer-Geleite fixiert – freimütig, »daß er es nicht für angebracht halte, für ›Herkules‹ in jetziger Gestalt (!) Heizöl abzugeben«[330]. Wagner, der Chef der Operationsabteilung, vertrat demgegenüber die Auffassung, daß das Unternehmen keinesfalls an der Heizölfrage scheitern dürfe, »schon um (den) Italienern nicht zu ermöglichen, (die) Verantwortung für (das) Unterlassen der Operation auf (die) deutsche Kriegsmarine abzuschieben«[331]. Assmann unterstützte Wagner, indem er sein unterdessen konzipiertes »Minimalprogramm« für »Herkules«, das er trotz aller Unwägbarkeiten für realisierbar hielt, den Anwesenden vortrug[332]. Er attestierte darin der italienischen Flotte entgegen früheren Einschätzungen »gute Wirkungsmöglichkeiten« und »Erfolgsaussichten«. Auch rechnete er aller Voraussicht nach bei der Durchführung des Unternehmens weder mit einem Angriff des britischen Alexandrien- noch mit einem Angriff des Gibraltar-Geschwaders. Die italienischen Heizölforderungen hielt sie für überhöht und glaubte, mit 8000 bis 10000 Tonnen Heizöl, die er durch Einsparungen an anderen Stellen aufzubringen gedachte, auszukommen. Auf den Einsatz der Lufttransportgruppen glaubte er – Wagner stimmte ihm dabei zu – gänzlich verzichten zu können. Bis auf weiteres endet die Auseinandersetzung innerhalb der Seekriegsleitung für die Befürworter von »Herkules« anscheinend offen; denn Raeder hatte vorgegeben, die in Wirklichkeit längst gefallene Entscheidung zurückzustellen, bis die endgültige Auffassung Hitlers zu »Herkules« bekannt sei[333]. Als sich Raeder schließlich zwei Tage später, am 15. Juni, bei Hitler auf dem Obersalzberg zum Lagevortrag einfand[334], legte er zwar eine eigens von Assmann verfaßte Stellungnahme zu »Herkules« vor[335], in der das Problem noch einmal in seiner ganzen Dimension dargeboten wurde und in der Assmann die Durchführung des Unternehmens noch einmal nachdrücklich forderte, distanzierte sich selbst aber von dieser. Statt dessen stimmte er mit Hitler überein, daß den Italienern ein solches Unternehmen nicht zugetraut werden könne, und riet diesem davon ab, dem italienischen Wunsch nach 40000 Tonnen Heizöl zu entsprechen[336]. Schon bevor der Ob.d.M. mit Hitler zusammengetroffen war, hatte er, ohne ein einziges Wort über »Herkules« zu verlieren, in einem von Krancke verfaßten Schreiben, Riccardi, dem Admiralstabschef der italienischen Marine, mitteilen lassen, daß die Heizölforderungen nunmehr endgültig nicht erfüllt werden könnten[337].

---

[330] Ebd.
[331] Ebd.
[332] 1.Skl Ib, Nr. 1115/42, 10.6.42, BA-MA, RM 7/235.
[333] KTB Skl, 13.6.42, BA-MA, RM 7/37.
[334] Wagner, Lagevorträge, 15.6.42, S. 396 ff.
[335] Ebd., Anlage 4, S. 402 f.
[336] Vgl. dazu: Meier-Dörnberg, Ölversorgung, S. 79; Wagner, Lagevorträge, 15.6.42, S. 397.
[337] Skl Qu.A III, Nr. 2015/42, 15.6.42, BA-MA, PG 45102.

8. Die Verschiebung des Unternehmens »Herkules« und die unterschiedlichen Auffassungen in Rom und Nordafrika von der weiteren Vorgehensweise nach dem Fall der Festung Tobruk

Nachdem Ende April 1942 der Luftwaffen »Großkampf« gegen den britischen See- und Luftstützpunkt Malta mit schwerpunktmäßigen Angriffen gegen die Versorgungseinrichtungen und Truppenlager ausgelaufen war, wurden Anfang Mai das Kampfgeschwader 77 mit seinen beiden Gruppen und zwei Jagdgruppen aus dem II. Fliegerkorps herausgelöst und wieder der Ostfront zugeführt. Weitere Teile des Korps gingen zum X. Fliegerkorps ins östliche Mittelmeer und vor allem zur erdtaktischen Unterstützung der geplanten Offensive Rommels nach Nordafrika[338]. Die Reste des nun mehr als 60 Prozent geschwächten II. Fliegerkorps operierten fortan mit doppelter Aufgabenstellung: Neben der Sicherung der eigenen Nordafrika-Geleite, sollte nach der »Niederkämpfung« Maltas, wie es Kesselring am 4. Mai in seinem Befehl für die Fortsetzung des Kampfes gegen die Insel hervorhob, die allgemein erzielte Wirkung erhalten, ein Wiedererstarken der Royal Air Force verhindert und die Seeblockade erfolgreich aufrechterhalten werden[339].

Die durch den Abzug großer Teile des II. Fliegerkorps entstandene Lücke wurde von der italienischen Luftwaffe ausgeglichen. Zwei Tag- und zwei Nachtkampfgruppen rückten in die freiwerdende Bodenorganisation auf Sizilien nach[340]. Mit 1 597 Einsätzen der italienischen Verbände gegenüber 410 deutschen gegen Malta lag die Bekämpfung der Insel im Monat Mai 1942 zu mehr als 75% in den Händen der italienischen Luftstreitkräfte. Mit einem Tagesdurchschnitt von 65 Kampf- und Jagdeinsätzen sank im Mai die Anzahl der Luftangriffe auf insgesamt weniger als 25% der während des Großkampfes im März/April erreichten Quoten[341]. Darüber hinaus erlitt auch die Effektivität der weiteren, besonders von der italienischen Luftwaffe durchgeführten Angriffe starke Einbußen. Im »Official Account« der R.A.F., einer zeitgenössischen Schilderung der Luftschlacht um Malta, wurde ihr Erscheinen wie folgt festgehalten: »One afternoon when the sirens went, instead of low flying Junkers, five ›Black Crows‹ – as the gunner called the multi-engined italian bombers – appeared. They flew in an immense height in precise formation just as they had flown before the Luftwaffe took over[342].« Der während der Luftoffensive hart bedrängte See- und Luftstützpunkt begann sich zu erholen.

---

[338] Die I./KG 54 ging zum X. Fliegerkorps nach Griechenland. Die Stukas von der III./ZG 26, die Nachtjäger der I./NJG 2 und die Jäger der II./JG 53 verlegten nach Nordafrika. Mattesini/Santoni, Partizipazione, S. 203. Dem II. Fliegerkorps auf Sizilien blieben demnach die Fernaufklärer der 1./(F) 122, die Küstenfliegergruppen 606 und 806, die Jäger der II./JG 53 und der Stab der JG 53. Hiervon waren am 20.5.42 einsatzfähig (die erste Zahl bedeutet »Ist-Stärke« und die zweite »einsatzbereit«): Fernaufklärer 34/21, Jagdflugzeuge 69/32, Zerstörer 16/11, Kampfflugzeuge 96/51 (= total 216/115). Die Kampfkraft des II. Fliegerkorps war demnach gegenüber April mit 662/397 Flugzeugen um 2/3 zurückgegangen. Zusammengestellt aus Gundelach, Luftwaffe, Bd. I, S. 354 und S. 377.
[339] OBS Ia, Nr. 2480/42, 4.5.42, BA-MA, RL 7/693.
[340] Gundelach, Luftwaffe, Bd. I, S. 363.
[341] Ebd.
[342] Air Battle, S. 61.

Am 9. Mai, einen Tag bevor Kesselring seinen Auftrag, die Insel auszuschalten, Hitler als erfüllt meldete[343], hatte der schnelle Minenleger »Welshman« 300 Tonnen der allernötigsten Versorgungsgüter und vor allem Flakmunition nach La Valetta gebracht. Außerdem hatte die R.A.F. 65 der modernen »Spitfire«-Jagdflugzeuge vom US-Flugzeugträger »Wasp« aus gestartet, von denen 62 Maltas Flugplätze erreichen konnten[344]. Auch diesmal waren die Maschinen, wie schon am 21. April, von den auf Pantelleria installierten modernsten Funkmeßgeräten geortet und schon kurz nach ihrem Eintreffen auf Malta angegriffen worden. Ein ähnlicher Erfolg wie seinerzeit im April, blieb der Luftwaffe und den italienischen Fliegern versagt; denn die jetzt optimal vorbereiteten Briten hatten schon Minuten nach der Landung der Spitfire-Jäger die ersten Flugzeuge in den Kampf werfen können[345]. Allein an diesem 9. Mai startete die R.A.F. zu 124 Einsätzen gegen die deutschen und die italienischen Angreifer und es gelang ihr, den Luftstreitkräften der »Achse« schwerste Verluste zuzufügen[346].

Unter dem Eindruck des wiedererstarkenden Malta forderte Kesselring am 12. Mai das Comando Supremo auf, auch durch den vermehrten Einsatz von Seestreitkräften weiteren Blockadebrechern die Zufahrt nach Malta zu verwehren[347]. Vergeblich! Obwohl in den darauffolgenden Wochen bei weitem noch nicht genügend Nachschub die Insel erreichte, lag doch bereits Mitte Mai 1942 die lokale Luftherrschaft wieder eindeutig in den Händen der R.A.F.[348], so daß Kesselring am 17. Mai seinen Verbänden zugestehen mußte, die Angriffe gegen die Insel abzubrechen für den Fall, daß die feindliche Überlegenheit zu groß werden sollte[349]. Dieses Zugeständnis hatte seinerseits zur Folge, daß die Zahl der Einsätze gegen die inzwischen mit weiteren Luftstreitkräften verstärkte Insel rapide abnahm. Diese hatten in der Folgezeit nur noch den Charakter von Stör- und Scheinangriffen; Bomber operierten fast nur noch im Schutze der Dunkelheit über Malta[350].

Trotz der schnell wiedergewonnenen lokalen Luftherrschaft durch die R.A.F. lag jedoch Anfang und Mitte Mai 1942 die Offensivkraft des Inselstützpunktes noch soweit darnieder, so daß die »Achsen«-Partner auf einen stärkeren Geleitschutz verzichten konnten. Die hoffnungslos angespannte Heizöllage der italienischen Marine wirkte sich deshalb kaum hemmend auf den Geleitverkehr zwischen Italien und Nordafrika aus. So transportierten die vier Mai-Geleite und mehrere Einzelfahrer, nachdem im April die bisherige Jahreshöchstleistung von 38 287 Tonnen Nachschubgut eingeschifft und, unter entsprechend geringen Verlusten, 36 366 Tonnen in den nordafrikanischen Häfen wieder ausgeschifft worden waren, erneut 33 846 Tonnen Nachschub nach Nordafrika[351].

---

[343] Kesselring betrachtete »am 10. Mai die Aufgabe als gelöst«. Kesselring, Soldat, S. 165 f.
[344] Air Battle, S. 65 ff.
[345] Ebd., S. 71.
[346] Ebd. »Bei den letzten Angriffen haben sowohl wir wie die Deutschen viele Federn lassen müssen«, notierte Ciano am 13.5.1941 in sein Tagebuch, S. 437.
[347] OBS Führungsabteilung Ia, Nr. 2735/42, 12.5.42, BA-MA, RL 7/693.
[348] Die britische Literatur setzt für den 18.5.1942 »die Wende« bei der Luftschlacht um Malta an. An diesem Tag gelang es den Briten erneut 30 moderne Jagdflugzeuge nach Malta einzufliegen. Air Battle, S. 71; Macmillan, R.A.F., Vol. III, S. 167.
[349] Gundelach, Luftwaffe, Bd. I, S. 363.
[350] Ebd.
[351] Nach umfangreichem Tabellenmaterial in BA-MA, RM 7/230.

Die guten Transportleistungen dieser Monate ermöglichten den termingerechten Abschluß der Vorbereitungen für die geplante Offensive Rommels gegen die britische 8. Armee, so daß diese – wie vorgesehen – am 26. Mai beginnen konnte[352]. In der Weisung des Comando Supremo vom 5. Mai[353] waren hierfür noch einmal –in Anlehnung an die Spitzenbesprechungen vom 29./30. April – in Form eines Befehls an Rommels Panzerarmee die Ziele der Operationen festgelegt worden. Ganz den Geist der defensiven italienischen Gesamtkonzeption atmend, war darin von einer vorsichtigen, stufenweisen Steigerung des Angriffes die Rede. Sobald der Feind südwestlich von Tobruk geschlagen worden sei, sollte Tobruk unter Vermeidung einer Materialschlacht, im »abgekürzten Angriffsverfahren« genommen werden. Nur bei Erfüllung dieser Voraussetzung sollten die »Achsen«-Verbände bis zur Linie Sidi Omar–Halfaya–Sollum, d. h. bis zur ägyptischen Grenze vorrücken. Allerdings durfte diese – der Weisung des Comando Supremo zufolge – keinesfalls überschritten werden. Für den Fall, daß die Einnahme der Festung Tobruk nicht im »abgekürzten Verfahren« gelingen würde, sollte die Front nicht über die Gazala-Stellung hinaus vorverschoben werden. Bis zum 20. Juni mußten daneben, wie in der Weisung besonders hervorgehoben wurde, sämtliche Operationen auf dem nordafrikanischen Festland abgeschlossen sein, damit die Luft- und Seestreitkräfte für »Herkules« herausgelöst und das Unternehmen verabredungsgemäß während des Juli-Vollmonds durchgeführt werden konnte.

Schon bald nach Beginn der Offensive zeigte es sich jedoch, daß Rommels Plan, den Feind südlich – in der Gegend von Bir Hacheim – zu umgehen und anschließend nach Norden, zur Küstenstraße der Via Balbia durchzustoßen, um so die feindlichen Kräfte einzuschließen, durch den unerwartet harten Widerstand der französischen Verteidiger des Wüstenforts Bir Hacheim zu scheitern drohte. Cavallero sah sich aufgrund dieser, zum Monatswechsel Mai/Juni 1942 äußerst schwierigen Lage dazu veranlaßt, »da nunmehr (...) nicht mehr damit zu rechnen (sei), daß dem Feind ein Schlag von operativer Auswirkung versetzt werden könne«[354], gegenüber von Rintelen erneut darauf hinzuweisen, daß eine Abnutzungsschlacht besonders auch angesichts der im Anschluß an die Operationen in der nordafrikanischen Wüste geplanten Wegnahme Maltas auf jeden Fall vermieden werden müsse. Die Neigung Cavalleros, die afrikanischen Operationen so schnell wie möglich abzubrechen, unterstrich einmal mehr die Diskrepanz zwischen der italienischen Vorstellung von der Kriegführung im Mittelmeerraum und derjenigen Rommels; denn in der defensiven strategischen Planung des Comando Supremo war weniger das Verschieben der afrikanischen Front nach Osten vorgesehen als vielmehr die Stabilisierung des Erreichten. Deshalb stellte auch die Eroberung Maltas für das Comando Supremo nach wie vor die zentrale operative Forderung dar. »Wenn sie nicht durchgeführt wird«, erklärte Cavallero gegenüber von Rintelen am 5. Juni, »muß damit gerechnet werden, daß bis zum Herbst die Engländer in Afrika wieder überlegene Kräfte bereitstellen können und die Lage im Mittelmeer sich wieder verschlechtert. Dies beweist das spürbare Aufleben von Malta als Luftstützpunkt seit dem Abzug einiger Kräfte der Luftflotte 2 und der vorübergehenden Verlegung einiger deutscher Luftwaffenverbände von Sizilien nach Afrika. Die erste Folge hiervon war

---

[352] Zur Offensive der Pz.A. Afrika vgl.: Seconda controffensiva, S. 95 ff.; Playfair, Mediterranean, Vol.III, S. 223 ff.; Gundelach, Luftwaffe, Bd. I, S. 366 ff.; Baum/Weichold, S. 219 ff.; Rommel, Krieg, S. 128 ff. Zur Funkaufklärung während der Offensive vgl. Behrendt, Rommels Kenntnis, S. 185 ff.
[353] Seconda controffensiva, S. 86 ff. Vgl. dazu auch: KTB OKW, Bd. II, 7.5.42, S. 343.
[354] Dt.Gen.b.HQu.d.ital.Wehrmacht Ia, Nr. 5089/42, 5.6.42, BA-MA, RH 2 v 462.

die Torpedierung der beladenen Schiffe ›Allegri‹ und ›Giuliani‹ am 31. Mai bzw. 4. Juni[355].«

Rommel dagegen drängte angesichts der schweren Kämpfe um Bir Hacheim, die zu verdeutlichen schienen, daß sich die Operationen einschließlich der Eroberung Tobruks nicht bis zum 20. Juni, dem vereinbarten spätesten Termin, abschließen lassen würden, auf eine Verlängerung der Frist um vier bis fünf Tage[356].

Am 9. Juni – die Schlacht um das Wüstenfort tobte immer noch in unverminderter Härte – weigerte sich das Comando Supremo, dem Anliegen Rommels zu entsprechen. Ein Angriff gegen Tobruk sollte nach Meinung der italienischen Wehrmachtführung aufgrund der aussichtslosen Situation gar nicht erst gewagt werden. Statt dessen schlug Cavallero vor, die für »Herkules« eingeplanten Luftwaffen- und Marinestreitkräfte aus ihrem nordafrikanischen Einsatzgebiet herauszulösen, um sie nach einer Auffrischungspause – wie ursprünglich verabredet – Anfang Juli gegen Malta einzusetzen[357]. Am Morgen des 10. Juni – Bir Hacheims Widerstand brach allmählich unter dem Bombenhagel der deutschen »Stukas« zusammen – versuchte auch Generalfeldmarschall Kesselring, den italienischen Oberbefehlshaber umzustimmen. Der OBS hielt zu diesem Zeitpunkt – in Übereinstimmung mit Rommel – die Möglichkeit, die Masse der britischen Feldarmee doch noch einzuschließen und im Anschluß daran die Festung Tobruk im »abgekürzten Angriffsverfahren« zu nehmen, für gegeben und trat dafür ein, die Operationen bis zur Einnahme Tobruks, mit der er bis zum 25. Juni 1942 rechnete, zu verlängern[358]. Darüber hinaus brachte er zum Ausdruck, daß »das Unternehmen ›Herkules‹ (...) mit Rücksicht auf die Verlängerung der Kämpfe in Libyen zwangsläufig um drei oder vier Wochen verschoben werden (müsse), was sich auch auf die noch nötigen Vorbereitungen nur günstig auswirken könne«[359]. Cavallero wandte dagegen ein, daß sich der Kampf in Nordafrika zu einer Abnutzungsschlacht entwickeln und diejenigen Kräfte verzehren könnte, die für die Eroberung Maltas vorgesehen waren[360]. Da er sich dem Argument Kesselrings, daß die Vorbereitungen für »Herkules« ohnehin noch nicht weit genug gediehen seien[361], nicht verschließen konnte, mußte er sich mit der Verschiebung des Landungsunternehmens und den Operationsabsichten der Panzerarmee einverstanden erklären[362].

Während Rommel, nachdem Bir Hacheim endlich am 11. Juni gefallen war, allmählich den Ring um Tobruk schloß, unternahmen die Briten Mitte Juni 1942 einen großangelegten Versuch, Malta sowohl von Gibraltar als auch von Alexandria aus mit Nachschub zu versorgen, um dadurch die Offensivkraft der auf die Insel gestützten Verbände zu verstärken. Obwohl die »Achse« fast sämtliche verfügbaren Luft- und Seestreitkräfte gegen die unter dem Schutz eines starken Flottenverbandes laufenden Geleite

---

[355]   Ebd.
[356]   Cavallero, Diario, 8.6.42, S. 265.
[357]   Ebd., S. 266 f.
[358]   KTB Skl, 11.6.42, BA-MA, RM 7/37.
[359]   Dt.Gen.b.HQu.d.ital.Wehrmacht Ia, Nr. 5094/42, 11.6.42, BA-MA, RH 2 v 462. Der bei einer Verzögerung der Operationen Rommels um fünf Tage von Kesselring geforderte Aufschub von »Herkules« um vier Wochen findet wahrscheinlich seine Erklärung darin, daß die nächste Vollmondphase abgewartet werden sollte.
[360]   Cavallero, Diario, 10.6.42, S. 268.
[361]   Siehe oben S. 177.
[362]   Ebd.; Dt.Gen.b.HQu.d.ital.Wehrmacht Ia, Nr. 5094/42, 11.6.42, BA-MA, RH 2 v 462.

»Vigorous« und »Harpoon« aufbot, erreichten immer noch über 15000 Tonnen Nachschubgüter die Insel Malta[363]. So konnte der unermüdliche Einsatz der schwachen deutschen und italienischen Luftstreitkräfte nicht verhindern, daß britische Unterseeboote und Fliegerverbände zunehmend in altbekannter Manier gegen die Versorgungslinien der in Nordafrika kämpfenden »Achsen«-Truppen operierten. Allein in den letzten Tagen der Rommel-Offensive versenkten sie drei Frachtschiffe mit wertvoller Ladung und trugen dazu bei, daß von den im Juni insgesamt nur nach Nordafrika verschifften 9331 Tonnen Nachschubgut dort lediglich 4711 Tonnen ankamen[364].
Als am 21. Juni 1942 der deutsche Frachter »Reichenfels« von einem von Malta gestarteten Torpedobomber versenkt wurde, reagierte das II. Fliegerkorps mit dem Einsatz aller noch zur Verfügung stehenden Luftstreitkräfte gegen Maltas Flugplätze. Die folgenden Luftangriffe der noch 43 einsatzbereiten Kampfflugzeuge des Korps, deren Anzahl bis zum Monatsende auf 35 schrumpfte, blieben jedoch gegen einen weit überlegenen Verteidiger nahezu wirkungslos; denn die Royal Air Force auf Malta verfügte zu diesem Zeitpunkt bereits wieder über ca. 100 einsatzbereite Jagdflugzeuge[365]. Am 20. Juni hatte Cavallero, angesichts dieser besorgniserregenden Lageentwicklung, Mussolini den Entwurf eines Briefes an Hitler vorgelegt[366]. Ohne auf die am 29./30. April 1942 getroffenen Vereinbarungen einzugehen – offenbar wagte man auf der italienischen Seite nicht, den deutschen Diktator an seine Zusage zur Inbesitznahme der Insel Malta zu erinnern – wurde in diesem Schreiben, das Mussolini billigte, die Besorgnis zum Ausdruck gebracht, daß das bereits wiedererstarkte Malta die Seeverbindungen von Italien nach Libyen in zunehmendem Maße gefährde. Gemäß der defensiven strategischen Zielsetzung des Comando Supremo wurde erneut nachdrücklich auf die Notwendigkeit von »Herkules« hingewiesen. Als bester, allerdings auch als letzter Termin für die Durchführung des Unternehmens noch im Jahre 1942 wurde darin der Monat August – auch unter Hinweis auf die »bereits weit fortgeschritten(en) Vorbereitungen« – genannt. Da aber die Heizölbestände der italienischen Seestreitkräfte, obwohl sich die Einfuhren aus Rumänien im Juni gegenüber dem Vormonat leicht erhöht hatten, aufgrund ihres Großeinsatzes gegen die britischen Malta-Geleite »Vigorous« und »Harpoon« nahezu den Nullpunkt erreicht hatten[367], forderte Mussolini

---

[363] Zu den britischen Geleiten »Vigorous« und »Harpoon« vgl.: Fechter/Hümmelchen, Seekriegsatlas, S. 79 ff.; Playfair, Mediterranean, Vol.III, S. 299 ff. Zur Versorgungslage der Insel Malta vgl.: Bell, Défense, S. 269 ff.

[364] BA-MA, RM 7/230. Vgl. dazu auch: Alfacanis, Il peso strategico di Malta fu veramente determinante?, in: Rivista Marittima 97, 1964, S. 2 ff. Alfacanis hebt in seinem Aufsatz neben der Bedeutung Maltas in dieser Phase des Krieges im Mittelmeer zu Recht auch die erschöpften Nachschubressourcen der »Achse« hervor, die die Möglichkeiten der dortigen Kriegführung von vornherein, auch bei verlustfreier Überführung des Nachschubs nach Nordafrika, äußerst eingeschränkt hätten.

[365] Gundelach, Luftwaffe, Bd. I, S. 376 ff.

[366] Cavallero, Diario, 20.6.42, S. 274 ff.

[367] Nach dem KTB Skl vom 18.6.42, BA-MA, RM 7/37, wurde für den Monat Juni mit einer Lieferung von insgesamt 60 000 t Heizöl für Italien gerechnet. Bis zum 18. Juni wurden 37 000 t geliefert. Gegenüber Mai 1942 mit einer Gesamtlieferung von 43 000 t verbesserte sich die Heizölversorgungslage der italienischen Marine zwar leicht, nahm jedoch nach dem Einsatz der Flotte gegen die britischen Geleite »Vigorous« und »Harpoon« erneut bedrohliche Formen an, so daß am 19.6.42 von der gesamten italienischen Flotte aufgrund von Ölmangel nur zwei Kreuzer und vier Zerstörer einsatzbereit waren. KTB Dt.Markdo.Italien, 19.6.42, BA-MA, PG 99978.

bzw. das Comando Supremo, 40 000 Tonnen Heizöl für das Unternehmen »Herkules« und weitere 30 000 Tonnen Heizöl als Reserve aus deutschen Beständen bereitzustellen[368].

Zur gleichen Zeit erreichte Rommels Offensive ihren Höhepunkt. Um sechs Uhr morgens des 20. Juni, nachdem Tobruk seit dem Vortage endgültig eingeschlossen worden war, begann der Angriff auf die Festung mit einer heftigen Kanonade und schweren Bombardement deutscher Stukas. Eine gute Stunde später trat die 21. Panzer-Division gegen den südöstlichen Teil des Befestigungsringes an. Die 15. Panzer-Division und zwei weitere italienische Divisionen stießen alsbald nach. Bis zum Mittag waren die »Achsen«-Verbände schon tief in die feindlichen Linien eingebrochen. Am Abend erreichten sie nach gescheiterten britischen Gegenangriffen die Außenbezirke Tobruks. Die Lage der Verteidiger war aussichtslos geworden. Als der 21. Juni 1942 anbrach, bot ihr südafrikanischer Kommandant, Generalmajor Klopper, Rommel die Kapitulation an. Über 32 000 Gefangene – darunter fünf Generale – sowie Kriegsmaterial und Versorgungsgüter fielen der Panzerarmee in die Hände[369].

Die Nachricht von der Einnahme der Festung Tobruk, der vermeintlich letzten britischen Verteidigungsstellung vor dem Nil, hatte in Italienisch-Nordafrika eine Woge der Freude und Begeisterung ausgelöst. Das deutsche Konsulat in Tripolis berichtete, daß sich die Menschen nach Eintreffen der Meldung umarmten und in geschlossenen Gruppen durch die spontan beflaggten Straßen der Stadt zogen. Als besonders bemerkenswert wurde im Stimmungsbericht des Konsulats der nunmehr »wesentlich korrektere« Gruß der italienischen Soldaten gegenüber den Wehrmachtsangehörigen herausgestellt[370].
In Italien, vor allem aber im Comando Supremo in Rom sah man die Dinge weitaus nüchterner. Wohl nicht ohne Argwohn gegenüber Rommels weiteren Absichten, bekräftigte das italienische Hauptquartier noch einmal seine Weisung vom 5. Mai, indem es Bastico, den nominellen Oberbefehlshaber der »Achsen«-Streitkräfte in Nordafrika, anwies, mit den Hauptkräften nicht die Linie Sidi Omar–Halfaya–Sollum zu überschreiten, da jetzt die Luft- und Seestreitkräfte für den Angriff auf Malta umgruppiert werden müßten[371].
Während das Comando Supremo weiter davon ausging, daß – vereinbarungsgemäß – nach der Einnahme der Festung Tobruk die Vorbereitungen zu »Herkules« anlaufen sollten, trat Rommel, entgegen seinen früher geäußerten Vorstellungen, nun ganz entschieden für eine Fortsetzung seiner Offensive ein. Geblendet vom Erfolg, die im Vorjahr sieben Monate vergeblich belagerte Festung Tobruk im »Handstreich« an nur einem einzigen Tag genommen zu haben, und in der Annahme, zwischen Tobruk und dem Nil nur noch in der Auflösung begriffene feindliche Verbände vorzufinden, glaub-

[368] Cavallero, Diario, 20.6.42, S. 274 ff.
[369] Pz.A. Afrika Ia, 21.6.42, BA-MA, RH 19 VIII/22. Zur Schlacht um Tobruk vgl.: Playfair, Mediterranean, Vol. III, S. 253 ff.; Churchill, Weltkrieg, Bd. IV. 2, S. 7 ff.; Esebeck, Schicksalsjahre, S. 112 ff.; Irving, Rommel, S. 232 ff.
[370] Deutsches Konsulat Tripolis, Nr. 309, 24.6.42, PA-AA, Geheimakten Rom Quir., Bd. 127.
[371] Dt.Gen.b.HQu.d.ital.Wehrmacht Ia, (ohne Nr.), 23.6.42, BA-MA, RH 2/462; v. Rintelen, Mussolini, S. 169.

te Rommel, der vermeintlich neue Ob.d.H. – derartige Mußmaßungen kursierten seit längerem im OKH[372] –, seinen schon seit Sommer 1941 ausgearbeiteten Plan zur Eroberung Ägyptens nunmehr in die Tat umsetzen zu können[373].

Aufgefangene, dechiffrierte Funksprüche des amerikanischen Militärattachés in Kairo, Oberst Fellers, nach Washington, die Rommel im Falle einer Fortsetzung der »Achsen«-Offensive beste Erfolgschancen einräumten[374], und der Funkverkehr der in Alexandria internierten Teile der französischen Flotte mit ihrer Admiralität, denen zufolge die Räumung Alexandrias unmittelbar bevorzustehen schien[375], bestärkten Rommel in seinem Entschluß.

Unter der Prämisse, daß der Feind geschlagen war, mußten Malta und die von dort ausgehende Bedrohung der rückwärtigen Nachschublinien sekundäre Bedeutung zukommen; denn die in Tobruk erbeuteten Versorgungsgüter und Kriegsmaterialien schienen seiner Auffassung zufolge einen handstreichartigen Vorstoß zu ermöglichen, der schon zum Monatsende mit der Eroberung Unterägyptens seinen Abschluß finden sollte. Hingegen würde eine vorher eingeschobene Durchführung des Unternehmens »Herkules«, wie sie das Comando Supremo nunmehr nachdrücklich forderte, dem Feind die Möglichkeit geben, sich neu zu formieren[376]. Genau dies aber galt es zu verhindern, wollte er nicht die vermeintliche einzigartige Chance ungenutzt verstreichen lassen und den Briten die Initiative zurückgeben. Deshalb befahl er bereits für den Nachmittag des 21. Juni den Abmarsch der 21. Panzerdivision nach Osten bis in den Raum Gambut, diesseits der ägyptischen Grenze[377].

Um seine Absichten von Hitler genehmigen zu lassen und durch dessen Einflußnahme Mussolini für eine Fortsetzung der Offensive zu gewinnen, hatte Rommel noch am Tag des Sieges über Tobruk seinen mit besten Beziehungen zur Reichsführung ausgestatteten Adjutanten, Oberleutnant Berndt, ins Führerhauptquartier entsandt[378]. Am 22. Juni – eine Reaktion auf die Mission Berndts stand noch aus – trat Rommel aus der Sorge heraus, seine sich der ägyptischen Grenze nähernden, hart am zurückweichenden Feind bleibenden Vorhuten anhalten zu müssen – nachdem bereits Kesselring unter dem Eindruck des Erfolgs eine Fortsetzung der Offensive, ohne allerdings von den weitgesteckten Zielen Rommels erfahren zu haben, befürwortet hatte[379] – ungeduldig

---

[372] Im OKH wurde es bereits als »offenes Geheimnis« angesehen, daß Rommel alsbald von Hitler zum neuen Ob.d.H. ernannt werden würde. MVO z.Gen.St.d.H., Nr. 45/42, 6.42, BA-MA, PG 32087 d.

[373] Rommel, Krieg, S. 164.

[374] Ciano, Tagebücher, 23.6.42, S. 451. Zur »Guten Quelle«, wie die für Washington bestimmten dechiffrierten Funksprüche des amerikanischen Militärattachés in Kairo im Stabe Rommels bezeichnet wurden, vgl. Behrendt, Rommels Kenntnis, S. 177 ff.

[375] Warlimont, Entscheidung, S. 246.

[376] Rommel, Krieg, S. 164. Als weiteren Grund für die Fortsetzung der Offensive zum Nil gibt Rommel an, daß ihm »in Rom mehrmals versichert worden« sei, »daß man erst dann den Nachschub nach Afrika in der notwendigen Höhe garantieren könne, wenn sich die Häfen Tobruk und Marsa Matruh in der Hand der ›Achse‹ befänden« (ebd.). Daß die überaus begrenzte Kapazität dieser Häfen (vgl. dazu unten S. 194) keine grundlegende Verbesserung der Nachschublage der Pz.A. Afrika bewirken würde, dürfte Rommel wohl bekannt gewesen sein.

[377] Schlachtberichte über die Kämpfe der Pz.Armee 26.5.-27.7.42, hier 20./21.6.42, BA-MA, RH 19 VIII/20.

[378] Dr. Berndt war Vertrauter Goebbels im Reichspropagandaministerium und seit März 1942 Rommels Adjutant. Zur Mission Berndts vgl.: Kesselring, Soldat, S. 169.

[379] Kesselring, der in der Gunst des »Führers« immer etwas im Schatten Rommels stand, stimmte unter dem Eindruck des Erfolges einer Fortsetzung der Offensive zu (Heckmann, Rommels Krieg, S. 368), ohne allerdings an eine Eroberung Ägyptens zu denken, wie dies Rommel tat.

an Bastico heran, um diesen umzustimmen. Ohne in der heftig verlaufenden Debatte zu einem Ergebnis gekommen zu sein[380] oder eine Weisung aus Rom abgewartet zu haben, gab Rommel schließlich den eigenmächtigen Befehl, die Verfolgung des – seiner Auffassung nach – geschlagenen Gegners auch über die ägyptische Grenze hinaus fortzusetzen[381].

Als am Nachmittag die Mission Berndts immer noch kein Ergebnis gebracht hatte, wandte sich Rommel nunmehr direkt ans OKW sowie an Mussolini. In seinem Funkspruch, der noch am Abend jenes 22. Juni 1942 in den Äther ging, hieß es: »Das erste Ziel der Panzerarmee Afrika, die feindliche Feldarmee zu schlagen und Tobruk zu nehmen, ist erreicht. Teile des Feindes halten sich noch bei Sidi Omar, Halfaya und Sollum. Es ist beabsichtigt, auch nunmehr diesen Feind zu schlagen und damit den Weg ins Innere Ägyptens zu öffnen. Zustand und Stimmung der Truppe, die derzeitige Versorgungslage aufgrund der Beutebestände und die derzeitige Schwäche des Feindes erlauben die Verfolgung bis in die Tiefe des ägyptischen Raumes. Bitte daher beim Duce zu erwirken, daß die bisherige Begrenzung der Bewegungsfreiheit aufgehoben und sämtliche mir z. Z. unterstellten Truppen zur Fortsetzung des Kampfes freigegeben werden[382].«

Hatte hier Rommel seine tatsächliche Zielsetzung mit dem weitauslegbaren Begriff der »Tiefe des ägyptischen Raumes« verschleiert, wohl um gegenüber dem Comando Supremo den Eindruck zu erwecken, es handele sich nur um ein taktisches Manöver über die ägyptische Grenze hinaus, so schienen Kesselring und der inzwischen umgestimmte Bastico, als auch sie Funksprüche nach Rom absetzten, in denen sie für eine Fortsetzung der Offensive eintraten[383], mehr an ein taktisches Ausschöpfen des bisherigen Erfolges gedacht zu haben als an eine Eroberung Ägyptens. Auch von Rintelen schloß sich der im Funkspruch dargelegten Auffassung des inzwischen von Hitler zum Generalfeldmarschall ernannten Rommel an. Am 23. unterbreitete er Cavallero den Vorschlag, da die Versorgungslage in Nordafrika eine Fortsetzung der Offensive zu erlauben schien, auf die Durchführung von »Herkules« zu verzichten[384]. Dieser, neben Bastico von Mussolini als Antwort auf die Beförderung Rommels, zum Marschall von Italien ernannt, wandte dagegen ein, daß noch keinerlei verbindliche Erkenntnisse über Ausmaß und Art der in Tobruk erbeuteten Nachschubgüter vorlägen und lehnte deshalb – auch unter dem Hinweis auf die besonders angespannte Dieselöllage[385] – einen Vormarsch über die ägyptische Grenze hinaus ab. Als weiteres Argument brachte er

---

[380]   Lewin, Rommel, S. 162 f.; Heckmann, Rommels Krieg, S. 368.

[381]   Nach Kesselring, Soldat, S. 173, Esebeck, Schicksalsjahre, S. 119 und Heckmann, Rommels Krieg, S. 371, setzte Rommel die Offensive am Nachmittag des 22.6.42 fort. Dagegen vermerkte das KTB OKW, Bd. II, 24.6.42, S. 447: »Nach vollendeter Umgruppierung trat die Panzerarmee in den späten Nachmittagsstunden des 23.6.42 zum umfassenden Angriff gegen die Feindkräfte an der ägyptischen Grenze an.«

[382]   Pz.A. Afrika, Nr. 558/42, 22.6.42, BA-MA, RH 19 VIII/22.

[383]   Dt.Gen.b.HQu.d.ital.Wehrmacht Ia, Nr. 5105/42, 24.6.42, BA-MA, RH 2 v 462.

[384]   Cavallero, Diario, 23.6.42, S. 277; Kesselring, MS C-075, S. 13. Von Rintelen berichtete dagegen in Mussolini, S. 169: »(Rommel) sandte mir einen Funkspruch mit der Bitte, bei Mussolini die Abänderung des Befehls zu erwirken (...) Dies tat ich nicht, sondern wandte mich an das OKW, das mir aber bedeutete, die Lage habe sich durch die Einnahme von Tobruk gänzlich geändert, und die Eroberung von Malta sei jetzt nicht mehr nötig. Vergeblich wies ich darauf hin (...).«

[385]   Cavallero, Diario, 23.6.42, S. 277. Cavallero hatte schon einige Tage zuvor Keitel um Dieselöllieferungen aus Deutschland gebeten, worauf er am 27.6.42 einen negativen Bescheid erhielt. Cavallero, Diario, 27.6.42, S. 282.

vor, daß bei einer Fortsetzung der Offensive die Gefahr einer feindlichen Entlastungs-operation aus dem Inneren Afrikas über Tunesien in den Rücken der »Achsen«-Posi-tion möglich sei[386].

Stand Cavallero dem Vorhaben Rommels ablehnend gegenüber und trat er weiter für »Herkules« ein; denn »anders werden wir nie Manövrierfreiheit haben und bei einer Fortsetzung der Operationen immer im Rücken gefaßt werden«[387], so beurteilte der leicht zu begeisternde Mussolini die Dinge inzwischen gänzlich anders. Bereits am 22. Juni hatte er die Befürchtung geäußert, daß man auf italienischer Seite den errunge-nen Erfolg »nicht zu nutzen weiß und wagt«[388]. Als er dann von Rommels Plänen erfahren hatte – inzwischen war auch die Einstellung des OKW durchgesickert –, beauftragte er sogleich die verantwortlichen Dienststellen, die Seetransportlage und die Nachschubsituation der in Libyen kämpfenden Truppe zu überprüfen. Für die See-transportlage bedurfte dies keiner größeren Anstrengung; daß sie mehr als bedrohlich war, lag offen auf der Hand[389].

Angesichts der kritischen Lageentwicklung im zentralen Mittelmeer war man nach der Torpedierung der »Reichenfels« zu dem Entschluß gekommen, vorerst, bis Malta wie-der verstärkt niedergehalten werden konnte, auf die im Wirkungsbereich der Malta-Luftstreitkräfte liegende West-Route und den Hafen von Tripolis, dem mit seiner tägli-chen Löschkapazität von 4 000 Tonnen leistungsstärksten unter den nordafrikanischen Häfen, zu verzichten und ausschließlich Benghasi (2 000 Tonnen) und Tobruk (500–800 Tonnen) anzulaufen[390]. Mit diesem Ergebnis, das vom logistischen Standpunkt aus in keiner Weise eine Fortsetzung der Offensive rechtfertigen konnte, wollte sich Mussoli-ni jedoch nicht zufrieden geben. Er beauftragte deshalb Cavallero, sich in Tobruk an Ort und Stelle von der – wie Rommel gemeldet hatte – »unübersehbaren Beute an Kriegsmaterial und Versorgungsgütern« selbst zu überzeugen[391].

9. Die improvisierte, wieder aufgegriffene maritime Strategie des Februars 1942

Mit dem »Überraschungserfolg« Tobruk war die vom Mittelmeer ausgehende maritime Strategie« »mit einem Schlage«, wie es im Kriegstagebuch der Seekriegsleitung schon unter dem 20. Juni vermerkt worden war, noch einmal »in den Bereich der Möglichkei-ten getreten«[392].

Noch bevor der Skl Hitlers weitere Absichten bekannt wurden, hielt Assmann, ihr Ib, einer der wenigen Seeoffiziere, die nie aufgehört hatten, auf die strategischen Möglich-

---

[386] Cavallero, Diario, 23.6.42, S. 277.
[387] Ebd., S. 276.
[388] Ciano, Tagebücher, 22.6.42, S. 450.
[389] Siehe oben S. 190.
[390] Dt.Gen.b.HQu.d.ital.Wehrmacht, Nr. 5105/42, 24.6.42, BA-MA, RH 2 v 462.
[391] Ebd.
[392] KTB Skl, 20.6.42, BA-MA, RM 7/37.

keiten, die der Mittelmeerraum bot, hinzuweisen, in einer Lagebetrachtung fest: »Großer Kampferfolg Rommels und Erfolg diesjähriger Ostoperationen können möglicherweise eine Lage herbeiführen, die, entgegen bisherigen Erwartungen, noch in diesem Jahr oder Anfang 1943 Offensive gegen Ägypten mit entscheidender strategischer Auswirkung aussichtsreich erscheinen läßt[393].« Wie schon so oft vergebens, hielt es Assmann jetzt noch einmal für angebracht, auf die außerordentliche Bedeutung Maltas hinzuweisen. Aus den britischen Geleitzug-Operationen »Harpoon« und »Vigorous« schloß er, daß die Briten die Bedeutung der Insel erkannt hätten; denn »nur Malta ermöglicht laufende wirksame Kampfführung gegen deutsche Nordafrikatransporte«[394]. »Andererseits«, fuhr er fort, »weiß der Gegner, daß Niederhaltung Maltas ständigen Einsatz starker deutscher und italienischer Luftstreitkräfte erfordert, die damit dem Einsatz an anderer Stelle entzogen werden[395].« Erneut mahnte er dann, »daß operative Auswertung der erzielten Erfolge (...) bei Fortfall ›Herkules‹-Operation stärkstens eingeschränkt (wird)«, und kam daher, wie schon so oft, zu dem Schluß, daß »›Herkules‹ (...), wenn kräftemäßig irgend möglich, doch durchgeführt werden (müsse)«[396]. Diese Überlegungen beabsichtigte er an die Marineverbindungsoffiziere in den Oberkommandos, besonders aber an Junge, dem Marinereferenten im Wehrmachtführungsstab, weiterzuleiten, um diesem damit die Möglichkeit zu eröffnen, im passenden Moment die Auffassung der Seekriegsleitung an höchster Stelle mit einfließen zu lassen.

Assmanns Lageeinschätzung war jedoch nicht mit der der Seekriegsleitung deckungsgleich. Raeder, der Oberbefehlshaber der Marine, Fricke, ihr Stabschef, und Krancke, der Quartiermeister, waren, was »Herkules« und die Fortsetzung der Rommel-Offensive anging, ganz anderer Auffassung. Das Unternehmen zur Inbesitznahme Maltas mußte wegen seiner Abhängigkeit von den Heizölbeständen der Kriegsmarine nach wie vor die Operationsfreiheit der eigenen Verbände im Nordraum einschränken. Zu einem Zeitpunkt, an dem einerseits britische Offensivoperationen dort nicht ausgeschlossen werden konnten und andererseits mit dem täglich erwarteten Geleitzug PQ 17 Raeders Vorstellungen vom klassischen Seekrieg kurz vor der Verwirklichung standen, konnte für sie eine Heizölabgabe für »Herkules«, die von den Italienern inzwischen auf 70 000 Tonnen hinaufgeschraubt worden war, angesichts der nach wie vor angespannten eigenen Heizöllage, nicht zur Diskussion stehen.

Krankes Nachricht aus dem Führerhauptquartier, daß Rommel beabsichtige, zum Nil vorzustoßen und Hitler sich dafür bei Mussolini »stark machen« wolle[397], wurde deshalb von den Seeoffizieren um Raeder mit Befriedigung aufgenommen[398]. Den Meldungen aus Nordafrika zufolge mußte es ihrer Meinung nach Rommel gelingen, die britische Suez-Ägypten-Position zu zerschlagen; vielleicht würden auch die bald anlaufenden Operationen an der Ostfront ein Einschwenken in die irakisch-iranische Tiefebene erlauben; vielleicht würde sich auch Japan dafür gewinnen lassen, doch noch in den indischen Raum vorzustoßen. Um letzteres zu erreichen, trafen am 22. Juni die Spitzen

---

[393] 1.Skl Ib, Nr. 1193/42, 21.6.42, BA-MA, RM 7/235.
[394] Ebd.
[395] Ebd.
[396] Ebd.
[397] KTB Skl, 22.6.42, BA-MA, RM 7/37.
[398] Auch hier wiederum entgegen Salewski (Seekriegsleitung, Bd. II, S. 68 ff.), der die Auffassung Assmanns mit derjenigen Raeders, Frickes und Krankes gleichsetzt.

der Seekriegsleitung – Fricke, Wagner und Assmann – mit Nomura zusammen und versuchten, ein energisches »Anpacken« der gegnerischen Seeverbindungen im westlichen Indischen Ozean durch starke japanische Seestreitkräfte als ein strategisches Erfordernis ersten Ranges[399] durchzusetzen. Fricke bemühte sich Nomura davon zu überzeugen, daß der Schwerpunkt der gemeinsamen Kriegführung im Raum des westlichen Indischen Ozeans liege, »da der Zerschlagung der britischen Stellung im Vorderen Orient und der späteren Herstellung einer unmittelbaren Verbindung Deutschland-Japan eine kriegsentscheidende Bedeutung«[400] zukomme.

Rommels Griff nach der britischen Ägypten-Position war jedoch nur *ein* Faktor im strategischen Kalkül der Männer um Raeder, der nur im Verein mit dem vielversprechenden Einsatz der schweren Einheiten gegen den feindlichen Geleitverkehr im Nordraum und einer sich immer erfolgreicher gestaltenden Tonnagekriegführung im Atlantik die Wende im Ringen gegen die anglo-amerikanischen Seemächte herbeiführen konnte.

Wollte man nicht die Operationen im Nordraum und Nordafrika gefährden und damit die vielleicht letzte Chance das Schicksal zu bezwingen, verstreichen lassen, galt es auf das Unternehmen »Herkules« zu verzichten. Fricke bemerkte deshalb zu Assmanns Lagebetrachtung vom 21. Juni[401], daß »die Lage in Nordafrika (...) so einmalig (sei), daß völlige Konzentration aller Möglichkeiten auf das Ziel Ägypten erforderlich ist«. »Herkules«, das »Nebenziel«, fuhr Fricke fort, »dürfe jetzt keinesfalls (...) auch nur gedanklich« angestrebt werden. Malta sollte – so Fricke – »in erforderlichem Umfange niedergehalten« werden.

Trotz der gegenteiligen Meinung seines Stabschefs und der sich abzeichnenden Entscheidung im Hauptquartier der Wehrmacht hielt Assmann an seiner bislang vertretenen Auffassung fest. Hinzu kam, daß KrANckes Falschmeldung aus dem Führerhauptquartier, derzufolge »Herkules« lediglich von Hitler auf Anfang August 1942 verschoben[402], nicht aber aufgehoben worden sei, Assmann zu der Annahme veranlaßte, daß der »Führer einem baldigen Unternehmen ›Herkules‹ durchaus nicht ganz ablehnend (wie ursprünglich angenommen) gegenübersteht«[403]. Dies bestärkte ihn geradezu, weiterhin für das Unternehmen gegen Malta einzutreten. Analog zu Frickes Stellungnahme räumte er am 23. Juni zwar ein, daß ein taktisches Ausnutzen des erzielten Erfolges bis Marsa Matruh gebilligt werden müsse, brachte aber dann sogleich zum Ausdruck, daß »ein Stoß bis nach Suez (...) jedoch (...) bei der augenblicklichen Kräftelage der Panzerarmee mit einem kampffähigen Malta im Rücken nicht in Frage (komme)«[404].

Assmanns jetzt durchaus realistische Lageeinschätzung und seine Absicht, sie als offizielle Stellungnahme der Seekriegsleitung dem Marinereferenten im Wehrmachtfüh-

---

[399] 1.Skl Ib, Nr. 15785/42, 27.6.42, BA-MA, RM 7/253, »Niederschrift über Besprechung mit jap.Verb.Stab am 22.6.42 beim Chef des Stabes der Seekriegsleitung«. Das japanische Hauptquartier erklärte sich lediglich bereit, wie am 27.6.42 Nomura dem Tirpitzufer mitteilte, die Operationszeit der im Arabischen Meer und vor der ostafrikanischen Küste operierenden japanischen Hilfskreuzer und U-Boote bis Ende 1942 zu verlängern. Vgl. dazu: KTB OKW, Bd. II, S. 16 f.

[400] 1.Skl Ib, Nr. 15785/42, 27.6.42, BA-MA, RM 7/253.

[401] Votum C Skl zu Nr. 1193/42, 23.6.42, BA-MA, RM 7/235.

[402] KTB Skl, 22.6.42, BA-MA, RM 7/37.

[403] Vermerk aufgrund Votum C Skl, Skl Ib, 23.6.42, BA-MA, RM 7/235.

[404] Ebd.

rungsstab zu übermitteln, um damit vielleicht das Unabänderliche noch ändern zu können, wurden schließlich durch den Gang der Ereignisse überholt. Rommel stürmte dem Nil entgegen. Assmanns Argumente wurden dadurch entkräftet. Die Lageentwicklung schien dem Kreis um Raeder recht zu geben. Am 27. Juni vermerkte deshalb auch der Ib im Kriegstagebuch: »Seekriegsleitung begrüßt die Entwicklung, die die Dinge in Nordafrika dank des Eingreifen des Führers genommen haben, ganz außerordentlich[405].«

10. Hitlers Entschluß zur Fortsetzung der Offensive gegen Ägypten

Der unerwartete Fall der Festung Tobruk am 21. Juni 1942 war für Hitler nicht nur die Ouvertüre zum Zusammenbruch der britischen Ägypten-Position, sondern nach Singapore ein weiterer, entscheidender Schritt zum – aufgrund der falschen Frontstellung selbstverschuldeten – unaufhaltsamen Untergang des britischen Weltreiches[406]. Hitler hielt deshalb jetzt die Zeit für gekommen, Ägypten – wie er bei den Besprechungen mit der italienischen Führung am 30. April in Kleßheim bereits angedeutet hatte –durch einen gewagten Vorstoß zu erobern. Er erhoffte sich davon nicht nur, die Bildung einer »Zweiten Front« – diese Vorstellung hatte sich bei ihm inzwischen »fast zur Manie« gesteigert – kurzfristig zu verhindern, um damit einen unbeeinträchtigten Ablauf der bevorstehenden Ostoperationen zu gewährleisten, sondern auch jenen innenpolitischen Kräften Großbritanniens endlich zur Macht zur verhelfen, die seiner Auffassung nach den von ihm lange ersehnten Frontwechsel einleiten würden[407]. Dies alles schien jetzt für Hitler in greifbare Nähe zu rücken, noch bevor – parallel zur Offensive Rommels – auch im Rahmen der Süd-Ost-Operationen der Weg über den Kaukasus die Möglichkeit eröffnen würde, mit Hilfe einer großangelegten Zangenoperation das »gesamte Orientgebäude des Britischen Empire zum Einsturz (zu bringen)«[408]. Auch das japanische Ausgreifen in den indischen Raum wurde nach wie vor von Hitler und dem OKW

---

[405]   KTB Skl, 27.6.42, BA-MA, RM 7/37.

[406]   Hitlers Tischgespräche, 28.6.42, S. 419. Danach bestätigte Hitler »die Ansicht Marschall Keitels, daß die deutsche Einnahme Alexandrias mehr noch als die Aufgabe Singapurs das gesamte englische Volk - an Singapur wären ja nur die Geldleute unmittelbar interessiert - in Wut versetzen und gegen Churchill aufputschen werde«. Am 1.7.1942 glaubte Hitler erneut feststellen zu können, daß »bei einem Verlust Ägyptens (...) daher von Churchill und seinen Leuten eine ungewöhnliche Verstärkung der Oppositionsstimmung im Volke zu befürchten (sei)«. Hitlers Tischgespräche, 1.7.42, S. 426.

[407]   Am 27.6.1942 (Hitlers Tischgespräche, S. 416) frohlockte Hitler: »Wenn die Besprechungen zwischen Churchill und Roosevelt in Washington 8 Tage gedauert hätten, so sei das nicht zuletzt darauf zurückzuführen, daß Rommel Englands Mittelmeerstellung entscheidend erschüttert habe. Denn wenn Leute sich einig seien, seien die Verhandlungen rasch erledigt.« Auch der zurückhaltende von Weizsäcker mutmaßte am 29.6.1942: »Die plötzliche Kapitulation von Tobruk und die weitere Entwicklung bei Rommels Vormarsch stellt die Frage, ob bei den Engländern eine Dekomposition im Gang ist. Sollte das soziale Gefüge bei den Briten und das Allianz-Gefüge der heterogenen Gegner in Auflösung geraten? Das eröffnet dann wirklich wichtige Perspektiven. Ich glaube, daß dann etwa im nächsten Jahr, von Europa beginnend, der Unsinn dieses Krieges aufhören könnte.« Weizsäcker-Papiere, S. 295.

[408]   Zitiert aus Hitlers Brief an Mussolini vom 23.6.42; vgl. unten S. 200.

in Unkenntnis der ostasiatischen Kriegslage – mit dem amerikanischen Sieg in der See- und Luftschlacht bei Midway zwischen dem 3. und 7. Juni 1942 war die japanische Großraumstrategie bereits in die Defensive verwiesen worden – ins strategische Kalkül einbezogen[409].

Diese weitgespannten Erwartungen Hitlers resultierten aus seinem »grenzenlosen Vertrauen« in seinen »Lieblingsgeneral« Rommel. Dessen Optimismus, der sich so uneingeschränkt auf ihn übertrug[410], daß »Tobruk« und die sich daraus ergebenden Perspektiven für ihn zur »Schicksalsfügung für das deutsche Volk«[411] wurden, teilte das OKH nicht. Im Gegensatz zum OKW, das von Rommel in erster Linie mit Erfolgsmeldungen bedacht wurde, weniger aber mit dessen mannigfaltigen Schwierigkeiten vertraut war[412], verfügte das OKH über einen weitaus besseren Einblick in die Nachschubproblematik des Kriegsschauplatzes in Nordafrika. Man verstand deshalb Rommels Entschluß zur Fortsetzung der Offensive auch »nur als Raid« mit dem »rein taktischen Zweck, den Gegner soweit wie möglich zu zerschlagen und eine günstige eigene Stellung zu gewinnen«[413]. Dies entsprach den Prinzipien deutscher Landkriegführung und wurde gebilligt. Einer operativen Ausweitung des Vorstoßes aber, die bei der »bekannten Veranlagung« Rommels nicht ganz ausgeschlossen werden konnte, stand das OKH jedoch ablehnend gegenüber; denn es hielt weder Rommels Armee für stark genug, noch sah es in einem solchen Vorstoß irgendeinen strategischen Wert. Im Gegenteil, man befürchtete, daß eine scheinbar ernsthafte Bedrohung Ägyptens durch den vorrükkenden Rommel geradezu als Initialzündung für britische Entlastungsoperationen gegen die Versorgungsbasen und Nachschublinien der Panzerarmee, im Falle einer – im OKH allerdings für unwahrscheinlich gehaltenen – Aufgabe Ägyptens sogar gegen die Nordflanke Europas (Norwegen) wirken könnte. Derartige Feindoperationen mußten nach Auffassung des OKH dem als entscheidend angesehenen Ostkrieg weitere Kräfte entziehen und somit eine »starke Rückwirkung« auf die dort unmittelbar bevorstehende Sommeroffensive ausüben, für deren Durchführung man verantwortlich war[414]. Erst nach einem Sieg über die Sowjetunion wollte die Heeresführung, die an der bereits im Sommer 1941 festgelegten und als Antwort auf die Alternativ-Vorschläge der Seekriegsleitung erneut umrissenen strategischen Leitvorstellung festgehalten hatte[415], in einer Hauptstoßrichtung über Transkaukasien – der Vorstoß über die Türkei war zurückgestellt worden – und bestenfalls in einer Nebenstoßrichtung –, »da sich die Briten in Ägypten immer schneller auffrischen können als die Achsenstreitkräfte« – von Libyen aus die britische Nah-Mittelost-Position zerschlagen.

---

[409]   Wie wenig die Fortsetzung der Offensive Rommels mit den Operationen auf dem Südabschnitt der Ostfront von vornherein zeitlich aufeinander abgestimmt waren, sondern erst durch den faktischen Verlauf der Ereignisse von Hitler konstruiert wurden, verdeutlicht dessen Unterredung mit dem indischen Nationalistenführer Bose am 29.5.1942. Hitler gab dabei zu erkennen, daß er den von Bose geforderten Appell an Ägypten erst richten könne, »wenn genug Truppen an Ägyptens Grenze aufmarschiert seien; dies könne in drei Monaten oder in ein bis zwei Jahen sein«. Hillgruber, Staatsmänner, Bd. II, Dok. 7, 29.5.42, S. 83.

[410]   Speer, A., Erinnerungen, Frankfurt a.M./Berlin/Wien 1969, S. 256. Nach Kesselring, MS C-075a, war Hitler der »Siegespsychose Rommels« erlegen. Vgl. dazu auch: Kesselring, Soldat, S. 169: »Rommel übte zu jener Zeit einen fast hypnotischen Einfluß auf Hitler aus, der eine eigene objektive Lagebeurteilung nahezu ausschloß.«

[411]   Hitlers Tischgespräche, 27.6.42, S. 416.

[412]   Speer, Erinnerungen, S. 256; KTB Halder, Bd. II, S. 379, Anm. 2.

[413]   MVO zum OKH, Nr. 45/42, 24.6.42, BA-MA, PG 32087d.

[414]   Ebd.

[415]   Ebd.; siehe auch oben S. 105 f.

Solange der Sieg im Osten noch nicht errungen war, konnte der Krieg im Mittelmeer-raum, auch nach der Einnahme von Tobruk, nicht mehr als »ein Kampf um Zeitge-winn«[416], wie es sich für den Generalstabschef des Heeres, Halder, in einer Nachkriegs-betrachtung darstellte, sein, bei dem kräftesparenden Defensivmaßnahmen Priorität eingeräumt werden mußte. So stand man im OKH einer Wegnahme Maltas eigentlich näher als ausgreifenden, auf unsolider logistischer Grundlage stehenden Offensivope-rationen. Wenn aber das OKH dennoch nicht für die Durchführung des Unternehmens »Herkules« eintrat, dann deshalb, weil man sich darüber im klaren war, daß angesichts der Erfordernisse des Ostkrieges ein deutscher Kräfteeinsatz, wie ihn der Bundesgenos-se für die Durchführung des Unternehmens gefordert hatte, nicht zu vertreten war. Dennoch machte sich auch die Operationsabteilung des Heeres Anfang Juni, als der Nachschub von Italien nach Nordafrika durch das wiedererstarkende Malta erneut ernsthaft bedroht wurde und Rommels Angriff vor Bir Hacheim nicht zuletzt auch aus Mangel an Nachschub zu scheitern drohte, Gedanken darüber, wie Malta ohne den enormen Aufwand einer Landungsoperation niedergehalten werden konnte. Das Ergebnis dieser verzweifelten Überlegungen war der Verlegenheitsvorschlag, die Insel mit Eisenbahngeschützen zu beschießen, was jedoch, als sich herausstellte, daß die Tragkraft der sizilianischen Eisenbahnbrücken deren Antransport nicht zuließ[417], wie-der verworfen werden mußte.

Für Hitler war unterdessen Malta, das – wie er zuletzt am 15. Juni betont hatte[418] – während der Ostoffensive aus Kräftemangel nicht erobert werden konnte, kein Thema mehr; denn ausgehend von der Hypothese, daß die feindlichen Militärbasen Unter-ägyptens – besonders aber der Flottenstützpunkt Alexandria – in wenigen Tagen von den »Achsen«-Streitkräften genommen werden würden, was Rommel siegesgewiß pro-gnostiziert hatte, mußte das von der östlichen Zufuhr abgeschnittene Malta rasch seine Bedeutung verlieren. Bis zur Einnahme der ägyptischen Basen und der Sperrung des Suez-Kanals sollte der Nachschub, wie Hitler immer wieder in Unkenntnis der höchst begrenzten Kapazität des Hafens von Tobruk äußerte, über Griechenland und Kreta nach Tobruk fließen. In der Lagebesprechung am Mittwoch des 22. Juni 1942 betonte Hitler deshalb abermals, nachdem er sich in der Zeit seit dem Vortrag des Generals Stu-dent vom 21. Mai seinen Generälen und Admirälen gegenüber mehrfach ablehnend zu »Herkules« geäußert hatte[419], daß er das Unternehmen »unwiderruflich« nicht wol-le[420]. Da seine allzu optimistische Lageeinschätzung sicherlich nicht von allen Anwesen-den geteilt wurde, bediente er sich – zum wiederholten Male – des doch äußerst frag-würdigen Arguments, »daß die Wegnahme Maltas doch deshalb nicht zweckmäßig sei, weil die Engländer nur solange die Insel in ihrem Besitz zu ihrer Versorgung dauernd Geleitzüge einsetzen müßten, was zu einem empfindlichen Verlust an Kriegs- und Han-delsschiffen führe«[421].

---

[416] Halder, F., Hitler als Feldherr, München 1949, S. 34. Rückblickend hielt Halder darüber hinaus fest, daß es »unmöglich« war, »England in Nordafrika entscheidend zu schlagen«.

[417] Gen.d.Art.b.Ob.d.H. Ia, Nr. 107/42, 20.6.42, BA-MA, RH 2 v 462.

[418] Wagner, Lagevorträge, 15.6.42, S. 397.

[419] Am 3.6.42 spielte Hitler mit dem Gedanken, nach dem schweren Luftangriff auf Köln Luftstreitkräfte vom Einsatz gegen Malta für Terrorangriffe gegen Großbritannien abzuziehen. KTB OKW, Bd. II, 3.6.42, S. 400.

[420] KTB OKW, Bd. II, 22.6.42, S. 440; Warlimont, MS P-216, S. 516.

[421] KTB OKW, Bd. II, 22.6.42, S. 440.

Um noch einmal alle Argumente für und wider das Unternehmen »Herkules« zusammenzufassen, beauftragte Jodl den Wehrmachtführungsstab, eine Vortragsnotiz anzufertigen. In dieser kam man, ohne die logistischen Möglichkeiten überprüft zu haben und ganz dem strategischen Größenwahn einer Zangenoperation über Suez und den Kaukasus verfallen, zu dem Ergebnis, die Offensive in Nordafrika fortzusetzen, was die von Hitler bereits getroffene Entscheidung noch einmal bekräftigte[422].

Ohne sich überhaupt noch mit Einzelheiten zu befassen – Rommel hatte ja versichert, daß enorme Mengen von erbeuteten Nachschubgütern und die Nutzung des Hafens von Tobruk die weitere Versorgung der Panzerarmee sicherstellen würden – war Hitler inzwischen allzu gern dem Vorschlag »seines Generals«, die Offensive zur Eroberung Ägyptens fortzusetzen, gefolgt. Vom Problem, gegenüber dem Bundesgenossen die richtige Form der Ablehnung für »Herkules« zu finden, entbunden und ohne auch nur ein einziges Wort darüber zu verlieren, riet Hitler Mussolini, in seinem Brief vom 23. Juni[423], nunmehr auch »die Reste« der so gut wie vernichteten britischen 8. Armee in Nordafrika bis zum »letzten Hauch eines einzelnen Mannes« zu verfolgen; denn die »Göttin des Schlachtenglücks«, fuhr er in seinem Brief pathetisch fort, »streicht an dem Feldherrn immer nur einmal vorbei. Wer sie in einem solchen Augenblick nicht erfaßt, wird sie oft niemals mehr einzuholen vermögen. Daß die Engländer ihren ersten Vormarsch entgegen allen Regeln der Kriegskunst unterbrochen haben«, mahnte er Mussolini abschließend, »um sich auf einem anderen Gebiet zu versuchen, hatte uns, Duce, gerettet und den Engländern in der Folge schwerste Niederlagen zugefügt. Wenn wir nunmehr versäumen, die Briten bis zur Vernichtung zu verfolgen, wird das Ergebnis ebenfalls eine Unsumme späterer Folgen sein[424].«

11. Kesselrings vergeblicher Widerstand gegen die Entscheidung der Diktatoren

Die allgemeine Unklarheit in Rom, wie es nun weitergehen sollte, beendete dann der Brief Hitlers[425], den von Rintelen am Abend des 23. Juni, während Rommel die ägyptische Grenze überschritt[426], Mussolini überreichte. Die großen Perspektiven, die Hitler darin dem »Duce« im Falle einer Fortsetzung der Offensive eröffnete, ließen bei Mus-

---

[422] Warlimont, MS P-216, S. 516. Der Gedanke an eine Zangenoperation über Suez und Kaukasus war ausschlaggebend dafür, daß der WFSt für eine Fortsetzung der Offensive in Nordafrika plädierte. Vgl. dazu auch: KTB OKW, Bd. II, 23.6.42, S. 443 f., Anm. 1.

[423] Eine Abschrift des Briefes vom 23.6.42 befindet sich in BA-MA, RM 7/235 sowie in: Cavallero, Diario, 24.6.42, S. 276 f.

[424] Hitler an Mussolini, 23.6.42, BA-MA, RM 7/235.

[425] Eine Abschrift des Briefes vom 23.6.1942 befindet sich in BA-MA, RM 7/235; vgl. dazu: KTB OKW, Bd. II, S. 106.

[426] Rommels Tagebuch hielt unter dem 23.6.1942 fest: »19.22 Uhr - das ist der Augenblick, als der neue Feldmarschall dazu ansetzt, Ägypten zu erobern.« Zitiert bei: Irving, Rommel, S. 242.

solini das Unternehmen »Herkules« rasch in den Hintergrund treten. Der italienische Diktator, der sich schon auf einem weißen Roß in der Manier eines römischen Triumphators an der Spitze seiner siegreichen Truppen in Kairo einziehen sah[427], bat von Rintelen sogleich, Hitler mitzuteilen, »daß er die Auffassung des Führers voll und ganz teile, daß zur Zeit der historische Augenblick gekommen sei, Ägypten zu erobern«[428]. Trotz des Widerstandes Cavalleros entschloß sich Mussolini nunmehr kurzerhand, das Unternehmen »Herkules«, ohne es allerdings überhaupt noch ernst damit zu meinen, auf September 1942 zu verschieben[429] und sich mit der Neutralisierung der Insel, die er allerdings auf Drängen Cavalleros als Voraussetzung für die Eroberung des Nillandes betrachtet wissen wollte, zu begnügen. Zu diesem Zweck ließ Mussolini über von Rintelen den deutschen Diktator bitten, eine für »Herkules« in Aussicht gestellte Luftwaffenunterstützung von einer Jagd- und zwei Kampfgruppen beschleunigt nach Italien zu entsenden, um diese in Kooperation mit den verstärkt auf Sizilien zusammengezogenen italienischen Luftstreitkräften gegen das wiedererstarkte Malta einzusetzen[430].

Der Entschluß Mussolinis, das Unternehmen »Herkules« auf September zu verschieben, das heißt, es faktisch aufzugeben, wurde in weiten Kreisen der italienischen Führung, die schon vorher die Durchführbarkeit von »Herkules« bezweifelt hatten, mit Erleichterung aufgenommen. General Carboni zum Beispiel, dem eine führende Rolle bei der beabsichtigten Landung auf Malta zufallen sollte, war »fest davon überzeugt«, wie er gegenüber dem Grafen Ciano, dem italienischen Außenminister, bemerkte, daß das Unternehmen zu einer »beispiellosen Katastrophe« führen müßte, da »die Vorbereitungen (...) mit kindlichen Ideen getroffen wurden (und) die Kampfmittel (...) knapp und ungeeignet (seien). Alle Kommandanten (...) (seien) der gleichen Auffassung, doch keiner wagt zu sprechen aus Furcht vor den Repressalien Cavalleros«[431]. Aus diesem Grunde hatte Carboni dem italienischen König ein Momorandum überreicht, indem er sich nachhaltig gegen »Herkules« ausgesprochen hatte[432]. Auch Ciano selbst, der ebenfalls nie an »Herkules« zu glauben vermocht hatte, wie er in seinem Tagebuch mehrfach festgehalten hat, sah sich jetzt durch Mussolinis Entschluß bestätigt[433].

Cavallero, der sich inzwischen persönlich von der günstigen Erdlage in Nordafrika überzeugt hatte, wurde inzwischen zunehmend durch den dortigen Optimismus bezüglich eines Vorstoßes zum Nil angesteckt[434]. Er gab daher allmählich seinen ohnehin vergeblich gewordenen Widerstand gegen die Entscheidung Mussolinis auf, ohne allerdings zu versäumen, bei jeder sich bietenden Gelegenheit auf die Bedeutung Maltas für

---

[427] Ciano, Tagebücher, 22.6.42, S. 450; ebd., 29.6.42, S. 452.
[428] Dt.Gen.b.HQu.d.ital.Wehrmacht, Nr. 5105/42, 24.6.42, BA-MA, RH 2 v 462.
[429] In Mussolinis Brief vom 20.6.1942 (siehe oben S. 190 f.) wurde der August als spätester Termin für die Durchführung von »Herkules« genannt. Jetzt, ganze drei Tage später, verschob Mussolini das Unternehmen kurzerhand auf September (!). Ebd.
[430] Dt.Gen.b.HQu.d.ital.Wehrmacht, Nr. 5105/42, 24.6.42, BA-MA, RH 2 v 462.
[431] Ciano, Tagebücher, 20.6.42, S. 449.
[432] General Carboni, dem bei »Herkules« eine wichtige Rolle zukommen sollte, nimmt rückschauend für sich in Anspruch, durch seine Intervention beim italienischen Kronprinzen die geplante Eroberung Maltas verhindert zu haben. Carboni, G., Memorie Segrete 1935-1948. »Più che il dovere«, Firenze 1955, S.147 ff.
[433] Ciano, Tagebücher, 12.5.42, S. 437 und 20.6.42, S. 449.
[434] Warlimont, MS P-216, S. 521.

die Nachschubversorgung der in Afrika kämpfenden »Achsen«-Truppen hinzuweisen. Etwas bescheidener als die weitgespannten Zielsetzungen Mussolinis formulierte er schließlich in der Weisung des Comando Supremo vom 25. Juni 1942, daß »zunächst mit der Masse der Kräfte die Enge zwischen Arabischem Golf (das Mittelmeer ist hier gemeint) und der Kattara-Senke zu besetzen (sei)«[435]. Weitere Operationen sollten mit der »Gesamtlage in Einklang« gebracht werden. Das Nachschubproblem gedachte man im Comando Supremo nunmehr durch Geleite auf der Westroute nach Benghasi sowie durch den verstärkten Einsatz von Transportunterseebooten und durch vermehrte Lufttransporte zu lösen[436].

Kesselring, der, als er sich für eine Fortsetzung der Offensive ausgesprochen hatte, an eine sowohl zeitliche als auch räumlich begrenzte, nicht wesentlich über Sidi Barrani hinausgehende Operation gedacht hatte, wurde, nachdem er von Rommels wirklichen Plänen erfahren hatte, zum schärfsten Gegner einer Eroberung Ägyptens[437]. Bei der am 25. Juni 1942 von Cavallero in Derna anberaumten Besprechung, an der auch Bastico und Weichold teilnahmen, Rommel aber nicht zugegen war, beurteilte Kesselring die Lage im Mittelmeerraum äußerst skeptisch[438]. Er vertrat – wie die weitere Entwicklung zeigen sollte – zu Recht die Auffassung, daß die Kräfte für die weitgesteckten Ziele Rommels nicht ausreichen würden, zumal mit der Verkürzung der britischen Nachschubwege durch den Rückzug des Feindes ins Innere Ägyptens, also näher an die Basis, sich dessen Widerstand schnell verstärken würde. Für besonders ungünstig hielt der OBS das Kräfteverhältnis in der Luft. Hier standen sechzig bis siebzig deutschen und ebensovielen italienischen Jagd- und Kampfflugzeugen auf der Gegenseite 600–700 britische gegenüber, von denen mindestens die Hälfte als einsatzbereit erachtet werden mußten[439]. Doch auch bei der Kräfteverteilung zu Lande war eine Fortsetzung der Offensive bis ins Innere Ägyptens Kesselrings Meinung zufolge keinesfalls gerechtfertigt. Weder war Treibstoff in ausreichendem Maße vorhanden[440] noch verfügte die Armee über eine angemessene Anzahl von Fahrzeugen, um die Bodenorganisation der Luftwaffe den schnell vorrückenden Verbänden nachzuführen[441]. Die Folge hiervon war, daß bereits am 24. Juni, als die Spitzen der Panzerarmee, die ohnehin nur noch über ca. sechzig Kampfwagen verfügte, Sidi Barrani erreichten, diese von einer unbe-

---

[435] Rintelen Ia, Nr. 2094/42, 26.6.42, BA-MA, RH 2 v 462.

[436] Ebd.

[437] Kesselring schreibt in MS C-075, S. 11: »Daß die für die Angriffsoperation in Afrika befindlichen deutschen Kräfte nicht ausreichten, stand für mich fest.« Vgl. dazu auch: ders., Soldat, S. 168 f. Diese (Kesselrings) Haltung gegenüber einer Fortsetzung der Offensive findet ihre Bestätigung bei: Cavallero, Diario, 25.6.42, S. 278 ff.; v. Rintelen, Mussolini, S. 178; Below, Adjutant, S. 311.

[438] Cavallero, Diario, 25.6.42, S. 278 ff.

[439] Ebd. Kesselring schrieb hierzu (Soldat, S. 167): »Meine Flieger werden vollkommen ausgepumpt, mit überholungsbedürftigen Maschinen, ohne ausreichenden Nachschub angesichts des Nils landen. Ihnen gegenüber stehen voll einsatzfähige Verbände, die innerhalb kürzester Zeit noch weiter verstärkt werden können. Ich halte es als Flieger für einen Wahnsinn, gegen eine intakte Fliegerbasis anzurennen. Bei der schlachtentscheidenden Bedeutung der Mitwirkung der Flieger muß ich allein aus diesem Gesichtspunkt heraus die Fortführung des Angriffs mit dem Ziel Ägypten-Kairo ablehnen.«

[440] Rommel mußte dann tatsächlich bereits am gleichen Tag (25.6.1942) aufgrund von Betriebsstoffmangel mit seinen Verbänden mehrere Stunden bewegungslos in der Wüste verharren. Rommel, Krieg, S. 167. Für den darauffolgenden Tag berichtet er erneut, daß die Panzerarmee einen taktischen Erfolg »aus Betriebsstoff- und Munitionsmangel« nicht so ausnutzen konnte, »wie es eigentlich hätte sein können«. Ebd., S. 169. Zur Treibstofflage beim Fliegerführer Afrika vgl. Gundelach, Luftwaffe, Bd. I, S. 387.

[441] Gundelach, Luftwaffe, Bd. I, S. 386 f.

hindert operierenden Royal Air Force heftig angegriffen wurden und schwere Verluste hinnehmen mußten[442].

Da aber die Entscheidung, die Offensive in Nordafrika fortzusetzen, nun einmal gefallen war, und Hitler dem OBS befohlen hatte, seinen Widerspruch einzustellen[443], suchte jetzt auch Kesselring nach Möglichkeiten, das Problem zu lösen. In Derna unterbreitete er den Vorschlag, die Bekämpfung Maltas durch die Luftstreitkräfte vorläufig ganz aufzugeben und sämtliche im Mittelmeerraum verfügbaren Flugzeuge zur Unterstützung Rommels in Nordafrika in den Kampf zu werfen[444]. Allerdings durfte der Vorstoß der Panzerarmee nicht länger als acht bis zehn Tage dauern, da er sonst wegen Nachschubmangels unweigerlich steckenbleiben und der ganze bislang erzielte Erfolg mit einer Niederlage enden würde. Kesselring hoffte, daß die Panzerarmee in dieser Zeitspanne, in der die Versorgung durch die in Tobruk eingebrachte Beute noch gewährleistet schien, die – in der Weisung des Comando Supremo als nächstes Ziel bereits genannte – Enge zwischen Mittelmeer und Kattara-Senke erreichen würde, um sich dann dort zur Verteidigung einzurichten. Nach Erreichen dieses Zieles beabsichtigte er, die Luftstreitkräfte aus dem nordafrikanischen Kriegsschauplatz herauszulösen und schwerpunktmäßig gegen Malta einzusetzen. Auf eine Durchführung von »Herkules« zu drängen, hatte Kesselring in Derna unterlassen. Wahrscheinlich hatte auch er das Unternehmen angesichts der Lageentwicklung und der Kenntnis von Hitlers Haltung diesem gegenüber aus seinem Kalkül gestrichen. Auch Vizeadmiral Weichold, der Chef des Deutschen Marinekommandos Italien, sprach längst nicht mehr von einer Eroberung Maltas, wie gerade er sie über lange Zeit gefordert hatte. Wohl angesteckt vom allgemeinen Optimismus, wies Weichold, der während der bisherigen Offensive die für die Versorgung der Panzerarmee wichtige Küsten-Nachschub-Schiffahrt vielgelobt geleitet hatte[445], in Derna mit keinem Wort darauf hin, daß schon die bisherigen Nachschubleistungen nur mit dem »allerletzten Einsatz der Kräfte« erreicht worden waren und bei einer weiteren Vorwärtsbewegung der Panzerarmee, wie der Tagebuchführer des Seetransportchefs Italien/Führungsstand Nordafrika vermerkt hatte, nicht mehr aufrechterhalten werden konnten[446]. Statt dessen legte der Chef des deutschen Marinekommandos, ganz seinem strategischen Wunschziel, der Suez-Alexandria-Position zugewandt, den Besprechungsteilnehmern in Derna ein Memorandum mit dem Titel »Aufgaben der Marine bei der Besetzung Ägyptens«[447] vor. In diesem forderte er, daß ein italienisches Kreuzer-Geschwader nach Suda/Kreta verlegen sollte, um von dort, durch Einsätze gegen die britische Ostmittelmeer-Flotte, den Vorstoß der Panzerarmee, »der mit Rücksicht auf die überragende strategische Bedeutung von Suez (...), auf Kairo mit der Hauptmacht und ohne Rücksicht auf die Dauer des Verlaufes der Operationen gegen Alexandria geführt werden«[448] müßte, flankierend zu unterstützen.

[442] Ebd.
[443] Kesselring, Soldat, S. 167; Warlimont, MS P-216, S. 523, Anm. 2.
[444] Cavallero, Diario, 25.6.42, S. 280.
[445] MVO zum Gen.St.d.H., Nr. 45/42, 24.6.42, BA-MA, PG 32087 d; Baum/Weichold, Krieg, S. 224 f.
[446] KTB Führungsstand Nordafrika, 30.6.42, BA-MA, PG 45851.
[447] Dt.Markdo.Italien, »Aufgaben der Marine bei der Besetzung Ägyptens«, (ohne Datum), BA-MA, RH 19 VIII/245.
[448] Ebd.; Cavallero, Diario, 25.6.42, S. 280. Weichold beansprucht dagegen für sich (Baum/Weichold, Krieg, S. 226 ff.), zuletzt noch der einzige gewesen zu sein, der die Lage richtig einschätzte und gegen eine Fortsetzung der Offensive eintrat.

Wie weit sich auch Weicholds Wunschvorstellungen von der Realität entfernt hatten, verdeutlicht die Tatsache, daß von der gesamten italienischen Flotte am 19. Juni 1942 aufgrund des Ölmangels nur 2 Kreuzer und 4 Zerstörer einsatzbereit waren[449].

Am 26. Juni, bei der »Marschall-Besprechung« im Gefechtsstand der Panzerarmee bei Sidi Barrani prallten die konträren Standpunkte Rommels und Kesselrings direkt aufeinander[450]. Rommel, der infolge des raschen Rückzuges der 8. britischen Armee über keine genaueren Horchnachrichten über die Einsatzräume der britischen Verbände verfügte[451] und bereits von ersten Versorgungsschwierigkeiten geplagt wurde, zeigte sich dabei weiterhin überzeugt, Kairo bis zum Monatsende zu erreichen[452]. Er gab Kesselring sogar die Zusage, fünfhundert Fahrzeuge, die ursprünglich für den Transport der italienischen Infanterie-Divisionen vorgesehen waren – diese mußten daraufhin marschieren – abzutreten, um ein schnelleres Aufschließen der Luftwaffen-Bodenorganisation auf die frontnahen Flugfelder zu ermöglichen[453]. Aufgrund dieses Zugeständnisses kamen sich die beiden Marschälle doch noch näher, so daß Cavallero, als man sich in Sidi Barrani getrennt hatte, Mussolini melden konnte, daß die Meinungsverschiedenheiten zwischen Rommel und Kesselring behoben seien und zwischen ihnen Einmütigkeit über die weitere Vorgehensweise erzielt worden sei[454].

Im Gegensatz zu der Weisung des Comando Supremo vom 25. Juni, in der noch ausdrücklich auf die von Malta ausgehende Bedrohung der rückwärtigen Nachschublinien hingewiesen worden war, schien der italienische Befehl vom 27. Juni 1942 dann ganz den Geist Rommels zu atmen; denn als Ziele wurden darin – nach der Besetzung Kairos – die Sperrung des Suez-Kanals durch die Eroberung Port Saids oder Ismailias genannt[455].

Noch schien der Verlauf der Offensive solch weitgespannte Erwartungen zu rechtfertigen. Am 27. Juni erreichten Rommels Panzerspitzen Marsa Matruh. Erneut wurde Beute gemacht; die Masse der britischen Verteidiger hatte sich aber nach Osten absetzen können. Während des 30. formierte sich die Panzerarmee zum Angriff auf die Alamein-Stellung. Daß sich der Feind dort zur entscheidenden Verteidigung einrichten würde, hielt man im Stabe der Panzerarmee für »unwahrscheinlich«[456]. Als Rommels Verbände, die seit der Einnahme Tobruks inzwischen fast sechshundert Kilometer nach Osten vorgestoßen waren, dann in den frühen Morgenstunden zum frontalen Angriff auf die Alamein-Stellung antraten, erlebten sie eine bittere Überraschung. Aus festungsartig ausgebauten und durch Kampfanlagen aller Art verstärkten Verteidigungslinien, von denen man beim Oberkommando der Panzerarmee bislang nichts wußte, leisteten die Briten erbitterten Widerstand. Zwei Tage und zwei Nächte tobte

---

[449] KTB Markdo.Italien, 19.6.42, BA-MA, PG 99978.
[450] Cavallero, Diario, 26.6.42, S. 181 f.; Kesselring, Soldat, S. 166 f.
[451] Behrendt, Rommels Kenntnis, S. 194.
[452] Kesselring, Soldat, S. 166 f.
[453] Rintelen Ia, Nr. 2094/42, 26.6.42, BA-MA, RH 2 v 462.
[454] Seconda controffensiva, S. 151.
[455] Dt.Gen.b.HQu.d.ital.Wehrmacht Ia, Nr. 2111/42, 27.6.42, BA-MA, RH 2 v 462; KTB OKW, Bd. II, 28.6.42, S. 456.
[456] KTB OKW, Bd. II, 30.6.42, S. 463. Zu Rommels Offensive vgl. die Eintragungen ins KTB OKW, Bd. II, 25.6.42 ff., S. 450, S. 455, S. 458, S. 460, S. 463, S. 467, S. 469, S. 472, S. 474. Ferner Playfair, Mediterranean, Vol. III, S. 277 ff.; Esebeck, Schicksalsjahre, S. 119 ff.

die Schlacht zwischen Kattara-Senke und Mittelmeer, bis schließlich am 3. Juli 1942 »die Stärke des Feindes, geringe eigene Gefechtsstärken und (die) sehr angespannte Versorgungslage« – wie Rommel dem OKW melden mußte – die Panzerarmee »zur vorübergehenden Einstellung« des Angriffs zwangen[457]. Rommels Versuch, Ägypten im »Handstreich« zu erobern, war damit gescheitert. Einer Materialschlacht war seine Armee nicht gewachsen, weshalb der »Traum vom Nil« in unerreichbare Ferne rückte.

[457] KTB OKW, Bd. II, 4.7.42, S. 474.

VIII. Zusammenfassung

Die deutsch-italienische Koalitionskriegführung im Mittelmeerraum war von Anfang an durch das unterschiedliche Gewicht der »Achsen«-Partner psychologisch vorbelastet. Das spezifische Problem der »Achsen«-Kriegführung im Mittelmeerraum waren jedoch die damit verknüpften, in den einzelnen Phasen grundlegend differierenden Zielvorstellungen. So verspürte das faschistische Italien nach seinen militärischen Katastrophen im ausgehenden Jahr 1940 nur noch wenig Neigung, im Mittelmeerraum offensiv zu werden und setzte ganz auf die erfolgreiche Kriegführung Deutschlands auf den nicht-mediterranen Kriegsschauplätzen. In teilweise krassem Widerspruch zur kontinuierlich beibehaltenen defensiven italienischen Grundhaltung standen die Vorstellungen, die die deutsche Führung mit dem Krieg im Mittelmeerraum verband. Diese wiederum waren aufgrund des verschieden bemessenen Stellenwerts des Faktors England innerhalb der nebeneinander existierenden, demnach ebenfalls nicht deckungsgleichen gesamtstrategischen Positionen – Zerschlagung Großbritanniens und seines Empire als Ziel der Sk 1 und der an der südlichen Peripherie eingesetzten Befehlshaber, politischer »Ausgleich« mit Großbritannien als Ziel der kontinental orientierten obersten Führung – phasenweise höchst unterschiedlich, ja oft sogar widersprüchlich. Sie sollen im folgenden in ihren wesentlichen Zügen noch einmal zusammengefaßt werden.

Nachdem ab Mitte November 1940 die militärischen Katastrophen zur See und auf dem Land das faschistische Italien an den Rand des Ruins geführt hatten, hielten die Kommandeure der deutschen Verbindungsstäbe in Rom ein militärisches Eingreifen Deutschlands im Mittelmeerraum für unumgänglich. Weichold, der Chef des Marine-Verbindungsstabes, sah darüber hinaus nur in einer Übernahme der Gesamtführung durch Deutschland das alleinige Mittel, weitere Katastrophen für die Kriegführung der »Achse« an der südlichen Peripherie abzuwenden und die dortigen Positionen zu behaupten. Wenn auch für Hitler seit dem Scheitern des »Kontinentalblockprojektes« das Mittelmeer, die europäische Südflanke, genau wie der Westen und die Nordflanke Europas, seinem jetzt konzipierten »Weltblitzkriegsplan« zufolge unter defensivem Aspekt stand, so hatte er bis Anfang Dezember 1940 doch die Hoffnung nicht aufgegeben, Großbritannien noch vor dem für Frühsommer 1941 geplanten Rußlandfeldzug durch »eingeschobene« Offensivoperationen deutscher Luftstreitkräfte gegen den Suez-Kanal sowie durch die für Februar 1941 geplante Eroberung Gibraltars (Unternehmen »Felix«) auf seinen »programmgemäßen« Standort verweisen zu können. Diese seine Erwartungen zerrannen schon Anfang Dezember 1940, als Franco die Zustimmung zur Durchführung des Unternehmens »Felix« verweigerte (7. 12. 1940), in Vichy anstelle der »Kollaboration« die Politik des »Attentisme« trat (13. 12. 1940) und die italienische Kriegführung sowohl in Albanien als auch – seit Beginn der britischen Offensive – in Nordafrika (9. 12. 1940) zunehmend in Schwierigkeiten geriet. Die ab Mitte Dezember 1940 beschleunigt eingeleiteten, strategisch zusammenhanglosen deutschen »Aushilfsmaßnahmen« – die Entsendung des X. Fliegerkorps nach Italien, des »Deutschen Afrikakorps« nach Libyen sowie der Balkanfeldzug – verfolgten dann nur noch das Ziel, eine improvisierte Stabilität an der Südflanke zu erreichen. Um diese durch ein Mindestmaß an deutschen Kräften bis zur Beendigung des Rußlandfeldzuges aufrechterhalten zu können, war der Fortbestand des so ungleichen »Achsen«-Bündnisses zur entscheidenden Voraussetzung geworden.

Die Seekriegsleitung wandte sich nach den Rückschlägen des Dezembers 1940 von ihrer »erweiterten« Mittelmeerstrategie ab. Dieser zufolge hätte die deutsche Landkriegführung nach der Absage des Unternehmens »Seelöwe« (Landung in England) ihren Schwerpunkt im Dienste der maritimen Strategie an die südliche Peripherie verlagern sollen. Entgegen dieser Konzeption des Herbstes 1940 stand nunmehr das Mittelmeer gesamtstrategisch unter defensivem Aspekt. Lediglich kräftige Diversionsunternehmungen der italienischen Flotte sollten starke britische Verbände im Mittelmeer binden und dadurch, im Zuge eines strategischen Wechselmechanismus, eine erfolgreiche deutsche Seekriegführung auf dem Atlantik ermöglichen.

Mitte März 1941 begann der vom bevorstehenden Rußlandfeldzug nichts ahnende Rommel, entgegen seiner Aufgabenstellung und dem Widerstand des Comando Supremo, mit nur schwachen Verbänden nach Osten vorzustoßen in der Hoffnung, der deutschen Führung den Weg zum Sieg über Großbritannien zu weisen. Statt dessen manövrierte er durch die Überdehnung der rückwärtigen Nachschublinien sein D.A.K. vor Tobruk und Sollum in eine gefährliche Situation, die allerdings optisch-geographisch im Verein mit dem siegreich verlaufenden Balkanfeldzug eine ideale Ausgangsposition für eine Fortsetzung des Krieges gegen die britische Nahost-Stellung bot.

Die durch die nicht miteinander abgestimmten Operationen in Nordafrika und auf dem Balkan eingeleitete Wende an der südlichen Peripherie einerseits und die ab März 1941 stagnierende deutsche Atlantik-Kriegführung andererseits, ließen die Seekriegsleitung in den Monaten April/Mai 1941 zu ihrem erweiterten, »landgestützten«, auf die Zerschlagung der britischen Nahost-Stellung zielenden Mittelmeer-Konzept zurückfinden. Dieses sollte spätestens nach Beendigung des Rußlandfeldzuges – jetzt weitgehend analog zu den Planungen des Oberkommandos der Wehrmacht – zur Durchführung gelangen.

Auch die kontinental orientierte Führung wandte sich nun in Überschätzung der tatsächlichen Möglichkeiten Rommels nunmehr ganz dem östlichen Mittelmeer zu. Die von der Insel Malta ausgehende Bedrohung des Geleitverkehrs zwischen Italien und Nordafrika glaubte Hitler – im Gegensatz zu den Verbindungsstäben in Rom – bereits ignorieren zu können, da sich mit der auf Drängen der Luftwaffe hin beschlossenen Eroberung der Insel Kreta die Möglichkeit zu ergeben schien, neben der endgültigen Absicherung der Ägäis nach Süden und der Schaffung einer Ausgangsbasis für die Nach-»Barbarossa«-Kriegführung bereits vor Beginn des Rußlandfeldzuges durch die massive Bedrohung der britischen Ostmittelmeer-Schlüsselstellung den »Ausgleich« mit Großbritannien herbeiführen zu können. Diese weitgespannten Erwartungen erfüllten sich jedoch nicht, so daß sich als Resultat dieser verfrüht, gleichsam im Vorgriff auf die geplante Nach-»Barbarossa«-Kriegführung eingeleiteten Abkehr vom zentralen Mittelmeer, die Nachschublage der deutsch-italienischen Truppen in Nordafrika empfindlich verschlechterte, noch bevor der Rußlandfeldzug überhaupt begonnen hatte.

Zwischen Mitte Juni und Anfang Dezember 1941 verschob sich die Lage an der südlichen Peripherie mehr und mehr zuungunsten der »Achsen«-Mächte. Im Gegensatz zu den deutschen Verbindungsstäben in Rom und dem Comando Supremo hielt Rommel jedoch zäh an seinen Angriffsabsichten, deren Ziel von September an nicht mehr Ägypten, sondern vorerst »nur« noch Tobruk sein sollte, fest. Mit einer britischen Offensive, wie sie dann tatsächlich am 18. November anlief, rechnete Rommel aufgrund der Lageentwicklung an der Ostfront und der damit einhergehenden Bedrohung der britischen Nahost-Position aus dem Kaukasusraum, seit Anfang Oktober nicht mehr.

Die Seekriegsleitung wandte sich ab Frühsommer 1941 vom Mittelmeer ab und verlegte den Schwerpunkt ihrer strategischen Planung wieder zurück auf den Atlantik. Auch sollte nicht mehr das militärisch enttäuschende Italien, sondern Frankreich mit seinen für den atlantischen Zufuhrkrieg wichtigen nordwestafrikanischen Stützpunkten der Hauptpartner beim Nach-»Barbarossa«-Seekrieg gegen die Angelsachsen sein. Im Mittelmeerraum kam es deshalb jetzt mehr denn je darauf an, den nordafrikanischen Brückenkopf zu halten, um eine strategische Verbindung zwischen Britisch- und Französisch-Nordafrika zu verhindern, da eine solche unweigerlich den Abfall der französischen Besitzungen in Nord- und Nordwest-Afrika nach sich ziehen mußte, was wiederum dem von der Seekriegsleitung geplanten atlantischen Zufuhrkrieg die Basis entzogen hätte. Da aber längst der Sieg über die Sowjetunion zur unabdingbaren Voraussetzung einer eigenständigen atlantischen Seekriegführung gegen Großbritannien geworden war, integrierte der Oberbefehlshaber der Marine, Großadmiral Raeder, im Sommer 1941 die Planungen der Skl in Hitlers Kontinentalkonzeption.

In der von Raeder vorgeschlagenen Entsendung deutscher U-Boote ins Mittelmeer sah dieser die einzige Möglichkeit, dort zu helfen, da jede weitere Stützung der Mittelmeerkriegführung zu Lasten der sich verzögernden Ostoperationen gehen mußte. Erst als sich die Lage an der südlichen Peripherie dramatisch verschärfte, entschloß sich Hitler unter dem Eindruck der bei Wjasma und Brjansk vermeintlich herbeigeführten Entscheidung im Kampf gegen die Sowjetunion, eine Luftflotte aus der Ostfront herauszulösen und ins Mittelmeer zu entsenden, um dort die Lage zu restabilisieren und dort stufenlos zur Nach-»Barbarossa«-Kriegführung überzuleiten. Das endgültige Scheitern des »Blitzkrieges« im Osten, wie es Ende November offenkundig wurde, machten dann die Entsendung der deutschen Luftstreitkräfte, die in Rußland während der sowjetischen Gegenoffensive fehlten und auch im Mittelmeer zu spät kamen, um den Rückzug Rommels noch verhindern zu können, zu einer neuerlichen »Aushilfsmaßnahme« im Stile derer des Winters 1940/41.

Während sich Rommel seit Anfang Dezember 1941 auf dem Rückzug befand, begann sich auf dem See- und Luftkriegsschauplatz Mittelmeer durch die eingeleiteten deutschen »Aushilfsmaßnahmen« und durch den, infolge der Ausweitung des Krieges zum Weltkrieg, bedingten Abzug starker britischer See- und Luftstreitkräfte die dortige Lage allmählich zu entspannen.

Nicht auf dem Mittelmeer, sondern auf dem Atlantik sah die Skl aufgrund der nun weltweiten Diversion der britischen Seestreitkräfte – vor allem in ihrer Tonnageleistung – die Möglichkeit parallel zum Ostfeldzug durch die Konzentration aller Seekampfmittel die Entscheidung im Ringen gegen Großbritannien herbeiführen zu können. Doch als Hitler die Kriegsmarine weiterhin als »Aushilfsinstrument« seiner zäh weiterverfolgten kontinentalen Kriegführung einsetzte und ihre Seestreitkräfte auf Nordmeer, Atlantik und Mittelmeer zersplitterte, war nach Auffassung der Skl diese vielleicht letzte Chance vergeben.

Vom deutschen Kriegseintritt gegen die USA an der Seite Japans und der damit eingeleiteten »Zersplitterung« der anglo-amerikanischen Seemacht auf zwei Ozeane erhoffte sich Hitler nicht nur das als unvermeidlich angesehene Eingreifen der USA in den europäischen Krieg hinauszögern zu können, sondern auch den politischen Zusammenbruch des Britischen Empire. Würde sich dieser klar abzeichnen, noch bevor die USA die »Zweite Front« in Europa errichten könnten, dann mußte, Hitlers Kalkül zufolge, Großbritannien zum politischen »Ausgleich« mit Deutschland gezwungen, die Gefahr einer »Zweiten Front« gebannt und damit die Rückenfreiheit nach Westen für die siegreiche Beendigung des zum Abnutzungskrieg verlängerten Ostfeldzuges gewährleistet sein. Würde Großbritannien und sein Empire dagegen, trotz der weltweiten Diversion seiner Militärmacht bis zum US-amerikanischen Eingreifen in Europa standhalten, dann mußte Deutschland zwangsweise seinen an Rohstoffen reicheren Gegnern in einen Zwei-Fronten-Krieg unterliegen. Im Spannungsfeld zwischen der Hoffnung auf den politischen »Ausgleich« mit Großbritannien und der Furcht vor der alles vereitelnden »Zweiten Front« vor dem Hintergrund seiner dogmatisch weiterverfolgten Ostzielsetzung bewegte sich seit dem endgültigen Scheitern seines »Weltblitzkriegsplanes« Hitlers politisches und militärisches Handeln. Für den Mittelmeerraum sah er nicht nur die Gefahr einer angloamerikanischen Landungsoperation, etwa an Italiens Küsten, sondern auch – trotz der noch immer kritischen Lage Ende Dezember 1941 – nach wie vor die potentielle Möglichkeit durch die Bedrohung der britischen Nahost-Position von Westen her, jetzt gleichsam als Gegenstück zur japanischen Expansion in Fernost, den Kollaps des Empires mit den damit verknüpften Hoffnungen beschleunigen zu können.

Mitte Januar 1942 hatte sich die Seetransportlage im Bereich des zentralen Mittelmeeres wieder stabilisiert. Rommel nahm dies sogleich zum Anlaß, sein altes Ziel, die Eroberung Ägyptens, erneut in Angriff zu nehmen. Am 21. Januar trat er zur völligen Überraschung des Bundesgenossen zur Offensive an und geriet trotz zügigen Vormarsches in schweren Konflikt mit dem defensiv eingestellten Comando Supremo. Wenn es 1942 dann demnach zu einer gemeinsamen Planung für die deutsch-italienische Kriegführung im Mittelmeer kam, so war dies das Verdienst des geschickt taktierenden, stets um »Ausgleich« bemühten Generalfeldmarschalls Kesselring. Ihm gelang es, die defensive italienische Vorstellung von einer Kriegführung im Mittelmeerraum, deren Kern die von ihm selbst hartnäckig geforderte Eroberung der Insel Malta bildete, mit den offensiven Vorstellungen Rommels zu der von Mussolini und dem Comando Supremo gebilligten Synthese zu verschmelzen, wonach zuerst Malta genommen werden sollte, oder, für den Fall, daß sich die Operation gegen Malta verzögern würde, zunächst Tobruk zu erobern war.

Der Seekriegsleitung wies Rommels Januar-Offensive unerwartet wieder den Weg zur »Mittelmeerkonzeption«, die sie mit den geplanten Ostoperationen der Heeresgruppe Süd und der japanischen Expansion im Fernen Osten zu einem die halbe Welt umspannender strategischen Ganzen verband, in dessen Mittelpunkt die Ausschaltung der britischen Nah-Mittelost-Position mit ihren kriegswichtigen Ölvorkommen stand. Doch der Heizölmangel der »Achsen«-Seestreitkräfte und die der Marine von Hitler über den Schutz der Küsten hinaus zugewiesene offensive Aufgabe im Nordraum machten weitreichende Abstriche – auf die bislang als Voraussetzung für eine Suez-Operation angesehene Eroberung Maltas mußte aufgrund des stark heizölverbrauchenden Großeinsatzes der italienischen Flotte verzichtet werden – an der maritimen Global-Strategie erforderlich, so daß sie bereits ab April 1942, spätestens aber ab Anfang Mai – die Kleßheimer Abmachungen hatten diese Umorientierung vorübergehend verzögert – hinter den besonders von Raeder favorisierten Zufuhrkrieg im Nordraum und den sich seit März 1942 immer erfolgreicher gestaltenden Tonnagekrieg im Atlantik zurücktrat.

Hitlers Hoffnungen auf einen politischen »Ausgleich« mit Großbritannien schienen sich Ende Januar/Anfang Februar 1942 vor dem Hintergrund des Falls von Singapore und der Rückeroberung der Cyrenaika zu erfüllen. Der drohende Konflikt mit der defensiv eingestellten italienischen Führung zwang ihn dann jedoch, ohne zu wissen, daß die Offensivmöglichkeiten Rommels ohnehin längst erschöpft waren, dessen Vormarsch zu stoppen, um so den Fortbestand der »Achse« nicht zu gefährden, die insbesondere nach dem Scheitern des »Weltblitzkriegsplanes« ihre für die Fortsetzung des Gesamtkrieges elementare Funktion als Stabilisierungsfaktor für die europäische Südflanke behalten hatte. Erst als im April der OBS Hitler die bereits vom Bundesgenossen sanktionierte weitere Vorgehensweise im Mittelmeerraum vortrug – nämlich, Malta zu nehmen und anschließend in Nordafrika zur Offensive anzutreten, oder auch in umgekehrter Reihenfolge zu verfahren – griff Hitler die weitreichenden Perspektiven, die der Krieg in Nordafrika immer noch zu bieten schien, abermals auf. Auch rang er sich nun dazu durch, einer Eroberung der Insel Malta zuzustimmen, obgleich er ihr aufgrund der negativen Erfahrungen der verlustreichen Kreta-Operation des Vorjahres mehr als skeptisch gegenüberstand. Allerdings ließen die im Hinblick auf die bevorstehende Sommeroffensive am Südabschnitt der Ostfront unerfüllbaren italienischen Forderungen nach deutscher Unterstützung für die Landung auf Malta seine Neigung, das Unternehmen zu wagen, rasch schwinden. Die bei den Kleßheimer Besprechungen Ende April 1942 ohne Hitlers Zutun von den Militärs festgelegte Reihenfolge, erst in Nordafrika zur Offensive anzutreten und im Anschluß daran Malta zu nehmen, bewahrte ihn vor dem Eingeständnis, die umfangreichen italienischen Forderungen nicht erfüllen zu können. Stattdessen blieb der Anschein gewahrt, daß »Herkules« tatsächlich im Juli – wie vereinbart – durchgeführt werden würde. Als Rommel am 23. Juni 1942, nachdem er Tobruk genommen hatte, die zwischen den Bundesgenossen abgesprochene weitere Vorgehensweise einfach ignorierte und zur Eroberung Ägyptens ansetzte, traten die, aufgrund der Kleßheimer Abmachungen bis zu diesem Zeitpunkt verschleierten, grundlegend verschiedenen Zielvorstellungen, die die »Achsen«-Partner mit einer Kriegführung im Mittelmeerraum verbanden, noch einmal offen zutage. Diesmal allerdings verschmolzen schließlich alle Gegensätze in der Hoffnung auf die weitreichenden Perspektiven, die die vermeintlich unmittelbar bevorstehende Eroberung Ägyptens zu bieten schienen. Man traf sich deshalb in dem Entschluß, die Offensive fortzusetzen und auf die Eroberung Maltas zu verzichten.

☐ So wußte Rommel, daß nur die Gunst dieser Stunde zum Erfolg einer Offensive gegen die sich mit fortschreitender Zeit ständig verstärkende britische Ägypten-Stellung führen konnte.

☐ So versprach sich die Seekriegsleitung von der Eroberung der Suez-Position im Verein mit dem ständig erfolgreicher werdenden U-Boot-Krieg im Atlantik und mit der unmittelbar bevorstehenden Kampfführung der schweren Schiffe gegen den angelsächsischen Murmansk-Archangelsk-Geleitverkehr doch noch die Wende herbeizuführen, bevor die Überlegenheit der amerikanischen Hochrüstung diese vielleicht letzte Chance vereiteln würde.

☐ So glaubte Hitler, unter dem Alpdruck einer ständig näherrückenden »Zweiten Front«, jetzt noch die Möglichkeit zu haben, Großbritannien aus der Feindkoalition herauszubrechen und damit die Voraussetzung dafür zu schaffen, seinen zum Abnutzungskrieg verlängerten »eigentlichen Krieg« im Osten doch noch siegreich zu beenden.

☐ So brauchte Mussolini dringend einen Prestige-Erfolg, um seine wankende Stellung gegenüber dem Comando Supremo und der italienischen Öffentlichkeit zu festigen.

Anhang

A. Dokumente

Verzeichnis der abgedruckten Aktenstücke

1. »Richtlinien für die Besprechungen des deutschen Generals beim ital. Oberkommando in Rom und des Befehlshabers der deutschen Truppen in Libyen mit dem ital. Oberkommando und dem Marschall Graziani«
OKW/WFSt, Nr. 11/41, 6. 2. 41, BA-MA, GE 1203 PG 33316

2. Privatdienstschreiben Rommels an den Oberquartiermeister I des Generalstabs des Heeres, Generalleutnant Paulus (Erste Eindrücke und Maßnahmen in Nordafrika)
Befehlshaber DAK, 26. 2. 41, BA-MA, N 372/22

3. »Betr.: Kriegführung nach Abschluß ›Barbarossa‹ «
Gen.St.d.H./OQu I/Op. Abt. (IIb), Nr. 1385/41, 24. 7. 41, BA-MA, RH 2 v. 1521

4. »Auszug aus ›Gedanken des D. A. K. über Fortführung der Offensive gegen Ägypten‹ vom 27. 7. 41«
Dt. Markdo. Italien, Anlage 1 zu Nr. 186/42, 25. 4. 42, BA-MA, M 648 PG 45107

5. »Schnellkurzbrief an: Führerhauptquartier für Herrn Kapitän zur See von Puttkamer. Dem Führer vorzulegen.« (Raeder zur kritischen Lage im Mittelmeer)
Ob.d.M./1. Skl Ib, 1563/41, 23. 9. 41, BA-MA, RM 7/234

6. »Weisung für die Kampfführung gegen Malta«
OBS Führungsabteilung Ia, Nr. 559/41, 31. 12. 41, BA-MA, RM 7/235

7. Operationsabsichten der Panzerarmee Afrika
OKdo Pz. A. Afrika, Abt. Ia, Nr. 31/42, 30. 4. 42, BA-MA, M 648/45107

8. Privatdienstschreiben des Marinereferenten im OKW/WFST, Junge, an Wangenheim (1. Skl) zu den Besprechungen zwischen Hitler und Mussolini am 29./30.4.1942
Junge, 1.5.42, BA-MA, RM 7/945

9. Weisung für »Herkules« und »Theseus«
OKW, Nr. 55797/42, 4. 5. 42, BA-MA, M 648/45107

10. Privatdienstschreiben Junges an Wangenheim zum Vortrag General Students vor Hitler und den Spitzen der Wehrmacht am 21.5.1942
Junge, 22. 5. 42, BA-MA, RM 7/945

11. »Studie über die Vorbereitung und Durchführung des Unternehmens C 3 (›Herkules‹)«
OBS Ia, Nr. 7170/42, 31. 5. 42, BA-MA, RM 7/945

12. Stellungnahme des Stabschef der Skl, Admiral Fricke, zur Frage Malta oder Suez
    C/Skl zu 1193/42 (Vermerk zu Ib), 23. 6. 42, BA-MA, RM 7/235

13. Brief Hitlers an Mussolini vom 23. 6. 1942 mit der Aufforderung an diesen, die
    Offensive nunmehr nach dem Fall der Festung Tobruk bis zur Eroberung Ägyptens
    fortzusetzen
    BA-MA, RM 7/235

14. Weisung des Comando Supremo vom 27. 6. 1942 in der der Suez-Kanal, Kairo und
    Einschließung Alexandrias als Ziele des weiteren Vormarsches der Panzerarmee
    genannt werden
    v. Rintelen Ia, Nr. 2111/42, 28. 6. 42, BA-MA, RH 2 v. 462

Hinweis: Die Dokumente sind im Originalwortlaut abgedruckt. Rechtschreibfehler
wurden *nicht* korrigiert.

Dokument Nr. 1

Abschrift

Oberkommando der Wehrmacht   F. H. Qu., den 6. 2. 41
     WFSt

Geheime Kommandosache   *Chefsache!*   8 Ausfertigungen
                        Nur durch Offizier!   5. Ausfertigung.
O. K. M.
op 122/41
Eing.: 10 .2. 41

Richtlinien

für die Besprechungen des deutschen Generals beim ital. Oberkommando in Rom und des Befehlshabers der deutschen Truppen in Libyen mit dem ital. Oberkommando und dem Marschall Graziani.

Tripolitanien muss gehalten werden, um die Verbindung der Engländer mit franzö-sisch-Nordafrika zu verhindern und starke englische Kräfte auf dem nordafrikanischen Kriegsschauplatz zu fesseln.

Diese Aufgabe kann durch die Verteidigung eines eng um die Stadt Tripolis angeleg-ten, befestigten Lagers *nicht* gelöst werden. Eine solche Kampfführung entzieht der eigenen Luftwaffe jede geeignete Basis. In kurzer Zeit wird ferner durch die englische Flotte und Luftwaffe die Versorgung über See und aus der Luft abgeschnitten sein; damit wird Tripolis früher oder später das Schicksal von Bardia und Tobruk teilen.

Für einen solch aussichtslosen Kampf können deutsche Truppen nicht eingesetzt werden.

Die Voraussetzung dafür ist, daß die Verteidigung von Tripolitanien etwa wie folgt geführt wird:

»Zwischen dem Golf der großen Syrte und den nördl. Ausläufern des Djebel-Soda-Gebirges muß an einem für die Abwehr und für die Wasserversorgung günstigen Abschnitt eine Verteidigungsfront mit der Masse der in Tripolis verfügbaren Inf.Divi-sionen aufgebaut werden.

Der linke Flügel wäre etwa zwischen Syrte und Misonrata an das Meer anzulehnen und durch Verminung an der Front zu schützen.

Hinter dem rechten Flügel wären alle deutschen und italienischen beweglichen Ver-bände unter dem Kommando des Befehlshabers der deutschen Truppen zusammenzu-fassen, um den Feind anzugreifen, sobald er sich zum Angriff entlang der Küstenstras-se oder zu einer Umfassung dieser Stellung mit seinen Panzerkräften von Süden her anschickt. Daß für den Feind die Möglichkeit besteht, diese Stellung mit nennenswer-ten Kräften südlich des Djebel-Soda zu umfassen, hält das deutsche Oberkommando für ausgeschlossen.

Dabei wäre anzustreben, von den aus der Cyrenaica zurückgehenden italienischen Kräften möglichst starke Kräfte noch hinter diese Stellung zu retten. Die Masse der um Tripolis befindlichen Truppen müsste, *sofort* in diese Stellung in Marsch gesetzt, den Ausbau sofort beginnen. Ob später noch weitere deutsche Kräfte nachgeschoben wer-den, hängt von der Entwicklung der Lage ab.

Eine solche Kampfführung auf der Erde muß durch die Luftwaffe tatkräftig unterstützt werden. Die Verstärkung der italienischen Luftwaffe ist im Gange. Um sie weiter zu verstärken, würden Teile des X. Fl.Korps (Zerstörer und Sturzbomber), später evtl. auch Jäger nach Tripolitanien verlegt werden. Zu deren Versorgung muß auch die deutsche Transportgruppe aus Foggia mit herangezogen werden.

Aufgabe der Luftwaffe in Tripolitanien wäre es dann, durch starke zusammengefasste Angriffe unter Zerstörerschutz die vorgehenden engl. beweglichen Kräfte anzugreifen und im übrigen später den Aufbau einer feindl. Luft- und Versorgungsbasis vor der neuen Verteidigungsstellung an der Syrte zu verhindern oder zu erschweren.

Die Kampfaufgaben und die gemeinsame Benutzung der nordafrikanischen Bodenorganisation werden eine besondere Regelung der Zusammenarbeit zwischen den ital. und deutschen Luftstreitkräften in Nordafrika notwendig machen.

Diese Aufgabe könnte noch wesentlich durch Vorstösse schneller ital. Kreuzer und Zerstörer oder Torpedoboote gegen die engl. Versorgung zur See entlang der Küste unterstützt werden.«

Durch General von Rintelen ist zunächst in Rom festzustellen, ob das ital. Oberkommando bereit ist, eine derartige Weisung an den Marschall Graziani zu geben. Ist das der Fall, so sind durch General Rommel die Einzelheiten mit dem Marschall Graziani persönlich zu besprechen und die nötigen Erkundungen vorzunehmen. Zur Wahrnehmung der Belange der Luftwaffe tritt Maj. i.G. Grunow zu Gen.Maj. Rommel.

Sollte die ital. Führung der Auffassung sein, dass eine derartige oder ähnliche Kampfführung nicht möglich ist und man sich nur auf die Verteidigung des befestigten Lagers von Tripolis beschränken müsse, so ist zum Ausdruck zu bringen, dass dann der Einsatz deutscher Truppen und Fliegerkräfte in Nordafrika keinen Sinn mehr hat.

Der Chef des Oberkommandos der Wehrmacht

gez. Keitel

Verteiler:

Gen. v. Rintelen	1.	Ausf.
Gen. Rommel	2.	”
Maj. i.G. Grunow	3.	”
Ob.d.H.	4.	”
Ob.d.M.	5.	”
Ob.d.L.	6.	”
OKW/L	7.	”
Entw.	8.	”

Dokument Nr. 2

Abschrift

Befehlshaber   St.Qu., den 26. 2. 41
des deutschen Afrikakorps

Lieber Paulus!

Von hier kann ich berichten, dass sich die Lage von Tag zu Tag mehr festigt und dass die vordersten deutschen Truppen rund 600 km Luftlinie südostwärts von Tripolis stehen und dem Feind zu schaffen machen. Das Erscheinen deutscher Truppen an der Sirte-Front und das geglückte erste Stosstruppunternehmen gegen el Agheila hat bei dem Feind grossen Eindruck gemacht. Er alarmierte und rechnete bereits mit einer grösseren deutschen Aktion. In Ermangelung von Panzern sind die ersten 35 Panzeratrappen gestern abend wohl bei en Nofilia eingetroffen und werden dazu beitragen, den Feind über unsere Stärke zu täuschen und die nötige Zeit zu gewinnen. Ein Bild dieser Atrappen anbei, die hier in Tripolis von der Reifenstaffel angefertigt worden sind. Die Atrappen sind auf Volkswagen beweglich. Weitere 170 Stück folgen in den nächsten Tagen.

Das Gelände südlich der Sirte-Bucht und die Oasengruppe Giofra habe ich nun mit dem Flugzeug gründlich erkundet. Der Streifen von der Küste bis etwa 120 km südlich ist für motorisierte Truppen überall gangbar, allein Wasserstellen befinden sich nur entlang der Küstenstrasse, und die haben wir nun besetzt. Ab etwa 125 km südlich der Küste beginnt ein nach Süden immer schwieriger werdendes Gebirgsland, das kaum mit Truppen, bestimmt aber nicht mit motorisierten Truppen zu überschreiten ist. Die Geländeerkundung hat mich noch mehr in meinem Entschluss bestärkt, den Küstenstreifen stark zu befestigen und hier eine möglichst lückenlose Befestigungszone zu schaffen. In Anlehnung an diese Befestigungszone muss die Verteidigung mit den beweglichen Kräften offensiv geführt werden. Ob man aus dem ostwärtigen oder westlichen Teil dieser Befestigungszone zum Offensivstoss antritt, richtet sich nach Lage und Kräfteverhältnis. Besonders erfolgreich wäre ein Stoss aus dem ostwärtigen Teil der Befestigungszone nach Süden oder Südosten. Das Gelände bis el Agheila wird so in die Hand genommen, dass der Feind starke Kräfte ansetzen muss, um hier Boden nach Westen zu gewinnen. Hoffentlich gelingt es, die Verbindung mit der Luftwaffe noch enger zu gestalten, vor allem durch Zusammenlegung der Gefechtstände (Korps deutscher und italienischer Fliegerführer) um die Zusammenarbeit der beiderseitigen Luftwaffen wesentlich zu fördern. Von Catania aus ist das sehr schwer zu machen.

Von der Truppe habe ich einen ausgezeichneten Eindruck. Sie hat sich in die völlig neuen Verhältnisse gut hineingefunden und den ersten »Ghibli« im Abschnitt bei Sirte, wo er besonders hässlich tobte, überstanden. Ich hoffe, dass es nun gelingt, die Transporte in rascher Folge durchzuführen. Wir haben hier in Tripolis bisher nur die Hälfte der vorgesehenen Ausladezeit benötigt. Die Sicherung der Geleitzüge ist nun wesentlich besser geworden. Jedoch es liegen eine grössere Anzahl englischer U-Boote auf Lauer und wiederholt gelang es ihnen gutsitzende Schüsse anzubringen. Es ist nötig, besondere U-Bootjäger, sowohl zur See als in der Luft auf dem Seetransportweg anzusetzen und jeden Flug über das Wasser zur Jagd auf U-Boote entlang des Transportweges auszunützen. Wiederholt kam es vor, dass unsere Ju-Transportstaffeln aufgetauchte feindliche U-Boote gesichtet haben und in Ermangelung von Bomben nicht bekämpfen konnten.

General Streich ist hier eingetroffen. Erkundet zur Zeit im Gelände und wird in den nächsten Tagen das Kommando, ostwärts Sirte übernehmen. Division Brescia ist im Antransport nach Buerat. Nach ihrer Ankunft tritt die Division Ariete unter mein Kommando.

Die Zusammenarbeit mit den italienischen Kommandostellen kann als recht gut bezeichnet werden. Für jeden Rat ist die Armee dankbar, und was gutgeheissen wird, wird rasch in Befehle umgesetzt.

Meinen letzten Brief werden Sie erhalten haben. Anbei einige weitere Bilder.

Mit besten Grüssen und Heil Hitler!

gez. Ihr E. Rommel

Dokument Nr. 3

Abschrift

Der Oberbefehlshaber des Heeres
Gen St d H O Qu I/Op. Abt. (IIb)
Nr. 1385/41 g.Kdos.   H Qu OKH, den 24. 7. 41
                                                                  12 Ausfertigungen
                                                                   14. Ausfertigung

Betr.: Kriegführung nach Abschluss »Barbarossa«.

Chef-Sache!
Nur durch Offizier!

An
OKW/WFSt/Abt. L

I. Nach Beendigung des Ostfeldzuges können in der Kriegführung gegen das britische Reich folgende Aufgaben erwachsen:

A.) *Im Mittelmeeer.*

    1.) gnternehmen gegen Gibraltar und Malta zur Sperrung der Meerenge und Sicherung des Transportweges nach Nordafrika.

    2.) Nach Wegnahme von Tobruk deutsch-ital. Offensive aus der Cyrenaika gegen Ägypten.

B.) *In Vorderasien.*

    1.) Angriff durch die Türkei und Syrien gegen Ägypten.

    2. Angriff gegen den Persischen Golf

       a) aus der Türkei

       b) aus Transkaukasien $\left.\vphantom{\begin{matrix}a\\b\end{matrix}}\right\}$ durch Irak und Iran.

Diese Operationen haben alle dasselbe Ziel, die brit. Position im Mittelmeer und Vorderasien zu treffen. Ihre Voraussetzungen dürfen daher nicht getrennt von einander untersucht werden. Vielmehr ist es erforderlich, das Problem als Gesamtheit zu prüfen und seine Lösung dementsprechend vorzubereiten.

Die Ansicht des OKH über die mögliche Entwicklung der *Feindlage im Vorderen Orient* bis zum Herbst dieses Jahres enthält Anlage 1.

Die Kampfkraft der hiernach anzunehmenden *Feindkräfte* kann durch die nunmehr angelaufene amerikanische Hilfe nicht unwesentlich gesteigert werden.

II. Gibraltar und Malta.

Die Versorgungslage als *Basis der Kriegführung auf dem nordafrikanischen Kriegs-schauplatz* wird erst dann eine ausreichende Besserung erfahren, wenn *Gibraltar* und *Malta* ausgeschaltet oder entscheidend gelähmt sind.

Malta kommt eine besondere Bedeutung zu wegen seiner unmittelbaren Ausstrahlungen auf den Seeweg nach Nordafrika und das ital. Mutterland. Seine Hauptkraftquelle ist in Gibraltar zu suchen. Eine Wegnahme oder Ausschaltung Gibraltars wird eine wesentliche Schwächung von Malta zur Folge haben.

Ob für eine an sich erwünschte *Wegnahme* der stark besetzten und befestigten Insel *Malta* ausreichende Mittel der Kriegsmarine und Kräfte der Luftwaffe (Fallschirm- und Luftlandetruppen) zur Verfügung stehen, entzieht sich der Beurteilung des OKH.

Um jedoch für die schwierige Seetransportlage im westlichen Mittelmeer *beschleunigt* die dringend notwendige Erleichterung zu schaffen, ist ein *Niederhalten Maltas* durch die *deutsche* Luftwaffe zum frühestmöglichen Zeitpunkt erforderlich.

Die Benutzung *Gibraltars* als Flottenstützpunkt kann dem Engländer schon *vor* dem Fall der Festung durch den Aufmarsch starker deutscher Artillerie an der südspanischen Küste unmöglich gemacht werden. Zeitberechnung siehe Anlage 2.

Es wird besonderer Vorsorge bedürfen, ein Ausweichen des Briten nach Ceuta und Tanger zu verhindern, das der Spanier nicht abwehren kann. Die Überführung deutscher Truppen im Lufttransport nach Spanisch-Marokko kann notwendig werden.

Die Möglichkeit der Überführung deutscher schwerer Artillerie nach Span.-Marokko bedarf noch der Prüfung. Ihre Anlandung wird wohl nur in Franz.-Marokko möglich sein und erfordert entsprechendes Einvernehmen mit Frankreich.

III. *Wegnahme von Tobruk* und *deutsch-ital. Offensive aus der Cyrenaika gegen Ägypten* (siehe Schreiben OKH/GenStdH/O Qu I/Op.Abt. (IIb) Nr. 1380/41 g. K. v. 21. 7. 41).

Auf diese Vorhaben wird die Lösung der in Ziffer II. angeschnittenen Fragen einen entscheidenden Einfluß haben.

Die durch den Kampf an 2 Fronten (Sollum und Tobruk) bedingte schwierige Lage des Deutschen Afrikakorps bedarf einer baldigen Bereinigung durch beschleunigte Wegnahme von Tobruk.

Kräfte- und Zeitbedarf für die Bereitstellung der *deutschen* Truppen für den Angriff auf Tobruk sind in o. a. Schreiben niedergelegt. OKW wird gebeten, baldmöglichst die Absichten der *Italiener* für ihre zur Wegnahe Tobruks und zur späteren Offensive gegen Ägypten erforderliche Beteiligung zu klären.

Nordafrika wird jedoch wegen seiner *Abhängigkeit vom Transportproblem* und der zunehmenden Verstärkung des Briten in Ägypten ein Nebenschauplatz bleiben, da der Brite sein Kräftemass in Ägypten schneller steigern kann, als wir das unsrige in Nordafrika.

IV. Das Schwergewicht der deutschen Kriegsführung muss also bei den Angriffsgruppen *Anatolien* und *Kaukasus* liegen.

a) Es liegen dem OKH keine Unterlagen vor, die zu der Annahme berechtigen, dass die *Operation durch Anatolien* mit Einverständnis der Türkei erfolgen kann.

   Eine Operation *gegen* die türk. und brit. Kräfte stellt sich als eine Grossoperation unter erschwerten Bedingungen und mit langer Vorbereitungszeit dar. Sie kann erst im Laufe des Jahres 1942 durchgeführt werden.

   Eine auf dieser Grundlage aufgestellte vorläufige Kräfte- und Zeitberechnung für den Aufmarsch gegen die Türkei enthält Anlage 3.

b) Das Ergebnis der ersten Untersuchungen für eine Versammlung deutscher Kräfte in Anatolien *mit Einverständnis der Türkei* ist in Anlage 4 zusammengefasst.

Voraussetzung hierbei ist, dass die umfangreichen Vorbereitungen für die Bewegungen in Anatolien (Erkundung der Eisenbahn- und Strassenverhältnisse, Klärung der Versorgungsmöglichkeiten aus dem Lande, Aufbau von Versorgungsstützpunkten, Erkundung der Leistung der Häfen, Strassenausbesserungen, Brückenverstärkungen usw.) rechtzeitig getroffen werden können.

Es muss damit gerechnet werden, dass der Engländer — nach der nunmehrigen Besetzung von Syrien — versuchen wird, die Taurus-Übergänge zu sperren, sobald der Einmarsch deutscher Truppen in die Türkei bemerkbar wird. Es wird daher von den Türken zu fordern sein, daß sie den Taurus-Übergang für uns offen halten.

Die Taurus-Strasse ist eine Kunststrasse von grosser Empfindlichkeit. Gelingt ihre Offenhaltung nicht, dann ist die Wahrscheinlichkeit, den Taurus-Übergang bei englischer Gegenwirkung noch in diesem Jahre in brauchbarem Zustand in die Hand zu bekommen, äusserst gering. Man wird hiermit erst für das Frühjahr 1942 rechnen können.

Um neben den Auswirkungen der Ostoperation den erforderlichen Druck auf die Türkei baldigst ausüben zu können, wird die frühzeitige Versammlung möglichst starker Teile der für diese Operation vorzusehenden Kräfte in Rumänien und Bulgarien anzustreben sein. *Sie kann aber nur nach Maßgabe des Ablaufs von »Barbarossa« erfolgen.* Dieser darf nicht beeinträchtigt werden.

Als vorderste Teile für eine derartige Versammlung sind verfügbar:

164. I.D. (ohne 1 Rgt.) im Raume um Saloniki ab sofort,

6. Geb.Div. nordwestl. Saloniki ab Anfang August,

5. Geb.Div. nach Freigabe aus Kreta,

5. Pz.Div. nach Auffrischung in der Heimat ab Mitte August.

V. *Türkei–Irak–Persischer Golf* (Operation gem. Ziffer I. B.) 2.) a)).

Aus der Zeitberechnung gem. Anl. 4 ergibt sich, daß eine Versammlung der für den Angriff aus der Türkei Richtung Irak – Persischer Golf erforderlichen Kräfte – zunächst 1 verst. Panzer-Korps – erst im Frühjahr 1942 in Südostanatolien möglich sein wird.

VI. *Transkaukasien–Iran–Persischer Golf* (Operation gem. Ziffer I. B.) 2.) b)).

Spätestens wenn sich die deutsche Ostoperation dem Gebiet des Asowschen Meeres nähert, ist damit zu rechnen, dass der Engländer versuchen wird, den Kaukasus zu besetzen und zu sperren. Wie weit er gegenüber dem Iran und der Türkei mit der Ausübung eines militärischen Drucks für Freigabe des Durchmarsches Erfolg haben wird, muss dahingestellt bleiben. Seine Absichten in dieser Richtung zeichnen sich schon jetzt durch einen beginnenden Aufmarsch an der Nord- und Ostgrenze des Irak ab. Auch die Unterstellung der brit. Truppen im Irak unter den Oberbefehlshaber Indien ist ein deutliches Zeichen, dass sich die britischen operativen Gedanken mit dem Iran beschäftigen.

Eine deutsche Offensive aus Transkaukasien (mit etwa 1 verst. Panzer-Korps und Gebirgstruppen) in den Iran ist – in Anbetracht der Geländeschwierigkeiten während des Winters – erst im Frühjahr 1942 durchführbar.

VII. Zusammenfassend müssen nach Ansicht des OKH die politischen und militärischen Vorbereitungen auf folgenden zeitlichen Ablauf eingestellt werden:

A.) *Herbst 1941:*
1.) *Niederhalten von Malta* durch *deutsche* Luftstreitkräfte von Sizilien aus.
2.) *Unternehmen gegen Gibraltar.*
Der Angriff auf Gibraltar kann beginnen 3 Monate nach Erteilen des Befehls zum Herausziehen der vorgesehenen Kräfte aus der Ostoperation (auf der Grundlage der Anlage 2).
3.) *Wegnahme von Tobruk.*
Nach den bisherigen Unterlagen können die deutschen Angriffstruppen voraussichtlich *Mitte September 1941* angriffsbereit sein. Der Angriffsbeginn bleibt jedoch dann noch von der Bereitschaft der Italiener und der Wetterlage abhängig.
B.) *Winter 1941/1942:*
1.) Für den Fall, daß türk. Einverständnis vorliegt:
Gewinnen der Taurus-Übergänge,
Versammlung an der türk.-syrischen Grenze und *Einbruch nach Syrien* in Richtung auf Palästina.
2.) Je nach Erfolg der Operation zu B.) 1.) Beginn der Offensive des Deutschen Afrikakorps gegen Ägypten.
C.) *Frühjahr 1942:*
1.) Auf der Grundlage von B.) 1.) (Einverständnis der Türkei):
Konzentrischer Angriff mit je 1 verst. Panzer-Korps aus *Anatolien* und *Transkaukasien* Richtung Persischer Golf.
2.) Unter der Voraussetzung der Türkei als Gegner:
a) *Angriff aus Bulgarien* gegen Thrazien, anschliessend Anatolien,
b) aus *Transkaukasien* über die türk. Nordostgrenze und gegen Nordiran.

4 Anlagen   gez. v. Brauchitsch
3 Beilagen

Hinweis: Die Anlagen und Beilagen sind hier nicht abgedruckt.

Dokument Nr. 4

Abschrift

Geheime Kommandosache   Anlage 1
Chefsache!
Nur durch Offizier!

Anlage 1 zu Dt. Markdo. Italien
B. Nr. Gkdos Chefs/86 vom 25. 4. 42

Auszug
aus
»Gedanken des D.A.K. über Fortführung der Offensive
gegen Ägypten« vom 27. 7. 41.

Bemerkung: Für die fehlende Seite 2 (damalige Feindbeurteilung durch D.A.K.) siehe
Anlage 2.

II. *Vorschlag für Operationsziele einschließlich Zwischenziele und Gesamtkräfteeinsatz.*

1.) *Vorausmaßnahme:* Unternehmen gegen die Oasen Giarabub und Siwa.

a) *Vermutete Feindbesatzung:*
Giarabub nur ganz schwache Teile, Siwa höchstens 1 verst. Regt., dabei Panzer und Artillerie. Möglicherweise dabei auch ägyptische Einheiten.

b) *Geplante Durchführung:*
Ansatz ausreichender deutscher Kräfte unter Mitwirkung der Luftwaffe westl. der Grenze über Weshka, dann ostw. Giarabub ausholend direkt auf Siwa, um dort die Feindbesatzung zu schlagen und zu vernichten. Giarabub fällt dann von allein.
Unmittelbares Nachführen ital. Einheiten als Besatzungstruppen, die dort verbleiben. Deutsche Angriffskräfte werden nach Eintreffen der Besatzungstruppen herausgelöst und von Siwa möglichst in Richtung Marsa Matruh herangezogen. Ansatz dieser Kräfte oder von Teilen zur Sperrung der Aufstiege vom Salzmeer in die Wüste vor allen Dingen in Gegend el Qaneitra, kann in Frage kommen.
Kräftebedarf: Angriffskräfte (deutsche Einheiten):
           1 Pz.Abt.,
           1 Schützen-Regt.,
           2 Artl.Abt. (dabei 1 schwere),
           1 Flak-Battr. 8,8 cm,
           1 A.A.,
           1 Pz.Jg.Abt.,
           1 Pi.Kp.
Diese Kräfte müssen den deutschen Angriffsdivisionen oder Korpstruppen entnommen werden. Bei wesentlich stärkerer Feindbesatzung Einsatz weiterer deutscher Kräfte erforderlich.
Als Besatzungstruppe nach Einnahme beider Oasen werden etwa 1 verst.Regt. und Eingeborenentruppen für erforderlich gehalten.

Falls Feindbesatzung erheblich schwächer als vermutet, genügt Ansatz 1 ital. mot. Div., verstärkt durch geringe deutsche Teile.

Falls Durchführung eines Angriffs gegen Giarabub – Siwa aus Kräfte- oder Zeitmangel nicht möglich, genügt Wegnahme und Besetzung der Oase Giarabub und Ansatz schwacher Kräfte zum Flankenschutz, sowie Luftaufklärkung. Dabei Vortäuschen eines Angriffes gegen Siwa.

Ein Angriff starker Teile der feindl. Oasenbesatzung gegen die deutsche Südflanke wird bei derzeitiger Feindbesetzung nicht für sehr wahrscheinlich gehalten, da sonst Besitz der Oase in Frage gestellt. Die Oase wird durch Abschneiden der Zufahrtswege bedeutungslos, nachdem deutscher Hauptangriff Marsa Matruh genommen hat oder daran vorbeigestoßen ist. Zuführung von nennenswerten Verstärkungen und Nachschub nach Siwa südl. des Salzmeeres ist nach Aussagen von Landeskennern wegen der schlechten Verbindungen nicht möglich.

2.) *1. Abschnitt der Offensive:*
Schlagen, möglichst Vernichten der westl. Marsa Matruh befindlichen Feindkräfte. Binden des Gegners durch schwache Kräfte entlang der Küstenstraße, Schwerpunkt in der Wüste.

Falls Unternehmen zur Wegnahme der Oase Siwa aus Kräfte- oder Zeitmangel nicht durchgeführt wird, Vortäuschen eines Angriffs gegen die Oase von Giarabub aus. Einsatz schwacher Kräfte zum Flankenschutz. (Derzeitige Feindstärke Siwa vorausgesetzt.) Wenn möglich, Wegnahme von Marsa Matruh durch Handstreich oder gleichzeitiges Eindringen mit zurückgehendem Gegner in die Festung, sonst Abschließung der Festung von Landseite aus. Durchführung der Belagerung wird nachfolgenden Truppen überlassen.

1. Angriffsziel: Erreichen der Enge zwischen Kattara-Senke und der Küste ostw. el Daba.

Falls Sidi Haneisch auch festungsartig besetzt, muß dort entsprechend wie bei Marsa Matruh verfahren werden. Kann Sidi Haneisch nicht im Handstreich genommen werden, dann muß es durch Angriff zu Fall gebracht werden, ehe zweiter Abschnitt eingeleitet wird, weil weitere Truppen zur Abschließung nicht zur Verfügung stehen und zeitgerecht auch nicht herangebracht werden können.

Kräftebedarf:
a) Für den ersten Angriff und Vorstoß bis zur Enge: Alle schnellen deutsch-ital. Verbände:

> Gen.Kdo. Afrika-Korps mit Korps- u. Armeetruppen,
> Gen.Kdo. z.b.V.,
> 15. Pz.Div.,
> 21. Pz.Div.,
> Afrika-Div.,
> 1 ital. Gen.Kdo.,
> 2 ital. Pz.Div.,
> 3 ital. mot.Div.

b) Für Abschließen von Marsa Matruh: (zunächst in zweiter Linie)

> 1 ital. Korps-Kdo. mit Korpstruppen (1 Artl.Regt.),
> 3 ital. Inf.Div.

Zeitbedarf:
>4–8 Tage. (Gesamtstrecke rund 400 km).

3.) *2. Abschnitt der Offensive:*
Vorstoß eines starken Angriffskeils (dabei beide Pz.Div. des D.A.K.) aus der Enge zwischen Kattara-Senke und Meer beiderseits des Uadi el Natrun vorbei unter Ausnutzung der Straße Alexandria–Kairo auf den Nil bei Kairo und nördl. Handstreich auf Nilbrücken bei Kairo bzw. 30 km unterhalb Kairo.
Mitwirkung von Fallschirmtruppen.
Vernichten jeden Gegeners, der sich westl. des Nildeltas zum Kampf stellen sollte.
Abschließung von Alexandria von Landseite aus.
Verhindern der Sprengung des Assuandammes. Hierzu Ansatz Abt. Homeyer und von Fallschirm- und Luftlandetruppen. Start von el Daba aus.

Kräftebedarf:
a) Für Angriffskeil:
>D.A.K. mit Korps- und Armeetruppen,
>15. Pz.Div.,
>21. Pz.Div.,
>1 ital. Pz.Div.,
>2 ital. mot.Div.

b) Für Abschließung von Alexandria:
>1 deutsches Gen.Kdo. z.b.V.,
>Afrika-Div.,
>1 ital. Pz.Div.,
>1 ital. mot.Div.

c) Für Verhinderung der Sprengung des Assuan-Dammes:
>Gem. Aufkl.Kp. Homeyer,
>Fallschirmspringer und Luftlandetruppen.

Zeitbedarf:
>3–5 Tage. (Entfernung Enge – Kairo rund 250 km.)

Antreten zum 2. Abschnitt so rasch als möglich, wenn es geht, ohne Pause nach Beendigung des 1. Abschnittes. Antreten aber erst, wenn mindestens Sidi Haneisch gefallen und Versorgung gewährleistet.

4.) *3. Abschnitt der Offensive:*
Übergang über den Nil in Gegend Kairo.

Zeitbedarf:
Wenn *eine* Brücke unversehrt in unsere Hand fällt, je Div. 24 Stunden, also = 5 Tage, bei *mehreren* vorhandenen Brücken entsprechend kürzer, bei erforderlichem Bau einer Brücke nach Eintreffen der Brückenbaukolonnen um die Bauzeit mehr.
Bei Kampf um den Übergang fraglich.

5.) *4. Abschnitt der Offensive:*
Vorstoß zum Suez-Kanal mit starken Teilen des D.A.K. je nach Entwicklung der Lage entweder auf Suez oder Ismailia.
Kräfte- und Zeitbedarf richten sich ganz nach Verlauf der bisherigen Operationen und lassen sich daher nur grob schätzen.

6.) *Säuberung des Nildeltas* je nach Entwicklung der Lage und den vorhandenen eigenen Kräften.

7.) *Demnach Gesamtkräftebedarf:*

        1 deutsches A.O.K. mit Armeetruppen,

        D.A.K. mit Korpstruppen,

        Gen.Kdo. z.b.V. (deutsch),

        2 ital. Gen.Kdos. mit Korpstruppen,

        15. Pz.Div.,

        21. Pz.Div.,

        Afrika-Div.,

        2 ital. Pz.Div.,

        3 ital. mot.Div.,

        3 ital. Inf.Div.

        Besatzungstruppen für Giarabub und Siwa (1 verst.Regt. mit Artl. [ital.], Eingeborenentruppen).

III. *Vorschlag für die deutsch-ital. Befehlsregelung.*

Für eigentliche Operation:

Oberbefehl über alle auf nordafrikanischem Boden befindlichen deutschen und ital. Truppen ital. Heeresgruppen-Kdo. (O.B. gleichzeitig Gen.Gouv. von Libyen).

Führung aller verbündeten Angriffskräfte wird einem deutschen Armeeoberkommmando (Panzergruppe) übertragen.

IV. *Forderungen an die deutsche Luftwaffe:*

a) *Vor dem Beginn der Offensive:*

    1.) Zerschlagen bzw. Lahmlegen der feindl. Flotte durch systematische Angriffe auf Hafenanlagen und Kriegsschiffe aller Art.

    2.) Abschnüren engl. Nachschubes über See.

    3.) Schutz des gesamten See-Nachschubverkehrs einschl. Küstenschiffahrt und Häfen.

    4.) Sperrung des Suez-Kanals durch Verminen und Versenkung von Schiffen.

    5.) Niederkämpfen der feindl. Luftwaffe, besonders der Angriffskräfte (Bomber und Kampfflugzeuge).

    6.) Operative Fernaufklärung über Ägypten und dem Suez-Kanal.

b) *während der Offensive: (Schwerpunkt):*

    1.) Eingreifen in den Erdkampf.

    2.) Verhindern eines Eingreifens der engl. Flotte in den Erdkampf.

    3.) Bekämpfung der feindl. Luftwaffe.

    4.) Abschnürung engl. Nachschubes über See.

    5.) Schutz des Nachschubes über See, besonders der Küstenschiffahrt.

    6.) Verhinderung der Sprengung des Assuandammes durch Fallschirm- und Luftlandetruppen in Zusammenarbeit mit Abt. Homeyer.

    7.) Inbesitznahme mehrerer Nilbrücken durch Fallschirmtruppen.

V. *Forderung an ital. Kriegsmarine und Luftwaffe:*

a) *Kriegsmarine:*

1.) Ein Kampf gegen die engl. Flotte wird der ital. Kriegsmarine weder zugetraut noch zugemutet. Sie ist dazu erfahrungsgemäß nicht in der Lage.

2.) Durchführung der Masse der Transporte nicht nach Tripolis, da dies fast wertlos ist, sondern nach Bengasi, Derna, Ain el Gazala. Bardia, später Sollum, Marsa Matruh und dem Golf von Kennayis, schließlich nach Alexandria.

3.) Begleitschutz der eigenen See- und Küstenschiffahrt, vor allem in Frontnähe und in der Nähe der Hauptausladehäfen.

4.) Wirkliche Bekämpfung feindl. U-Boote.

5.) Einsatz eigener U-Boote zur Versorgung.

b) *Luftwaffe:*
Mitwirkung bei den von der deutschen Luftwaffe geforderten Aufgaben in engster Anlehnung und Koppelung an diese, da nur auf diese Weise einigermaßen entsprechende Leistungen erzielt werden.

In Frage kommen hauptsächlich die Aufgaben zu:

IV. a) lfd. Nr. 1, 2, 3 und 4, IV. b) lfd. Nr. 1, 3, 4 und 5.

Es muß auch bei dieser Gelegenheit darauf hingewiesen werden, daß die Leistungen von auf sich selbst gestellten ital. Verbänden sehr schlechte sind und sie nur selten ihrer Aufgabe genügen.

Der Schutz von Häfen und Verkehr kann daher *nicht* den Italienern allein übertragen werden, wenn nicht – wie bisher nur zu häufig – schwere Ausfälle in Kauf genommen werden sollen.

Dokument Nr. 5

Abschrift

Geheime Kommandosache
Der Oberbefehlshaber der Kriegsmarine
und Chef der Seekriegsleitung.
B.Nr.1.Skl. Ib 1563/41 Gkdos.Chefs.   Berlin, den 23. Sept. 1941
          Chefsache!
       Nur durch Offizier!

Schnellkurzbrief an:

       Führerhauptquartier
     <u>für Herrn Kapitän zur See von Puttkamer.</u>

      Dem Führer vorzulegen.   Prüf. Nr. 3

An den Führer und Obersten Befehlshaber der Wehrmacht.

Im Anschluß an persönlichen *Vortrag am 17. 9.* fühle ich mich auf Grund Lageentwicklung in letzten Tagen verpflichtet, Ihnen, mein Führer, zur Mittelmeerlage nachstehende Auffassung zu melden:

1.) Skl. hat sich seit Anfang Juli ständig bemüht, Gründe darzulegen, die Einsatz deutscher Kampfmittel zum Schutze Tripolis-Transporte erfordern. Ablauf Seekrieg im Mittelmeer seit Juli hat meine Befürchtungen und Voraussagen leider in vollem Umfange bestätigt. Auf Grund schwerwiegender Transportverluste in letzter Zeit nahm Skl. am 19. 9. im Fernschreiben an OKW erneut Stellung zur Transportlage und beantragte erforderliche Gegenmaßnahmen. Die von Ihnen, mein Führer, in Anbetracht dringender Notlage getroffene erste Entscheidung, daß Hauptaufgabe X. Fliegerkorps nunmehr Sicherung Nordafrika-Transporte einschließlich Transporte nach Tripolis, kam in allerletzter Minute, um bei vollem Einsatz des Korps für Schutzaufgabe untragbar hohe Verluste einzudämmen.

2.) Mit großer Besorgnis erhielt ich Kenntnis von Abänderung Ihrer Anordnung durch Vortrag Ob.d.L. dahingehend, daß Sicherungsaufgabe X. Fliegerkorps sich nur auf Schutz Schiffahrt zwischen Griechenland und afrikanischer Küste sowie an afrikanischer Küste zwischen Bengasi und Derna und nur in besonderen Ausnahmefällen auf wichtige Tripolis-Transporte erstrecken soll. In dringendem Antrag Skl. vom 20. 9. erfolgte Hinweis an OKW, daß diese Abänderung Ihrer Weisung gegenwärtiger Seetransportlage nicht entspricht und jetzt befohlene Beschränkung Einsatzes deutscher Kräfte fortschreitend abgleitende Entwicklung Mittelmeerlage voraussehen läßt und Anlaß gibt zu Besorgnissen vor schweren militärischen Rückschlägen in Nordafrika und damit auf Gesamtmittelmeerlage.

3.) Transporte Griechenland-Nordafrika trotz jetzt möglicher stärkster Luftsicherung in ihrer Abhängigkeit von nicht beherrschter Seelage und unzureichenden Hafenleistungen stets nur auf Einzelfälle beschränkt und von günstigen Zufällen abhängig.

Entscheidend ist allein Haupttransportweg Tripolis und Zwischenverkehr Tripolis-Bengasi. Bedrohung dieser Lebensader durch englische U-Boote und Flugzeuge. Sicherungserfolg durch Operationen unzureichender und unzulänglicher italienischer Luft- und Seestreitkräfte nach meiner festen Überzeugung auch in Zukunft nicht zu erwarten. Auch Einsatz zusätzlicher Italienluftstreitkräfte aus Norditalien kann hieran nichts Entscheidendes ändern. Allein deutsche Maßnahmen vermögen Änderung Lage herbeizuführen.

4.) Wenn Schwächung Luftbasis Griechenland/Kreta zu Gunsten Sizilien-Basis angesichts Schwäche X. Fliegerkorps und aus Gründen Unterstützung Landkriegführung des D.A.K. nicht möglich, halte ich Verstärkung X. Fliegerkorps durch zusätzliche Kräfte unter Inkaufnahme Abzug von Ostfront im Interesse Gesamtkrieg für unerläßlich, da ich überzeugt bin, daß Enderfolg an Ostfront von Abzug von 30 bis 40 Flugzeugen nur wenig beeinflußt, Mittelmeerlage jedoch bei Nichtzuführung entscheidend betroffen wird.

5.) Mein Einblick in Transport- und Seelage, mein Führer, verpflichtet mich, mit allem Ernst auf Schwere der Lage hinzuweisen und nochmals eindringlich vor Unterschätzung der im Mittelmeerraum aus Seelage entstehenden Gefahren zu warnen. Ich halte daher meine dem OKW wiederholt zum Ausdruck gebrachte Auffassung und den am 19. 9. gestellten Antrag aufrecht, verschärfter Lage im Mittelmeer durch Ansatz X. Fliegerkorps zur Sicherung Tripolis-Weges insbesondere Niederhaltung Malta's sowie Einsatz zusätzlicher Luftkräfte von Sizilien aus, Rechnung zu tragen. Die sich aus Rückverlegung Luftkräfte nach Sizilien ergebenden Schwierigkeiten müssen angesichts Gesamtlage überwunden werden. Der Ernst der Lage zwingt mich, mein Führer, Sie zu bitten, es bei Ihrer ursprünglichen Weisung hinsichtlich Schutz Tripolis-Transporte durch eigene Luftkräfte zu belassen, die allein gegenwärtiger Lage gerecht wurde.

gez. Raeder
Großadmiral.

Dokument Nr. 6

Abschrift

WFSt/Op (L)   FHQ, den 3. 2. 42
Prüf. Nr. 2   Abschrift!   <u>2 Ausfertigungen</u>
                                       2. Ausfertigung
Der Oberbefehlshaber Süd   H.Qu., den 31. 12. 1941.
<u>Führungsabteilung I a</u>   <u>3 Ausfertigungen</u>
Nr. 559/41 g.K.Chefsache.   3. Ausfertigung

Weisung für den Kampf gegen Malta.

1) *Kampfziel:*
Zur Herstellung gesicherter Verbindungswege von Italien nach Nordafrika und zur Erringung der Luft- und Seeherrschaft im Raum zwischen Süd-Italien und Nord-Afrika ist die Niederhaltung Maltas unbedingte Voraussetzung. Die Luft- und Seefestung *Malta* bedroht z.Zt. den See- und Luftweg Italien – Nordafrika, wird als Absprungplatz zu Luftangriffen in Italien und Nord-Afrika benutzt und ist für den Engländer auf dem Weg Gibraltar – Alexandrien See- und Luftstützpunkt ersten Ranges.
Malta ist gegen Luft- und Seeangriffe stark befestigt, bodenorganisatorisch erstklassig ausgebaut, mit Kampfflieger- und Jagdkräften belegt und in größtem Umfange mit Kriegsgerät und Versorgungsgut bevorratet.

2) *Kräfte:*
Den Kampf gegen Malta führt das *II. Fliegerkorps,* dem zunächst Anfang Januar 1942 zur Verfügung stehen:

             1./(F) 122
Stab K.G.54 mit
         I./K.G. 54
         Küstenfliegergruppe 806
         Küstenfliegergruppe 606
Stab K.G.77 mit
         II./K.G. 77
         III./K.G. 77
Stab J.G.53 mit
         I./J.G. 53,
         II./J.G. 53
         III./J.G. 53 (ohne 1 Staffel)
         II./J.G. 3
ferner: III./Z.G. 26 (ohne 1 Staffel)
         I./N.J.G. 2
         Einsatzstaffel St.G. 3

später noch Stab J.G.3
Zeitweise Zuteilung von Kräften des X. Fliegerkorps bleibt vorbehalten.
Über Beteiligung der italienischen Luftstreitkräfte folgt Befehl.

3) *Kampfführung:*
a) Die bisherige Kampfführung gegen Malta hat folgendes Bild der Lage ergeben:
   1) Deutsche Jäger sind den englischen Jägern grundsätzlich überlegen. Englische Jäger nehmen Kampf nur selten an. Phantasiereiche Kampfführung notwendig, um Jäger in der Luft zum Kampf zu zwingen.
   2) Starke und gut schießende Flak vor allem zum Schutz des Hafens La Valetta.
   3) Neuerdings Auftreten von Nachtjägern gemeldet, die unsere Angriffsflieger zu den bekannten Ausweichbewegungen zwingen.
   4) Bodenorganisation vorzüglich ausgebaut. Starke Belegung der Flughäfen.
   5) Schiffe im Hafen La Valetta nur im Sturzflug mit Wirkung anzugreifen.

b) Bei dem künftigen Kampf gegen Malta kommt es in erster Linie darauf an, in fortlaufenden, möglichst pausenlosen Angriffen von Kampf- und Jagdfliegerkräften bei Tag und Nacht die *feindliche Luftwaffe* auf dem Boden und in der Luft zu zerschlagen und *die Flakartillerie* der Insel auszuschalten.
Durch diese laufenden über Tag und Nacht verteilten Störangriffe muß die Malta-Flakartillerie zum Ausschießen gebracht werden. Dies kann mit wenig Kräften dadurch erreicht werden, daß die Flugzeuge oder Fl.Verbände innerhalb ihrer Flugdauer in den verschiedensten Höhen fliegend ein ständiges Schießen der Flakartillerie herausfordern.
Um die Abwehr stets vor neue Lagen zu stellen, ist hierbei die Angriffstaktik hinsichtlich Stärke und Zusammensetzung der angreifenden Kampf- und Jagdverbände hinsichtlich Tageszeit, Sonnenstand, Zeitfolge der Angriffe, Angriffshöhe und Angriffsrichtung und hinsichtlich Waffen und Munition ständig zu wechseln.
Außer reinen Jagdvorstößen sind Angriffe mit Jabo unter starkem Jagdschutz, Angriffe einiger weniger Kampfflugzeuge mit starkem Jagdgeleit und Angriffe stärkerer, im Verband fliegender Kampffliegerkräfte unter Jagdschutz möglich. Entsprechend Sonnenstand, Sichtigkeit und Abwehr sind die Angriffe aus allen denkbaren, aber stets anderen Richtungen zu fliegen. Eine Zielraumeinteilung der Insel ist zur Vereinfachung der Befehlshabung zweckmäßig. Die getroffene Einteilung ist in eine Karte eingetragen, vorzulegen. Ein ständiger Wechsel der Bombenzuladung muß den Gegner stets vor neue Überraschungen stellen. Außer Tiefangriffen mit SD 2 und Bordwaffen sind Bombenlasten verschiedenster Arten, auch schwere und schwerste Bomben geeignet.

c) Daneben ist der *Nachschub von Gerät und Personal* für Malta auf dem Luft- und Seeweg abzuschnüren.
Der Luftnachschub kann durch Tag- und Nachtjagdkräfte, sowohl in Jagdüberwachung, als in planmäßiger Zusammenarbeit mit der besonderen Aufklärung bekämpft werden.
Die feindliche *Seezufuhr nach Malta* ist von Beginn des Kampfes an nachhaltig zu unterbinden. Sie muß durch weitreichende Aufklärung frühzeitig erfaßt und bekämpft werden.

U-Boote und Schnellboote des deutschen Marinekommandos Italien und, soweit notwendig, Teile der italienischen Kriegsmarine wirken hierbei mit.

d) Schließlich ist der *Seestützpunkt Malta* durch Angriffe schwerer Kampfkräfte auf die Hafenanlagen und auf die im Hafen liegenden Seestreitkräfte und Handelsschiffe auszuschalten. Hierbei erfolgt u.U. Mitwirkung von LM-Kräften des X. Fliegerkorps und ist die PC 1800 RS (raketengetriebene Panzerdurchschlagsbombe für schwerste Panzerung) einzusetzen.

4) *Kampfbeginn:*

Der Beginn des *verstärkten Kampfes gegen Malta* wird durch O.B.S. befohlen.

Bis dahin ist der Kampf im Störungsverfahren (s. Zahl 3a) weiterzuführen und in Sonderheit unter Einsatz aller technischen Hilfsmittel die Einsatzbereitschaft der Verbände auf einen Höchststand zu bringen und die Ausbildung zu fördern.

5) Über die *beabsichtigte Kampfführung* ist mir zum 5. 1. 42 vom II. Fliegerkorps vorzutragen und ein entsprechender Einsatzbefehl vorzulegen.

gez. Kesselring
Generalfeldmarschall.

Verteiler:
1. II.Flg.Korps
2. Superaereo
Verteiler der Abschrift:
1. Abschrift Op. L
2. Abschrift Op. M

Dokument Nr. 7

Abschrift

Oberkommando der Panzerarmee
Afrika

Abt. Ia Nr. 31/42 g.Kdos.Chefs.

A.H.Qu., den 30. 4. 42.

6 Ausfertigungen
5. Ausfertigung

Chefsache
Nur durch Offizier

Chefsache
B. Nr. 198–42

An

1) Ital. Oberkommando der Streitkräfte in Nordafrika,
2) Oberbefehlshaber-Süd (mit N.A. f. Fliegerführer Afrika),
3) Deutsch. General b. H.Qu. der Ital. Wehrmacht,
4) Befehlshaber deutsches Marinekommando Italien.

I.) Das Oberkommando der Panzerarmee beabsichtigt, unter Ausnutzung des zur Zeit noch günstigen Kräfteverhältnisses in den ersten Tagen des Juni 1942 (günstige Mondperiode) die im Raum B. el Gubi – Tobruk – Ain el Gazala – B. Hacheim befindlichen britischen Kräfte anzugreifen und zu vernichten. Ferner ist geplant, im Anschluss hieran die Festung Tobruk, wenn möglich im Handstreich, sonst im abgekürzten Angriffsverfahren zu nehmen.

Der Angriff der Panzerarmee soll möglichst erst *nach* der Einnahme von *Malta* geführt werden. Falls die Operationen gegen Malta sich über den 1. 6. hinaus verschieben sollten, kann es jedoch notwendig werden, dass die Armee, ohne die Einnahme von Malta abzuwarten, zum Angriff antritt.

Deutsch. General Rom wird gebeten, mitzuteilen, zu welchem Zeitpunkt der Angriff gegen Malta vorgesehen ist. Hiervon und von der Erfüllung der unter II) genannten Voraussetzungen ist die Festsetzung des Angriffstermins der Panzerarmee abhängig. Sollte der Angriff gegen Malta aus irgendwelchen Gründen verschoben werden, müsste das Oberkommando der Panzerarmee ebenfalls sofort davon benachrichtigt werden.

II.) Die Führung der Operationen ist im Grossen wie folgt beabsichtigt:

Umfassender Angriff der *Masse der mot. Verbände* aus dem Raum südlich und hart nördlich Segnali-Nord beiderseits B. Hacheim Richtung Acroma. *Teile der mot. Verbände* haben *überholend* Richtung Balhamed – el Adem vorzustossen, um sowohl ein Zurückgehen des Feindes aus dem Raum Tobruk sowie ein Heranführen von Verstärkungen aus dem Raum von Bardia zu verhindern. Die *nicht mot. Verbände* der Armee werden zwischen Segnali-Nord und der Küste zum *Frontalangriff* nach Osten angesetzt.

Es wird angestrebt, die Masse der britschen Feldarmee bis zum Abend des 2. Angriffstages im Raum westlich Tobruk zu vernichten. Daran anschliessend soll versucht werden, die Festung Tobruk im Handstreich zu nehmen. Falls dies nicht durch-

233

führbar, soll die Festung im abgekürzten Angriffsverfahren von Südosten und Süden genommen werden. Hierfür werden voraussichtlich 2 weitere Tage benötigt werden, sodass die Masse der mot. Truppen nach Ordnung der Verbände und Auffüllung der Versorgung etwa am 6. Angriffstage bereitsteht, um Richtung Sollum – Bardia weiter nach Osten vorstossen zu können.

III.) Die Voraussetzungen für eine erfolgreiche Durchführung der vorstehend genannten Operationen sind:

1.) *Deutsche Verbände der Panzerarmee.*
a) *Überführung folgender Verstärkungen* im Laufe des Monats Mai
durch Deutsch. General Rom nach Afrika:
aa) Dringlichkeitsliste der Panzerarmee vom 15. 4. 42 bis laufende Nummer 21, sowie laufende Nummern 26, 30 und 39.
bb) 57 Panzer III und IV gemäss Deutsch. General Rom Nr. 5054/42 g.Kdos.Chefs. v. 22. 4. 42,
cc) vom O.K.H. zugesicherte weitere Verstärkungen gemäss Deutsch. General Rom Nr.1049/42 g.Kdos. v. 28. 4. 42.
b) *Bevorratung* der deutschen Verbände mit 25 Betriebsstoff-VS, 5 Mun.-Ausstattungen und Verpflegung für 30 Tage. Davon 15 Betriebsstoff-VS, 3 Mun.-Ausstattungen und Verpflegung für 15 Tage im Gefechtsgebiet ausgelagert.
Hierzu ist Überführung der Masse des Nachschubgutes nach Bengasi und vom Comando Supremo zugesicherte Aushilfe mit ital. Kfz. erforderlich.

2.) *Ital. Verbände der Panzerarmee.*
a) *Auffüllung* aller ital. Verbände im Laufe des Monats Mai auf die vom Comando Supremo vorgeschriebene Sollstärke an Personal, Waffen und Kraftfahrzeugen.
b) *Unterstellung mindestens einer* der zur Zeit im Raum von Agedabia befindlichen *Inf.Div.* unter die Panzerarmee, um die mot. Verbände voll für den beweglichen Einsatz freizumachen. Nach Ansicht des Oberkommandos der Panzerarmee ist das weitere Belassen von Kräften bei Agedabia nicht mehr erforderlich, da bei dem jetzigen Frontverlauf und Kräfteverhältnis, sowie aus Witterungsgründen (Hochsommer) eine Bedrohung dieses Raumes in absehbarer Zeit ausgeschlossen ist.
c) *Bevorratung* der ital. Verbände bis Ende Mai in Höhe von 25 Betriebsstoff-VS, 5 Mun.-Ausstattungen und Verpflegung für 30 Tage. Davon 15 Betriebsstoff-VS, 3 Mun.-Ausstattungen und Verpflegung für 15 Tage im Gefechtsgebiet ausgelagert. Ferner ist *dringend* erwünscht:
d) Aufstellung einer *Kraftwagentransportabteilung* zum Transport jeweils einer Inf.Div.
Das Ital. Oberkommando wird gebeten, mitteilen zu wollen, ob die vorstehend genannten Voraussetzungen bis Ende Mai erfüllbar sind.

3.) Mitwirkung der *deutschen und ital. Luftwaffe* in grösstmöglichem Ausmasse zur Ausschaltung der fdl. Luftwaffe und unmittelbaren Unterstützung der Erdoperationen gegen die britische Feldarmee und die Festung Tobruk insbesondere durch Abschirmung der Flanken. Wünsche für die Unterstützung im Einzelnen werden zeitgerecht übermittelt.

O.B.S. wird gebeten, mitzuteilen

a) in welchem Umfange mit der Mitwirkung von deutschen und ital. Jagd-, Stuka-, Zerstörer-, Torpedo-, Kampf- und Fallschirmverbänden gerechnet werden kann.

b) Welcher Zeitbedarf für Überführung dieser Verbände und Einsatzbereitschaft in Afrika erforderlich ist.

Für die vorstehend genannten Luftwaffenverbände wird eine Bevorratung im Gefechtsgebiet mit Betriebsstoff für 20 Kampftage, mit Verpflegung für 30 Tage für erforderlich gehalten.

O.B.S. wird ferner gebeten, der Panzerarmee für den Erdkampf eine weitere gemischte Flak-Abteilung (möglichst I/6) zur Verfügung zu stellen.

4.) Mitwirkung der *deutschen und ital. Kriegsmarine* unter Einsatz aller verfügbaren Kräfte:

a) Schnellboote gegen See- und Küstengebiet Tobruk,

b) U-Boote mit Schwerpunkt vor Tobruk und Alexandria,

c) Torpedo- und Räumboote für Geleitschutz, Minenräumen und U-Jagd im Seegebiet Bengasi – Tobruk,

d) Marine-Fährprähme zur Anlandung deutscher Stosstrupps westlich und ostwärts Tobruk, sowie für Küstennachschub,

e) ital. schwere Seestreitkräfte und Sturmboote zur Bindung der britischen Alexandria-Flotte.

Deutsch. General Rom und Befehlshaber deutsches Marinekommando Italien werden gebeten, die entsprechenden Vereinbarungen mit Comando Supremo zu treffen und mitzuteilen,

aa) in welchem Ausmasse mit der Beteiligung deutscher und ital. Seestreitkräfte gerechnet werden kann,

bb) wieviel Zeit diese Seestreitkräfte für die Einnahme ihrer Ausgangsstellungen benötigen.

Der Oberbefehlshaber:
gez. Rommel
Generaloberst.

Verteiler gem. Entwurf.

Dokument Nr. 8

Abschrift

1. 5. 42

Lieber Wangenheim!

In Eile meine bisherigen Nachrichten über Mussolini-Besprechung Berghof:

Gesamteindruck: sehr befriedigend – beste Atmosphäre (wohl hervorgehoben, da dies bei der letzten Besprechung im letzten Sommer nicht so recht der Fall war).

Endgültige Verabredung über Lybienoperation in Malta:

Erst Lybien (Ende Mai – Anfang Juni) dann Malta (Mitte Juli), da beides gleichzeitig sich beißt, besonders wegen Luftunterstützung.

Für *Nordafrika* wichtig: Einsatz von 2 dtsch. Fallschirmbataillonen und beschleunigte Zuführung einiger Verstärkungen für Rommel. Zahlenmässig von geringem Umfang.

Malta: Starke deutsche Beteiligung durch Führer zugesagt: Fallschirmdivision mit *3 verstärkten Fallschirmregimentern.* Ausserdem Sturmpioniere und Panzerformation aus russ. Beutepanzern (T 34 und 52 Tonnen). Für *Marine wichtig:* Möglichst starke Zusammenziehung und Bereitstellung von MFP – wohl unter vorübergehender Schwächung anderer Gebiete (Ägäis, evtl. sogar Schwarzes Meer).

Die Luftflotte 2 wird trotz dieser Absichten nicht bis nach Malta untenbleiben, sondern vorher bereits Abgaben machen. Die Abgaben sollen in erster Linie dem Westen (Lfl. III) zugute kommen. Kesselring, der an den Besprechungen teilgenommen hat, war der Ansicht, dass diese Abgaben gemacht werden könnten, ohne Gefahr zu laufen, dass der Brite wieder hochkommt. Wir werden ja sehen. Er muss es ja wissen.

Alles in allem: M.E. erfreulich, wenn auch die Maltaverschiebung unerwünscht ist, begrüsse ich doch noch viel mehr das gesteigerte Interessse des Führers für diesen wichtigen Raum und dem daraus entsprungenen deutschen Einsatzwillen dort.

Jetzt kriegt die Sache langsam Gewicht und Hand und Fuß, nachdem der ganze Raum bisher als Nebensache angesehen wurde, wo Erfolge als Gnadengeschenk des Himmels angesehen wurden, ohne dass man auf diesem »italienischen Kriegsschauplatz« damit rechnete und ernsthaft geneigt war, etwas dafür zu tun.

Herzl. Grüsse Dein
Junge

Dokument Nr. 9

Abschrift

Oberkommando der Kriegsmarine
1. Skl.B.Nr.880/42 Gkds.Chefs.
vom 6. Mai 1942.

Geheime Kommandosache!

Chefsache!
Nur durch Offizier!

Abschrift.

Oberkommando der Wehrmacht
Nr. 55797/42 Gkds.Chefs.WFST./Op.

F.H.Qu., 4. 5. 42.
20 Ausfertigungen
5. Ausfertigung.

Betr. Beabsichtigte Operationen im Mittelmeerraum.

Bei der Besprechung zwischen Führer und Duce sind für die beabsichtigten gemeinsamen Operationen im Mittelmeerraum Zeitfolge sowie Umfang der deutschen Beteiligung festgelegt worden.

Demzufolge wird die Angriffsoperation in Nordafrika Ende Mai, spätestens aber Anfang Juni durchgeführt. Diese Operation erhält für den Verkehr innerhalb der deutschen Dienststellen den Decknamen »Theseus« (geh.Kdos.). Erster Angriffstag = R-Tag.

Das Unternehmen »Herkules« wird auf Mitte Juli, *spätestens* auf Mitte August, verschoben, um eine gegenseitige Beeinträchtigung des Ablaufes der beiden Operationen zu vermeiden. Erster Angriffstag = L-Tag.

Der Führer hat sich in Erweiterung der bisherigen Absichten zu einem wesentlich stärkeren deutschen Kräfteeinsatz bei »Herkules« entschlossen und hierfür im einzelnen befohlen:

I.) Beteiligung deutscher Kräfte:

A) »Theseus«:
Der Panzer-Armee Afrika sind noch im Laufe des *Mai* zuzuführen:
1.) *Heer:*
a) 1 Geräte Battr. 21 cm Mrs. 18 ohne Kfz. für 4./A.R.115
b) 8 15cm-Haub.414 (f) zur Umbewaffnung der K.Küst.Art.Abt.523;
   auch die Überführung der zum gleichen Zweck vorgesehenen 4 10cm-Kan.35 (t) ist möglichst zu beschleunigen,
c) das von der Pz.Armee angeforderte Nebel-Kommando;
d) 6 Pak 7,62 (r) Sfl., später weitere 6 Stück;
2.) *Luftwaffe:*
Die von Pz.Armee Afrika geforderten 2 Fallschirmjäger-Batle. können im Hinblick auf ihre beschränkte Einsatzmöglichkeit beim Unternehmen »Theseus« und mit Rück-

sicht auf die beim Unternehmen »Herkules« notwendige Zusammenfassung aller verfügbaren Spezialtruppen nicht gestellt werden.

B.) *»Herkules«:*
In Süditalien sind zu einem vom O.B.Süd zu bestimmenden Zeitpunkt bereitzustellen:
1.) Luftwaffe:
Alle einsatzbereiten Teile der 7. Fl.Div.
Ob.d.L. meldet die zur Verfügung stehenden Kräfte, sobald Zeitpunkt der Bereitstellung vom O.B.Süd festgelegt.
2.) Heer:
a) Pionierkräfte in Stärke etwa eines Batl.
b) 12 verst.Pz. IV mit lg.Kw.K. (tropenfähig), je 5 VK 1801 und 1601,
alle verfügbaren schweren russ. Beutepanzer (mindestens 10 Stück), darunter eine möglichst große Zahl 43 to und 52 to), mit Besatzungen und in entsprechender Gliederung.

II.) Unterstellungsverhältnisse:
»Herkules«:
Die an diesem Unternehmen beteiligten Einheiten des Heeres werden mit ihrem Eintreffen im Bereitstellungsraum der 7. Fl.Div. unterstellt. Diese untersteht dem O.B. Süd, der seinerseits ihre Zusammenarbeit mit den Italienern regelt.

III.) Luftwaffe:
a) *Die Stärke der Luftflotte 2* muß im Mittelmeerraum in einem Umfang erhalten bleiben, der zusammen mit der italienischen Luftwaffe die Luftüberlegenheit bei der Durchführung der Operationen sicherstellt.
b) die Bereitstellung des erforderlichen *Lufttransportraumes* für das Unternehmen »Herkules« wird entsprechend der Stärke der zur Verfügung stehenden Fallschirmjäger-Verbände und den zeitgerecht vorzulegenden Anträgen des O.B.Süd vom Führer entschieden werden. Der im Mittelmeer-Gebiet bereits vorhandene Lufttransport-Raum ist soweit wie möglich für Fallschirmabsprung herzurichten. Im übrigen ist die Heranziehung und Nutzbarmachung italienischer Lufttransportverbände für diese Aufgabe durch den O.B.Süd mit dem Oberkommando der italienischen Luftwaffe zu vereinbaren. Meldung des Ergebnisses an OKW/WFST.

IV.) Kriegsmarine:
OKM sorgt für Bereitstellung eines möglichst hohen Bestandes von Marine-Fährprähmen und veranlaßt die Herrichtung der erforderlichen Anzahl für den Transport der vorgesehenen Panzer gem. I B, Ziff. 2.b)
Erforderlichenfalls muß für die Durchführung des Unternehmens »Herkules« eine vorübergehende Verminderung der Transportkapazität in anderen Seegebieten (Ägäis, Schwarzes Meer) in Kauf genommen werden.

Verteiler:	Der Chef des Oberkommandos der Wehrmacht
(hier nicht abgedruckt)	gez. Keitel

Dokument Nr. 10
Abschrift

Geheime Kommandosache   *Chefsache!*
                                      Nur durch Offizier!

F.H.Qu., den 22. 5. 42.

Lieber Wangenheim!

Im Anschluss an unser Telefongespräch von heute Mittag folgendes über die Aussichten »Herkules«.

Nachdem General Warlimont gestern schon geäussert hatte, dass der Führer wenig Zutrauen zu dem Gelingen »Herkules« hätte, gab er heute folgendes über einen Führervortrag von General Student wieder: (Admiral Krancke war auch anwesend).

Student schilderte zunächst das Feindbild auf Malta. Befestigungen und Truppenstärken, die ich im Einzelnen ebenso wenig behalten habe wie das Ausmass des beabsichtigten ital. Kräfteeinsatzes. Wichtig ist aber, dass noch völlige Unklarheit besteht über den taktischen Plan der Durchführung. Im ganzen stehen 3–4 Pläne zur Erörterung.

Darauf hat sich der Führer »dramatisch« und sehr absprechend geäussert:
1.) Keinerlei Vertrauen zur Geheimhaltung bei den Italienern. Die Engländer würden eher ein genaues Bild der ital. Absichten haben, als die ital. Kommandeure.
2.) Die ital. Angriffskraft sei völlig unzureichend. Sie hätten im ganzen bisherigen Kriege (Alpenfront, Griechenland, Tobruk) noch keinen einzigen Bunker unter einfachen Verhältnissen weggenommen. Hier handelt es sich aber um eine besonders schwere Aufgabe, weit schwieriger noch als Kreta, was auch uns fast misslungen sei. Die Schwierigkeiten werden in dem guten Ausbaustand der Befestigungen, den beschränkten taktisch-geographischen Angriffsmöglichkeiten und zudem der geringen Kenntnis der taktischen Einzelheiten der Verteidigung gesehen.
3.) Keinerlei Zutrauen zur ital. Flotte. Diese würde aber gegen die vom Führer bei einem Angriff auf Malta sicher von Ost und West erwarteten englischen Seestreitkräfte antreten müssen. Bei ihrem Versagen müsse dann die Luftwaffe einspringen, die dann von der unerlässlichen unmittelbaren Unterstützung des Kampfes auf der Insel abgezogen würde.
4.) Schliesslich bezweifelte der Führer die sichere Seeverbindung nach Malta nach der Wegnahme. Dies wurde von Krancke und Jeschonnek entkräftet. Hinweis auf die schwierigere Verbindung nach Afrika. Der Führer erkannte diese Einwände an.

Ergebnis: Die Vorbereitungen laufen weiter, aber es besteht nur noch sehr geringe Neigung zur Durchführung.

Stellungnahme Op M:
1.) Vorbehalte in der Einschätzung der Italiener sind sicher am Platze. Gerade deshalb steht und fällt die Sache mit uns, d. h. mit dem Auftrieb, den wir ihr moralisch und durch Beteiligung geben. Die jetzige Behandlung mit halbem Herzen (höchstens!) tötet die Unternehmung genau so sicher, wie die gleiche Einstellung seinerzeit den

»Seelöwen«, dessen Unterlassung der Führer jetzt selbst als Fehler bezeichnet hat. Die Gründe für den Umschwung in der Auffassung des Führers kenne ich nicht, vermute aber, dass das Starkmachen für den Plan nach der Ducebesprechung überhaupt nicht so ernst gemeint war, wie es schien. Die schnelle Geneigtheit zur Terminverschiebung von Ende Mai auf Mitte Juli bestätigt diese Vermutung. Bei der Gesamtstruktur unserer Führung ist es aber Tatsache, dass mit dem festen Willen des Führers alles geht, ohne ihn nichts.

2.) Die ablehnende Haltung verkennt zweierlei: Einmal die ausschlaggebende Bedeutung von Malta für den Afrikaverkehr und damit die Existenz unserer Stellung in Nordafrika – möglicherweise auch deren Bedeutung überhaupt – und zum anderen die vermutlich nur beschränkte Zeit anhaltender und dann nie wiederkehrender Gunst der Lage im Mittelmeer.

Schon heute, kurz nach der Abschwächung der Angriffe aus der Luft lebt Malta wieder auf (wesentliche Teile der Luftstreitkräfte sind bereits wieder abgezogen!!). Fällt »Herkules« aus und lassen wir die Italiener im wesentlichen wieder allein, werden die Zustände vom Sommer und Herbst 41 wiederkehren. Die damals eingetretenen Schiffsverluste können wir uns aber im Hinblick auf den beschränkten Schiffsraum im Mittelmeer nicht noch einmal leisten. Der Führer sieht einen Ausweg darin, den Weg Italien – Tripolis zugunsten der Verbindung Griechenland – Tobruk (kürzerer afrikanischer Landanmarsch zur Front) zu vernachlässigen. Das ist eine Selbsttäuschung. Wir haben Tobruk noch nicht. Der dortige Hafen ersetzt Tripolis nicht. Die Tragfähigkeit der Verbindungen nach Griechenland ist schlecht. Der Seeweg Kreta – Tobruk ist kaum in grossem Umfange zu benutzen, wenn eines Tages wieder im Ostmittelmeer eine stärkere feindliche Flotte und Luftmacht steht. Heute fehlt beides. Darin liegt die Gunst der Lage und die Befürchtungen des Führers im Hinblick auf die geringe Kampfkraft der ital. Flotte sind gegenstandslos. Der Feind kennt die Wichtigkeit seiner Mittelmeerposition und wird alles dran setzen, sie wieder zu verstärken. Gelingt ihm dies und bringt er Malta wieder auf die Beine, fällt ihm Lybien und damit sicher die ganze Südküste des Mittelmeeres in die Hand. Die Folgen wären verheerend.

Es ist eine tiefe Unlogik, deutscherseits in Erkenntnis des italienischen Unvermögens in Afrika selbst eine ganze Panzerarmee zu unterhalten und gleichzeitig sich Massnahmen zu versagen, die unerlässlich sind zur Sicherung ihrer Existenz.

Dass »Herkules« ein Wagnis ist, ist klar. »Herkules« jetzt zu unterlassen, ist auf Sicht jedoch ein noch grösseres Risiko. Wir haben ja früher auch schon zu wagen verstanden, z. B. Norwegen. Ich fürchte aber, der strategische Zwang, der uns zu dem Wagnis veranlassen sollte, ist nicht voll erkannt.

3.) Wie die Dinge liegen, kann m. E. nur der Ob.d.M. der Sache eine positive Wendung geben. Im hiesigen Stabe tut es niemand. Die vorstehenden Gedankengänge habe ich sofort Warlimont gegenüber ausgeführt, ohne Gegenliebe zu finden oder Initiative wecken zu können. Eine Vortragsnotiz von mir würde höchstens bis zu Jodl gelangen, mit dem ich übrigens nach Rückkehr sprechen werde. Eile und starken Einsatz tun aber not, sonst versandet die Sache praktisch bereits jetzt, ehe der letzte Entschluss gefallen ist. Vom Heere wurde hier schon sorgenvoll angefragt »was eigentlich mit ›Herkules‹ los sei«. Das psychologische ist sehr wichtig und das Maß an Willen, das unsererseits hinter die Sache gestellt wird, entscheidet.

Ich bin der Ansicht, dass in der jetzigen Lage »Herkules« gelingt, wenn wir ernstlich wollen und an der deutschen Beteiligung im beabsichtigten Umfange festhalten.

Sieh zu, was Du in der Sache tun kannst. Den Brief kannst Du dienstlich verwenden. Zweckmässigerweise wird der Adm. Krancke, der ja beim Führer dabei war, gehört. Notfalls kann mich ja auch der Ob.d.M. kommen lassen.

In alter Frische

Dein
gez.: Junge

Dokument Nr. 11

Abschrift

Der Oberbefehlshaber Süd.
<u>Ia Nr. 7170/42 Gkdos.</u>

31. 5. 1942.

6 Ausfertigungen,
3. Ausfertigung.

Studie
über die Vorbereitung und Durchführung des Unternehmens
C 3 (»Herkules«)

I.) 8–14 Tage nach Abschluß der Kämpfe in Nordafrika hat der planmäßige Kampf gegen Malta mit ital. und deutschen Luftw-Kräften erneut einzusetzen (vergl. Anlage 1: Zeittafel im Großen).
Innerhalb dieser Tage sind die Fliegerverbände in ihre neuen Einsatzorte zurückzuführen und dort aufzufrischen.

II.) Bei den deutschen Luftwaffen-Truppenteilen werden in dieser Zeit folgende Umgliederungen, Zuführungen usw. erfolgen:
1.) *II. Fl.K.* (vergl. Anl. 2)
Dem II. Fl.K. wird die Masse der Kräfte des X. Fl.K. und des Fliefü Afrika nach Sizilien zugeführt werden derart, daß ab X–1 Tag beim X. Fl.K. und Fliefü Afrika noch die aus Anl. 2 ersichtlichen Kräfte für die notwendigsten Aufkl.- u. Kampfaufgaben zur Verfg. stehen werden. –
Weitere Zuführungen in Stärke von 2 Kampf- und möglicherweise 1 Jagdgruppe werden erwartet.
2.) *XI. Fl.K.:*
Die aus der Anlage 3 ersichtlichen Verbände des *XI. Fl.K.* in Stärke von 3 Fallschirmjäger Regimentern, sowie Divisions- und Korpstruppen werden entsprechend der Transportleistung der Eisenbahn – etwa ab X–30 Tag mit Einladung in Frankreich beginnend – in den zukünftigen Einsatzraum zugeführt werden müssen, so daß sie dort um den X–2 Tag einsatzbereit sind. –

III.) Bis zum Beginn der Vorbereitungszeit sind folgende Aufgaben zu erledigen:
1.) Verfeinerte Lichtbildaufklärung mit dem Ziel, auch die letzte Verteidigungsanlage und deren Besetzung zu erkennen.
2.) Schräg- und Waagerechtbildaufnahme der Anlandeküstenstriche.
3.) Störung der feindl. Lufttätigkeit durch Angriffe deutscher und ital. Kräfte auf die Flugplätze und durch Abschießen in der Luft.
4.) Stören von Wiederherstellungsarbeiten oder Neu-Anlagen von besonderer militärischer Bedeutung.

IV.) Während der *Vorbereitungszeit,* die auf 20 Tage abzustellen ist, liegt die Kampfführung deutscherseits beim *II. Fl.K.* –
1.) Voran steht die Wiedergewinnung der Luftüberlegenheit durch stärksten Einsatz von Bomben- und Jagdkräften. Dieser Kampf ist bei Tage und Nacht ununterbro-

chen solange fortzusetzen, bis dieses Ziel erreicht ist. Bei dieser Art Kampfführung kann angenommen werden, daß gleichzeitig mit den feindl. Jagdkräften die schweren Bombenkräfte niedergekämpft werden.

Falls die Zuführung neuer feindl. Jagd- und Bombenkräfte erfolgt, tritt immer wieder allen anderen Aufgaben voran die Sicherung der absoluten Luftüberlegenheit in den Vordergrund.

2.) Bei diesen Kämpfen sind letztmalig durch Tiefflugerkundung alle Abwehranlagen so genau festzustellen, daß deren Bekämpfung im 2. Kampfabschnitt möglich ist. Bekämpfung dieser Anlagen beim Überfliegen mit Bomben und Bordwaffen ist anzustreben.

3.) Von der 2. Woche der Vorbereitungszeit steht die planmäßige Bekämpfung aller Abwehranlagen im Vordergrund. Dieser Kampf ist so zu führen, daß der Gegner keinesfalls auf das Landegelände für Luft- und Seestreitkräfte vorzeitig hingewiesen wird.

Mit einer ans Pedantische grenzenden Peinlichkeit sind alle Flak-Geschütze einschl. der leichten Waffen durch Sturz- und Tiefangriffe auszuschalten, wobei der Schwerpunkt auf die auf und in der Nähe der Flugplätze liegenden Flakabwehrkräfte zu legen ist. Damit kann und muß gleichfalls erreicht werden, daß die im Anlandegelände liegenden Luftabwehrmittel fast vollzählig ausgeschaltet werden.

In dieser Zeit ist auch durch versuchsweise Bekämpfung mit verschiedensten Kampfmitteln festzustellen, ob und inwieweit Küstenbatterien und Forts niedergezwungen werden können. Als Angriffsziele sind hierbei ausschließlich solche an der Ost- oder Nordfront der Insel zu wählen.

4.) Ebenso wie in der ersten Woche sind auch in der zweiten Woche Befestigungsanlagen als Gelegenheitsziele zu bekämpfen. Dagegen ist wiederauftretende Flak schwerpunktmäßig anzugreifen. In der 3. Woche ist die planmäßige Niederkämpfung aller Abwehranlagen, die in der Nähe der Flugplätze und in den Anlandeabschnitten vorhanden sind, Schwerpunktaufgabe.

Die Durchführung der letztgenannten Angriffe hat nach besonderem Plan zu erfolgen, der der Tarnung der wirklichen Angriffsabsichten weitestgehend Rechnung zu tragen hat. Lager und bekannte Kasernen müssen in diesem Abschnitt vernichtend angegriffen werden, soweit mit ihrer Benutzung durch den Gegner noch gerechnet werden muß. Voran stehen bei diesen Angriffen alle Zielobjekte, die zur Unterbringung, Wiederherstellung oder Bewegung von Kampfwagen, Kraftfahrzeugen usw. dienen können.

5.) Als Endziel dieser Vorbereitungszeit ist anzusehen, daß Malta am X–1 Tag als Luftbasis niedergekämpft und die feindl. Luft-, Küsten- und Erdverteidigung in dem vorgesehenen Absprungraum weitgehend ausgeschaltet ist.

6.) Unterbringung der deutschen Kräfte während der Vorbereitungszeit vergl. Anlage 4.

V.) X-Tag (vergl. Zeittafel für den X-Tag, Anlage 5).

1.) Im Hinblick auf die zahlreichen Vorbereitungen in Sizilien und Süditalien, wie sie von allen Wehrmachtteilen getroffen werden müssen, kann mit einer operativen Überraschung des Gegners aus zahlreichen Gründen keinesfalls gerechnet werden. Alle Maßnahmen sind daher darauf abzustimmen, durch Wahl des Zeitpunktes und des Ortes der 1. Landung den Gegner taktisch zu überraschen.

Das Heranführen des für Luft-Transporte vorgesehenen Nachschubes, der 2. und weiterer Wellen von LL-Gruppen in den sizilianischen Raum muß aus den gleichen Gründen gesondert überlegt und vorbereitet werden. Hierbei muß bei der zugrunde zu legenden Transportleistung der Eisenbahnen im ital./sizil. Raum zusätzlich von Schiffstransporten Gebrauch gemacht werden.

2.) Ähnlich wie an den vorhergehenden Tagen sind in den frühen Vorm.-Stunden des X-Tages Störungsangriffe auf Zielobjekte des gesamten Inselraumes unter besonderer Betonung der Verteidigungsanlagen, die bei den Störungsangriffen noch aktiv auftreten, durchzuführen. Solche Objekte müssen unmittelbar anschließend durch Zerstörungsangriffe ausgemerzt werden.

a) Zwischen 0800 und 0900 Uhr ein Großangriff *aller* deutschen Kräfte gegen
   aa) Verteidigungsanlagen in den Anlanderäumen und
   bb) aktive Abwehrmittel, soweit sie das LL-Unternehmen stören können,
   cc) Flugplätze.

b) Mit dem Start der Kampfverbände beginnend, Landung aller deutschen Transportgruppen mit den Landetruppen auf den zugewiesenen siz. Häfen.

c) Start der deutschen und ital. Transportgruppen derart, daß das 1. Absetzen in den Absetzräumen um *1330 Uhr* (Y-Zeit) erfolgen kann.
   Dazu: Tiefstflug,
         Zerstörerschutz,
         genauestes Festlegen der Absetzräume, An- und Abflug und Festlegen der sofort einzunehmenden Stellungen, wobei etwa vorhandene Luftabwehrwaffen jeder Art sofort durch Angriff außer Gefecht zu setzen sind.
   Bis zum Sichtbarwerden der ersten Ju's usw. über der Südküste sind wellenweise Angriffe gegen die Abwehr in dem Absetzgelände und im Vorgelände durchzuführen und mit dem Augenblick des Absetzens sämtliche Anlagen im Vorgelände laufend durch Angriffe niederzuhalten oder niederzukämpfen. Schwerpunkt sind die Ziele, die eine aktive Gegenwehr gegen die LL-Gruppen ausüben.

d) Mit dem Zeitpunkt des Starts der Ju 52 werden durch Sondermaßnahmen des OBS (Höh.Nafü) schlagartig sämtliche Funkmeßgeräte und der Jagdsprechverkehr der Insel gestört werden.

e) Neben dem unmittelbaren Geleitschutz der Ju-Verbände sind die Flugplätze mit so starken Kräften zu überwachen, daß jede startende Feindmaschine noch während des Starts angegriffen wird.

3.) *Einsatz der ital. Luftwaffenkräfte am X-Tag:*
Der Einsatz der ital. Luftwaffenkräfte ist nach den bisherigen Überlegungen nur so weit berücksichtigt, daß

a) Zur Y-Zeit gleichzeitig mit den deutschen Kräften das Absetzen des ital. Fallschirmjäger-Regt's erfolgt. Eine zweite Welle Fallschirmjäger und erster Fallschirm-Nachschub wird noch am gleichen Tage abgesetzt werden können.

b) Der Kampfeinsatz ital. Jagd-, Kampf- und Schlachtflugzeuge ist in der Vorbereitungszeit mit 2–3 Einsätzen, am X-Tag und folgenden mit 5–6 Einsätzen je Tag in Rechnung gestellt.

c) Am X-Tag und den folgenden Tagen bleibt gegenseitig abzustimmen, ob der Einsatz der Masse der ital. Kräfte gleichzeitig mit dem deutschen Einsatz, dafür in verschiedenen Zielräumen oder im gleichen Zielraum zeitlich nacheinander erfolgen soll. (Letzteres ist zunächst in der Zeittafel Anlage 5 zugrunde gelegt).

Außerdem erfolgt Beteiligung ital. Kräfte bei der Bekämpfung der Forts Benghaisa und Delimara.
Im gleicher Weise bleibt der Einsatz in der Nacht vom X zum X + 1 Tag entsprechend der Stärke der verfügbaren Kräfte abzusprechen.

4.) Bis zur Abenddämmerung müssen in weiteren Wellen weitere Fallschirmbattaillone, erster Nachschub und die benötigten schweren Waffen durch Abwurf abgesetzt sein.
In Erweiterung des unter V 2) Gesagten haben die Kampfkräfte durch laufende Überwachung des Gesamtraumes jede Annäherung feindl. Reserven anzugreifen und vor allem schwerpunktmäßig etwa auftretende Kampfwagen zu vernichten. Bei der Wegnahme von Stützpunkten, die die Fallschirmtruppe zum Halten des Brückenkopfes braucht, haben die Bombenkräfte Nahkampfartillerie-Aufgaben zu lösen. Dazu Einteilung von Verbänden auf die einzelnen gelandeten Regimenter zur unmittelbaren Nahunterstützung.
5.) Die *LL-Truppe (LS)* ist so in Marsch zu setzen, daß sie in der Abenddämmerung in dem Gelände zwischen Calafrana und Fort Benghaisa landen, das Fort und die Küste in Besitz nehmen und eine Abwehrfront gegen Westen längs der Strasse Fort Benghaisa – Benghaisa – Calafrana-Bucht oder unmittelbar westlich des Küstenstreifens einnehmen kann.
Hierzu sind voraus folgende lufttaktische Maßnahmen notwendig:
a) Das Fort Benghaisa und das Fort Delimara müssen vernichtend angegriffen werden,
b) bis unmittelbar vor dem Landevorgang müssen die bekannten Verteidigungsanlagen bekämpft und
c) dieses Angriffsgelände gegen Westen oder Osten dem Herrschenden Winde entsprechend abgeblendet werden.
d) Mit dem Beginn der Vernebelung sind Störangriffe gegen die Küstenstriche der Marsa Scirocco-Bucht, aus denen gegen die Landeoperation gewirkt werden kann, durchzuführen.
Bei letztem Tageslicht sind Täuschungsmaßnahmen durch Abwurf von Puppen usw. in diese Störungsangriffe einzugliedern.
6.) Anlage 6 enthält einen Entwurf für die *Unterbringung der Verbände des OBS* für den X-Tag.

VI.) Spätestens mit dem 1. Start der Ju 52 beginnt das Auslaufen der See-Kampfgruppen. Sichergestellt muß sein:
a) Die Kampfgruppen, die im Südwestteil der Insel Malta anlanden, müssen spätestens um 2400 Uhr mit den ersten Anlandungen beginnen können. (Wobei Sicherstellung des Geländes durch die vorher gelandeten Kräfte des XI. Fl.K. zu erfolgen hat.)
b) Die Zusammensetzung der Kampfgruppen muß so erfolgen, daß kampfkräftige Teile voraus, an zweiter Stelle Kampfwagen, Geschütze usw., an dritter Stelle Infanterie-Kräfte und Nachschub an Munition und Waffen zu landen sind.
c) Die *Angriffsgruppen gegen Gozo* und für Ablenkungsangriffe müssen so rechtzeitig in Marsch gesetzt werden, daß in den Morgenstunden die Anlandungen durchgeführt werden.
d) Vor allem muß die Seelandegruppe Calafrana nachts so rechtzeitig eintreffen, daß
aa) Die Vernebelung durch Seefahrzeuge 15 Minuten vor Beginn der Anlandung durchgeführt ist,

bb) Die Siebelfähren mit 8,8 cm Geschützen unmittelbar nach der Vernebelung ihre Angriffe gegen den Ostteil und Nordteil der Marsa Scirocco-Bucht fahren können,

cc) die Kleinstfahrzeuge (einschl. Schwimmertruppen) während der Nacht anlanden, um in Verbindung mit der am Abend vorher gelandeten LL-Gruppe das Anlandegelände säubern und halten können und daß

dd) anschließend daran die Landekräfte nördlich Calafrana zum Landen gebracht werden.

Anzustreben ist, daß die Gewaltlandung bei Calafrana durch die Seekampfgruppe des Admirals Weichold erfolgt.

Mit Tagesbeginn des X + 1-Tages wird der Einsatz der deutschen und ital. Luftwaffenkräfte an dieser Landungsstelle das Ziel haben müssen, im Zusammenwirken mit ital. See-Streitkräften die feindl. Küstenbatterien der Ostküste, soweit sie insbesondere gegen Marsa Scirocco wirken können, zu vernichten.

VII.)

a) Die weitere Tätigkeit der *Luftwaffe* richtet sich nach den taktischen Verhältnissen, wie sie vorgefunden werden. In der Nacht zum X + 1 Tag wird sich ihr Einsatz auf solche Ziele beschränken müssen, (Neumond!), die einwandfrei auszumachen sind und keinesfalls die eigene Truppe treffen. (z. B. Ausgänge La Valetta, Scheinwerferbekämpfung). Hierbei starke Verwendung von Leucht- und Langzeitzünderbomben).

b) Aufgabe der L.-Landetruppen für den X-Tag und die X + 1 Nacht ist, die befohlenen Stellungen zu gewinnen und gegen jeden Angriff zu halten,
die Seeanlandungsstellen vom Feind zu säubern und die Anlandungen von Seeseite her zu unterstützen.

c) Am X + 1 Tag muß das Gelände zwischen Calafrana und Zurriek genommen werden und der Flugplatz Halfar für Luftlandungen ebenso wie der Flugplatz Krendi hergerichtet werden. Das Vorschieben von Sicherungen gegen Gzira und gegen die Linie Kirkop—Incabba kann notwendig werden. Weiteres Ziel ist die Säuberung der Marsa Scirocco-Bucht in ihrer ganzen Ausdehnung und deren Sicherung, so daß die weiteren Anlandungen von Seeseite her ohne Gefährdung erfolgen können.

VIII.) Die *Flotte* wird ab X + 1 Tag in allgemein südwestlich Position von Malta stehen. An Zielen für ein Eingreifen in die Landungen auf Malta kommen in Frage:

1.) Die Truppenlager an der Westküste und an der Mellieha-Bay, zur Unterstützung von Schein- und Nebenlandungen nördlich der Viktoria-Lines.

2.) Abschnürung von La Valetta im ganzen Umkreis, zugleich Beschießung der Küstenbatterien an der Ostküste und damit Bindung dieser Kräfte.

3.) Niederhalten der Viktoria-Lines.

IX.) Erwünscht ist, daß die deutschen und ital. Fallschirm- und LL-Truppen in engster gegenseitiger Verbindung miteinander eingesetzt werden.

Ich stimme dem Vorschlag des C.S., die taktische Führung dieser Kräfte dem Gen. Kdo. des Deutschen XI. Fl.K. zu übertragen, voll zu.

Der Vorschlag für das Gebiet der ersten Landung zur Bildung eines Brückenkopfes (Anlage 7) entspricht meinen in früheren Besprechungen bereits geäußerten Ansichten.

gez. Kesselring.

Anlage 1 zu OBS I a Nr. 7170/42 Gkdos.

Zeittafel im Großen

Tag	Datum	Kampfabschnitt
Um X–31 Tag	15. – 18. 6.	Beendigung »Theseus«
X–30.bis	19.6.bis	
X–21. Tag	28. 6.	Ruhe Rückführung der Verbände in neue Einsatzorte, Auffrischung, Ruhe. Während dieser Zeit: Erneute Aufklärung Malta, Bekämpfung fdl. Luftwaffe mit schwachen Kräften, Störung von Wiederaufbauarbeiten.
X–20. bis	29. 6. bis	*Vorbereitungszeit:*
X – 1. Tag	17. 7.	a) Zerschlagung der fl. Luftwaffe und Luftabwehr, b) Vernichtung fdl. Kampfanlagen, c) Vernichtung fdl. Kampfanlagen im zukünftigen Landeraum und dessen Vorgelände.
X – Tag	18. 7.	*Landung auf Malta.*

Anlage 5 zu OBS Ia Nr. 7170/42 Gkdos.

Zeittafel für den X - Tag

Y – 7 Std. bis	
Y – 5 Std. 30 Min	Im Anschluß an Nachtangriffe *Stör- u. Zerstör-Angriffe* (St.G. 3/JG 27)
Y – 5 ” 30 ” bis	
Y – 4 ” 30 ”	Großangriff gegen a) Verteidigungsanlagen b) Flugabwehrmittel c) Flugplätze
Y – 4 ” 30 ”	*Verlegung* der Transportgruppen
Y – 4 ” bis	
Y – 2 ”	Einsatz ital. Jagd- u. Kampfkräfte

Y – 2 ″ bis	
Y – 0 ″ 30 Min.	*Start der 7 dt. Transportgruppen + LS-Verbände* und ihres Begleitschutzes (III./ZG 26, JG 53)
Y – 0 ″ 30 Min bis	
Y	Niederkämpfen Abwehr im Absatzgelände (KG 54, Teile JG 27)
Y – Y + 10 Min	Absetzen der Fallschirmjäger 1. Welle (einschl. ital. Verbände) Stärke etwa 2 dt, 1 ital. Rgt. = 9 Btl. u. schw. Waffen
Y + 10 Min bis	
Y 1 Std. 10 Min	Niederkämpfung der Abwehr im Vorgelände und Unterstützung FJ (St.G 3 u. Jabos) Überwachung Flugpl. (Teile JG 27)
bis Y + etwa 2 Std.	Unterstützung Fallschirmjäger (2 Kampfgr. und Teile JG 53)
Y + 2 Std. bis	
Y + 3 Std. 30 Min	Einsatz ital. Jagd- u. Kampfkräfte zum Niederkämpfen der Abwehr im Vorgelände.
Y + 3 Std. 30 Min bis	
Y + 6 Std.	Rollender Einsatz deutscher Kampfkräfte zur lfd. Unterstützung FJ.
Y + 4 Std. 15 Min.	Absetzen der 1. Hälfte 2. Welle. (3 Trsp. Gr. Comiso) 2 dt. Batl. + erster Nachschub an Munition
Y + 5 Std. 30 Min	Absetzen der 2. Hälfte 2. Welle (4 Gruppen aus Gerbini u. Reggio) mit Nachschub an Waffen und Munition.
Y + 5 Std. 30 Min bis	
Y + 5 Std. 45 Min	Angriff auf Fort Benghaisa und Delimara (Masse Stuka 3 und ital. Kräfte)
anschl.	Niederhalten Verteidigungsanlagen (III/ZG 26, Teile I/NJG 2, JG 27 und ital. Kräfte).
Ab Y + 5 Std. 50 Min,	Puppenabwurf, Vernebelung (II./KG 100)
Y + 6 Std.	Absetzen und Landung Benghaisa mit LS.
anschließend	Beginn der Dämmerungs- und Nachtangriffe auf Ausgänge La Valetta usw.

Dokument Nr. 12

Abschrift

SKL zu 1193/42 Chefs.

Ich bin ganz anderer Auffassung:
1) Lage in N-Afrika ist so einmalig, daß völlige Konzentration *aller* Möglichkeiten auf das Ziel Ägypten erforderlich ist.
2) Zur Operation Ägypten gehört Niederhalten Maltas im erforderlichen Umfange.
3) Keinesfalls dürfte *jetzt* auch nur gedanklich ein Nebenziel erstrebt werden, das offenbar deutscherseits kräftemäßig und italienischerseits überhaupt nicht beherrscht wird.
4) Ob und wann Hercules auszugeben wäre, ist im Moment offen.
5) Ein Vorber. Stab gem. Ziff. 5 kommt schon zu spät. Wir sind schon mitten im Handeln.

C/SKL

Dokument Nr. 13

Abschrift

23. Juni 1942

Duce!

Nehmen Sie meinen Dank für Ihren Brief entgegen. Die sachlichen Momente werden zur Zeit von meinen militärischen bzw. wirtschaftlichen Stellen geprüft. Ich kann aber das eine versichern, Duce: schon seit vielen Monaten sehen wir die Treibstoffversorgung nur als ein gemeinsames Problem an und handeln auch dementsprechend.

Es wird daher eine genaue Beantwortung Ihrer Wünsche, Duce, in wenigen Tagen erfolgen.

Ich möchte aber in diesem Augenblick, der mir militärisch ein historischer Wendepunkt zu werden scheint, auf kürzestem Wege zu einer Frage Stellung nehmen, die für den Ausgang des Krieges von entscheidender Bedeutung sein kann. Das Schicksal hat uns, Duce, eine Möglichkeit gegeben, wie sie jedenfalls auf dem gleichen Kriegsschauplatz ein zweites Mal nicht mehr wiederkehren wird. Ihre schnellste und rücksichtslose Auswertung ist in meinen Augen das oberste militärische Gebot. Ich habe bisher noch immer jeden angeschlagenen Gegner so lange und so gründlich verfolgen lassen, als es überhaupt im Bereich unserer eigenen Möglichkeiten lag. Die 8. engl. Armee ist so gut wie vernichtet. Mit Tobruk, das in seinen Hafenanlagen fast unzerstört ist, erhalten Sie, Duce, einen Nachschubplatz, dessen Bedeutung umso größer ist, als von dort aus die Engländer selbst die Bahn fast bis Ägypten hergestellt haben. Wenn die Reste dieser britischen Armeen nun nicht bis zum letzten Hauch des einzelnen Mannes verfolgt werden, dann wird das gleiche geschehen, was die Engländer einst um ihren Erfolg gebracht hat, nämlich als sie, knapp vor Tripolis stehend, plötzlich anhielten und Kräfte nach Griechenland wegzogen. Dieser kapitale Fehler der englischen Führung allein hat es damals ermöglicht, unsere gemeinsamen Anstrengungen mit der Wiedergewinnung der Cyrenaika zu belohnen.

Wenn unsere Kräfte jetzt nicht vorstoßen, und zwar wenn irgend möglich bis in das Herz Ägyptens hinein, dann wird in wenigen Wochen dort ein neuer Zufluß erstens von amerikanischen Bombern eintreffen, die als Weiteststreckenflugzeuge ohne weiteres bis Süditalien reichen. Es wird ferner ein Zusammenziehen aller irgendwie greifbaren englischen und amerikanischen Verbände die weitere Folge sein. Damit muß in kurzer Zeit abermals eine Änderung der Lage zu unseren Ungunsten eintreten. Die rastlose Verfolgung des Gegeners aber wird zu seiner vollkommenen Auflösung führen. Ägypten kann dieses Mal unter Umständen England entrissen werden. Die Konsequenzen eines solchen Schlages aber werden weltweite sein! Unser eigener Angriff, dem wir durch die Niederkämpfung von Sewastopol den Weg freimachen, wird mithelfen, das ganze Orientgebäude des britischen Reiches zum Einsturz zu bringen. Wenn ich Ihnen daher, Duce, in dieser geschichtlich einmaligen Stunde einen aus besorgtestem Herzen kommenden Rat geben darf, dann ist es nur der eine: Befehlen Sie die Fortführung der Operation zur vollständigen Vernichtung der britischen Truppen, soweit Ihr Kommando bzw. Marschall Rommel glauben, es militärisch mit ihren Kräften ausführen zu können. Die Göttin des Schlachtglücks streicht an den Feldherren immer nur einmal vor-

bei. Wer sie in einem solchen Augenblick nicht erfaßt, wird sie oft niemals mehr einzuholen vermögen! Daß die Engländer ihren ersten Vormarsch auf Tripolis entgegen allen
Regeln der Kriegskunst unterbrochen haben, um sich auf einem anderen Gebiet zu versuchen, hat uns, Duce, gerettet und den Engländern in der Folge schwerste Niederlagen
zugefügt. Wenn *wir* nunmehr versäumen, den Briten bis zur Vernichtung zu verfolgen,
wird das Ergebnis ebenfalls eine Unsumme späterer Sorgen sein.

Fassen Sie, Duce, diese Bitte nur als den Rat eines Freundes auf, der sein Schicksal
mit dem Ihren seit vielen Jahren als unlösbar verbunden ansieht und dementsprechend
handelt.

In treuer Kameradschaft
Ihr
gez. Adolf Hitler.

Dokument Nr. 14

Heeres-Fernschreibnetz

C 348/116

Angenommen:		weiter an	Datum	Uhrzeit	R.-Nr.	durch	
von:	S4						

28. 6. 42

0317

durch: Siebert

Verzögerungsvermerke:

Gen.Stb.Gy.Abt. Gruppe I b
28. 6. 42
Nr. 420426/42

Fernschreiben

Dringlichkeitsvermerke:

Fernspr.-Nr. des Auflieferers:

++ KR S 4 NR. 01745 28/6 0010 DSZ=

AN OKH/ GNST D H OP ABT.=

- - GKDOS - - CHEFSACHE - -

A.) COMANDO SUPREMO HAT 27.6. BEFOHLEN.: '' DIE

FORTSETZUNG DER OPERATIONEN VON DER ABSPRUNGBASIS :

UKATTARA- SENKE- ARABISCHER GOLF, NACHDEM DER FEIND GESCHLAGE

IST, DER DEN VORMARSCH NOCH AUFHAELT, WIRD

FOLGENDERMASZEN FESTGELEGT.:

1.) ZIEL: DER SUEZ- KANAL, UNTER VORMARSCH AUF SUEZ

UND ISMAILIA, VON ISMAILIA SOBALD ALS MOEGLICH AUF PORTSAID.

ZWECK: SPERREN DES KANALS UND VERHINDERN VON ZUSTROM VON

KRAEFTEN AUS DEM MITTLEREN ORIENT.-

2.) VORAUSSETZUNG FUER DIESEN VORMARSCH IST DIE

GESICHERTE BESETZUNG VON KAIRO , AUCH AN DER SUEDFRONT

(FLUGHAEFEN EINBEGRIFFEN).-

3.) SPERREN DER STRASZEN VON ALEXANDRIEN, UM SICH

GEGEN ANGRIFFE AUS DIESER RICHTUNG ZU SICHERN, BIS ES

MOEGLICH IST, AUCH DIESEN ORT ZU BESETZEN.-

4.) SICHERUNG DES RUECKENS DER ARMEE GEGEN EVTL.

LANDUNGEN DURCH BESETZUNG DER WICHTIGEN PUNKTE DER KUESTE

UND BEREITHALTEN AUSREICHENDER BEWEGLICHER KRAEFTE, UM EVTL

.: BEDROHTEN PUNKTEN ZU HILFE KOMMEN ZU KOENNEN.-
5.) DER DUCE ERWARTET, DASZ BEI DEM VORMARSCH ZUM K
ITAL UND   DEUTSCHE KRAEFTE ZU
GLEICHEN TEILEN \ VERTRETEN SIND. ANWEISUNGEN UEBER DAS VERHALTEN
DER MILITAERISCHEN KOMMANDOSTELLEN GEGEN DIE AEGYPTISCHEN
BEHOERDEN UND DIE BEVOELKERUNG WERDEN BALDMOEGLICHST
UEBERMITTELT."
ENDE DES BEFEHLS CDO SUPREMO.-
8.) ENTWICKLUNG DER LAGE BIS 27.6. MITTAGS.:
ARSA MALRUH DURCH TEILE DES ROEM ZEHN UND ROEM EINUNDZWANZIG
A. K. EINGESCHLOSSEN, DORT 2. NEUSEELAENDISCHE DIVISION
UND RESTE DER 5. INDISCHEN DIV. DIE SUEDOSTW MARSA
MATRUH STEHENDEN FEINDKRAEFTE WEICHEN DEM ANGRIFF DER PANZER
- UND MOT DIVISIONEN AUS. IN DER ENGE ZWISCHEN KATTARA -
SENKE UND ARABISCHEM GOLF (OSTW EL DABA) WIRD GESCHANZT.
RINTELEN ROEM EINS A NR. 2111/42 G K CHEFS+++

+ 0317 KR S4 NR. 01745 SIEBERT GANNA +

B. Abkürzungsverzeichnis

AA	Auswärtiges Amt
Abt.	Abteilung
Adm.	Admiral
ADAP	Akten zur deutschen auswärtigen Politik
Anm.	Anmerkung
BA	Bundesarchiv
BA-MA	Bundesarchiv-Militärarchiv
Bd., Bde.	Band, Bände
BdU	Befehlshaber der Unterseeboote
BRT	Bruttoregistertonnen
C/Skl	Chef des Stabes der Seekriegsleitung
D.A.K.	Deutsches Afrikakorps
ders.	derselbe
Div.	Division
Dok.	Dokument
DS	Denkschrift
Dt.Bot.Rom	Deutsche Botschaft, Rom, Quirinal
Dt.Gen.b. HQu. d.kgl.-ital.Wehrmacht	Deutscher General beim Hauptquartier der königlich-italienischen Wehrmacht
Dt.Markdo. Italien	Deutsches Marinekommando Italien
ed., Ed.	edited, Editor
Fl. Korps	Fliegerkorps
Gen.	General
Gen.d.Art.b.Ob.d.H.	General der Artillerie beim Oberbefehlshaber des Heeres
Gen.d.dt.Lw.b.Okdo. d. kgl.-ital. LW (Italuft)	General der deutschen Luftwaffe beim Oberkommando der königlich-italienischen Luftwaffe
Gen.St.d.H.	Generalstab des Heeres
Gfm	Generalfeldmarschall
HQu	Hauptquartier
HZ	Historische Zeitschrift
i. G.	im Generalstab
IMG	Internationaler Militärgerichtshof
JG	Jagdgeschwader
Kdo.	Kommando
KG	Kampfgeschwader
KTB	Kriegstagebuch
L	Abteilung Landesverteidigung im Oberkommando der Wehrmacht, Wehrmacht-führungsstab
Lfl.	Luftflotte
LG	leichtes Geschwader
MA	Militärarchiv
Mar.	Marine-
Mar.Att.	Marine-Attaché
Markdo.	Marinekommando
Mar.Verb.St.Ital.	Marine-Verbindungsstab Italien
MF	Marineforum
MGM	Militärgeschichtliche Mitteilungen
MGFA	Militärgeschichtliches Forschungsamt
MR	Marine-Rundschau
MVO	Marine-Verbindungsoffizier
N, NL	Nachlaß
NJG	Nachtjagdgeschwader
no.	numéro, number

Ob.	Oberbefehlshaber
Ob.d.H.	Oberbefehlshaber des Heeres
Ob.d.L.	Oberbefehlshaber der Luftwaffe
Ob.d.M.	Oberbefehlshaber der Marine
OBS	Oberbefehlshaber Süd
o.g.	oben genannt
Okdo.	Oberkommando
OKH	Oberkommando des Heeres
OKL	Oberkommando der Luftwaffe
OKM	Oberkommando der Marine
OKW	Oberkommando der Wehrmacht
Op. Abt.	Operationsabteilung
OQu.	Oberquartiermeister
P.	Part
PA	Politisches Archiv (Auswärtiges Amt)
PG	pinched from the Germans
Pol. I M	Politische Abteilung I Militärpolitik (Auswärtiges Amt)
Pz.-	Panzer-
Pz.A.	Panzerarmee
Quir.	Quirinal
R.A.F.	Royal Air Force
R-Boot	Räum-Boot
Rev. Déf. Nat.	Revue de Défense Nationale
RH	Reichsheer
RL	Reichsluftwaffe
RM	Reichsmarine
RW	Reichswehrmacht
S-Boot	Schnellboot
Skl	Seekriegsleitung
1. Skl	1. Abteilung Seekriegsleitung (Operationsabteilung)
St.G.	Sturzkampfbombergeschwader
StS	Staatssekretär
Stuka	Sturzkampfflugzeug
T.	Teil
U-Boot	Unterseeboot
US Naval Inst. Proc.	United States Naval Institute Proceedings
Verb.St.z.Gen.St. d. kgl.-ital.Mar.	Verbindungsstab zum Generalstab der königlich-italienischen Marine
v.	von
VfZG	Vierteljahreshefte für Zeitgeschichte
Vol.	Volume
WFSt	Wehrmachtführungsstab
WWR	Wehrwissenschaftliche Rundschau
z.b.V.	zur besonderen Verwendung

C. Quellen- und Literaturverzeichnis

1. Quellen

Ungedruckte Quellen

Politisches Archiv des Auswärtigen Amtes, Bonn (PA-AA)

— Büro Staatssekretär
   Akten betreffend Italien, Bd. 3: 3.1940–12.1940
— Deutsche Botschaft Rom (Quirinal)
   Geheimakten Bd. 86
   Geheimakten Bd. 87
   Geheimakten Bd. 102
   Geheimakten Bd. 136
   Geheimakten Bd. 138

— Politische Abteilungen
   Militärpolitik Abwehr/Afrika, Pol. I M, 22. 2. 42 – 21. 1. 44

Bundesarchiv Koblenz (BA)
— Nachlaß Goebbels
   NL 118/30 Tagebücher 1. 10. 41 – 10. 10. 41
   NL 118/33 Tagebücher 18. 10. 41 – 25. 10. 41
   NL 118/34 Tagebücher 26. 10. 41 – 31. 10. 41
   NL 118/35 Tagebücher 1. 11. 41 – 17. 11. 41
   NL 118/36 Tagebücher 18. 11. 41 – 30. 11. 41

Bundesarchiv-Militärarchiv, Freiburg i. Brg. (BA-MA)

— OKW WFSt Abt. L
   RW 4 v 657 Chefsachen Nordafrika, Januar–Mai 1941
        v 879 Besprechungen im FHQ. am 29. und 30. 4. 42 mit Generaloberst
               Cavallero und Mussolini über die allgemeine militärische Lage 1942
— OKH Gen. St. d. H.
   RH 2 v 459 Op.Abt. Unternehmen »Sonnenblume« (S I Chefsachen),
               5. 2. 41–12. 9. 42
        v 460 Op.Abt. Unternehmen »Sonnenblume«, Transporte, Kräfte, Suez-
               Operation (S II Chefsachen mit Karten)
        v 461 Op.Abt. Unternehmen »Sonnenblume«, Luftwaffe, Marine, Ver-
               sorgung, Vortragsnotizen (S III Chefsachen), Februar 1941–April
               1942
        v 462 Op.Abt. Unternehmen »Sonnenblume«, Feindbeurteilungen und
               eigene Absichten (S IV Chefsachen), Bd. 1, März–August 1942
        v 464a Einzelbefehle für Unternehmen »Sonnenblume« (auszugsweise Ab-
               schriften) 1940–1941
        v 594 Bericht OQu I vom 12. 5. 41 über Reise zum D.A.K. vom 27. 4. bis
               8. 5. 41

v 457   Libyen (»Sonnenblume«), 10. 2.–31. 3. 1941

v 694   (IIb) Tagesmeldungen D. A. K. vom 9. 4.–31. 12. 1941

v 622   Pz.AOK Afrika, Tagesmeldungen Nordafrika 18. 5. bis 30. 12. 1941, Teil II

v 1521   Fremde Heere West, Bd. 1b, 24. 7. 1941–10. 6. 1942 (Nr. 46–71 mit Karten)

v 1660   Fremde Heere West, Befestigungen und andere militärische Anlagen auf Malta 1941–1943

RHD 21/336 Militärgeographische Angaben über Malta, 30. 2. 1941

— Deutsches Afrikakorps

RH 24/200/1D KTB Nr. 1 D.A.K. Ia, 6. 2. 1941–14. 8. 1941

       /2   D.A.K. Ia, Fortführung der Offensive gegen Ägypten. Planstudie des D.A.K. vom 27. 7. 1941 mit Stellungnahme des OKH/ Gen.St.d.H./Qu.

— Heeresgruppe Afrika

RH 19 VIII/5 Chefsachen (Juni) August–Dezember 1941

       /6   KTB Pz. Gr. Afrika Ia, 15. 8.–18. 11. 41

       /7   Anlagen zum KTB Pz. Gr. Afrika Ia, 6. 8. 41–16. 11. 41

       /14 Anlagen zum KTB Pz. AOK Afrika, 7. 2.–25. 5. 42

       /20 Schlachtbericht über die Kämpfe der Pz. Armee Afrika, 26. bis 27. 7. 42

       /22 Anlagen zum Schlachtbericht, Bd. 2, 16. 6.–30. 6. 42

       /16 KTB Kdo. d. Pz. Gr. Afrika, 15. 8.–18. 11. 41

       /245 Sonstige Unterlagen des O.Qu., O.Qu sowie Ia-Befehle für den Angriff auf Tobruk, ferner Planung der Besetzung Ägyptens (mit Planpausen und Stadtplänen von Kairo und Alexandrien), September 1941–Juni 1942

       /252 Nachschub für die in Nordafrika eingesetzten deutschen Truppen, Statistik der Transportleistungen in Afrika, sowie der Munition- und Fahrzeugtransporte nach Afrika, April 1941–Februar 1943

— Generalstab der Luftwaffe

RL 2 I/1   Chef d. Gen.St.d.Lw; Vorbereitungen Einsatz aller Fronten (Besprechungsnotizen, Handschrift-Maschinenschrift), 10. 1. 1941

RL 2/II/38 1. Abteilung, Kriegführung, Mittelmeerraum (Afrika/Kreta/Griechenland), Organisation, Nachschub, Zusammenarbeit mit der italienischen Luftwaffe (Sammlung von Weisungen, Befehlen, Meldungen, Berichten, Beurteilungen), April–Oktober 1941

RL 2/II/414 5. Abteilung. Deutsche Fliegerverbände auf italienischen Flughäfen (Dislozierung, Veränderungen, Verlegungen), 27. 12. 1940 bis 15. 2. 1941

— Luftflottenkommando 2

RL 7/688   Einsatz Mittelmeerraum, insbesondere Malta, Nordafrika, Zusammenarbeit der deutschen und italienischen Luftwaffenführung (Übersetzungen von Originalen aus den im ital. Luftarchiv verwahrten Akten der kgl.-ital. Luftwaffe, Berichte, Mitteilungen, Besprechungsprotokolle, Briefe, Weisungen, Befehle, Meldungen, Bd. 2, 1941 (Januar–März)

/689   Bd. 3, 1941 (April–Juni)
/690   Bd. 4, 1941 (Juli–September)
/691   Bd. 5, 1941 (Oktober–Dezember)
/693   Bd. 7, 1942 (April–Juni)

— Seekriegsleitung

RM   7 /18 KTB 1. Skl T. A, Bd. 15, 1. 11.–30. 11. 1940
     /19 KTB 1. Skl T. A, Bd. 16, 1. 12.–31. 12. 1940
     /20 KTB 1. Skl T. A, Bd. 17, 1. 1.–31. 1. 1941
     /21 KTB 1. Skl T. A, Bd. 18, 1. 2.–28. 2. 1941
     /22 KTB 1. Skl T. A, Bd. 19, 1. 3.–31. 3. 1941
     /23 KTB 1. Skl T. A, Bd. 20, 1. 4.–30. 4. 1941
     /24 KTB 1. Skl T. A, Bd. 21, 1. 5.–31. 5. 1941
     /25 KTB 1. Skl T. A, Bd. 22, 1. 6.–30. 6. 1941
     /26 KTB 1. Skl T. A, Bd. 23, 1. 7.–31. 7. 1941
     /27 KTB 1. Skl T. A, Bd. 24, 1. 8.–31. 8. 1941
     /28 KTB 1. Skl T. A, Bd. 25, 1. 9.–30. 9. 1941
     /29 KTB 1. Skl T. A, Bd. 26, 1. 10.–31. 10. 1941
     /30 KTB 1. Skl T. A, Bd. 27, 1. 11.–30. 11. 1941
     /31 KTB 1. Skl T. A, Bd. 28, 1. 12.–31. 12. 1941
     /32 KTB 1. Skl T. A, Bd. 29, 1. 1.–31. 1. 1942
     /33 KTB 1. Skl T. A, Bd. 30, 1. 2.–28. 2. 1942
     /34 KTB 1. Skl T. A, Bd. 31, 1. 3.–31. 3. 1942
     /35 KTB 1. Skl T. A, Bd. 32, 1. 4.–30. 4. 1942
     /36 KTB 1. Skl T. A, Bd. 33, 1. 5.–31. 5. 1942
     /37 KTB 1. Skl T. A, Bd. 34, 1. 6.–30. 6. 1942

RM   7/222   KTB 1. Skl T. C IX, Versorgungsfragen, Bd. I, August 1939–Dezember 1941
     /223   KTB 1. Skl T. C IX, Versorgungsfragen, Bd. II, Januar 1942–Dezember 1943
     /230   KTB 1. Skl T. C XI, Handelsschiffahrt Bd. 3
     /233   KTB 1. Skl T. C XIII, Italienische Kriegführung, Juli 1940–April 1944
     /234   KTB 1. Skl T. C XIV, Bd. 1, Deutsche Kriegführung im Mittelmeer, Februar–Dezember 1941
     /235   KTB 1. Skl T. C XIV, Bd. 2, Deutsche Kriegführung im Mittelmeer, Januar–Dezember 1942
     /240   1. Skl, Anlage zum KTB T. C XIV, 1942, Handakte Unternehmen »Aida«
     /243   1. Skl, Anlage zum KTB T. C XIV, Besprechung in Meran am 13./14. 2. 1941
     /244   1. Skl, Anlage zum KTB T. C XIV, Deutsch-italienische Marinebesprechungen in Garmisch 13.–15. Januar 1942
     /253   1. Skl, KTB T. C XV, Zusammenarbeit mit Japan, Bd. 1, Januar 1941–Dezember 1942

/258   1. Skl KTB T. C a, Grundlegende Fragen der Kriegführung, August–Dezember 1941

/845   1. Skl KTB T. C IV, U-Boot-Kriegführung, Bd. 2, Januar–Dezember 1941

/846   1. Skl KTB T. C IV, U-Boot-Kriegführung, Bd. 3, Januar–Dezember 1942

/935   Deutsche U-Boote im Mittelmeer, Bd. 1, 25. 8.41–27. 10. 41

/936   Deutsche U-Boote im Mittelmeer, Bd. 2, 28. 10. 41–24. 3. 42

/945   1. Skl (Mittelmeer) »Malta«, Bd. I, April 1941–Juli 1942

MBox 57 PG 32087 d MVO, Akte Chefsachen, Juli 1941–August 1942

GE 412 PG 32455   1. Skl, Akte II.8: »Marita«, November 1940–April 1941

GE 483 PG 32549   1. Skl, Handakte »Marita/Merkur«, 23. 1. 1941–17. 7. 41

GE 1041 PG 33051 b 1. Skl Im, Handakte Im, Chefsachen, Bd. 1, 20. 1. 1940–19. 8. 1941

GE 1182 PG 33289   1. Skl I op, Minenverwendung Mittelmeer, Oktober 1941–März 1942

GE 1203 PG 33316   1. Skl, Unterlagen 1 E und I Op., April 1938–Dezember 1941

— Kriegswissenschaftliche Abteilung der Marine

RM 8/1123   Vizeadmiral Kurt Assmann, Lagebetrachtungen 19. 2. 1940, 29. 7. 1941, 3. 2. 1945

RM 8/1158   OKM KR Akte (1941/43) Skl Qu A VI: Seetransportleistungen der deutschen Kriegsmarine 3. 4. 1940–30. 9. 1943

— Marineverbindungsstab Italien/Deutsches Marinekommando Italien

RM 36/2   Chef. d. Verb. St. b. Adm. St. d. kgl. ital. Mar.: Kriegstagebuch 28. 6.–31. 12. 1940

RM 36/15–20   1. 1.–30. 4. 1941

III M2000/18–20   1. 5.–31. 7. 1941

MBox 628/PG 45938   1. 8. – 31. 8. 1941

/PG 45939   1. 9. – 30. 9. 1941

/PG 45940   1. 10. – 31. 10. 1941

MBox 629/PG 39971   1. 11. – 30. 11. 1941

/PG 39972   1. 12. – 31. 12. 1941

/PG 39973   1. 1. – 31. 1. 1942

MBox 630/PG 39974   1. 2. – 28. 2. 1942

/PG 39975   1. 3. – 31. 3. 1942

/PG 39976   1. 4. – 30. 4. 1942

MBox 631/PG 39977   1. 5. – 31. 5. 1942

/PG 39978   1. 6. – 30. 6. 1942

MBox 647 PG 45102   Chefsachen – Akte 22: Heizöl, Februar 1941–Oktober 1942

MBox 647 PG 45103   Chefsachen – Akte 23: Malta, Dezember 1941–Oktober 1942

MBox 647 PG 45106   Chefsachen – Akte 39: »Herkules« (Malta), April–Juli 1942

MBox 648 PG 45107   Chefsachen – Akte 41: »Aida«, Februar–Oktober 1942

MBox 648 PG 45108 Chefsachen – Akte 50: »Herkules«, Bd. I, Mai–Oktober
1942
MBox 648 PG 45109 Chefsachen – Akte 54: »Herkules« (kein Datum)
MBox 649 PG 45110 Chefsachen – Akte 60: »Theseus« allgem., April–Oktober
1942
MBox 653 PG 45132 »Sonderakte«, April–Dezember 1941
MBox 640 PG 45056 Handakte, Besprechungen Chef Verb. St.Marine–Führer
Afrikakorps, 3. 2.–16. 7. 1941, Bd. I
MBox 686 PG 45851 Chef d. Seetransportstellen in ital. Nordafrika und MVO bei
Pz. Armee Afrika und beim italienischen Admiral Libyen,
KTB 1. 4.–30. 6. 1942
— Nachlaß Milch
N 179/46 Merkbuch Gfm Milch 11. Juli 1940 – 13. Januar 1941
— Nachlaß Weichold
N 316/36   Kriegstagebuch, Auszüge und Stellungnahmen 1941
N 316/38   Kriegstagebuch, Auszüge und Stellungnahmen 1942
— Nachlaß Paulus   Privater und privatdienstlicher Schrift-
N 372/22   wechsel Heft 4 Q-Z, 1941/42
— Militärbiographische Sammlung Hoffmann von Waldau
MSG I/1410   Privates Kriegstagebuch des Generals Hoffmann von Wal-
dau

Gedruckte Quellen

Akten zur deutschen auswärtigen Politik 1918–1945. Aus dem Archiv des Auswärtigen
Amtes.
Serie D:
Bd. XI.2:   13. 11. 40 – 31. 1. 41, Bonn 1964.
Bd. XII.1:   1. 2. 41 – 5. 4. 41, Göttingen 1969.
Bd. XII.2:   6. 4. 41 – 22. 6. 41, Göttingen 1969.
Bd. XIII.1: 23. 6. 41 – 14. 9. 41, Göttingen 1970.
Bd. XIII.2: 15. 9. 41 – 11. 12. 41, Göttingen 1970.
Serie E:
Bd. I: 12.   12. 41 – 28. 2. 42, Göttingen 1969.
Bd. II: 1.   3. 42 – 15. 6. 42, Göttingen 1972.
British Vessels Lost At Sea 1939–1945. A Reprint of the Original Publications. Ships of
the Royal Navy: Statement of Losses During the Second World War and British
Merchant Vessels Lost or Damaged by Enemy Action During the Second World
War, London 1947.
Cavallero, Ugo: Comando Supremo. Diario 1940–43 del Capo di S.M.G., Bologna/
Rocca San Casciano 1948.
Ciano, Galleazzo: Tagebücher 1939–1943, Bern 1947.
Ders.: L'Europa verso la catastrofe. 184 coloqui con Mussolini, Hitler, Franco, Cham-
berlain, etc., Milano 1948 (gekürzte britische Ausgabe: Ciano's Diplomatic Papers,
London 1948).

Goebbels, Josef: Tagebücher. Aus den Jahren 1942–43, mit anderen Dokumenten hrsg. v. Louis P. Lochner, Zürich 1948.

Halder, Franz: Kriegstagebuch. Tägliche Aufzeichnungen des Chefs des Generalstabes des Heeres 1939–1942, Bd. II: Von der geplanten Landung in England bis zum Beginn des Ostfeldzuges (1. 7. 1940–21. 6. 1941), bearbeitet von Hans-Adolf Jacobsen, Stuttgart 1963; Bd. III: Der Rußlandfeldzug bis zum Marsch auf Stalingrad (22. 6. 1941–24. 9. 1942), bearbeitet von Hans-Adolf Jacobsen, Stuttgart 1964.

Hill, Leonidas E. (Hrsg.): Die Weizsäcker-Papiere 1933–1945, Berlin/Frankfurt a.M. 1974.

Hillgruber, Andreas (Hrsg.): Staatsmänner und Diplomaten bei Hitler, 2 Bde., Frankfurt a. M. 1967–1970.

Hillgruber, Andreas/Förster, Jürgen: Zwei neue Aufzeichnungen über »Führer«-Besprechungen aus dem Jahre 1942, in: Militärgeschichtliche Mitteilungen, Heft 1/1972, S. 109 ff.

Hitler, Adolf: Mein Kampf, München 1939.

Hitler, Adolf: Monologe im Führerhauptquartier 1941–1944. Die Aufzeichnungen Heinrich Heims, hrsg. von W. Jochmann, Hamburg 1980.

Hitlers politisches Testament. Die Bormann-Diktate vom Februar und April 1945, mit einem Vorwort von Hugh R. Trevor-Roper und einem Kommentar von André François-Poncet, Hamburg 1981.

Hitlers Zweites Buch. Ein Dokument aus dem Jahre 1928, eingeleitet und kommentiert von Gerhard L. Weinberg, mit einem Vorwort von H. Rothfels, Stuttgart 1961.

Hubatsch, Walther (Hrsg.): Hitlers Weisungen für die Kriegführung. Dokumente des Oberkommandos der Wehrmacht, Frankfurt a. M. 1962 (2., durchges. u. erg. Aufl. Koblenz 1983).

Der Prozeß gegen die Hauptkriegsverbrecher vor dem Internationalen Militärgerichtshof, Nürnberg 14. 11. 1945–1. 10. 46, Nürnberg 1947–1949.

Bd. IX: Sitzungsprotokolle.

Bd. XXXIII: Urkunden und anderes Beweismaterial.

Bd. XXXIV: Urkunden und anderes Beweismaterial.

Kotze, Hildegard von (Hrsg.): Heeresadjutant bei Hitler 1938–1943. Aufzeichnungen des Major Engel, in: Schriften der Vierteljahreshefte für Zeitgeschichte 29/1974, Heft 8.

Kriegstagebuch des Oberkommandos der Wehrmacht (Wehrmachtführungsstab), hrsg. v. Percy Ernst Schramm in Zusammenarbeit mit Andreas Hillgruber, Walther Hubatsch und Hans-Adolf Jacobsen, 4 Bde., Frankfurt a. M. 1961–1965.

Liddell Hart, Basil Henry (Ed.): The Rommel Papers, London 1953.

Picker, Henry: Hitlers Tischgespräche im Führerhauptquartier 1941–1942, neu hrsg. von Percy Ernst Schramm in Zusammenarbeit mit Andreas Hillgruber und Martin Vogt, Stuttgart 1963.

Seraphim, Hans-Günther: »Felix« und »Isabella«. Dokumente zu Hitlers Planungen betr. Spanien und Portugal aus den Jahren 1940/1941, in: Die Welt als Geschichte. Eine Zeitschrift für Universalgeschichte, 14/1954, S. 45 ff.

Ursachen und Folgen. Vom deutschen Zusammenbruch 1918 und 1945 bis zur staatlichen Neuordnung Deutschlands in der Gegenwart. Eine Urkunden- und Quellensammlung zur Zeitgeschichte, Bd. 16: Das Dritte Reich: Versuche einer festländischen Koalitionsbildung gegen England; Der Dreimächtepakt; Die Vorgänge in

Südosteuropa und auf dem Balkan; Der Kriegsschauplatz in Nordafrika, Berlin 1971.

Wagner, Gerhard (Hrsg.): Die Lagevorträge des Oberbefehlshabers der Marine vor Hitler 1939–1945, München 1971.

2. Historische Studien im Militärgeschichtlichen Forschungsamt, Freiburg im Breisgau

(Foreign Military Studies of the Historical Division, Headquarters, United States Army, Europe 1945–1954)

Guide to Foreign Military Studies 1945–1954. Historical Division, Headquarters, United States Army, Europe 1954 (und Nachtrag), im Militärgeschichtlichen Forschungsamt in Freiburg/Breisgau.

Conrad, Gerhard: Preparation for the Commitment of Parachute and Other Airborne Units in the Projected Invasion of Malta (June 1942), 1947, MS/D-065.

Dittmar, Kurt: OKW-OKH Relationship (1940–45), 1946, MS/B-512.

Felmy, Hellmuth/Warlimont, Walter: Die deutsche Ausnutzung der arabischen Eingeborenenbewegung im Zweiten Weltkrieg. Mit Vorbemerkungen von Generaloberst a.D. F. Halder (ohne Datum), MS/P-207.

Kesselring, Albert: Final Commentaries on the Campaign in North Africa 1941–43, 1950/51, MS/C-075.

Ders.: Malta; Dunkerque; Battle of Britain; North Africa; Western Front: Allied Commander, 1946, MS/ETHINT-72.

Rath, Hans-Joachim: Der Einsatz des Stuka-Geschwaders 1 im Mittelmeerraum, Februar-Mai 1941 (Malta-Kreta) (ohne Datum), MS/D-064.

Reinhardt, Helmuth (and others): Airborne Operations: A German Appraisal, 1951, MS/P-051p.

Seibt, Konrad: Vorbereitungen zur Wegnahme Maltas im Juni 1942, 1947, MS/D-094.

Warlimont, Walter: Greece, Crete and Russia, 1946, MS/B-250.

Ders.: Basis and Objectives of the German Operations in Italian North Africa. A Study from the Viewpoint of OKW, 1951, MS/C-99p.

Ders.: Strategic Survey of Axis Campaign in the Mediterranean Theatre (A Strategic Survey), 1956, MS/P-216.

3. Literaturverzeichnis (Auswahl)

Bibliographien und bibliographische Artikel

Bibliographie, in: Revue d'histoire de la deuxième guerre mondiale, Paris 1951 ff.

Bibliographie zur Zeitgeschichte. Beilage der Vierteljahreshefte zur Zeitgeschichte. Zusammengestellt von Thilo Vogelsang, Stuttgart 1953–1965.

Bibliographie zur Zeitgeschichte und zum Zweiten Weltkrieg für die Jahre 1945–50. Im Auftrage des Instituts für Zeitgeschichte zusammengestellt von F. Herre und Hellmuth Auerbach, München 1955.

Bibliography of Historical Works Issued in the United Kingdom 1946–1956. Compiled for the Sixth Anglo-American Conference of Historians, London 1957.

Bibliothek des Instituts für Zeitgeschichte München. Alphabetischer Katalog. Vorwort T. Vogelsang, Bd. 1–5, Boston 1967.

Bibliothek des Instituts für Zeitgeschichte München. Biographischer Katalog. Vorwort T. Vogelsang, Boston 1967.

Bibliothek für Zeitgeschichte/Weltkriegsbücherei Stuttgart. Alphabetischer Katalog. Vorwort J. Rohwer, Bd. 1–11, Boston 1968.

Bibliothek für Zeitgeschichte/Weltkriegsbücherei Stuttgart. Systematischer Katalog. Vorwort J. Rohwer. Einleitung M. Gunzenhäuser, Bd. 1–20, Boston 1968.

Bücherschau der Weltkriegsbücherei Stuttgart, Jahrgang 25–31 (1953–1959), Stuttgart 1953–1959.

Catalogo delle pubblicazioni. Ufficio Storico della Marina Militare, Roma 1963.

Dahlmann-Waitz. Quellenkunde zur deutschen Geschichte. Bibliographie der Quellen und Literatur zur deutschen Geschichte. Zehnte Auflage. Unter Mitwirkung zahlreicher Gelehrter hrsg. im Max-Planck-Institut für Geschichte von Hermann Heimpel und Herbert Geuss, Stuttgart 1966.

Hillgruber, Andreas: Südosteuropa im Zweiten Weltkrieg. Literaturbericht und Bibliographie, Frankfurt a. M. 1962 (Schriften der Bibliothek für Zeitgeschichte, Bd. 1).

Jacobsen, Hans-Adolf: Dissertationen über wehrgeschichtliche Themen an der Universität Göttingen seit 1945, in: Wehrwissenschaftliche Rundschau 5/1955, S. 334.

Jahresbibliographie (der) Bibliothek für Zeitgeschichte/Weltkriegsbücherei Stuttgart, Frankfurt a. M. 1961 ff.

Köhler, Karl: Bibliographie des Luftkrieges, Frankfurt a. M. 1965 (Schriften der Bibliothek für Zeitgeschichte, Bd. 5).

Rohwer, Jürgen: Das amerikanische Seekriegswerk, in: Wehrwissenschaftliche Rundschau 4/1954, S. 600 f.

Ders.: Literaturverzeichnis zum Krieg im Mittelmeer 1939–1943, in: Wehrwissenschaftliche Rundschau 8/1958, S. 461–469, 587.

Ders.: Übersicht über das amtliche britische Werk zur Geschichte des Zweiten Weltkrieges, in: Wehrwissenschaftliche Rundschau 6/1956, S. 646 f.

Ders.: Wehrgeschichtliche Arbeiten am Historischen Seminar der Universität Hamburg, in: Wehrwissenschaftliche Rundschau 5/1955, S. 137 f.

Schröder, Josef: Italien im Zweiten Weltkrieg. Eine Bibliographie – L'Italia nella seconda guerra mondiale. Una bibliographia, München 1978 (Schriften der Bibliothek für Zeitgeschichte, Bd. 14).

Seeger, Willy: Der Zweite Weltkrieg im Mittelmeerraum. Bericht über die italienische Literatur, in: Bücherschau der Weltkriegsbücherei 1958, S. 306–321; 1959, S. 413–421 und Jahresbibliographie 1962 der Bibliothek für Zeitgeschichte Stuttgart, S. 554–572.

Sonstige Hilfsmittel, Nachschlagewerke und Chroniken

Guides to German Records Microfilmed at Alexandria, Va. Ed. by the American Historical Association. Committee for the Study of War Documents, Washington 1958 ff.

Fechter, Helmut/Hümmelchen, Gerhard (Hrsg.): Seekriegsatlas. Mittelmeer–Schwarzes Meer 1940–1943, München 1972.

Hillgruber, Andreas/Hümmelchen, Gerhard (Hrsg.): Chronik des Zweiten Weltkrieges. Kalendarium militärischer und politischer Ereignisse 1939–45, Düsseldorf 1978.

Ders.: Zur Konzeption einer Geschichte des Zweiten Weltkrieges 1939–1945, in: Wehrwissenschaftliche Rundschau 12/1962, S. 582 ff.

Müller, Klaus-Jürgen: Gedanken zum Problem einer Geschichtsschreibung über den Zweiten Weltkrieg, in: Wehrwissenschaftliche Rundschau 12/1962, S. 634–651 und 729–736.

Rohwer, Jürgen/Hümmelchen, Gerhard (Hrsg.): Chronik des Seekrieges 1939–1945, Oldenburg/Hamburg (ohne Jahr).

Weinberg, Gerhard L.: Guide to Captured German Documents, New York 1952; Supplement, New York 1959.

Wolfe, Robert (Ed.): Captured German and Related Records. A National Archives Conference, Athen/Ohio 1974.

Memoiren, Gespräche, Biographien

Abetz, Otto: Das offene Problem. Ein Rückblick auf zwei Jahrzehnte deutsche Frankreichpolitik, Köln 1951.

Ders.: Mémorandum d'Abetz sur les rapports franco-allemands, Paris 1948.

Badoglio, Pietro: Italien im Zweiten Weltkrieg. Erinnerungen und Dokumente, München/Leipzig 1947.

Barnett, Corelli: Wüstengenerale, Hannover 1960.

Below, Nicolaus von: Als Hitlers Adjutant 1937–1945, Mainz 1980.

Bor, Peter (Pseudonym für Franz Halder): Gespräche mit Halder, Wiesbaden 1950.

Carboni, Giacomo: Memorie segrete 1935–1948. »Piu che il dovere«, Firenze 1955.

Churchill, Winston: Memoiren. Der Zweite Weltkrieg, Bern/München/Wien 1953.
  Bd. 3: Die große Allianz. Teil I, Hitlers Angriff auf Rußland (Januar bis Juni 1941); Teil II, Amerika im Krieg (Juli bis Dezember 1941).
  Bd. 4: Schicksalswende. Teil I, Die Sturmflut aus Japan (Januar bis Juni 1942); Teil II, Die Befreiung Afrikas (Juli 1942–März 1943).

Cunningham of Hyndhope, Andrew Browne: A Sailor's Odyssey. The Autobiography of Admiral of the Fleet Viscount Cunningham of Hyndhope, New York 1951.

Ders.: Report of an Action with the Italian Fleet of Calabria, 9th July, 1940. Supplement to »The London Gazette«, 28. 4. 1948.

Deichmann, Paul: Der Chef im Hintergrund. Ein Leben als Soldat von der preußischen Armee bis zur Bundeswehr, Oldenburg/München/Hamburg 1979.

Diakow, Jaromir: Generaloberst Alexander Löhr. Ein Lebensbild, Freiburg/Breisgau 1964.

Dönitz, Karl: Zehn Jahre und zwanzig Tage, Bonn 1958 (9. Aufl. Koblenz 1985).

Ders.: Deutsche Strategie zur See im Zweiten Weltkrieg. Die Antworten des Großadmirals auf 40 Fragen, Frankfurt a. M. 1970 (4. Aufl. u. d. T.: 40 Fragen an Karl Dönitz, München 1980).

Fröhlich, Stefan: Die Luftwaffe in Afrika, in: Die Oase 3/1961, S. 4 f. und 4/1961, S. 4 f.

Gause, Alfred: Der Feldzug in Nordafrika im Jahre 1942, in: Wehrwissenschaftliche Rundschau 12/1962, S. 654 ff.

Görlitz, Walter: Generalfeldmarschall Keitel. Verbrecher oder Offizier?, Göttingen 1961.

Ders. (Hrsg.): Paulus. »Ich stehe hier auf Befehl«. Lebensweg des Generalfeldmarschalls Friedrich Paulus. Mit den Aufzeichnungen aus dem Nachlaß, Briefen und Dokumenten, Frankfurt a. M. 1960.

Greiner, Helmuth: Die Oberste Wehrmachtführung 1939–1943, Wiesbaden 1951.

Guderian, Heinz: Erinnerungen eines Soldaten, 4. Aufl. Neckargemünd 1960.

Halder, Franz: Hitler als Feldherr, München 1949.

Heusinger, Adolf: Befehl im Widerstreit. Schicksalsstunden der deutschen Armee 1923–1945, Tübingen/Stuttgart 1950.

Irving, David: Rommel. Eine Biographie, Hamburg 1978.

Ders.: Die Tragödie der Deutschen Luftwaffe. Aus den Akten und Erinnerungen von Feldmarschall Erhard Milch, Frankfurt a. M./Berlin/Wien 1970.

Kesselring, Albert: Gedanken zum Zweiten Weltkrieg, Bonn 1955.

Ders.: Der Krieg im Mittelmeerraum, in:Bilanz des Zweiten Weltkrieges. Erkenntnisse und Verpflichtungen für die Zukunft, Oldenburg/Hamburg 1953, S. 65 ff.

Ders.: Soldat bis zum letzten Tag, Bonn 1953.

Lewin, Ronald: Rommel, Stuttgart/Berlin/Köln/Mainz 1969.

Lloyd, Hugh Pughe: Briefed to Attack: Malta's Part in African Victory, London 1949.

Loßberg, Bernhard von: Im Wehrmachtführungsstab. Bericht eines Generalstabsoffiziers, Hamburg 1949.

Penne, L. D. de la: The Italian Attack on the Alexandria Naval Base, in: United States Naval Institute Proceedings 82/1956.

Raeder, Erich: Mein Leben, Bd. 2: Von 1935 bis Spandau 1955, Tübingen 1957.

Rintelen, Enno von: Mussolini als Bundesgenosse. Erinnerungen des deutschen Militärattachés in Rom 1936–1943, Tübingen/Stuttgart 1951.

Roatta, Mario: Otto milioni di baionette. L'Esercito Italiano in guerra dal 1940 al 1944, Milano/Verona 1946.

Rommel, Erwin: Krieg ohne Haß, hrsg. von Lucie-Maria Rommel und Generalleutnant Fritz Bayerlein, Heidenheim 1955.

Roskill, Stephen: Churchill and his Admirals, London 1977.

Rossi, Francesco: Mussolini e lo Stato Maggiore, Roma 1951, S. 35.

Ruge, Friedrich: Der Seekrieg 1939–1945, Stuttgart 1960.

Speer, Albert: Erinnerungen, Frankfurt a. M./Berlin/Wien 1969.

Student, Kurt: Der beabsichtigte Angriff auf Malta 1942, in: Der deutsche Fallschirmjäger 10/1956, S. 5; 11/1956, S. 9 f.

Ders.: Generaloberst Kurt Student und seine Fallschirmjäger. Die Erinnerungen des Generaloberst Kurt Student, bearbeitet von Hermann Götzel, Friedberg 1980.

Warlimont, Walter: Die Entscheidung im Mittelmeer 1942, in: Entscheidungsschlachten des Zweiten Weltkrieges, hrsg. von Hans-Adolf Jacobsen und Jürgen Rohwer, Frankfurt a. M. 1960, S. 233 ff.

Ders.: Im Hauptquartier der deutschen Wehrmacht 1939–1945. Grundlagen – Formen – Gestalten, Frankfurt a. M. 1964 (3. Aufl. München 1978).

Ders.: Die Insel Malta in der Mittelmeer-Strategie des Zweiten Weltkrieges, in: Wehrwissenschaftliche Rundschau 8/1958, S. 421 ff.

Weichold, Eberhard: Die deutsche Führung und das Mittelmeer unter dem Blickwinkel der Seestrategie, in: Wehrwissenschaftliche Rundschau 9/1959, Heft 3, S. 164 ff.

Westphal, Siegfried: Erinnerungen, Frankfurt a. M. 1975.

Ders.: Heer in Fesseln. Aus den Papieren des Stabschefs von Rommel, Kesselring und Rundstedt, Bonn 1950.

Young, Desmond: Rommel, Wiesbaden 1950.

Darstellungen

Ackermann, Josef: Der begehrte Mann am Bosporus – Europäische Interessenkollisionen in der Türkei (1938–1941), in: Funke, Manfred (Hrsg.): Hitler, Deutschland und die Mächte. Materialien zur Außenpolitik des Dritten Reiches, Düsseldorf 1978, S. 489 ff.

The Air Battle of Malta. The Official Account of the R.A.F. in Malta, June 1940 to November 1942, London 1944.

Alfacanis: Il peso strategico di Malta fu veramente determinante?, in: Rivista Marittima 97/1964, S. 2 ff.

Alman, Karl: Graue Wölfe in blauer See. Der Einsatz der deutschen U-Boote im Mittelmeer, Rastatt 1967.

Ansel, Walter: Hitler and the Middle Sea, Durham/North Carolina 1972.

Assmann, Kurt: Deutsche Schicksalsjahre. Historische Bilder aus dem Zweiten Weltkrieg und seiner Vorgeschichte, Wiesbaden 1950.

Audet, R.: La stratégie allemande en Méditerranée, in: Revue de Défense Nationale 7/1951, S. 483 ff.

Bayerlein, Fritz: Rommel. Eine Würdigung seiner Persönlichkeit, in: Schicksal Nordafrika, hrsg. vom Verband ehemaliger Anhöriger Deutsches Afrika-Korps e.V. in Verbindung mit dem Rommel Sozialwerk, Döffingen 1954.

Bauer, Eddy: »Malta et Nafta«: Comment l'axe perdit la guerre en Méditerranée, in: Revue de Défense Nationale 8/1952, S. 469 ff.

Bechtolsheim, Anton Freiherr von: Der amerikanische Anteil an der Strategie des Zweiten Weltkrieges, in: Wehrwissenschaftliche Rundschau 1958, S. 345 f.

Behrendt, Hans-Otto: Rommels Kenntnis vom Feind im Afrikafeldzug. Ein Bericht über die Feindnachrichtenarbeit, insbesondere die Funkaufklärung, Freiburg i. Brg. 1980.

Bekker, Cajus (Pseudonym für Hans Dieter Berenbrok): Angriffshöhe 4000. Ein Kriegstagebuch der deutschen Luftwaffe, Oldenburg/Hamburg 1964.

Bell, Philip Michael Hett: La défense de Malta, 1940–1942, in: La guerre en Méditerranée (1939–1945) Paris 1971, S. 257 ff.

Belot, Raymond: La guerre aéronavale en Méditerranée (1939–1945), Paris 1949.

Bernotti, Romeo: Italian Naval Policy Under Fascism, in: United States Naval Institute Proceedings 82/1956, S. 722 ff.

Ders.: Storia della guerra nel Mediterraneo (1940–1943), 2. Aufl. Roma 1960.

Bidlingmaier, Gerhard: Die strategischen und operativen Überlegungen der Marine 1932–1942, in: Wehrwissenschaftliche Rundschau. Zeitschrift für die Europäische Sicherheit, Jahrgang 1963, S. 312 ff.

Bocca, Giorgio: Storia d'Italia nella guerra fascista (1940–1943), Bari 1969.

Böhmler, Rudolf: Unternehmen Malta fand nicht statt, in: Der deutsche Fallschirmjäger 8/1956, S. 13.

Bracher, Karl Dietrich: Kritische Betrachtungen zum Faschismusbegriff, in: ders.: Zeitgeschichtliche Kontroversen um Faschismus, Totalitarismus, Demokratie, München 1976, S. 13 ff.

Bragadin, Marc'Antonio: Il dramma della Marina Italiana 1940–1945, Milano 1966.

Ders.: The Italian Navy in World War II, Annapolis 1957.

Broszat, Martin: Soziale Motivation und Führer-Bindung des Nationalsozialismus, in: Vierteljahreshefte für Zeitgeschichte 18/1970, S. 393 ff.

Buchheit, Gert: Hitler als Feldherr. Die Zerstörung einer Legende, Rastatt 1958.

Cameron, Ian (Pseudonym für Donald Gordon Payne): Red Duster. White Ensign. The Story of the Malta Convoys, New York 1959.

Ders.: Wings of the Morning. The Story of the Fleet Air Arm in the Second World War, London 1962.

Carell, Paul: Die Wüstenfüchse. Rommel in Afrika, Hamburg 1958.

Cervi, Mario: Storia della guerra di Grecia, Milano 1969.

Colvin, Ian Goodhope: The Unknown Courier, London 1953.

Dankelmann, Otfried: Franco zwischen Hitler und den Westmächten, Berlin (Ost) 1970.

Das Deutsche Reich und der Zweite Weltkrieg, hrsg. v. Militärgeschichtlichen Forschungsamt, Bd. 1: Ursachen und Voraussetzungen der deutschen Kriegspolitik. Deist, Wilhelm/Messerschmidt, Manfred/Volkmann, Hans-Erich/Wette, Wolfram, Stuttgart 1979. Bd. 2: Die Errichtung der Hegemonie auf dem europäischen Kontinent. Maier, Klaus A./Rohde, Horst/Stegemann, Bernhard/Umbreit, Horst, Stuttgart 1979.

Detwiler, Donald S.: Hitler, Franco und Gibraltar. Die Frage des spanischen Eintritts in den Zweiten Weltkrieg, Wiesbaden 1962.

Drevon: Malta dans la guerre en Méditerranée (1940–1943), in: Revue de Défense Nationale 10/1954, S. 326 ff.

Dülffer, Jost: Der Beginn des Krieges 1939. Hitler, die innere Krise und das Mächtesystem, in: Geschichte und Gesellschaft 2/1976, S. 443 ff.

Ders.: Weimar, Hitler und die Marine. Reichspolitik und Flottenbau 1920–1939, Düsseldorf 1973.

Esebeck, Hanns Gert Freiherr von: Afrikanische Schicksalsjahre. Geschichte des Deutschen Afrika-Korps unter Rommel, Wiesbaden 1961.

Faldella, Emilio: L'Italia nella seconda guerra mondiale, Bologna 1960.

Felice, Renzo de: Die Deutungen des Faschismus, Göttingen/Zürich 1980.

Ders. (Ed.), L'Italia fra Tedeschi e Alleati. La politica estera fascista e la seconda guerra mondiale, Bologna 1973.

Ders.: Beobachtungen zu Mussolinis Außenpolitik, in: Saeculum 1973, Heft 4, S. 314 ff.

Fioravanzo, Giuseppe: Italian Strategy in the Mediterranean, 1940–43, in: United States Naval Institute Proceedings, 84/1958, S. 65 ff.

Ders.: Die Kriegführung der Achse im Mittelmeer, in: Marine-Rundschau 55/1958, S. 17 ff.

Ders.: Studi e progetti per la presa di Malta, in: Rivista Marittima 86/1954, S. 5 ff.

Forbes, Dennis Luther: The Battle of Crete from the German View: Pyrrhic Victory or Unexploited Success?, Phil. Diss., Mississippi State University 1975.

Fourie, Dean: Rommel, in: Comando 9/1963.

Freyer, Paul Herbert: Der Tod auf allen Meeren. Ein Tatsachenbericht zur Geschichte des faschistischen U-Boot-Krieges, Berlin (Ost) 1970.

Gabriele, Mariano: Operazione C3: Malta. Ufficio Storico della Marina Militare, Roma 1965.

Gemzell, Carl-Axel: Organization, Conflict and Innovation. A Study of German Naval Strategic Planning 1888–1940, Lund 1973.

Gerard, I. Francis: Malta Magnificent, London 1943.

Gianluca, André: Die faschistische Außenpolitik während des Zweiten Weltkrieges, in: Oswald Hauser (Hrsg.), Weltpolitik II: 1939–1945, Göttingen 1975.

Giorgerini, Giorgio: La battaglia dei convogli in Mediterraneo, Milano 1977.

Guarneri, Felice: Battaglie economiche. Tra le due grandi guerre, Vol. II (1936–1940), Milano 1953.

Gruchmann, Lothar: Die »verpaßten strategischen Chancen« der »Achsenmächte« im Mittelmeerraum 1940/1941, in: Vierteljahreshefte für Zeitgeschichte 18/1970, S. 456 ff.

La guerre en Méditerranée 1939–1945. Actes du Colloque International tenu à Paris du 8 au 11 avril 1969, éd. du Comité d'Histoire de la Deuxième Guerre Mondiale, Paris 1971.

Gundelach, Karl: Die deutsche Luftwaffe im Mittelmeer 1940–1945, 2 Bde., Frankfurt a. M./Bern/Cirencester 1981.

Ders.: Der Kampf um Kreta 1941, in: Entscheidungsschlachten des Zweiten Weltkrieges, hrsg. v. Hans-Adolf Jacobsen und Jürgen Rohwer, Frankfurt a. M. 1960, S. 95 ff.

Handel-Manzetti, Peter Freiherr von: Der Einfluß von See- und Luftmacht im Kampf um Nordafrika 1940–42, in: Marine-Rundschau 52/1955, S. 9 ff.

Ders.: Der britische Flugzeugangriff auf die italienische Flotte im Hafen von Tarent in der Nacht vom 11./12. November 1940, in: Marine-Rundschau 50/1953, S. 115 ff.

Harding, John: Mediterranean Strategy, 1939–45, Cambridge 1960.

Haushofer, Karl: Der Kontinentalblock. Mitteleuropa – Eurasien – Japan, in: Hans-Adolf Jacobsen: Karl Haushofer. Leben und Werk, Bd. I: Lebensweg 1869–1946 und ausgewählte Texte zur Geopolitik, Boppard a. Rh. 1979, S. 606 ff.

Hay, Jan: The Unconquered Isle. The Story of Malta, London 1943.

Heckmann, Wolf: Rommels Krieg in Afrika. »Wüstenfüchse« gegen »Wüstenratten«, Bergisch Gladbach 1980.

Herde, Peter: Pearl Harbor, 7. Dezember 1941. Der Ausbruch des Krieges zwischen Japan und den Vereinigten Staaten und die Ausweitung des europäischen Krieges zum Zweiten Weltkrieg, Darmstadt 1980.

Hepp, Leo: Die 12. Armee im Balkanfeldzug 1941, in: Wehrwissenschaftliche Rundschau 5/1955, S. 199 ff.

Hesse, Kurt: Rommel und der Geist von Potsdam, in: Die Oase, Heft 3, 1968.

Hoggan, David L.: Der erzwungene Krieg, Tübingen 1961.

Howard, Michael: The Mediterranean Strategy in the Second World War, Cambridge 1966.

Hildebrand, Klaus: Hitlers »Programm« und seine Realisierung 1939–1942, in: Funke, Manfred (Hrsg.): Hitler, Deutschland und die Mächte. Materialien zur Außenpolitik des Dritten Reiches, Düsseldorf 1978, S. 63 ff.

Ders.: Vom Reich zum Weltreich. Hitler, NSDAP und koloniale Frage 1919–1945, München 1969.

Ders.: Deutsche Außenpolitik 1933–1945. Kalkül oder Dogma?, 4. Aufl. Stuttgart/ Berlin/Köln/Mainz 1980.

Hillgruber, Andreas: England in Hitlers außenpolitischer Konzeption, in: ders.: Deutsche Großmacht- und Weltpolitik im 19. und 20. Jahrhundert, Düsseldorf 1977, S. 180 ff.

Ders.: Der Faktor Amerika in Hitlers Strategie 1938–1941, in: ders.: Deutsche Großmacht- und Weltpolitik im 19. und 20. Jahrhundert, Düsseldorf 1977, S. 197 ff.

Ders.: Die »Hitler-Koalition«. Eine Skizze zur Geschichte und Struktur des »weltpolitischen Dreiecks«, Berlin – Rom – Tokio 1933–1945, in: Vom Staat des Ancien Régime zum modernen Parteienstaat. Festschrift für Theodor Schieder, hrsg. von H. Berding u. a., München/Wien 1978.

Ders.: Hitler, König Carol und Marschall Antonescu. Die deutsch-rumänischen Beziehungen 1938–1944, 2. Aufl. Wiesbaden 1965.

Ders.: Der Hitler-Stalin-Pakt und die Entfesselung des Zweiten Weltkrieges. Situationsanalyse und Machtkalkül der beiden Paktpartner, in: Historische Zeitschrift 230/1980, Heft 2, S. 339 ff.

Ders.: Hitlers Strategie. Politik und Kriegführung 1940–1941, 2. Aufl. München 1982.

Ders.: Politik und Strategie Hitlers im Mittelmeerraum, in: ders.: Deutsche Großmacht- und Weltpolitik im 19. und 20. Jahrhundert, Düsseldorf 1977, S. 276 ff.

Ders.: Das Problem der »Zweiten Front« in Europa 1941–1944, in: Seemacht und Geschichte, Festschrift F. Ruge, Bonn 1975, S. 133 ff.

Ders.: Der Zenit des Zweiten Weltkrieges, Juli 1941, Wiesbaden 1977.

Ders.: Der Zweite Weltkrieg. Kriegsziele und Strategien der großen Mächte, 2. Aufl. Stuttgart/Berlin/Köln/Mainz 1983.

Iachino, Angelo: Gaudo e Matapan. Storia di un'operazione della guerra navale nel Mediterraneo (27-28-29 marzo 1941), Milano 1946.

Jacobsen, Hans-Adolf: Zur Konzeption einer Geschichte des Zweiten Weltkrieges 1939–1945. Disposition mit kritisch ausgewähltem Schrifttum, Frankfurt a. M. 1964 (Schriften der Bibliothek für Zeitgeschichte, Bd. 2).

Ders./Rohwer, Jürgen (Hrsg.): Entscheidungsschlachten des Zweiten Weltkrieges, Frankfurt a. M. 1960.

Jäckel, Eberhard: Frankreich in Hitlers Europa. Die deutsche Frankreichpolitik im Zweiten Weltkrieg, Stuttgart 1966.

Ders.: Hitlers Weltanschauung. Entwurf einer Herrschaft, Tübingen 1969.

Ders.: Die deutsche Kriegserklärung an die Vereinigten Staaten von 1941, in: Im Dienste Deutschlands und des Rechts. Festschrift für Wilhelm G. Grewe, Baden-Baden 1981, S. 117 ff.

Kemnade, Friedrich: Die Afrika-Flottille. Der Einsatz der 3. Schnellbootflottille im Zweiten Weltkrieg, Stuttgart 1978.

Klee, Karl: Der Entwurf zur Führer-Weisung Nr. 32 vom 11. Juni 1941. Eine quellenkritische Untersuchung, in: Wehrwissenschaftliche Rundschau 6/1956, S. 127 ff.

Ders.: Dokumente zum Unternehmen »Seelöwe«, Göttingen 1959, S. 298 ff.

Knox, Macgregor: Mussolini Unleashed 1939–1941. Politics and Strategy in Fascist Italy's Last War, Cambridge/London/New York u. a. 1982.

Kurowski, Franz: Der Kampf um Kreta, Herford/Bonn 1965.

La marina italiana nella seconda guerra mondiale, Vol. II: La guerra nel Mediterraneo. Le azioni navali, Tomo 1°: Dal 10 giugno 1940 al 31 marzo 1941. Ufficio Storico della Marina Militare, Roma 1959; Tomo 2°: Dal 1° aprile 1941 all' 8 settembre 1943. Ufficio Storico della Marina Militare, Roma 1959/60; La guerra nel Mediterraneo. La difesa del tràffico con l'Africa Settentrionale, Tomo 1°: Dal 10 giugno 1940 al 30 settembre 1941; Tomo 2°: Dal 1° ottobre 1941 al 30 settembre 1942. Ufficio Storico della Marina Militare, Roma 1958/62.
Lewin, Ronald: Entschied Ultra den Krieg? Alliierte Funkaufklärung im 2. Weltkrieg, Koblenz/Bonn 1981.

Macintyre, Donald: The Battle for the Mediterranean (June 1940 to May 1943), London 1964.
Macmillan, Norman: The Royal Air Force in the World War, Vol. III: 1940–1945: The Battles of the Western Desert. Somaliland. Eritrea. Ethiopia. Cyrenaika. Tripolitania. Tunisie. Malta. Greece. Crete. Dodecanese. Iraq. Syria. Iran. Pantelleria. Sicily. Italy. Crippling the Italian Fleet. The Balkan Air Force. The Mediterranean Allied Air Force, London/Toronto/Bombay/Sydney 1949.
Marchini, Ugo: La battaglia delle Alpi Occidentali. Guigno 1940, Roma 1947.
Martin, Bernd: Deutschland und Japan im Zweiten Weltkrieg. Vom Angriff auf Pearl Harbor bis zur deutschen Kapitulation, Göttingen 1969.
Ders.: Friedensinitiativen und Machtpolitik im Zweiten Weltkrieg 1939–1942, Stuttgart 1962.
Ders.: Die militärische Vereinbarung zwischen Deutschland, Italien und Japan vom 18. Januar 1942, in: Hillgruber, A. (Hrsg.): Probleme des Zweiten Weltkrieges, Köln/Berlin 1967, S. 134 ff.
Masters, David: A Graveyard of Wrecks, in: ders.: Epics of Salvage: Wartime Feats of the Marine Salvage Men in World War II, Boston 1954, S. 111 ff.
Meier-Dörnberg, Wilhelm: Die Ölversorgung der Kriegsmarine 1935 bis 1945, Freiburg/Breisgau 1973.
Mellenthin, Friedrich Wilhelm von: Panzerschlachten. Eine Studie über den Einsatz von Panzerverbänden im Zweiten Weltkrieg, Neckargemünd 1963.
Michalka, Wolfgang: Ribbentrop und die deutsche Weltpolitik 1933–1940. Außenpolitische Konzeptionen und Entscheidungsprozesse im Dritten Reich, München 1980.
Mommsen, Hans: Nationalsozialismus, in: Sowjetsystem und demokratische Gesellschaft, hrsg. v. C.D. Kernig, Bd. IV, Freiburg i. Brg./Basel/Wien 1971, Sp. 695 ff.
Morzik, Fritz: Die deutschen Transportflieger im Zweiten Weltkrieg. Die Geschichte des »Fußvolkes der Luft«, hrsg. v. Gerhard Hümmelchen, Frankfurt a. M. 1966.
Mühleisen, Hans-Otto: Kreta 1941. Das Unternehmen »Merkur«: 20. 5. bis 1. 6. 1941, 2. Aufl. Freiburg i. Brg. 1977.
Münch, Werner: Die militärische Zusammenarbeit zwischen den USA, Großbritannien und der Sowjetunion auf dem europäischen Kriegsschauplatz im Zweiten Weltkrieg bis zum 6. Juni 1944 und das politische strategische Zentralproblem der Zweiten Front in West-Europa, in: Wehrwissenschaftliche Rundschau 20/1970, S. 518–534, 566–596, 620–633.

Obermann, Emil: Verteidigung, Stuttgart 1970.
Oliver, R. Leslie: Malta at Bay – An Eyewitness Account, London 1942

Olshausen, Klaus: Zwischenspiel auf dem Balkan. Die deutsche Politik gegenüber Jugoslawien und Griechenland von März bis Juli 1941, Stuttgart 1973 (Beiträge zur Militär- und Kriegsgeschichte, Bd. 14).

Petersen, Jens: Die Außenpolitik des faschistischen Italien als historiographisches Problem, in: VfZG 1974, S. 417 ff.

Playfair, I. St. O./Stitt, G.M.St./Molony, Ch. J.Ch./Toomer, S.E.: The Mediterranean and Middle East, Vol. I: The Early Successes Against Italy (to May 1941), London 1954.

Playfair, I. St. O./Flynn, F.C./Molony, Ch.J.Ch./Toomer, S.E.: The Mediterranean and Middle East, Vol. II: The Germans Come to the Help of Their Ally (1941), London 1956.

Playfair, I. St. O./Molony, Ch. J. Ch./Flynn, F.C./Gleave, T.P.: The Mediterranean and Middle East, Vol. III: British Fortunes Reach Their Lowest Ebb (September 1941–September 1942), London 1960.

Post, G.: The Civil-Military Fabric of Weimar Foreign Policy, Princeton 1973.

La prima controffensiva italo-tedesca in Africa Settentrionale (15 febbraio – 18 novembre 1941). Ed. Ufficio Storico dello Stato Maggiore dell'Esercito, Roma 1974.

La prima controffensiva britannica in Africa Settentrionale (ottobre 40 – febbraio 1941). Ed. Ufficio Storico dello Stato Maggiore dell'Esercito, Roma 1964.

Rahn, Werner: Reichsmarine und Landesverteidigung 1919–1928. Konzeption und Führung der Marine in der Weimarer Republik, München 1976.

Raspin, Angela: Wirtschaftliche und politische Aspekte der italienischen Aufrüstung Anfang der dreißiger Jahre bis 1940, in: Friedrich Forstmeier/Hans E. Volkmann (Hrsg.): Wirtschaft und Rüstung am Vorabend des Zweiten Weltkrieges, Düsseldorf 1975.

Reinhardt, Klaus: Die Wende vor Moskau. Das Scheitern der Strategie Hitlers im Winter 1941/42, Stuttgart 1972.

Rieckhoff, Herbert-Joachim: Trumpf oder Bluff? Zwölf Jahre deutsche Luftwaffe, Genf 1945.

Rohwer, Jürgen: Malta – Angelpunkt des Krieges im Mittelmeer. Der Kampf um die Nachschubrouten Ende 1941, in: Köhlers Flottenkalender 1973. Das deutsche Jahrbuch der Seefahrt, S. 169 ff.

Ders.: Nachschub für Afrika, in: Köhlers Flottenkalender 1956. Das deutsche Jahrbuch der Seefahrt, S. 171 ff.

Ders.: Der Nachschubverkehr zwischen Italien und Libyen vom Juni 1940 bis Januar 1943, in: Marine-Rundschau 56/1959, S. 105 ff.

Ders.: Die U-Boot-Erfolge der Achsenmächte 1939–1945, München 1968.

Ders.: Der U-Boot-Krieg und sein Zusammenbruch 1943, in: Entscheidungsschlachten des Zweiten Weltkrieges, hrsg. v. Hans-Adolf Jacobsen und Jürgen Rohwer, Frankfurt a. M. 1960, S. 327 ff.

Ders./Jäckel, Eberhard (Hrsg.): Kriegswende Dezember 1941, Koblenz 1984.

Salewski, Michael: Die deutsche Seekriegsleitung 1935–1945, Bd. I: 1935–1941, Frankfurt a. M. 1970; Bd. II: 1942–1945, München 1975, Bd. III: Denkschriften und Lagebetrachtungen 1938–1944, Frankfurt a.M. 1973.

Santoni, Alberto/Mattesini, F.: La partizipazione tedesca alla guerra aeronavale nel Mediterraneo (1940–1945), Roma 1980.

Ders.: ULTRA siegt im Mittelmeer. Die entscheidende Rolle der britischen Funkaufklärung beim Kampf um den Nachschub für Nordafrika von Juni 1940 bis Mai 1943, hrsg. v. Jürgen Rohwer, Koblenz 1985.

Santoro, Giuseppe: L'aeronautica italiana nella seconda guerra mondiale, 2. Vol., Milano/Roma 1957.

Schieder, Wolfgang: Spanischer Bürgerkrieg und Vierteljahresplan. Zur Struktur nationalsozialistischer Außenpolitik, in: Der Spanische Bürgerkrieg in der internationalen Politik (1936–1939), hrsg. v. W. Schieder und Chr. Dipper, München 1976, S. 162 ff.

Schlauch, Wolfgang: Rüstungshilfe der USA an die Verbündeten im Zweiten Weltkrieg, Darmstadt 1967 (2. Aufl. u. d. T.: Rüstungshilfe der USA 1939–1945, Koblenz 1985.

Schneider, Fernand-Thiébaut: Les troupes aéropartées allemandes en 1939–1945. L'operation »Hercule« (Malte) et son abandon, in: Revue de Défense Nationale 8/1952, S. 554 ff.

Schramm-von Thadden, Ehrengard: Griechenland und die Großmächte im Zweiten Weltkrieg, Wiesbaden 1955.

Schreiber, Gerhard: Der Mittelmeerraum in Hitlers Strategie 1940. »Programm« und militärische Planung, in: Militärgeschichtliche Mitteilungen 2/1980, S. 69 ff.

Ders.: Revisionismus und Weltmachtstreben. Marineführung und deutsch-italienische Beziehungen 1919 bis 1944, Stuttgart 1978 (Beiträge zur Militär- und Kriegsgeschichte, Bd. 20).

Ders.: Die Seeschlacht von Matapan, in: Marineforum 12/1975, S. 332 ff.

Schröder, Bernd Philipp: Irak 1941, Freiburg i. Brg. 1980.

Ders.: Deutschland und der Mittlere Osten im Zweiten Weltkrieg, Göttingen/Frankfurt a. M./Zürich 1975.

La seconda controffensiva italo-tedesca in Africa Settentrionale da El Agheila a El Alamein (gennaio-settembre 1942). Ed. Ufficio Storico dello Stato Maggiore dell' Esercito, Roma 1971.

La seconda offensiva britannica in Africa Settentrionale e ripiegamento italo-tedesca nella Sirtica orientale (18 novembre 1941–17 gennaio 1942). Ed. Ufficio Storico dello Stato Maggiore dell'Esercito, Roma 1949.

Siebert, Ferdinand: Italiens Weg in den Zweiten Weltkrieg, Frankfurt a. M./Bonn 1962.

Smith, Peter Charles: The Battles of the Malta Striking Forces, London 1974.

St. George Saunders, Hilary/Richards, Denis: Royal Air Force 1939–45, Vol.2: The Fight Avails, London 1975; Vol. 3: The Fight is Won, London 1975.

Taylor, Alan John Percivale: Die Ursprünge des Zweiten Weltkrieges, Gütersloh 1962.

Taysen, Adalbert von: Tobruk 1941. Der Kampf in Nordafrika, Freiburg i. Brg. 1976.

Thies, Jochen: Architekt der Weltherrschaft. Die »Endziele« Hitlers, Düsseldorf 1976.

Thomas, David Arthur: With Ensigns Flying. The Story of H. M. Destroyers at War 1939–1945, London 1958.

Trizzino, Antonio: Die verratene Flotte. Tragödie der Afrika-Kämpfer, Bonn 1957.

Turner, John Frayn: Periscope Patrol. The Saga of Malta Submarines, London 1957.

Weber, Theo: Die Luftschlacht um Malta. Ein Beitrag zum Problem der Interdependenz von Luft-, Land- und Seekriegführung, in: Flugwehr und Technik 7/1956, S.
171 ff.

Weichold, Eberhard/Baum, Walter: Der Krieg der »Achsenmächte« im Mittelmeer-
Raum. Die »Strategie« der Diktatoren, Göttingen/Zürich/Frankfurt a. M. 1973.

Weinberg, Gerhard L.: Germany's Declaration of War on the United States: A New
Look, in: Trefousse, Hans L. (Ed.): Germany and America: Essays on Problems of
International Relations and Immigration, New York 1980, S. 54 ff.

Weldon, H.E.C.: The Artillery Defence of Malta, in: Journal of the Royal Artillery,
January 1952, S. 15 ff.

Whiting, Charles: Hunters From the Sky. The German Parachute Corps, 1940–1945,
New York 1974.

Personenregister

Die Namen Hitler und Mussolini wurden nicht aufgenommen.

Der Autor

Dr. Ralf Georg *Reuth*. Geboren 1952 in Oberlangenstadt/Kronach. Studium der Mittleren und Neueren Geschichte sowie der Alten Geschichte und der Deutschen Philologie an der Universität Köln. 1983 Promotion zum Dr. phil. bei Professor Andreas Hillgruber. Seit 1984 Redakteur bei der »Frankfurter Allgemeinen Zeitung«.

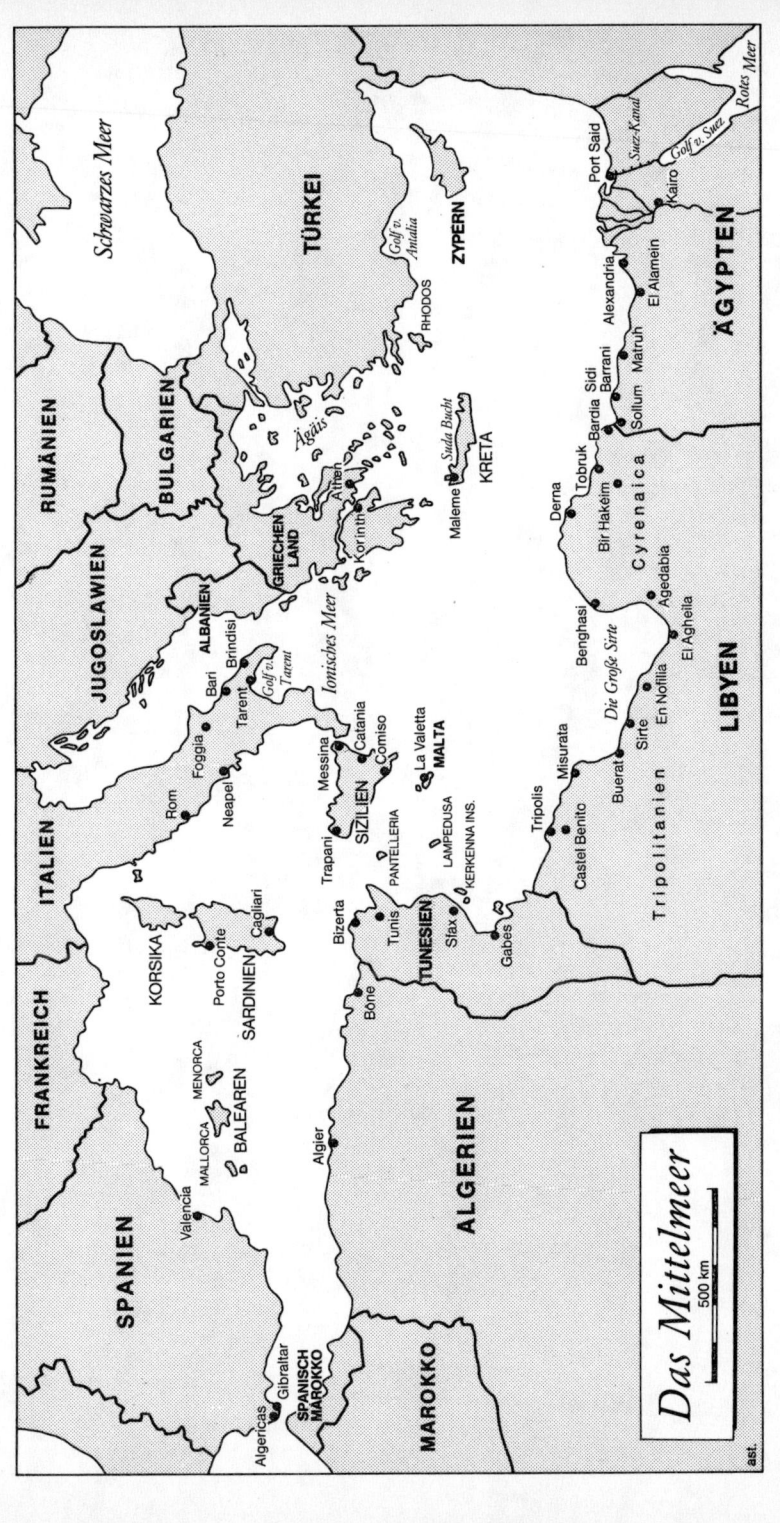

Das Mittelmeer

500 km

ast.

SPANIEN
FRANKREICH
Schwarzes Meer
RUMÄNIEN
BULGARIEN
JUGOSLAWIEN
TÜRKEI
ITALIEN
ALBANIEN
GRIECHEN LAND
ZYPERN
ÄGYPTEN
LIBYEN
ALGERIEN
TUNESIEN
MAROKKO
SPANISCH MAROKKO

Valencia
MALLORCA
MENORCA
BALEAREN
Algier
Gibraltar
Algeciras
Bône
Bizerta
Tunis
KORSIKA
Porto Conte
Cagliari
SARDINIEN
Rom
Neapel
Foggia
Bari
Tarent
Brindisi
Golf v. Tarent
Ionisches Meer
Ägäis
Athen
Korinth
RHODOS
Golf v. Antalia
Suda Bucht
KRETA
Maleme
Trapani
Messina
Catania
Comiso
SIZILIEN
La Valetta
MALTA
PANTELLERIA
LAMPEDUSA INS.
KERKENNA INS.
Sfax
Gabes
Tripolis
Castel Benito
Misurata
Buerat
Sirte
En Noflila
El Agheila
Die Große Sirte
Tripolitanien
Benghasi
Agedabia
Bir Hakeim
Cyrenaica
Derna
Tobruk
Bardia
Sidi Barrani
Sollum
Matruh
El Alamein
Alexandria
Port Said
Suez-Kanal
Golf v. Suez
Kairo
Rotes Meer